はじめに

　次世代を担う子どもの育成は，それぞれの社会にとって最も重要な課題であると言えよう。少子化が避けがたい事態として私たちの眼前にある状況で子どもを育むことは，社会の持続可能性とも関わってきているように思われる。その一方で私たちは，虐待や剥奪問題など，子育て力の不十分な家族の増加という問題に直面している。それは，子どもは親のものという発想から脱却し，社会が一人ひとりの子どもの成長に責任を持つという発想に，転換する必要があることを示唆している。不幸にも親の養育能力が不適切か，不十分であった子どものケアは，私たちが社会の責任として考えていき，そして協力して取り組んでいくべき課題であるという合意が，もっと広まっていってもよいかもしれない。

　親による養育が不適切であると判断された子どもの大半は，現在わが国では，児童養護施設に入所し，そこで育てられることになる。当初は虐待状況とは関係のない，何らかの理由での親の養育困難による入所が多かったようであるが，現在児童養護施設に入所している3万人余りの子どもの大半（約60%）が虐待や剥奪を経験した子どもたちであり，彼らの多く（30%弱）は情緒的な困難を抱えている（本書第9章参照）。1999年の厚生労働省の通達により，各児童養護施設にセラピストが配置されるようになり，現在では大半の施設にセラピストが常勤もしくは非常勤で勤務するようになっている。井出（2010）によれば，施設のセラピストの60%が30歳以下であり，平均経験年数が3.3年と非常に短い。ここから浮かび上がってくるのは，過酷な養育環境で育てられた子どもへの心理療法的アプローチという，心理臨床においては最も困難でありかつ重要な領域の仕事の大半が，若くて経験の浅いセラピストに担われているという現実である。それほど給与面での待遇も良いわけではないことを考え合わせれば，彼らの離職率がとても高いのも無理はないだろう。この事態についてさらに見ていけば，施設においてセラピストが子どもに対してどのような援助方法を採っていったらいいかわからなく

なり，自分自身の専門性に確信が持てなくなる場合がしばしばである。渡邊（2016）によれば，子どもの生活にも入るセラピストにその傾向が強い。渡邊はさらに，現在施設臨床においては，個人心理療法を大切にして生活に入らないという流れと，生活にこそ介入の主眼があるとし，生活に入ることを奨励する生活臨床を唱導する流れがあることを指摘している。

　本書は，児童養護施設の子どもに対して，個別の精神分析的心理療法が役立つことを示す目的で企画された。本書の執筆者たちは全員，認定NPO法人子どもの心理療法支援会（サポチル）の顧問，もしくは理事か会員である。サポチルは，子どもの精神分析的心理療法の普及を目指すNPO団体であり，本書で取り上げる児童養護施設の子どもの精神分析的心理療法実践を普及する活動を行っており，執筆者たちは何らかの形でそうした実践に関わってきた臨床家ばかりである。

　本書の背景にある考えは，セラピストが施設の子どもたちの心の問題に真に援助的な介入をするには，個別の心理療法が中心になるべきであり，その場合に生活には入るべきではないというものである。さらに付け加えるならば，それは生活の中で子どもが成長することを過小評価するということではなく，生活は生活のケアをする専門家である職員に任せ，心理療法を通じて得られた子ども理解を生活担当職員と共有し，実り多い協働関係を築くことで，互いの専門性を生かした子どものケアに努めていくことが肝要であると考える。

　子どもの精神分析的心理療法の治療効果に関する実証的研究は，すでにミジリーら（Midgley et al., 2009; Midgley & Kennedy, 2011）によって展望されており，概ねその有効性は実証されている。また，里親養育や養子縁組，そして施設養育を受けている子どもに対する精神分析的心理療法に関しては，大規模RCTではないが一定の実証的研究も行われており，その有効性が示されている（Boston et al., 2009）。

　本書はこのような考えのもと，まず第Ⅰ部では，子どもの精神分析的心理療法の概説を踏まえて，児童養護施設での実践の実際を，読者の理解が深まるように事例研究を通して見ていく。それぞれの事例論文には，経験豊かなセラピストによるコメントが続く。

第1章では平井が，子どもの精神分析的心理療法について，特に児童養護施設に焦点づけて，包括的に記述していく。最近の調査研究などを踏まえて，子どもの将来のメンタルヘルスを視野に入れた場合，子どもの考える力，すなわち内省能力を育むアプローチが重要であることを示唆し，精神分析的心理療法はそのようなアプローチの一つであると論じる。そして，精神分析的設定などその基本的な考えとともに，アセスメントや転移と逆転移など，実践で問題になる事柄についても具体的に説明する。

　第2章「子どもの心を受け入れること，そこにある痛みを経験すること，そして考えること——処遇中に性的虐待を受けた女児との心理療法の経験から」では，本書の共編者の西村理晃（以下，敬称略）が，児童養護施設の初心者セラピストとして出会った女児との心理療法経験を記述する。母親によるネグレクトにより焦点化されない内的対象を持っていた子どもが，スーパービジョンの助けを通じて次第に考える対象を発見するなかで，性的虐待という痛ましい経験をしたものの，次第にそこから回復し，心を成長させていく様子が生き生きと描写される。西村は，こうした子どもたちとの心理療法は，セラピストにしばしば耐え難い経験を強い，スーパーバイザーなどの第三者なしにはその仕事をなし得ないのではないかと論じる。

　「つながりを持つことの難しさ」と題する第3章では，乳幼児期に暴力とネグレクトを受けて育ち，施設入所後は施設から飛び出したり，暴力を振るったりといった，行動上の問題が激しかった男の子との5年余りの心理療法過程を，由井理亜子が記述する。この男の子は，良い対象関係はほとんど見られず，セッションでは激しい混乱と残酷な暴力であふれており，セラピストはこの子どもを包容するのが当初大変困難に感じるが，精神分析的設定や理論の助けを得て，次第に彼の混乱や痛みを受け止め考えていけるようになっていき，子どもは良い対象とのつながりの経験を持てるようになっていく様子が描かれている。

　第4章「分析的設定の中で育まれるこころ——二次元的な世界を生きていた男児との精神分析的心理療法」は，乳幼児期にネグレクトを中心とした不安定な養育環境で育てられ，発達障害様の状態像を示していた男の子との6年にわたる心理療法過程について，志満慈子が記述し，考察したものである。当初は心に何も保持できない空っぽのように見えた子どもが，セラピ

トが分析的な設定を取るようになるにつれ，次第に何かを保持する心を発達させていき，情緒的なつながりを持ち，かつそれを保持できるようになっていく様子が描かれている。

「早期剝奪児の心理療法における制限と協働関係の重要性について──対象との分離性をめぐって」と題された第5章で，藤森旭人は，ネグレクト状態の母親から1歳時に離されて乳児院で育てられ，その後に児童養護施設に入所してきた幼児との2年余りの心理療法過程を，制限と協働関係の重要性という視点から考察している。制限を加えることはこの子どもの主体性を育み，情緒を保持できる内的対象を見出すことにつながったこと，また生活担当職員との協働関係は，子どもを育む「両親カップル」を経験することに役立ったように思われると，藤森は論じている。

第6章「母親に置き去りにされた少女との精神分析的心理療法──痛みを感じることをめぐって」では，母親の養育困難により幼児期に施設入所した，乳幼児期の剝奪経験を持つ思春期の少女との心理療法過程と，その考察が書かれている。この少女は，著者の平井が心理療法を始める前にすでに2人の心理療法を経験しており，当初見られた発達障害傾向はいくぶん軽減したようであったが，心理療法を始めてみれば，依然としてそれは見られることが次第に明らかになる。数年の心理療法と養育状況の改善などにより，それらが一定改善していく様子が描かれるとともに，形のない「抑うつ」に脅かされがちである少女の内的世界も論じられる。

第2～6章までの事例論文には，それぞれ飛谷渉，西村，平井，鵜飼奈津子，西村によるコメントが付されている。そして，第Ⅰ部の補章にあたる第7章において，編者の平井が，ここまでの五つの事例記述を概観して考察する。

第Ⅱ部では，現在，児童養護施設で常勤セラピストとして勤務する執筆者を中心に，施設で精神分析的心理療法を実践する諸問題を検討していく。

第8章「児童養護施設での心理療法の特徴」では，綱島庸祐が，自らの実践経験をもとにした論考を展開している。施設入所児の特徴，そして必然的に起こる心理療法をめぐる子ども同士の嫉妬などの問題，生活担当職員や管理職との連携や協働関係，施設文化の問題など，施設で心理療法を行う際の

さまざまな特徴的な問題を具体的に論じる。これに対して，同じく施設の常勤セラピストに就く冨成達也がコメントする。

　第9章では横山隆行が，施設での心理療法が「児童養護施設に入所している子どもの心の痛みに触れること」をめぐるものであることを，剥奪的な養育経験を持ち，自閉スペクトラム傾向のある男児との心理療法事例をもとに論じている。こうした子どもに対して，分離の痛みや拒絶の痛みを直接解釈すること，さらには治療者中心の解釈をすることも必ずしも役に立たないことを見出し，子どものやっていることを記述したり，さらにそれを拡充したりするようなやり方が役立つことを見出している。そして，生活担当職員と子ども理解を共有して，協働していくことの重要性を指摘している。

　第10章では綱島が，児童養護施設での精神分析的心理療法の難しさとその意義を，「枠破り」をめぐるものとして事例をもとに考察する。綱島が論じるのは，母親による虐待を含む過酷な養育環境で育ち，甘えることの難しかった男児が，心理療法の中でマッサージを求めてきた局面をめぐる技法上の問題とその含みである。このような剥奪的な養育環境で育った子どもに対して，「よくしてあげたい」という気持ちと，どのような介入がその子どもにとって役立つのかとは相容れない部分があり，こうした逆転移を中心とする問題を施設で働くセラピストは深く考えていく必要があることを，この論考は示唆している。

　第9章と第10章には，それぞれ脇谷順子，鵜飼によるコメントが付されている。そして，第11章では第Ⅱ部のまとめがなされ，施設での心理療法アセスメントについて，平井が概説する。

　そして第Ⅲ部では，施設での経験が比較的浅いセラピストが，現在進行形の施設での心理療法の事例を詳細なセッションの記録を含めて提示し，経験豊かな臨床家によるコメントが記される。

　第12章は，吉岡彩子が，しばしばセッション中に排泄をする，ネグレクトと身体的虐待を受けた幼稚園女児との困難な心理療法過程を描写し，西村と脇谷がコメントする。

　第13章では金沢晃が，重度のうつ病の母親によるネグレクトや虐待が疑われる小学校女児との，2年4カ月の心理療法の過程の概要と，最近の2回

のセッションの詳細を記述する。一人遊びに没頭するこの事例記述には，平井と飛谷によるコメントが続く。

　最後の第Ⅳ部では，施設職員への支援を扱う。児童養護施設は入所する子どもを育てていくのがその主たる役割であり，心理療法はそのための補助にすぎない。多くの心の傷や発達上の課題を持つ子どもたちを日々の生活の中で世話し，育んでいく仕事は，多大な心の負担となり，しばしば生活担当職員が疲弊したりバーンアウトしてしまったりする。こうした生活担当職員への支援も，セラピストの重要な仕事であることは間違いない。実際，施設で働くセラピストはさまざまな形でそれを行っていると思われるが，第14章では外部からの介入として，ワークディスカッションという方法による支援の実践例を，鈴木誠が紹介する。これは鈴木が論じているように，「心について考えるスペース」を育み，それによって職員のストレスを軽減し，対処する力を増し，一人ひとりの子どもについてしっかりと考え，関わることのできるように役立つことが，期待される方法である。

編者　平井正三

[文献]

Boston, M., Lush, D., & Grainger, E.（2009）. Evaluation of psychoanalytic psychotherapy with fostered, adopted and 'in care' children. In N. Midgley, J. Anderson, E. Grainger, T. Nesic-Vuckovic & C. Urwin, （Eds.）, *Child psychotherapy and research: New approaches, emerging findings*. London: New York: Routledge.（金沢晃（訳）（2012）．公的保護下における子どもの心理療法の評価．鵜飼奈津子（監訳）．子どもの心理療法と調査・研究――プロセス・結果・臨床的有効性の探求．創元社）

井出智博（2010）．児童養護施設・乳児院における心理職の活用に関するアンケート調査集計結果報告書．平成21年度科学研究費補助金（21730482）．

Midgley, N., Anderson, J., Grainger, E., Nesic-Vuckovic, T., & Urwin, C.（Eds.）（2009）. *Child psychotherapy and research: New approaches, emerging findings*. London: New York: Routledge.（鵜飼奈津子（監訳）．子どもの心理療法と調査・研究――プロセス・結果・臨床的有効性の探求．創元社）

Midgley, N. & Kennedy, E.（2011）. Psychodynamic psychotherapy for children and adolescents: A critical review of the evidence base. *Journal of Child Psychotherapy*,

37(3), 232-260.

渡邊洋平（2016）．児童養護施設における心理職の専門性についての文献的検討．北星学園大学大学院論集, 7, 131-139.

目　次

はじめに　i

■■■ 第Ⅰ部　児童養護施設の子どもの精神分析的心理療法 ■■■

第1章　総説──児童養護施設の子どもの精神分析的心理療法 ………… 2
【平井正三】

第2章　子どもの心を受け入れること，そこにある痛みを経験すること，そして考えること──処遇中に性的虐待を受けた女児との心理療法の経験から …………………………………… 40
【西村理晃】

▶▶▶ 西村論文へのコメント：崖っぷちを生き残る力とその支え
　　　　　　　　　──被虐待児のセラピーとセラピストの養育
　　　　　　　環境としてのトレーニングについて　62
【飛谷　渉】

第3章　つながりを持つことの難しさ──分離パニックを呈した男児との心理療法 ……………………………………………………… 71
【由井理亜子】

▶▶▶ 由井論文へのコメント：再生と破壊を抱え続けること　90　【西村理晃】

第4章　分析的設定の中で育まれる心──二次元的な世界を生きていた男児との精神分析的心理療法 ……………………………… 99
【志満慈子】

▶▶▶ 志満論文へのコメント：精神分析的設定に支えられて抱えて
　　　　　いくこと　119　【平井正三】

第 5 章　早期剥奪児の心理療法における制限と協働関係の重要性
　　　　について——対象との分離性をめぐって ·················· **127**
　　　　　　　　　　　　　　　　　　　　　　　　　　　【藤森旭人】

　▶▶▶ 藤森論文へのコメント：子どもの生活を支える職員との協働
　　　　　　　　——心理療法を抱える器　143　　【鵜飼奈津子】

第 6 章　母親に置き去りにされた少女との精神分析的心理療法
　　　　——痛みを感じることをめぐって ······················· **149**
　　　　　　　　　　　　　　　　　　　　　　　　　　　【平井正三】

　▶▶▶ 平井論文へのコメント：不明瞭さの中に見えてくるもの　172　【西村理晃】

第 7 章　第Ⅰ部のまとめ ··· **181**
　　　　　　　　　　　　　　　　　　　　　　　　　　　【平井正三】

■■■　第Ⅱ部　施設での精神分析的心理療法実践をめぐる諸問題　■■■

第 8 章　児童養護施設での心理療法の特徴 ······················· **196**
　　　　　　　　　　　　　　　　　　　　　　　　　　　【綱島庸祐】

　▶▶▶ 綱島論文へのコメント：多層的な協働関係の中で「考えにくいこと」
　　　　　　を考える営み　207　　　　　　　　　　　　【冨成達也】

第 9 章　児童養護施設に入所している子どもの心の痛みに触れる
　　　　こと ·· **212**
　　　　　　　　　　　　　　　　　　　　　　　　　　　【横山隆行】

　▶▶▶ 横山論文へのコメント：多層的な困難さを持つ子どもとの心理療法に
　　　　　　おける，セラピストの工夫　229　　【脇谷順子】

第 10 章　「枠破り」をめぐって ······································· **234**
　　　　　　　　　　　　　　　　　　　　　　　　　　　【綱島庸祐】

　▶▶▶ 綱島論文へのコメント：児童養護施設において精神分析的心理療法を
　　　　　　実践する際の「枠」をめぐって　253
　　　　　　　　　　　　　　　　　　　　　　　　　　　【鵜飼奈津子】

第11章　第Ⅱ部のまとめと児童養護施設の子どもの心理療法
　　　　　アセスメント……………………………………………… 259
　　　　　　　　　　　　　　　　　　　　　　　　　【平井正三】

■■■ 第Ⅲ部　紙上スーパービジョン ■■■

第12章　人とのつながりについて考えようとしている女児の
　　　　　事例……………………………………………………… 270
　　　　　　　　　　　　　　　　　　　　　　　　　【吉岡彩子】
　　▶▶▶ 吉岡論文へのコメント1：子どもにとってリアルな対象になる
　　　　　　　　　　　　　　　　こと　286　　　　　【西村理晃】
　　▶▶▶ 吉岡論文へのコメント2：うんちとおしっこと心の発達との関係　295
　　　　　　　　　　　　　　　　　　　　　　　　　【脇谷順子】

第13章　自己愛的な世界を持つ女児との心理療法……………… 300
　　　　　　　　　　　　　　　　　　　　　　　　　【金沢　晃】
　　▶▶▶ 金沢論文へのコメント1：真正であること，そしてその危険性　315
　　　　　　　　　　　　　　　　　　　　　　　　　【平井正三】
　　▶▶▶ 金沢論文へのコメント2：親の精神病破綻を生き残る子どもたち
　　　　　　　　　　　　　　　――ヒステリー的解決の場合　322
　　　　　　　　　　　　　　　　　　　　　　　　　【飛谷　渉】

■■■ 第Ⅳ部　施設職員の支援 ■■■

第14章　施設と職員へのサポート――ワークディスカッション…… 332
　　　　　　　　　　　　　　　　　　　　　　　　　【鈴木　誠】

おわりに　　351
人名索引　　354
事項索引　　355

第Ⅰ部 児童養護施設の子どもの精神分析的心理療法

第1章

総説
──児童養護施設の子どもの精神分析的心理療法

【平井正三】

■第1節　はじめに──児童養護施設とセラピスト

　児童養護施設に入所している子どもの多くは，虐待などの不適切な養育を受けているか，養育者の養育能力が乏しく不十分な養育を受けてきたために，何らかの適応上，そして情緒発達上の困難を抱えている。施設内で職員や他の子どもと関わることが難しく，孤立している子どももいれば，職員や他の子どもに暴力や暴言を吐く子どももいる。そうしたあからさまな「問題」を呈していなくても，職員からすると「何を考えているかわからない」と感じる子どももいる。

　あるいは，学童期には比較的「良い子」であったのが，思春期や青年期になると暴力的・反抗的になったり，抑うつ症状や自殺傾向が出てきたりする場合もある。特に憂慮すべきなのは，施設にいるときは「問題がない」ように見えていても，退所して社会に出ていくと職を転々としたりして，社会の中で根付いていくことが難しいことが多く，風俗業に身を投じたり，犯罪行為に走っていったりする場合もまれではないことである。さらに，家族を持つことができるかどうかという点では，安定したパートナー関係を築くことが難しかったり，仮に子どもが生まれてもその子どもを養育し続けることができなかったり，虐待をしてしまったりして，子どもを施設に預ける羽目になる場合も少なくない。

　児童養護施設そして児童心理治療施設（旧情緒障害児短期治療施設）は，こうした不適切もしくは不十分な養育のために発達上，適応上の困難を持つ子どもが健全に成長できるように手助けするために存在している。それは主に，保育職員による養育によってなされることが望まれているわけである

が，それでは十分ではなく，こうした子どもの心理的なケアのための専門性を持つスタッフとして存在するのが，セラピストである。

本章ではまず，上記の子どもの心理学的問題の性質を，発達精神病理学や脳神経科学的研究などの視点から概観し，必要な心理学的介入の方向性を明らかにし，精神分析的心理療法がそれに適したアプローチであることを示す。次に，子どもの精神分析的心理療法について概説し，さらに精神分析の視点から児童養護施設で出会う子どもたちをどのように理解できるのか，そして技法上どのようなことに気をつけていく必要があるのかを論じていく。

■第2節　児童養護施設の子どもの心理学的問題と介入の方向性
　　　　　——発達精神病理学と脳神経科学的研究の視点

上述のように，児童養護施設に入所している子どもの多くは，虐待やネグレクトを経験している。このような不適切な養育を受けた子どもはどのような心理学的問題，そして発達上の問題を持っているのだろうか。児童養護施設で働くセラピストは，この点に関する専門的知識を持っていることが望ましいだろう。

ここでは，発達精神病理学的研究と脳神経科学的研究を挙げておく。

1. 発達精神病理学的研究

精神分析ではフロイト以来，将来の精神病理につながるような生育歴上の悪影響や，幼少時のその兆候などが論じられてきた。それらは主に，精神病理を持つ大人の回想に基づく，いわゆる「再構成」という形であった。メラニー・クラインに始まる子どもへの精神分析実践は，幼児の精神病理やその要因についての直接の研究を可能にしたわけであるが，それらは事例研究法という限界があるのと，現在の調査研究の持つ統計的基盤に基づいた実証性には乏しかった。

こうした点を劇的に変え，子どものメンタルヘルスの領域で前向き研究的な企ても含めた実証的研究を可能にしたのが，アタッチメント研究の流れである。以下，アタッチメント研究を軸に精神病理を発達的に研究し，それらを総合した知見を記したフォナギーらの発達精神病理学（Fonagy et al.,

2002）の視点から，特に子どもが将来情緒的に健康な大人になっていくには，心理学的に何が大切になるのかを明らかにしていきたい。

　ボウルビィに始まるアタッチメント研究は，エインズワースによる新奇場面法の考案により，実証研究への道を開いた（Ainsworth et al., 1978）。新奇場面法とは，1歳代の子どもを見知らぬ設定場面に連れてきて，アタッチメント人物（たとえば母親）との分離と再会の際のアタッチメント行動を観察して，子どもをAタイプ（回避型），Bタイプ（安定型）とCタイプ（抵抗型）とに分類するという方法である。これにより，それぞれのアタッチメントのタイプが，その後の発達を通じて心理学的に健康な大人になっていくのか，それとも何らかの精神病理を持つようになるのかに関連するかどうかが研究されていったが，結局明瞭な知見は得られなかった（Karen, 1994）。

　ところが，1980年代にメアリー・メインを中心とする研究グループは，アタッチメント行動の組織化（organization）に注目し，そうした組織化の崩壊が見られる子どもたちをDタイプ（無秩序〈disorganized〉型）として分類した（Main & Solomon, 1986）。このDタイプは，その後の研究の中で，虐待と関連していること，幼児期に他の子どもへの威嚇的行動，学童期の行為障害，そして青年期の境界例人格障害という発達的経過をたどる傾向があることが示された（Fonagy et al., 2002）。

　さらにフォナギーらは，成人アタッチメント面接（AAI）を出産前の母親たちに実施し，出産後子どもが1歳を過ぎた時に新奇場面法を実施し，子どものアタッチメントを分類したところ，AAIでの母親のアタッチメントの分類が関連していることを見出した（Fonagy et al., 1991）。つまり，妊娠時のAAIが，生まれてくる子どものアタッチメントの性質を予測することが示されたのである。フォナギーらはこうした知見をもとに，それがどのようにして起こるか解明する試みのなかで，母親の内省機能が決定的な役割を果たすこと，そして子どもの内省機能の障害がその子どもの情緒発達の障害，ひいては成人期の精神病理につながることを示していった。

　AAIでの分類法も，新奇場面法でのDタイプの分類も，語りや行動の内容ではなく，筋道や組織化の破綻や辻褄の合わなさを重視する。これらは，対人関係で自分の気持ちや人の気持ちを考えること（内省すること）に関する障害ととらえることができ，それが潜在的にせよ，顕在的にせよ，精神障

害と密接に関わることが示されていたのである。

　フォナギーらは，以上の研究を踏まえて，心理療法は子どもの内省機能（もしくはメンタライゼーション）を育むものである必要があると結論づけている（Fonagy et al., 2002）。すなわち，心理療法は子どもが内省する力を育んでいくことに焦点づけられるべきであり，それはセラピストが子どもの気持ち（転移）や自分の気持ち（逆転移）を考えていくような内省をすることで促進されると考えられる。精神分析的心理療法は，まさしくそのような実践である。

　フォナギーらの研究とは別の重要な研究の流れは，アタッチメント障害という視点での発達精神病理学的研究である。特に，ルーマニアの孤児院の子どもたちの深刻な状態が国際的に注目を集め，アタッチメント障害という概念が注目されるようになり，国際的な精神医学的診断基準である ICD-11 や DSM-5 などで，「反応性アタッチメント障害」などの診断概念が導入されている。

　ネグレクトを受けた子どもたちは，養育者との間で情緒的に意味深いつながりを持つことに重大な障害を持つ傾向があること，そしてしばしばルーマニアの孤児院の子どもたちのような深刻なネグレクトを受けている場合，虐待された子どもたちよりもはるかにその予後が悪いことなどがわかってきている（Rutter et al., 2007）。早期のこのような剥奪は，「共感し，感情を調節し，親密性や通常の社会的相互作用を行う能力の欠損とともに，脳の一部の萎縮や発達遅滞を導きうる」（Music, 2011）のである。

　このような子どもたちは虐待を受けた子どもたちに比べ，おとなしく問題を起こすことも少なかったりして目立たないので，施設養育に移ってもやはり養育的な関わりが比較的希薄であったりしがちである。また，上記のような共感や，コミュニケーションや，社会的相互作用の欠如もしくは困難は，ASD などの発達障害の臨床像に近い特徴を示すことになる。逆に言えば，こうした発達障害様の臨床像（これは杉山〈2007〉の「第四の発達障害」と重なるだろう）を呈している子どもは，その予後が懸念されるし，また施設内での「ネグレクト」に注意を要すると考えてよいだろう。

　フォナギーらの仕事は主にネグレクト以外の虐待的な養育的関わりと，それに伴い，いわば不適切な内省機能の発達という問題が起こり，それが将来

の精神病理につながることが示されているのに対して，ネグレクトの問題は養育的関わりそのものの希薄さであり，それは内省機能自体の欠落や弱さという発達障害様の臨床像につながることがわかってきている。

　児童養護施設に入所している子どもたちを，虐待かネグレクトか，境界例的か発達障害的かと単純化して分類できない場合も多いが，これら二つの視点は子どもたちを見るうえで重要な指針を与えてくれることは確かである。

2. 脳神経科学的研究

　ショアは，母子関係を脳神経学的に研究し，早期の母子間には右脳と右脳とに共鳴関係があり，母親の赤ん坊への情緒的応答性は直接的に赤ん坊の，特に情動を司る右脳の「配線」が形作られるのに影響すると論じている。特に原始的な情動調整機能は，0歳代にほぼその性質が決まっていくと指摘している（Schore, 1994）。

　ペリーらの研究グループ（Perry et al., 1995）は，虐待的な親子関係の中で持続的なトラウマを受けた子どもたちの脳は，特殊な性質を持つようになっていることを示した。彼らによると，トラウマを経験すると，子どもの脳は解離系か過覚醒系の反応状態になる。しかし，このようなトラウマを持続的に経験していくと，脳には使用依存的性質があるので，トラウマ状況でなくても解離や過覚醒状態になりやすい特性になっていくとしている。なかでも，過覚醒状態は男の子に多く，些細なことに反応して暴力的になりやすかったり，多動であったり，という状態像を呈するかもしれない。それに対して，解離状態は女の子に多く見られ，子ども時代には表面化しなくても，思春期や青年期に抑うつ状態や自殺傾向などという形で現れる傾向があると述べている。

　以上の研究は，不適切な養育を受け児童養護施設に入所している子どもの多くは，原始的な情動調節機能がうまくいかない脳の特性を持っていたり，解離や攻撃的な反応をしやすい特性を持っていたりするかもしれないことを示唆している。そのうえ，これらの性質は脳の特性なので，なかなか変化しにくいことも示唆されているわけである。こうした脳の特性を持つに至った子どもは，どのように変わっていけるのだろうか。この問いに対してミュージックは，さまざまな研究が，脳の可塑性とともに，より高次の脳機能，そ

して言語や理性と関わる左脳とのつながりが増していくことで，いわばより原始的な情動反応と関わる脳の動きを制御していけることを示唆している（Music, 2011）。また，度重なるトラウマを経験することで強化された「高速回路（High Road）」（感覚入力 → 扁桃体 → 視床下部）から前頭前皮質を媒介する「低速回路（Low Road）」と水路づけるのに言葉を用い，意識化を促す心理療法アプローチが有効であると論じられている（Music, 2011）。このように，先に述べた内省活動の重要性とともに，言葉を用いるような心理療法が，脳神経科学の視点からも有効であることが示唆されている。

3. その他の研究――手続き記憶，トラウマ性の記憶，間主観性／相互主体性

　記憶に関する認知心理学の研究は，意識的に想起が可能な宣言的記憶，その一部をなすエピソード記憶とは別に，関わりのパターンの記憶である手続き記憶があることを明らかにしている。後者の大半は，想起が難しいだけでなく，過去のやり取りをもとに現在のやり取りを判断し実行していく際に，モデルとして働き，対人関係の無意識的過程を構成していると考えられている。前者は想起が可能であり，意識的な過程と関わる。両者は司る脳の部位も異なることが判明している。人間は当初，手続き記憶が優勢で，次第に宣言的記憶が優勢になってくることもわかってきている。

　これらの知見が意味しているのは，虐待的関係の中で育てられた子どもの場合，それはエピソードとして記憶されるだけでなく，手続き記憶として現在の対人関係を作り出す際に，モデルのように用いられているかもしれないということである。特に心理療法において，そうした視点で子どもの振る舞いや表現を見ていくことは重要であろう。また，これと関連して，トラウマ性の記憶はエピソードもしくは語りとして想起されるのではなく，手続き記憶との関連で，セラピストとの間で展開する関係性およびそのパターン（ときにそれは良好な関係が崩壊するという関係のパターン）に現れる傾向がある。トラウマ性記憶のもう一つの特徴的表れである解離（たとえば，セラピストの前で子どもが主体性を失って，あたかも何かに取り憑かれたように振る舞っている状態）も，手続き記憶との関連で，良好な関係が崩壊する関係のパターンに生じる心の断片化と理解できるだろう。

一方，トレヴァーセン（Trevarthen et al., 1996）やホブソン（Hobson, 1993）など早期の発達研究者の間では，間主観性／相互主体性（inter-subjectivity）という概念で発達を見ていく視点が有力になりつつある。特にトレヴァーセンは，「人間世界」の本質は間主観性／相互主体性のつながりであり，そのような間主観性／相互主体性のつながりの中に入っていくことで，人は心の発達を遂げていくことを示唆している。こうした間主観性／相互主体的な関係は，生後2カ月には，原会話（proto-conversation）とトレヴァーセンが呼ぶ前言語的なやり取りの中にすでに見られ，生後9カ月頃には三項関係や共同注視という形で現れる，二次的間主観性／相互主体性という発達上の最重要の道標を経過していく。そして，子どもの思考や認知の発達も，このような関係性の発達と密接に関わることが示されている。

　子どもの心の発達は関係性を通じて培われ，その思考や認知はその発達とパラレルという認識は，古くからロシアの心理学者ヴィゴツキー（Vygotsky, 1934）の，子どもの思考は外言から内言へと進むという主張の中に含まれていたものである。このように，発達研究においても，子どもが養育者との間で早期に持つ関係性は，その子どもの言語や思考や認知のあり方に大きく影響することが認められてきている。

　先に述べたように，宣言的記憶と手続き記憶との区別という記憶研究の分野での重要な研究は，精神分析の従来の理論に新しい光を当てている。それは，主に左脳が司る顕在的宣言的記憶とは別に，主に右脳が司る潜在的手続き記憶の存在に関するものである。前者は意識的で言語的であるのに対して，後者は無意識的で非言語的であり，いわば早期の関係性のシナリオの記憶である。手続き記憶は，本人も十分意識することなく，関係性のパターンの記憶として現在の人間関係を彩っているかもしれない。これが，精神分析で言う転移と関連することは明らかであろう。

　こうした無意識の，言葉にされていない関係性のパターンを言葉にしていくことは，先ほどの右脳と左脳のつながりの話と重なっていき，精神分析的心理療法における今ここでの転移解釈の有効性の根拠と考えることもできよう。

■第3節　子どもの精神分析的心理療法

▶1. 子どもの精神分析的心理療法の基本的な考え──一般的なプレイセラピーとの違いを中心に

　わが国では，主にアクスラインを源流とするプレイセラピーの流れが実践されているようである。一般的なプレイセラピーと精神分析的プレイセラピーは類似点もかなりあるが，いくつかの基本的な点で異なっている。それは，セラピーの枠組み（精神分析では設定〈setting〉と呼ぶ），介入に関する基本的な考え，セラピー過程のとらえ方などであろう。

　まず，類似点から見ていこう。実のところ，遊びを通じた治療関係が治療的意味を持つという考えは，精神分析，特にメラニー・クラインを源流とする（Klein, 1955）。したがって，一般的プレイセラピーも精神分析から派生してきたと言える。このあたりの事情は，ロジャーズの来談者中心療法と精神分析的心理療法との関係とも似ている。「一定の時間を設けて，定期的に同じ部屋で会い，そこでクライエントの心の中にあることを自由に表現してもらい，セラピストがそれを受容し，共感することが治療となる」という考えそのものは，一般的プレイセラピー，来談者中心療法，そして精神分析的心理療法において大枠共通した考えと言えるだろう。子どもの精神分析的心理療法も，そして一般的プレイセラピーも，遊びが子どもの心を表現する最適の媒体であると見る点は共通する。

　精神分析的プレイセラピーが一般的なものと異なってくるのは，設定，介入，過程のとらえ方など，その方法論がより厳密なところにあると考えられる。一般的プレイセラピーでは，「子どもは遊ぶことで自己治癒力を発揮する」と漠然ととらえ，セラピストは子どもと「ラポール」を築き，元気に遊べるように手助けすることが仕事であると，大雑把にとらえられがちのようである。

　これに対して精神分析的プレイセラピーでは，先に述べたように，子どもの考える力，すなわち内省力を育むことが目的である。その背景には，内省力こそ，子どもの自己治癒力の中核であるという認識がある。そして，子どもの考える力を培うには，セラピスト自身が考えることができなければなら

ない。精神分析的心理療法の厳密な方法論は，セラピストが，子どもの心理学的な問題をとらえ，それについて考えやすくするための工夫と言ってよいだろう。

　子どもの心理学的な問題は，主に手続き記憶として，その子どもの持つ関係性の中に具現化される。それが転移と逆転移である。このようなわけで，精神分析の方法論は，この転移と逆転移をセラピストがとらえ，考えやすくし，そして子どもが考える力を育んでいける（自己治癒力を伸ばす）ためのものとも言えよう。

　以上が，一般的なプレイセラピーと精神分析的心理療法の本質的とも言える相違であるが，これと関連した実際的な違いで特徴的なものとして，アセスメントと生活担当職員との連携が挙げられる。私の印象では，一般的プレイセラピーではいきなりセラピーを始め，アセスメントや見立てはあまり重視されないようであるが，精神分析的心理療法では，本書の後の章（特に第11章）で論じられるように，アセスメントを重視する。心理療法が適応かどうか，子どもの心理学的問題はどのようなものか，どのような転移と逆転移が予想されるか，介入の方向性はどのようなものが的確か，などについて一定の定式化を試みる。もちろんこれは仮説であって，実際の心理療法過程を通じて，修正もしくは発展していくべきものである。

　また，一般的プレイセラピーでは，子どものセラピストは，セラピーの中で起こっていることをいっさい生活担当職員に話してはいけない，という考えを持つ人は少なくないようである。精神分析的アプローチでは，生活担当職員など，子どものケアのネットワークの中で理解を共有することがとても大切だと考えるので，そうしたことはない。子どものプライバシー，そして治療関係のプライバシーに配慮しつつも，治療関係を「密室化」するのではなく，そこで起こっていることのエッセンスを，子どものケアに携わる他の人々と共有することを試みる。と同時に，子どもと関わる生活担当職員や他の大人の子ども理解から，セラピーの中での自分の理解を修正したり補足したりする。

　こうした協働関係という文脈の中で，常に子どもの仮説的理解，そして治療関係についての仮説的理解を築き上げ，さらにその妥当性を吟味して必要に応じて修正していくという作業をし続けるのが，精神分析的心理療法の基本的な考えである。

煎じ詰めれば，精神分析的心理療法は，こうした不利な養育経験をした子どもたちに，新しい対象との関わりの経験を提供することと言えるだろう。精神分析的心理療法においては，それは漠然とした「愛情」というよりも，子どもの気持ちを深く共感的に理解しようとすることに方向づけられていると言えるし，また子どもがそうした対象との間のつながりを通じて，より広い世界につながっていけるような力を培うように目論まれているとも言える。その基本的な方法論が，精神分析的設定である。

2．子どもの精神分析的心理療法の設定

　上述したように，精神分析的心理療法は方法論を重視するアプローチであり，その中心に「設定」の考えがある。精神分析的設定の目的は，子ども，そして治療者の，考える営みを支える構造を作り上げ，維持することであると言えるし，転移と逆転移を収集し，そこで展開していく「器（container）」を作るとも言えるだろう。

　子どもの精神分析的心理療法の設定の考えは，クライン（Klein, 1955）によって考案されたものとは別に，アンナ・フロイトの流れもあるが，現在，英国では両者の実質的な相違は認めにくく，ほぼ共通のスタンダードが成り立っている状況である。このことは，英国の子どもの精神分析的心理療法を包括的に紹介している『児童青年心理療法ハンドブック』（Lanyado & Horne, 2009）を読んでいただければおわかりいただけるだろう。

　既述したように，この設定もしくは「やり方」が，一般的なプレイセラピーと精神分析的心理療法を隔てる一番目立つ部分である。ここでは設定について便宜的に外的設定と内的設定を分けて，その概略を述べていく。

1）外的設定

　これは，一般的プレイセラピーでは「枠」と呼ばれているものに相当する。1週間のうちの決められた曜日と時間に50分なり45分，同じ部屋で出会い続ける，ということがまず挙げられる。精神分析的心理療法においては，頻度は週1回とは限らず，週2回や3回，さらにそれ以上の頻度でも行われる。セラピーの行われる部屋は，精神分析的心理療法の場合，6～10畳程度の普通の面接室を用いる。家具は，テーブル，セラピストと子どもが座

るための椅子が置かれているだけの，シンプルなものが望ましい。ほかに寝椅子を置く場合もある。玩具は，ゲーム類や特定の遊び方を示唆するものを避け，象徴的表現を促すような玩具（家族人形，動物のフィギュア，ミニカー，描画道具，はさみ，糊，セロハンテープ，折り紙など）を中心に，できるだけそれぞれの子ども専用のものを用意した玩具箱に入れておく。作ったものは置いて帰るのが原則であり，それらは専用の玩具箱などに入れておく。片づけを，時間内に子どもと一緒にセラピストが行う。

　以上が概略であるが，子ども専用の玩具を用意すること以外に一般的プレイセラピーと一番大きく異なるのが，セラピストは基本的に同じ椅子に座り，起こっていることを観察する姿勢をできるだけ維持するという点であろう。子どもと遊ぶことが基本と考えられている一般的プレイセラピーの場合，セラピストは子どもと走り回ったりして，同じ椅子にじっと座って見ているということは推奨されない。これに伴い，一般的プレイセラピーの場合，服装も体操服を着ていたりするが，精神分析的プレイセラピーでは，むしろ通常大人が着る服を着ることが望ましいとされる。「大人は大人らしく」し，「子どもをよく見て，起こっていることを考え続ける」一人の大人との関係を子どもに提供している，というのが基本的な考えである。これは大人が子どものように遊ぶことが望ましいと思われがちな一般的プレイセラピーの考えと決定的に異なる点であろう。

　こうした設定を形だけ実行すれば精神分析的になるというわけでもないし，実際その種の付け焼き刃では，特に施設の子どもの心理療法には太刀打ちできないであろう。このような設定を十全に活用するには，なぜそれをしているのか，それはどういう意義があるのかが，セラピストの中で明確になっている必要がある。そしてそれらはすべて，セラピストの内的設定＝分析的態度／スタンスと有機的につながることで初めて意味を持ってくるし，また実践的に活用できるのである。

2）内的設定

　内的設定の中核には，分析的態度，そして分析的スタンスと呼ばれるものがある。これは先に述べてきたように，子ども，そして子どもと自分自身，さらに自分自身の心の中で起こっていることをよく見て，それについて考え

続けようという態度やスタンスを指すと言える。以下に，相互に関連する，その具体的な側面を挙げていこう。

① **子どもへの共感的理解——情緒経験を保持し，考え続けること，特に投影を受け止め保持すること**

　精神分析的態度の本質は，子どもの心のありのままの姿に関心を持ち，それについて考えていこうとする態度，と言うことができよう。それには二つの大きな困難が生じる。一つは，心理療法の中で子どもが苦痛な情緒を経験しそうになったとき，もう一つはセラピストのほうが，子どもとの関わりで自分の心の中に苦痛な情緒を掻き立てられるときである。

　心理療法は，不必要に子どもに苦痛な経験をさせるべきではないことは明らかであるが，そもそも苦痛な経験をしてきており，それが心の中にあることで，子どもにとって必要な内省機能が十分に働いていない場合に，治療関係の中でそのような苦痛な情緒を再体験するのは避けがたいだけでなく，必要なことと言えよう。実際には，こうした苦痛な情緒はまずセラピストに投影され，セラピストが逆転移の中でそうした耐え難い，もしくは考えることが難しい，苦痛な情緒を掻き立てられる。精神分析的心理療法においてセラピストは，子どものこうした苦痛な情緒の投影を受け止めて，受容器として自らの心をいわば提供する側面がある。精神分析的心理療法において，子どもの理解はしばしば逆転移経験を十全にしていくことを通じて成し遂げられるという点で，最も深い意味での共感的理解を目指すアプローチと言えるかもしれない。

　転移の理解も，逆転移の理解を基盤にして行うと考えてよいが，それが主観的な独り善がりにならないためには，子どもの言葉や遊びの表現，振る舞いなど，観察したことと照らし合わせて検討する必要がある。これをヒンシェルウッド（Hinshelwood, 2016）は三角測量法になぞらえているが，逆転移の理解に基づく考えは，観察した子どもの「素材」と必ず照らし合わせてその妥当性を検証していく必要がある。そうした意味で，分析的態度において，観察はきわめて重要なのである。

② **精神分析的観察——自分と子どもとの間に起こっていることをよく見ること**

　精神分析的心理療法において，セラピストは，子どもの経験世界そのもの

を共感的に理解することを目指すわけであるが，そのためにまず，子どもが何を言い，何を遊びで表現し，治療関係の中でどのようなやり取りが生じているのか，治療者が五感でとらえていき，それを言葉で記録していく必要がある。それとともに，五感でとらえられない「感じ」にも，注目する必要がある。「何とも言えない不快感」「居心地の悪さ」「味気ない感じ」「苛立ち」などの「感じ」は，しばしば無意識的過程の中でその子どものある特徴，そして転移逆転移の重要な局面をとらえていることが多い。

　先に述べたように，セラピストが暫定的に持つ理解は，常にこの観察事実に突き合わせる必要がある。このように常に〈見たまま，聞いたまま，感じたまま〉，つまり自分が知る限りでの事実に立ち戻り，自分自身の見方や考えを修正する姿勢こそが現実吟味の重要な部分であり，内省機能の中核的要素であり，セラピストが，このような現実吟味の具体的な営みを子どもに示していくことが，子どもの現実吟味の力，すなわち経験から学ぶ力を育むことにつながると考えられる。

③ 理解し，解釈していくこと——その分析的設定としての意味

　ここまで，精神分析的心理療法は子どもを理解することを主眼とする，と何度も述べてきた。理解することはもちろん，精神分析的態度の根幹をなす。それでは，子どもを理解するというのは，どのような行為を指すのであろうか。私は，理解することは二種類の仕方があると便宜的に考える。一つは情緒的な理解と言えるものであり，その本質はビオン（Bion, 1962）が述べているような意味で，「夢を見ること」である。ビオンは，本章でここまで述べてきた内省機能の基盤は，α機能と呼ぶ象徴機能であるとしている。つまりそれは，生の感覚要素（β要素）を夢の素材になるようなα要素に変換する機能であり，α要素が集まって意識化可能な「夢思考」が生じるとしている。

　赤ん坊は，当初自分自身ではこのα機能を遂行することができず，母親に生の感覚要素であるβ要素を「投影」する。つまり，泣いたりすることで，母親に赤ん坊が喚起したい情動を喚起する。母親は，自分の中に喚起された情動がどのようなものか考えることで，赤ん坊にとって意味のある応答をしていける。このとき母親は，生の感覚経験を心理的に意味のある経験に変換しているという点で，「α機能を赤ん坊のために遂行している」と表現でき

る。こうしたやり取りを経験するうちに，赤ん坊は自らこの α 機能を遂行できるようになる。

　さらにビオンは，この α 機能の働きを観察できるのは，夢思考であるとしている。この場合の「夢」活動は，睡眠時に限定されるものを指しているのではなく，覚醒時にも常に行われている経験の意味づけ作用と言ってよいだろう。精神分析的心理療法で，セラピストが「子どもを理解することを目指す」とか「子どものことを考えていく」と言った場合，まず大切なのは以上のような意味で，セラピストが「子どもの夢を見ること」と言ってよいだろう。夢思考の水準こそ，精神分析の共感的理解のエッセンスなのである。

　とはいえ，このような「夢水準」理解だけで済ますのは，いわゆる「乱暴な分析（wild analysis）」の危険性が付きまとうだけでなく，健全な現実吟味に基づく思考とも言えない。実際に理解を立ち上げる際に重要なのは，やはり観察した子どもの表現や治療関係に起こってきたことであり，それらの間に見られるパターンやつながりから類推できること，さらに精神分析理論，そしてこれまでのセラピストの経験などに依拠して推測できる理解も重要になる。そして目指すのは，これらが「夢水準」の理解と一致することである。

　このようにして立ち上げていく理解はほとんどが仮説であり，暫定的理解であり，それを適切なタイミングで言葉にして子どもに伝えることが，精神分析的心理療法においてきわめて重要である。解釈と呼ばれるこの介入は，しばしば魔術的，万能的で，特別のもののようにとらえられがちであるが，本質的には，「コミュニケーションを通じて子どもの内省機能を育む」という考えの一環であることを，よく理解する必要がある。日本の臨床家のなかには，「子どもに解釈するなんてできない」と言う人がまれならず見受けられるが，解釈と呼んでいるものは，子どもと子どもの気持ちについてコミュニケーションすること，つまり対話をしていく試みであることを想起していただきたい。そして，先の調査研究のところで述べたように，アタッチメント研究などでは，0歳代の赤ん坊に赤ん坊の気持ちを推し量った言葉かけをすることが，安定したアタッチメント形成に重要な役割を果たしていることが示唆されているのである（Meins et al., 2001）。

　「言葉でセラピストの理解を伝える」という解釈行為の意味については，別の重要な含みがある。それは，セラピストの理解が適切かどうか，子ども

に問いかけているところがある。しばしば，解釈の妥当性については極端な話，子どもが「そうだよ」と言わないと妥当ではないと思われがちであるが，それはそうではなく，クライン（Klein, 1932）が示し，ヒンシェルウッド（Hinshelwood, 1994）が明らかにしたように，解釈に対して，その内容を深めたり発展させたりするような主題を示す遊びを子どもがするならば，その解釈は妥当であったと考えられる。つまり，この場合の解釈や理解の妥当性は，それに対して子どもが同意するか否かではなく，子どもの心に響き，その主題を深めたり発展させたりする反応があるかどうかで，判断されるのである*1。

　以上のように，セラピストによる解釈は，それへの子どもの反応性でその妥当性が検証され，その検証の仕方は，解釈がさらにその主題を発展させるような反応を子どもが生み出すのにつながっているかどうか，というわけである。このように見ると，精神分析的心理療法において「考えること」というのは，本質的に「対話を通じた終わりなき営み」であると理解できる。内省，そして自己分析の営みは，終わることのない対話的思考がその基盤なのである。

　精神分析的心理療法の初期においてセラピストが解釈していくということは，子どもに，心理療法状況は上記のようなものであること，つまり「自分のことを考え続け，それを言葉にして話してくれる存在がいること，そしてそれへの自分の応答に注意を払ってくれ，さらにそこから考えていってくれる大人が目の前にいること」を子どもに示すという意味を持つと考えられ，精神分析的設定の不可欠な部分を構成すると思われる。

④ エディプス構造――設定の心理学的意味

　ここまで述べてきた設定は，精神分析的心理療法の場を立ち上げ維持していく，基本的な骨組みと考えてよいだろう。子どものことを考えるための一定の枠組みを，子どもを取り巻く大人たちの社会的合意のもとに作り出し，それなりに長い期間それを維持すること，セラピスト自身の心の状態をその子どものために一定期間準備し続けることそのものが持つ心理学的意味を，セラピストが理解しておくことはとても役立つ。

＊1　この点についてのより詳細な議論は，平井（2014）の第10章参照。

分析的設定をつぶさに見ていくと，子どもの気持ちを受容し，抱えていき，包容していく母性的な側面と，関係に一定の制限を設けていく父性的な側面との両面があることがわかる。設定のこうした全体的特性のほかに，セラピストの分析的態度や分析的介入の性質を見ていくと，子どもと一定の距離を保ちながらも子どもを受容し，共感する姿勢が見てとれる。子どもからすれば，セラピストは自分とは異なる独自の大人としての考えを持つこと，そしてそこには他の大人との協働関係が，潜在的にせよ常に存在していることがわかる。このように，分析的設定や分析的態度をとるセラピストは本質的にエディプス構造を持つことを，セラピストは理解しておく必要があろう。

　エディプス構造を子どもが受け入れていくことは，子どもが自分自身の主観性を他の人々と共有していくこと，すなわち，社会の中で自己を実現していくために不可欠の情緒的達成であり，児童養護施設に入所するほとんどの子どもにとって，多大な困難を抱えている領域である[*2]。

　エディプス構造を受け入れることの困難は，設定つまり「枠」破りの問題として表現される。外的な設定の問題としては，時間や場所などに関する制限的な「枠」破りの問題が挙げられる。内的な設定の問題としては，一定距離を持って子どものことをよく見て自分の考えを持ち，解釈していくというスタンスを放棄し，子どもとの距離を持てなくなること，そして解釈的なスタンスだけでなく，中立性や観察のスタンスも放棄してしまうことなどがしばしば起こりうる。その際，父性的，制限的な動きをすることは，悪い父親もしくは悪い母親になることと同じように感じられているかもしれない。しかし，実際はこうした制限的もしくは父性的な動きは，心理療法の関係を持続可能にし，さらに子どもが心理療法外の世界に向けて成長していけるつながりを作っていっているということを，理解する必要がある。つまり，精神分析的心理療法の設定は，健全な家庭が子どもを育てていくために整えている「設定」と，本質的には同じ要素から成っているのである。こう理解して

[*2] 人は社会参加することで自己実現をしていくわけだが，既述したトレヴァーセンが指摘するように，それは本質的に間主観性／相互主体性の中に入っていくことを意味する。私は別のところ（平井〈2014〉の第11章）で，こうした視点から子どもの精神分析的心理療法を論じている。また，間主観性／相互主体性ゲームという概念も提起している（平井，2016）。

みると，健全な家庭に恵まれず破綻家庭で育った子どもたちの多くが心理療法の設定を壊してしまう動きは必然であり，しばしばそれは逆転移上の主要な問題となりうる（第10章参照）。

3. 子どもの精神分析的心理療法の治療過程

1）転移と逆転移

　ここまで述べてきたように，精神分析的心理療法は，分析的設定を設けることにより，子どもの心理学的問題を分析状況の中に集め，考えやすくする。子どもの心理学的問題は，関係性の中で具現化される。つまり，子どもとセラピストとの関係性，転移と逆転移という形で表現される。精神分析の治療機序に関するフロイトの基本的な考えは，神経症は分析状況では転移神経症となり，治療の焦点は転移神経症の克服となるというものであったが，基本的には今日でもこの考えに大きな変更はないと言ってよいだろう。

　こうした大きな枠組みの変更はないものの，具体的に転移という言葉で何を指すのかについては，フロイト以降大きく変わってきている。その原動力になったのがクラインの仕事である。クラインは，子どもは心の中にさまざまな関係性（対象関係）を持っており，その総体がその子どものパーソナリティの内実であるという考えに立っており，彼女にとって転移は，そうした内的な関係性が外側の関係性に具現化することを意味していた。つまり，内的対象関係が外側の対象に投影されるのが転移と考えられた。このとき，転移は，子どもがセラピストを特定の見方で見るというだけでなく，特定の仕方で関わり，特定の仕方で振る舞う（「転移の中での行動化」）ことも指す。この最後の特定の仕方での振る舞いは，言語化されたり，遊びの中で表現されたりしていないものであり，セラピストが，子どもの振る舞いやそれが自分に及ぼす影響を検討することで把握される必要のある，いわば象徴化されていない転移の側面であると言える。子どもの心理学的問題が深刻なものであればあるほど，この水準での転移の把握が大切になってくる。

　また，クラインは全体状況という概念で，転移は，たとえば母親への特定の見方をセラピストに投影するというだけでなく，特定の関係性，つまり対象の見方，対象との関係のあり方，不安や防衛など全体が転移されることを

指摘した。さらに，プレイセラピーの場合，セラピストだけでなく，玩具や部屋全体などへの転移という視点も重要になってくることも示唆している。クライン派の考えでは，子どもの自我の基盤になるのは，良い乳房対象である。これをビオン的に言い換えれば，考える対象であり，そうした良い考える「乳房対象」との新しいつながりの経験は，精神分析的心理療法が子どもに提供するものである。ここで「乳房」対象と呼んでいるのは，乳児的水準の経験であることを強調するためである。

　このようなわけで，クライン派の視点では，乳児水準での転移に特に注目し，子どもの心の排泄の受け手として（「トイレ乳房」），そして子どもの心に栄養を与えてくれる「授乳する乳房」との転移経験を重視する。メルツァー（Meltzer, 1967）が明らかにしたように，子どもの心理療法過程においては，最初は「トイレ乳房」の側面が主であり，次第に「授乳する乳房」の側面がセッションに現れてくる。転移のこうした局面をとらえることが，いわば象徴的「生き直し」としての精神分析的心理療法過程を統括する役割にあるセラピストにとって，とても重要である。

　さて，転移は内的対象関係（の全体状況）の投影を通した治療状況への外在化であると，クラインの仕事を通じて理解されるようになったわけだが，その後，投影は，投影されるものにも影響を与えると理解されるようになっていった。投影同一化として概念化されるようになったこの新しい考えに立てば，転移は必ず逆転移を引き起こし，転移は逆転移とセットでとらえる必要があると見なす必要が出てくる。治療状況では，子どもの転移は必ずセラピストの逆転移を引き起こすということになる。治療関係における，このような理解の深化に伴い，転移の理解は，逆転移の把握を基盤にする必要があるということ，また子どもの経験世界の理解そのものはセラピストが心理療法過程の中で感じていること，すなわち逆転移に基づく必要があると認識されるようになっていった。もちろん，先に述べたように，こうしたセラピストの主観的感情に基づいた「理解」は，子どもが心理療法の中で表現する言葉や遊びの中身や行動観察などの「客観的証拠」と，照合していく必要がある（Hinshelwood, 2016）。

　今日では，精神分析的心理療法の治療作用の本質は，子どもからさまざまな投影を受け，考えられなくなるなかで考えていこうとする姿勢そのもの

が，子どもに新しい「考える大人」との接触経験を提供し，それそのものが子どもが内省し，コミュニケーションしていこうという動機を高め，健全な情緒発達の力を培っていくという見方が優勢になってきている。こうした精神分析的心理療法の治療機序の新しい考えの基盤となっていったのが，ビオンのコンテインメントの考えである（Bion, 1962）。

　施設の子どもとの心理療法の場合，この考えられなくなるという逆転移の問題はしばしば深刻になり，逆転移神経症というべき機能不全状態になるか，最悪何らかの形で，子どもが元々持っていた虐待的もしくは歪んだ親子関係の実演に陥ってしまう危険性がある。それはしばしば，精神分析的な枠組みを逸脱するという形をとり，さらにそれを合理化するようになりがちである。しかし，逆に何らかの形でこうした逆転移の行動化に陥らず，心理療法過程の進展が難しいことも多い。

2）解釈

　クライン派対象関係論の流れの中で，治療的介入の原理は，ストレイチーが論じた「変容惹起性解釈」論に集約される（Strachey, 1934）。それは，セラピストは今ここでの治療関係の中で，子どもがセラピストのことをどう見ているかを指摘することで，子どもは実際のセラピストの姿と，子どもが過去から引きずっている対象イメージとの相違に気づき，それを修正していくのに役立つというものである。つまり，解釈的介入の中核は，今ここでの転移解釈であるという考えである。その後のクライン派の展開の中で，転移解釈についてはこうした単純な考えだけでは十分ではないことは気づかれていき，対象だけではなく自己についても注目する必要があること，また分裂や投影についても見ていく必要があると理解されてきている（Rosenfeld, 1972）が，基本原理としてはその有効性は認められ続けている。

　ロスは，大人との分析において転移解釈を，①転移外解釈，②非特異的転移解釈，③今ここでの特異的転移解釈，④実演の理解に基づいた，今ここでの特異的転移解釈転移外解釈，という四つの水準で実践されていることを示唆している（Roth, 2004）。

　子どもの精神分析的心理療法においては，大人の心理療法とはいくつかの点で事情は異なるが，概ね類似した点を指摘すると，まず，①の転移外解釈

に相当するものとして，子どもの遊びの素材や子どもの言葉，子どもの振る舞いから，そこにどのような子どもの気持ちが表現されているかに言及する解釈がある。たとえば，人形遊びで，「お母さん人形が，食事を作るが子どもには与えずに自分で食べてしまう」という遊びをするときに，「その子はお母さんにとても腹を立てているかもしれないね」といった解釈である。これに対して，「あなたも私がセラピーを休みにする時はこういうふうに欲しいものをくれないお母さんみたいに感じて，私に腹を立ててるのかもしれないね」と解釈するのは，非特異的な転移解釈に相当する。

　週1回の心理療法の場合，③や④の解釈は困難であるが，セッションの中で子どもの心の動きを，治療関係の中でどのようなことが起こっているかという理解の水準では大変重要である。たとえば，上記の人形遊びは，今ここでの関係性の中で，常にセラピストが肝心なものは自分に与えてくれず，見ているだけのように子どもが感じていることの表現かもしれない。あるいは，セラピストは実は，その子どもがいつも一人で遊んでおり，この瞬間も，自分が仲間外れにされてひもじい思いをさせられていることと関わるかもしれない，という理解である。

　施設で出会う子どもとの心理療法の場合，ここまで述べてきたような解釈だけでは，子どもと接触することは難しい場合が多い。多くの子どもは自分自身の気持ちを受け止められるというよりも，大人の気持ちのはけ口にされてきた経験しかない場合が多い。こうした場合，セラピストが子どもについて何か言えば，それは子どもを攻撃したり，子どもに気持ちをぶつけたりしていると受け止められるだけの場合が多い。また，そもそも言葉が，共感的理解を伝えるコミュニケーションとして用いられる経験がほとんどなく，主に命令や非難，罵倒として用いられる経験しかない子どもに，どのような言葉を用いていったらいいか考えていく必要がある。

　現代クライン派では，子どもに投影の機会を与え，そして受け止めた投影を一定期間担い続けることの重要性が，既述したコンテインメントの考えから強調される。こうした視点で，子どもを中心にした解釈ではなく，セラピストを中心にした解釈が頻繁に用いられる（Steiner, 1993）。たとえば，子どもがセラピストの見えないところで描画をし続けるような局面で，「あなたは自分の気持ちを先生に見せたくないんだね」ではなく，「先生は，何を

やっているかわからず待たされる気持ちを味わうことになっているんだね」などと解釈するのである。

　さらに、こうしたいわゆる一定の込み入った心理学的理解を伝えるような解釈ではなく、子どものやっていることをそのまま記述する解釈も重要である（Alvarez, 2012）。たとえば、先の人形遊びの例であれば、「お母さんは子どもにご飯をあげずに、自分だけで食べてしまうんだね」と見たとおりのことを伝える。さらに、「子どもはとてもお腹がすいて辛いかもしれないね」と付け加えるかもしれない。また、子どもの様子から、「今日はとてもイライラしているように思うんだけど」などと言うかもしれない。これらはすべて、セラピストが見て、聞いたことを記述するか、それに関して思ったことを話すことで、セラピストが子どもの気持ちに関心を向けていることを示すという働きがある。

　また、施設の子どものなかには、後述するように自閉スペクトラムとして分類されるような特徴を持つ子どももたくさんいる。こうした子どもたちは、ほとんど象徴的な遊びができないか、情緒的に貧困な遊びしかできない場合が多い。そのような場合、子どもの乏しい遊びの表現の情緒性を、セラピストが拡充することも必要になってくる。たとえば、ビー玉を互いに落とし合う遊びを子どもがしている場合、落とされるビー玉の気持ちをセラピストが代弁したり、落とす気持ちを代弁したりすることである[*3]。

3）分離不安

　人は、依存を通じて次第に一人の人としての個を確立し、自立していけるようになると、精神分析では考える。その際に、自分のことを考えてくれる対象の経験を心の中に内在化し、自分で考えていけるようになることが必須である。この内在化の過程において決定的に重要なのが、対象の不在の経験、すなわち分離の経験であり、分離不安とどう折り合いをつけていくかである。したがって、精神分析的心理療法においては、長期の休み（2～4週間の休み）は必須であると考え、長期の休みをめぐる子どもの不安に注目し、それを取り上げ、一緒に考えていける経験を提供することが、子どもが

＊3　このような技法について、私は拡充技法として論じたことがある（平井, 2011, 第11章参照）。また、本書の第6章および第9章でその具体的な例を示している。

自分で考えていける基盤作りになると理解する。

　クラインに従えば，この分離不安は，抑うつ不安，迫害不安に分類される。それぞれ，セラピストが死んでしまうのではないかという不安，見捨てられてしまうのではないかという不安として現れるものを指す。さらに，トラウマ性の不安や精神病的不安，自閉性の不安なども加えてよいだろう。施設の子どもの多くは，長期の休みには強烈に反応し，トラウマ性の記憶が喚起されたり，非常に迫害的になるか，自分がまったく忘れ去られ存在しなくなるような不安を持ったりしがちである。クライン派の技法として，よく不安を解釈すると言われるが，こうした子どもに分離不安を「休みの後に先生にはもう会えないと心配になるんだね」と正面から扱うと，子どもをさらに不安に陥らせるだけの場合も多い。したがって，たとえば「休みの後も先生に会えると思えないんだね」などと解釈することが，賢明であるかもしれない（Alvarez, 1992）。

4）実演とコンテインメント

　精神分析的心理療法は，子どもに自身の内面のさまざまな側面，特に非常に困難な関係経験をセラピストに投影することを促す構造を備えている。セラピストの課題は，これを逆転移の中でとらえ，子どもが受け止められるような形にして解釈として返していくことが望まれる。しかし実際は，特に施設の子どもの場合，これはしばしば困難であり，セラピストは心理療法場面で知らず知らずのうちに動かされ，子どもの持ち込んだ対象関係の一翼を担ってしまう圧力，すなわち実演へと向かう圧力にさらされる。

　このような局面でセラピストがバランスを回復し，考えていけるためには，自分自身の内面にある育てられ経験に基づく内的対象や，個人分析やセラピー経験に基づく「何か」，さらに心の中のスーパーバイザー（Casement, 1985）からの支えが重要になってくるとともに，実際のスーパービジョンや事例検討会での支え，そして施設職員との話し合いや協力が重要になってくる。また，セラピストのプライベートな生活の中での支えも，実のところ，セラピストが「まっとうな感覚」を回復するうえでとても重要かもしれない。

　ビオンのコンテインメント論は，子どもの心理療法は，子どもが自分の心理学的問題を洞察することのみが治療ではないし，セラピストが子どもを正

確に理解し解釈することだけが大切ではなく，セラピストが，自分自身の経験を伝え続けようとする子どもに応答し続けること，そして周りの大人と協働関係を持つことでそれを成し遂げようとすることの総体が，治療的作用を持つことを示唆している。

4. 精神分析的方法論

最後に，精神分析的心理療法が方法論的に洗練されていることによるメリットを挙げておきたい。それは，プレイルームを実験室として見る枠組みを提供しており，このため実証科学的な知識の蓄積を可能にしており，現にそうして蓄積された知識を参照できる（Rustin, 2009, 蓄積された知識の例としては，Boston & Szur, 1983; Lanyado & Horne, 2009）。こうした知識の蓄積は，臨床家としてその実践の羅針盤となり，大いに役立つ。

■第4節　児童養護施設の子どもの精神分析心理療法実践についての覚え書き

児童養護施設での子どもの精神分析的心理療法実践の実際については，本書の第Ⅱ部で詳しく見ていくので，ここではいくつか基本的な事柄について述べていきたい。

1. 見立てについての覚え書き

アセスメントの重要性については後の章で述べていくが，アセスメントに限定されず，精神分析的心理療法においては，常に子どもや治療関係を見立てていくことがとても大切である。特に，施設で出会う子どもは，私たちセラピストの「常識」的なものの見方とは相当異なる感じ方や考え方を持っていることに留意する必要があり，そうした子どもたちの視点や感じ方の枠組み，世界観や人間観がどのようなものか，大雑把な仮説的な理解を持っていくことはとても役立つ。こうした仮説的理解を通じて子どもの次の言動を予測し，実際の言動を通じて仮説的理解を修正していくという作業を積み重ねるなかで，子どもの理解が深まっていく。

子どもの見立てをする際参照するのは，①子どもの生育歴，②子どもの施

設での生活歴，人間関係，学校での様子など，③心理療法アセスメント（そして心理療法）セッションでの観察，であろう。このなかで最も重要であり，かつ心理療法のみが得られる視点が，③である。③を補完し，かつ心理療法のその後の展開に関する仮説的な予想を立てるのに役立つのが，①である。②は，③と①から子どもの見立てを総合するなかで補完的資料として参考にするとともに，子どもの現在の状態を把握し，今後の適応状態について予測することに役立てる。

　さて，こうしたアセスメント過程を通じて子どもを見立てるわけであるが，施設の子どもの多くは，境界例系か発達障害系かという見方でみていくことは有用である。そのほかに，神経症水準の子ども（虐待経験がないか，あってもその影響がほとんどなく，象徴的な遊びができ，抑うつポジション的な機能状態が概ね見られる子ども）もいなくはないが，大半はこれら二つのどちらかもしくは混合タイプである。近年は，この混合タイプが急増している印象がある。これらの見立ては大雑把なものにすぎないが，先に述べたようにこうした見立てを持つことで子どものコミュニケーションを誤解することは少なくなり，また介入の方針も立てやすく，心理療法過程の見通しも持ちやすくなる。

1）境界例系[*4]

　これに分類される子どもは，先に述べたアタッチメントのDタイプにほぼ対応する。生育歴的には一定の年齢まで親に育てられた経験があるが，虐待経験を伴っている。しばしば，養育者が一定しなかったり不安定であったりするなどの特徴が入手可能な生育歴からも明瞭な場合もあるが，生育歴の記録からは読み取れない不安定さや虐待的経験が，心理療法セッションを通じて現れる「手続きモデル」から推測できることがある。特に，後に詳しく論じる，トラウマ経験の表れととらえられるものに注意を払う必要がある。

　逆に，記録上はひどい養育状況のように見える場合も，心理療法セッションでの転移や遊びの性質から，その子どもが乳幼児期に一定の良い養育的関係を持てていたことが推測できる場合がある。後者の場合，同じ境界例系で

[*4] アルヴァレズ（Alvarez, 2000）が，クライン派対象関係論の立場から境界例児のアセスメントについて論じている。

あっても，心理療法における主題は，「良い対象が修復しようもなく壊れてしまった」という抑うつ不安と，それによって迫害的になるというものである傾向があり，より不安定な養育経験を持つ子どもの，もっと迫害的で猜疑的な主題と異なることに留意する必要がある。

　生育歴を読むときに重要なのは，はっきりとトラウマとわかる出来事だけでなく，そうした可能性を持つ乳幼児期の経験に注意を払うことである。これらは，心理療法過程が進めば，何らかの形でセッションの中で現れてくる可能性が高い。その時に，セラピストに生育歴上の知識があれば，それがトラウマ性のものであることに気づかず誤った理解をしたり，不必要に動揺したりせず，そのトラウマをトラウマとして理解し，「コンテイン」しやすくなる。

　さて，子どもを境界例系と分類するのは，こうした生育歴を踏まえつつも，セッションでの様子に基づく。いくつかの特徴を列挙すれば，象徴的な遊びはある程度できるが，非常に破壊的か残酷なものである。一番特徴的なのは，赤ん坊や小さな子どもが残酷に扱われるか，大変万能的に大人や怪獣をやっつけるといった遊びをする。親切であったり，助けてくれたり，守ってくれる良い対象はほとんど現れないか，現れても役に立たないか，すぐに悪者に変わってしまう。多くは表面的な遊びか，象徴的な遊びのように見えて一人遊びであったり，一方的にセラピストに従うように要求する「遊び」であったりする。そこで浮かび上がってくるのが，子どもが潜在的にセラピストもしくは心理療法状況に，非常に迫害的もしくは猜疑的になっていることである。子どもは一方的な関係性を押しつけることで，これを防衛しようとするのが通常である。これに従っている限り，子どもの被害的，迫害的な不安は前面には出てこないが，セラピストが分析的設定を守り，分析的態度を維持しようとすると，子どものこの迫害不安や被害的不安が浮上し，多くは閉所恐怖という形で現れ，子どもは部屋の外に出たがる。こうした閉所恐怖は，このような子どもが自分の主体性や主観性，つまり一人の人間としての自分の気持ちを大切にされないような関係性の中に閉じ込められることを，極度に恐れていることの表れと理解できるが，逆にこれがこのような子どもの「手続きモデル」，関係性のモデルになっており，一方的で虐待的な関係を持ちがちであることの表れと理解する必要がある。

このような，子どものセッションでの振る舞いを細かく見ていくと，かなり頻繁に遊びの流れが急に変わったり，唐突に別の主題に移ったり，随所に何がしたいのかわからなくなる局面があることに気づかされる。つまり，遊びや気持ちの流れの筋道が寸断されたり，途切れたりしがちなことがわかる。これらは，こうした子どもたちは自分が何を意図し，何をしようとしているか維持できなくなる局面があることを示唆しており，主観性や主体性，そして自己感が脆弱であることが見てとれる。このような子どもがセラピストに対して居丈高に命令したり，攻撃的になったりするのは，それがそうした対人関係場面での弱さに対処しうる唯一のやり方と感じられているからであると理解できる。こうした主観性や主体性，そして自己感の脆弱さを，極端に低い自己評価とともに自己の病理と見ることは，こうした子どもの振る舞いを理解するうえで役に立つ。

　この分類群のもう一つの重要な特徴は，こうした子どもたちは関わる力，特に投影同一化を通じてセラピストの心を動かす力が，しばしばとても強いことである。そのためセラピストは，セッション中あるいはセッション後に，強く心を動かされたり動揺したりしがちである。そして，場合によっては，セラピストに「逆転移神経症」と呼んでよいような混乱状態を引き起こすかもしれない。

　こうした子どもとの心理療法の見通しは，心理療法の設定や枠組み，セラピストの分析的態度やスタンスに対して，子どもがそれを迫害的もしくは被害的に受け止め，破壊的になる状態が予測される。心理療法の仕事は，子どもの主観性や主体性の脆弱さを理解し，少しずつ子どもがそうした枠組みが実りある関係性を作り，発展させるために役立つことを学んでいく手助けをしていくことになると予測できる。この分類群は，激しい投影同一化をセラピストに向け，歪んだ関係性を持ち込んでくるので，セラピストに逆転移上の困難を最も引き起こしやすい。

２）発達障害系

　この分類に当てはまる子どもの多くは，乳児期から乳児院で育てられたか，親に育てられていても酷いネグレクト経験を持っている。さらに，この分類群の子どもは周りの大人に訴え，心に残っていく力が弱いので，「記録」

として特筆するものがほとんどない場合もまれではない。

　発達障害系に分類される子どもは，心理療法セッションの中で象徴的な遊びはほとんどできず，情緒的にもセラピストを動かすような投影同一化も弱く，全体として貧困な内容のセッションが続きがちである。こうした子どもに対しては，先に解釈のところで述べたように，記述的解釈や拡充的な介入が重要になってくる。子どもが，自分には心があり，その心に関心を向ける誰かがそこにいることを見つけ出していく経験をしていくことが，治療的目標になってくる。このタイプの子どもとの心理療法セッションにおいて，セラピストは何も感じず，子どものことが心に残りにくかったりする。さらに，情緒的なことを考えても無駄，といった気持ちもわいてくるのが特徴である。

　こうした子どもの多くは，自閉スペクトラム症に特有の感覚過敏や独特のこだわりなどはあまり見られず，生得的な要因よりも養育環境の影響が大きいと想定される。しかしながら，なかには生得的な自閉傾向を色濃く持っているように見える子どももいる。施設入所児でこのような発達障害系の子どものなかには，人と関わり，情緒をとらえ，伝えることができる潜在的な力が相当ある子どももいれば，そうした潜在力は限定的に見える子どももいる。これに応じて，心理療法への反応性も相当ばらつきがあるように見える。

3）混合型

　このタイプは，しばしば虐待経験が生育歴上認められる。しかし，よく見れば，ネグレクトが大きな部分かもしれない。心理療法セッションでは一見，境界例系の特徴を示すが，全体として一本調子であり，かつ関係性の受け止め方や感じ方が単純で奥行きがないのが特徴である。セッションでセラピストに向かって怒鳴ったり，攻撃的になったりするものの，強い逆転移感情を引き起こすことはない。セラピストは，関係が表層的であるという印象を持ちがちである。つまり，基底には，自閉スペクトラム的な特徴を持ち，象徴的に考えたり，対人関係を作り上げたりしていくのが苦手な側面があると理解することが役立つ。

2. 心理療法についての覚え書き

　ここでは，施設の子どもに心理療法をしていく場合に留意する点を述べていきたい。

1）施設での精神分析的心理療法実践——協働関係アプローチ

　施設にいる子どもは，虐待的な養育経験があるか養育を放棄され，望まずにそこに暮らすようになった子どもたちである。こうした養育経験の最大の特徴は，一方的な関係性経験であると考えられる。先に述べた「境界例」や「発達障害」といった子どもたちの特徴は，相互的互恵的な関係性を通じて自己を実現する，すなわち社会の中で自分の人生を豊かにしていくという道筋から外れていっていることを意味する。

　このことを踏まえれば，こうした子どもたちの心理的援助は，協働関係，そして話し合いを軸にしていく必要があることがわかってくるだろう。一方的に心理療法を始めるのではなく，子どもや生活担当職員と話し合って心理療法を始めていくことはとても大切であるし，また，おりに触れ子どもの担当職員と話し合う機会を設け，心理療法での子どもの様子を子どものプライバシーを侵害することなく伝えたり，子どもの学校や施設での様子を教えてもらったりして，子どもについて一緒に考えていく協働関係を構築していくことが，心理療法を実りあるものにしていくうえで重要である。

2）境界例系の子どもとの心理療法

　このタイプの子どもとの心理療法は，精神分析の文献，特にクライン派の文献で数多く取り上げられてきている。したがって，セラピストはこうした文献を読むことで，知的な準備はある程度できるかもしれない。特に役立つのは，メルツアーが『精神分析過程』（Meltzer, 1967）で指摘している，地理上の混乱という，自己と対象との混同の問題である。この分類群の子どもとの心理療法においては，良いと悪い，自己と対象，大人と子どもといった区別を明確にし，それをごちゃごちゃにしようとする子どもからの圧力に抗う必要があり，そのためにも分析的設定やスタンスを維持することがきわめて重要になってくる。しかし，最も困難な部分は，子どもからの激しい投

影，そして身体的な攻撃や心理的な攻撃を生き残れるか，逆転移の中での無力感や怒りや絶望に対処できるか，であると言えるであろう。役に立ちうる考えをいくつか列挙する。

　まずセラピストは，見立てに基づいて，どのような問題に直面しているか大枠の理解ができていることが役に立つ。それがあれば，子どもがセラピストの気持ちを踏みにじることをしてきたり，あるいは知らず知らずに子どもに対して猜疑心や迫害的な不安を抱いていたりする場合も，それらを否認することなく逆転移に直面でき，分析的スタンスを維持できる。常に，「愛情を与える」ことよりも「考えること」が子どもにとって役立つことを，見失わないことも重要である。それは，満たされる経験や関係性を過小評価することではない。特に，子どもが具体的に赤ん坊のように振る舞ったり，小さな子どものようにママゴト遊びで料理を作り，それを食べることを楽しんだりしたり，哺乳のような振る舞いをしたりすることを子どもが楽しんでいるとき，その意義を軽く見てはならない。それは，先に述べたように，このような子どもが，もう一度脆弱でバラバラになりがちな自己をまとめ上げ直すには，原初的な良い乳房対象とのつながりをしっかりと持つことが不可欠であるからである。つまり，考えることを中心軸に置きつつも，子どもが乳児的転移の中で良い乳房対象と出会い，それとのつながりを十分持つことも大切にしていくスタンスが肝要である。その意味で，陰性転移の扱いや，分離不安の扱いは慎重である必要がある。これらは安易に取り上げることを控えるべきであるが，必要な時にはセラピストはそれに直面し，取り上げることも大切である。陰性転移や子どもの破壊性と見えるものは，主体性を保持する子どもの試みという視点で見直してみると，異なって見える場合も多い。逆にそのように見えるのは，セラピストが，自分自身の自己や主体性が脅かされていると感じていることが背景にあるかもしれない。

　子どもが一見攻撃的，破壊的に振る舞っているように見えるとき，水面下でセラピストにとって新しい理解につながるコミュニケーションがないのか，注意を払うことは大切である。多くの場合，特に子どもが大声でセラピストを非難しているとき，子どもがどのように感じていたか，セラピストに新しい理解を与えてくれることが多い。セラピストは自分に対する攻撃的に見えるところだけに注目しがちであるが，そうしたセラピスト自身の自己愛

の傷つきの面にとらわれず，子どもの言っていることの内容面に満遍なく注意を払うと，思いもかけず多くのことを教えてくれていることがわかることがある。つまり，子どもが破壊的，攻撃的に見えるとき，しばしば心理療法に協働する動きが見てとれるのであり，それを見逃さないことがとても大切である。

3）発達障害系の子どもとの心理療法

　この分類に相当する子どもの大半は，器質的な要因というよりも，ネグレクトを主とする剥奪的な養育経験によって，情緒的な対人関係を持ったり，自分自身の主体性や主観性をしっかりと持ったりすることが難しい，自閉スペクトラムと類似した状態にある。こうした子どもとの心理療法においては，子どもが自分には心があり，それに関心を持つ他者がそこにいるという経験そのものが役に立つので，既述した，子どものしていることをそのまま記述するような解釈が，まず大切になってくる。また，子どもは何らかの遊びをするが，そこに情緒的な意味を見出す他者がいるとは感じていないので，子どもの遊びの情緒的含みを「拡充」するような介入が役立つ[*5]。さらに，このような子どもの分離不安は，セラピストの心に自分が保持されないという不安に，ほとんどの場合集約される。これはしばしば「落ちる」という主題の遊びで表現され，文字どおりセラピストの心から落とされていることとして経験されていると考えられる。このような子どもに対しては，「先生が休みの間，○○君のことを覚えているとは思えないんだね」というタイプの解釈が基本になってくる。

　こうした子どもとの心理療法で重要なのは，境界例系の子どもとは異なり，彼らが間主観性／相互主体性ゲームをプレイするうえでの「できなさ」や「もろさ」が中心的な問題である，という認識を持つことである。子どもが，自分自身が心を持つこと，すなわち主観性や主体性を持つこと，そうした自分の心や主観性や主体性に関心を持ち，分かち合おうとする別の主観や主体である他者としてセラピストがそこにおり，つながりを深めていけることを手助けするのが心理療法の課題であることを，セラピストが明確に理解

---

　*5　*3（22頁）を参照。

していることは役立つ。

　こうした一見，自閉スペクトラム的，もしくは付着的で表面的な情緒や表現しか見せない子どものなかには，そうしたやり方で虐待的な養育環境やトラウマ的な経験を生き残ってきた場合もあることに注意を要する。とりわけ，このような「自閉的」に見えるやり方で，トラウマ性精神病的不安の出現から保護されている子どももいる。こうした子どもは，心理療法過程を通じてトラウマ性の精神病的不安が出現し，セラピストに対して被害妄想的精神病的転移が生じることもあることには，留意しておいたほうがいいかもしれない。

　また，上述したように，境界例系のように見えて基底には自閉スペクトラム的な問題を抱えている子どもも，その点に留意し，彼らのできなさや感じ方・考え方の特性（極化思考，単純さ，複線思考の困難など）を踏まえて介入していくことが大切であろう。特に，攻撃的に見える振る舞いができなさの表れである場合に，攻撃的・破壊的な衝動の表出ととり違えないことは大切であろう。

4）トラウマの問題

　トラウマを，ビオンのコンテインメントの理論を通じて理解することは役立つ。コンテインメントの理論は，人の心は人とつながり，そして人と人とのつながり（集団や社会）とのつながりを通じて生成する，という考えであると理解できる。こうした人とのつながりは，心の中でのつながりの形成とパラレルであるという考えが，ビオンの♀♂という着想に表現されている（Bion, 1962）。このつながりが心を組織化し，その人の自己を構成していると見てよいだろう。トラウマは，コンテインメントのつながりを壊してしまうような激しい痛みやショックと関わると理解できる。身体的外傷と同じように，その子どもの本来の組織を破壊し，健康な組織に統合されず，それらを脅かしている部分を指すと考えてもよいだろう。

　トラウマ経験のある子どもは，心理療法のセッションの中で，その記憶が何らかの形で表出されると考えられる。このトラウマ性の「記憶」は，上述したようにその子どもの自己組織や主体性を脅かしており，子どもはそのトラウマ性の記憶に脅かされないことにエネルギーを費やすことになってしま

い，情緒的成長が大きく歪められたり制限されてしまったりしている。

　こうした自己組織に統合されず，主体性のコントロールの外にあるトラウマ性の記憶は，セッション中のセラピストの視点からすると，それまでの遊びや行動の流れが突然途切れ，唐突に激しい表現が現れたり，不安状況がどんどんエスカレートして止まらないように見えたりする形になったりする。子どもの表情や雰囲気も急に取り憑かれたように見えたり，変に躁的に笑ったりするかもしれない。多くは，こうした出来事の直前にしていた遊びの内容から，何がこうしたトラウマ性の記憶の出現と関わっているか推測できる。あるいは，長期休みを告げた後や，セッションの終了を気づかされる瞬間も起こりやすい。こうした子どもはたいてい，分離不安との関連でトラウマ的な経験をしていることが背景にある場合が多い。おそらく，このような子どもの親が虐待的行動に出てしまうのも，彼らが分離不安に耐えられないことが根底にあった可能性がある。

　トラウマ性の記憶の表出は，上述したように，唐突さと文脈のそぐわなさにその最大の特徴があるが，なんとか人形遊びや描画，ごっこ遊びという形での表現を伴っていれば，セラピストはその中身を推測し，一定共感的に理解することが可能になる。しかし，多くの場合，特に心理療法の初期には，こうした表現は取られず，突然子どもが遊びをやめ部屋を出て行こうとしたり，一切遊ぶのをやめてしまったり，トイレに行ったりするかもしれない。また，コミュニケーションが突然難しくなったり，セラピストの言っていることを曲解したりするかもしれない。これらの背景に，潜在的なトラウマ性記憶の出現がある場合があることを，セラピストは念頭に置いておいたほうがいいだろう。この極端な形が，トラウマ性の精神病的転移である。突然，部屋が臭いのでとてもいられないと言ったり，セラピストをまるで悪魔を見るように恐れ始め逃げ出したり，攻撃したりする，などである。

　トラウマ経験は通常，解離されているので，セッションの大半で子どもが見せるパーソナリティは，トラウマを受けた部分とほとんどつながっていないかもしれないことにも留意する必要がある。しばしば，深刻なトラウマを受けた子どもは，社交的で表層的なパーソナリティを作り上げ，心理療法でも表面的に楽しく遊ぶことしかしないように見える場合がある。なかには，心理療法過程の中で，多重人格もしくはその萌芽が現れる場合もある。こう

したバラバラさには注意を払うとともに，それらが自己組織を保護し，生き残る方策であることを理解して，場合によっては相当長くバラバラさを尊重しなければならないかもしれない。

　このような，トラウマと関わる子どもとの心理療法を行う場合の逆転移の問題について，若干触れておきたい。セッションでトラウマ性の記憶が出現した時のセラピストの反応は，ショックで何も考えられない，何も言えない，といったものであるのが通常である。この「ショック」の感覚，すなわち強い衝撃を受けているのにどう考えたらいいかわからない，どう言葉で表現したらいいかわからないというものこそ，それがトラウマ性経験であることを示唆している。セラピストはこの経験をフルに受け止めつつも，何らかの応答を子どもにしていくことが大切である。たとえば，子どもがホワイトボードに血の塊に見えるものを延々と描き続けているときに，「それは血だね。血だらけって，とても怖いよね。こんなふうにとても怖い目に遭ったことがあるって，先生に教えてくれているのかな」といったことを伝えるだけでもいいかもしれない。

　大切なのは，この一言でトラウマを「コンテイン」するというよりも，このショッキングな経験を少しでも共に経験しようと努める人がそばにいることに，注意を促すことである。トラウマ性の経験は，少しずつ，徐々にしか「消化」できないし，また身体的外傷と同じく，酷い傷や慢性的な傷が一生何らかの形でパーソナリティに刻印されていくという事実も，否認すべきではないだろう。トラウマ経験はその本質上，関わる人に「見たくない」「知りたくない」という気持ちを強く引き起こす。「自然に治るだろう」という態度もその表れかもしれない。多くの場合，子どものトラウマ経験の表れを，セラピストは見て見ぬふりをしたり，「衝動的な傾向」と矮小化したりして，見ないことを合理化したりしがちである。

5）性的虐待について

　性的虐待の影響は，その性質や子どもの持っている力に応じて，神経症から精神病，学習障害や知的障害など広範である（Trowell, 2000）。しかし，多くは思春期青年期に，境界例水準の自殺企図などの行動化を伴う抑うつ性障害や解離性障害など，重篤な問題を持つようになる。

性的虐待がこのように情緒発達に深刻な悪影響を及ぼしうることについては，いくつかの要因が挙げられるだろう。一つは，こうしたことが起こる親子関係の特徴である。性的虐待をする親は，エディプス構造という社会性の基盤である基本的な境界を破ってしまうという意味で，「まっとうな」感覚を持っていない。さらに，たとえば父親による性的虐待の場合，それを母親が見て見ぬふりをするという問題がある。家族の中で起こっているのに，起こっていないかのように振る舞う家族の中で過ごすことは，子どもの現実検討力を大きく損ねる。子どもは，経験したことを経験しなかったことにされたり，しなければならなかったりすることを，学んでいくからである。もう一つ見過ごしてはならないのは，性的虐待の起こる養育状況は，しばしば背景に日常的なネグレクト状況がある。子どもにとってより問題なのはこのネグレクトであることも多く，性的虐待と見えるものは，そのような無視され，非存在にされている状態から，少しでも相手にされる経験を求めた結果であることも多い。性的虐待だけに注目すると，子どものこの部分のニーズを見過ごしてしまう。

　精神分析的に見た場合，性的虐待が情緒発達に深刻な悪影響を与えるのは，人の社会性と自己感の発達の基盤となるエディプス構造に打撃を与えるからであると思われる。エディプス構造は，両親の性的関係と親子の養育関係との間に，明確な境界が維持されることで成り立つ。この構造をもとに社会が築かれていっているわけであり，これを内在化することで，子どもは「まっとうな」社会的感覚，すなわち「これが本来の関係である」という感覚を持てるようになる。

　性的経験はそれ自体，子どもの幼い心が「消化」しきれない強い興奮を伴い，その意味でトラウマ的な要素を持っており，その経験が過去のものになっても持続的に子どもの心に何らかの形で残りうる。幼少期に性的虐待が起こった場合，その時には何の兆しもなかったのに，何年か後に子どもがその経験の意味を把握することが可能になる基盤ができると，トラウマ性の記憶，すなわちその子どもの自己組織を脅かす記憶となる場合もある。アルヴァレズが論じているように（Alvarez, 1992），こうした記憶は，一挙に想起して「癒やす」ことは不可能どころか有害かもしれず，そのさまざまな側面を少しずつ心理療法の中で扱っていくことが大切であるし，慢性的な深刻

な性的虐待を経験した子どもの場合，性的でない経験，潜伏期的な抑圧ができることは，一定の発達的進展かもしれない。もちろん，反対に見て見ぬ振りをすることに加担してしまう圧力もとても強いことにも，留意しなければならないだろう。

■第5節　おわりに

　精神分析的心理療法のエッセンスは，セラピストが，こうした耐え難い痛みを伴う経験を持つ子どもの経験に接近し，その一部を分かち合い，応答していくことにあると言える。そのことを通じて子どもが，考えることのできる人のつながり（間主観性／相互主体性ゲーム〈平井，2016〉）の中に自分の経験を位置づけ，その中で「プレイ」することを学ぶ手助けをする。

　ここまで述べてきたように，この仕事の要はセラピストの逆転移経験であり，セラピストが子どもの苦痛に満ちた経験を担うことにある。こうした経験は，しばしばセラピストにとって耐え難く，非常に防衛的になったり，何らかの行動化をしたりするかもしれない。あるいは，心身症的反応を起こしたり，うつ病になったりするかもしれない。これらを考慮すれば，この仕事を遂行していくためには，スーパービジョンや事例検討会の支えは必須であるだけでなく，セラピスト自身が分析や心理療法を受けることが必要と言えるだろう。

[文献]

Ainsworth, M. D. S., Blehar, M. C., Waters, E., & Wall, S. (1978). *Patterns of attachment: A psychological study of the strange situation*. Oxford, England: Lawrence Erlbaum.

Alvarez, A. (1992). *Live company: Psychoanalytic psychotherapy with autistic, borderline, deprived and abused children*. London: Routledge. （千原雅代・中川純子・平井正三（訳）（2002）．こころの再生を求めて――ポスト・クライン派による子どもの心理療法．岩崎学術出版社）

Alvarez, A. (2000). Borderline Children: Differentiating disturbance and deficit. In M. Rustin & E. Quagliata (Eds.), *Assessment in child psychotherapy*. Duckworth. （木部則雄（監訳）（2007）．こどものこころのアセスメント――乳幼児から思春期の精神分析アプローチ．岩崎学術出版社）

Alvarez, A. (2012). *The thinking heart: Three levels of psychoanalytic therapy with disturbed children*. Hove: Routledge.

Bion, W. R. (1962). *Learning from experience.* London: Heinemann.（福本修（訳）(1999)．経験から学ぶこと．福本修（訳）精神分析の方法Ⅰ．法政大学出版局）

Boston, M. & Szur, R. (Eds.) (1983). *Psychotherapy with severely deprived children.* Routledge & K. Paul.（平井正三・鵜飼奈津子・西村富士子（監訳）(2006)．被虐待児の精神分析的心理療法――タビストック・クリニックのアプローチ．金剛出版）

Casement, P. (1985). *On learning from the patient.* Routledge.（松木邦裕（訳）(1991)．患者から学ぶ――ウィニコットとビオンの臨床応用．岩崎学術出版社）

Fonagy, P., Gergely, G., Jurist, E. L., & Target, M. (2002). *Affect regulation, mentalization, and the development of the self.* Other Press.

Fonagy, P., Steele, H., & Steele, M. (1991). Maternal representations of attachment during pregnancy predict the organization of infant-mother attachment at one year of age. *Child Development,* **62**(5), 891-905.

Hinshelwood, R. D. (1994). *Clinical Klein.* London: Free Association Books.（福本修・木部則雄・平井正三（訳）(1999)．クリニカル・クライン――クライン派の源泉から現代的展開まで．誠信書房）

Hinshelwood, R. D. (2016). *Countertransference : An instrument of research.*（皆川英明・小波藏かおる・土岐茂・中甫木くみ子（訳）．講演記録 リサーチの道具としての逆転移．精神分析研究，**60**(3)，278-286.）

平井正三 (2011)．精神分析的心理療法と象徴化――コンテインメントをめぐる臨床思考．岩崎学術出版社．

平井正三 (2014)．精神分析の学びと深まり――内省と観察が支える心理臨床．岩崎学術出版社．

平井正三 (2016)．自閉スペクトラム症への精神分析的アプローチ再考――「間主観性／相互主体性ゲーム」の観点から．福本修・平井正三（編著）．精神分析から見た成人の自閉スペクトラム――中核群から多様な拡がりへ．誠信書房．

Hobson, R. P. (1993). *Autism and the development of mind.* Hillsdale: Lawrence Erlbaum.（木下孝司（監訳）(2000)．自閉症と心の発達――心の理論を越えて．学苑社）

Karen, R. (1994). *Becoming attached: First relationships and how they shape our capacity to love.* New York: Oxford University Press.

Klein, M. (1932). *The writing of Melanie Klein Vol.2. The psychoanalysis of children.* New York, NY: Hogarth Press.（小此木啓吾・岩崎徹也（編訳）．(1997)．メラニークライン著作集2 児童の精神分析．誠信書房）

Klein, M. (1955). The psycho-analytic play technique : Its history and significance. In M. Klein (1975). *The writing of Melanie Klein Vol.3. Envy and gratitude, and other works, 1946-1963.* London: Hogarth Press and the Institute of Psycho-Analysis.（渡辺久子（訳）(1985)．精神分析的遊戯技法――その歴史と意義．小此木啓吾・岩崎徹也（編訳）．メラニー・クライン著作集4 妄想的・分裂的世界（1946-1955）．誠信書房）

小林隆児・鯨岡峻（編著）(2005)．自閉症の関係発達臨床．日本評論社．

Lanyado, M. & Horne, A. (Eds.) (2009). *The handbook of child and adolescent psychotherapy: Psychoanalytic approaches.* New York: Routledge.（平井正三・鵜飼奈津子・脇谷順子（監訳）．NPO 法人子どもの心理療法支援会（訳）（2013）．児童青年心理療法ハンドブック．創元社）

Main, M. & Solomon, J. (1986). Discovery of an insecure-disorganized/disoriented attachment pattern : Procedures, findings and implications for the classification of behavior. In T. B. Brazelton & M. W. Yogman (Eds.), *Affective development in infancy.* Norwood, NJ : Ablex Publ. Corp.

Meins, E., Fernyhough, C., Fradley, E., & Tuckey, M. (2001). Rethinking maternal sensitivity: Mothers' comments on infants' mental processes predict security of attachment at 12 months. *Journal of Child Psychology and Psychiatry, and Allied Disciplines*, **42**(5), 637-648.

Meltzer, D. (1967). *The psycho-analytical process.* Clunie Press.（松木邦裕（監訳）．飛谷渉（訳）（2010）．精神分析過程．金剛出版）

Music, G. (2011). *Nurturing natures: Attachment and children's emotional, sociocultural, and brain development.* New York, NY: Psychology Press.（鵜飼奈津子（監訳）（2016）．子どものこころの発達を支えるもの──アタッチメントと神経科学，そして精神分析の出会うところ．誠信書房）

Perry, B. D., Pollard, R. A., Blakley, T. L., Baker, W. L., & Vigilante, D. (1995). Childhood trauma, the neurobiology of adaptation, and "use-dependent" development of the brain: How "states" become "traits". *Infant Mental Health Journal*, **16**(4), 271-291.

Rosenfeld, H. (1972). A critical appreciation of James Strachey's paper on the nature of the therapeutic action of psychoanalysis. *International Journal of Psycho-Analysis*, **53**(4), 455-461.

Roth, P. (2004). Mapping the landscape : Levels of transference interpretation. In E. Hargreaves & A. Varchevker (Eds.), *In pursuit of psychic change: The Betty Joseph workshop.* Hove, East Sussex; New York : Brunner-Routledge.

Rustin, M. (2009). What do child psychotherapists know?. In N. Midgley, J. Anderson, E. Grainger, T. Nesic-Vuckovic & C. Urwin (Eds.), *Child Psychotherapy and Research: New approaches, emerging findings.* London: New York: Routledge.（谷口弘恵（訳）（2012）．子どもの心理療法士は何を知っているのだろうか？．鵜飼奈津子（監訳）．子どもの心理療法と調査・研究──プロセス・結果・臨床的有効性の探求．創元社）

Rutter, M., Beckett, C., Castle, J., Colvert, E., Kreppner, J., Mehta, M., Stevens, S., & Sonuga-Barke, E. (2007). Effects of profound early institutional deprivation: An overview of findings from a UK longitudinal study of Romanian adoptees. *European Journal of Developmental Psychology*, **4**(3), 332-350.

Scheeringa, M. S., Osofsky, J. D., Perry, B. D., Pollard, R. A., Blakley, T. L., Baker, W. L., & Vigilante, D. (1995). Childhood trauma, the neurobiology of adaptation, and "use-dependent" development of the brain: How "states" become "traits". *Infant Mental Health Journal*, **16**(4), 271-291.

Schore, A. N. (1994). *Affect regulation and the origin of the self: The neurobiology of emotional development.* Hillsdale, NJ: Lawrence Erlbaum Associates.

Steiner, J. (1993). *Psychic retreats : Pathological organisations in psychotic, neurotic, and borderline patients.* London: New York : Routledge.（衣笠隆幸（監訳）（1997）．こころの退避——精神病・神経症・境界例患者の病理的組織化．岩崎学術出版社）

Strachey, J. (1934). The nature of the therapeutic action of psycho-analysis. *International Journal of Psycho-Analysis*, 15, 127-159.

杉山登志郎（2007）．子ども虐待という第四の発達障害．学研プラス．

Trevarthen, C., Aitken, K., Papoudi, D., & Robarts, J. (1996). *Children with autism: Diagnosis and interventions to meet their needs.* London: Jessica Kingsley Publishers.（中野茂・伊藤良子・近藤清美（監訳）（2005）．自閉症の子どもたち——間主観性の発達心理学からのアプローチ．ミネルヴァ書房）

Trowell, J. (2000). Assessing sexually abused children. In M. Rustin, & E. Quaglita, (Eds.) *Assessment in child psychotherapy.* London : Duckworth.（木部則雄（監訳）．滝口のぞみ・柳井康子（訳）（2007）．こどものこころのアセスメント——乳幼児から思春期の精神分析アプローチ．岩崎学術出版社）

Vygotsky, L. & Kolbanovskii, V. (1934). *Myshlenieirech' : psikhologicheskie issledovaniia.* Moskva : Gos. sotsial'no-ekonomicheskoe izd-vo.（柴田義松（訳）（2001）．思考と言語．新読社）

第 2 章

子どもの心を受け入れること，そこにある痛みを経験すること，そして考えること
――処遇中に性的虐待を受けた女児との心理療法の経験から

【西村理晃】

■第1節　はじめに

　本章のタイトルとして挙げたことは，子どもの精神分析的心理療法の中核に位置する営みである。しかし，この営みは，被虐待体験を抱え児童養護施設で暮らす子どもとの心理療法では特に困難をきわめる。主な理由としては，彼らの多くが，子どもの心を受け入れ，そこにある痛みを自らの心で経験し，それについて考える一定の他者を，施設入所前に十分に経験していないことが挙げられる。

　子どもたち自身がそもそも発達障害を抱えている，あるいは施設入所前に極度の剥奪環境を経験している場合，心の交流を行うための基盤（精神分析的には投影同一化が生じる発達基盤）が欠損していることがあり，その後どんなに良性の養育環境が提供されても，心の発達が困難と考えられている。一方，ある程度の剥奪環境，虐待環境を経験したとしても，その基盤が発達している子どもであれば，その後に適切な養育環境が提供されれば，子どもはそこにいる重要な他者との関係を通して心の成長を遂げていくとされる (Rutter, 1972)。

　しかし，実際，後者の場合でも，このことが実現するのは容易ではない。なぜなら，その状態にある子どもの多くは，不安定で養育的とは言えない環境の中で，その後に適切な養育環境が提供されても，それをそれとして経験することを難しくさせる基本的な対象関係のあり方を内在化しているからである。この観点によれば，被虐待児が示す「虐待の再現」と呼ばれる問題は，その子どもが人生早期に内在化した基本的な対象関係のパターンを，新しい環境の中で出会う他者との間で展開することによって生じると，とらえるこ

とができる（Henry, 1974）。ただ，虐待の再現とくくられる形でこれが表れるのは一部であり，多くの場合，そのパターンは関わる大人にとって認識しにくい複雑な形で，子どもと養育者との関係の中で展開している。

　クライン派精神分析はこの基本的な対象関係のパターンを，子どもが内在している内的対象関係（内的対象と自己の関係），およびそれをめぐる無意識的空想ととらえ，それらは無意識的に子どもの他者の経験の仕方に大きな影響を及ぼすことを見出した（Isaacs, 1948）。さらに，その子に関わる他者も，子どもの内的対象関係に無意識的に反応し，その子の内的対象のように振る舞うことがあることも認めている。精神分析的心理療法は，子どもの内的対象関係およびそれをめぐる空想，つまり心の有様を，子どもとの関係，特に転移・逆転移を通してセラピストが受け入れ，そこにある痛みを経験し，そして理解へと向けて考えることを提供する営みである。セラピストがこの営みを粘り強く続けていくことによって，子どもはそのような営みをする他者を関係性の中で内在化していくことができ，それまで心の成長を妨げる形で展開していた内的対象関係に，良性の変化が生じていくことになる。そうして子どもは，自らおよび他者の心を受け入れ，そこにある痛みを経験し考える能力の発達，つまり心の成長を遂げていく。

　ただ，精神分析的心理療法によって子どもがこのような変化を経験できるためには，セラピストがそれを経験（自らの精神分析と系統的な精神分析的心理療法の訓練）から，十分に学んでいることが必要である（Lanyado & Horne, 2009）。しかし，日本の児童養護施設で精神分析的心理療法を提供するセラピストの多くは，この点が不十分なまま心理療法を行っているのが現状だろう。このような状態で行われる精神分析的心理療法が，児童養護施設の子どもの心の成長にどれくらい貢献できるのだろうか。セラピストはその疑問を常に抱えながら，児童養護施設で暮らす子どもたちと向き合っていると思う。

　本稿では，この疑問に対する取り組みの一つとして，児童養護施設で生活を送っていた女児との，初心者セラピストによる精神分析的心理療法のプロセスを提示する。その女児は，ネグレクトをはじめとする望ましくない養育環境を経て施設入所に至ったが，他者との心の交流を可能とする心の基盤は発達した状態にあった。しかし，彼女の内的対象関係の問題，および私が精

神分析的心理療法初心者であったことが影響して，彼女の心を受け入れること，そこにある痛みを経験すること，そして考えることは，ひどく困難であると同時にきわめて重要な営みとなった。以下，心理療法のプロセスを記述する。

■第2節　事例の背景

　女児A（以下，「マリ」と仮称）は，父親がほぼ不在である家庭に生まれた。母親は子どもたちに対して親としての責任を果たしたいという思いはあるが，養育能力が十分ではなく，特にマリ出生以降は，年長の兄姉がマリを含む年少の弟妹たちの世話をするという状況にあった。そして，母親が頻繁に長期不在を繰り返すようになるなかネグレクトが疑われ，マリが2歳6カ月の時に子どもたちは施設入所となった。

　施設入所後，母親は面会，外泊を行っていたが，その実施は不安定だった。ただ，子どもたちの母親を求める気持ちは強く，土壇場で何度もキャンセルされても毎回，母親と会えることを楽しみにしていた。なお，子どもたちの施設入所後，母親は恋人と暮らし始めていた。

　施設は中規模であり，マリは大部屋で他の幼児たちと一緒に養育を受けた。マリは一人遊びに没頭する，保育士がいないかのように振る舞う傾向があり，手のかからない子と見なされていた。マリが3歳になっても，日常場面で独り言，独り遊びが多く，保育士との関わりを積極的に求めてこないことが心配され，マリが3歳7カ月の時に心理療法の導入が決められた。

■第3節　心理療法の設定

　施設内にあるプレイルームにて，週1回の頻度で開始（各回50分）。おもちゃはすべて共有であり，第2期から私が精神分析的心理療法の訓練に乗り出し，この事例に対するスーパービジョン（以下，SVと表記）を始めるまで，作品などを入れる個別の箱もない状況で行われた。そのような状況で開始した心理療法であるため，精神分析的心理療法を行う際に必須のアセスメントも行わず，導入に至っている。

1. 心理療法のプロセス

以下，「　」はマリの発言，〈　〉は私の発言を示す。また，隷書体の箇所は記録より抜粋したものである。なお「メモ」で綴っているのは，当時の私の訓練状態である。

1）第1期（X年5月～X＋1年3月：第1～31回）

メモ：この時期，私は子どもの心理療法の経験自体が十分ではなく，精神分析的心理療法については，文献講読や不定期セミナーに頼っているレベルであった。

初回前に，私はマリの生活する幼児部屋に，顔合わせに訪れた。マリはぽっちゃりとしてかわいらしい女の子であった。ただ，目の焦点が定まっていないようであり，そのせいか全体的にぼんやりとした印象を覚えた。後日，SVを受け始めてから，この印象がマリが内在化している内的対象の性質，つまりマリの心を焦点化しない内的対象と関連していることを学んでいくが，それまでこの印象はマリの心の理解につながることはなかった。

以下に，初回のセッションを少し取り上げる。

【第1回】
迎えに行くと，不安を示すことなく私の手を取り，心理療法ルームまで歩いていく。同じように部屋にも入っていき，たくさんのおもちゃを目にして興奮する。「これ見ていい？」「これは？　これなぁに？」「あー，キティちゃん！」。しばらくして，12体ある小さな赤ちゃん人形に興味を示し，「あー，赤ちゃん！」と言い，「お兄ちゃん全部取って！」と伝えてくる。そうして，箱庭に赤ちゃんを持っていき，砂の中に埋めて，砂をかけ続ける。一人で興奮して，「ざーざーざー，埋まってしまいなさい」と言いながら遊び続ける。私はそれらの遊びにコメントするが，マリが私の話を聞いているのかどうかはわからない。次第に，砂かけは箱庭の枠外にも及び，気がつくと部屋は砂やおもちゃでぐちゃぐちゃになっている。私はそれらを許容し，結局15分オーバーして終了。

私は担当保育士であるA先生から，マリの問題として他者と関わりを持つことが難しいと聞いていたため，初回から私にさまざまな要求を向けてくるマリに肯定的な印象ばかりか，A先生に優越感さえ抱いていた。ただ，上記抜粋から読み取れるのは，マリは私の心とは関わっておらず，概ね私の意思や意図は無視して一人で遊んでいることである。マリは投影の的を定めない形で，ある面で対象をコントロールしており，私は投影されうる内容物（たとえば無力感）を自覚することなく，されるがままになっていた。結果的に，それらの拡散された投影物は，抱えるべき対象も定められないまま，設定そのものから溢れ出していた（15分の延長）。

　私は当時，心理療法の中で生じているこれらの現象を把握するために必要となる観察力，内省力を発達させておらず，その後も同様に，マリの要求することをほぼ無自覚に受け入れていった。たとえば，第2回からはマリは送り迎えの際に抱っこを求め，私はそれに応じた。当然，マリは私に対して要求がましくなっていき，言葉上では「これやって！」「○○って言って」という要求を押しつける一方的なやり取りを展開し，それ以外では身体接触（抱っこ，おんぶ，膝の上に座る）を要求し続けた。私側からの自発的なコメントは，ほとんどの場合無視された。私はマリからのそういった関わりを十分に吟味することなく許容する，思考しない対象となっていた。

　遊びの内容についても，一見ごっこ遊びに見えるもののその実は混沌としており，毎回，部屋は砂やおもちゃで散乱し，私はその片付けで消耗させられていた。遊びの中では，マリはさまざまな対象の混乱を示していた。「赤ちゃんのお世話」と言いながら砂に赤ちゃんを埋め，口に砂を流し込んで殺す（養育－危害の混乱：第3，9，11回），大便やゴミをケーキにして食べていく（栄養－排泄物の混乱），赤ちゃんの口に砂を流し込むという授乳ごっこをするなかで，急にマリ自らの口にも砂を流し込む（象徴－具象の混乱：第3，6，9，12回），誰と誰がきょうだいで親子なのかわからない家族（第22回），誰が攻撃していて誰が被害を受けているのかわからない戦いごっこ（第25回），といったことを表現した。これらの混乱は，マリの内的対象関係における地理的混乱（Meltzer, 1967）を示している可能性はあったと思われるが，当時の私はこの観点を持ち合わせておらず，マリの内的な混乱については精査できなかった。

かわりに私は，マリの要求をできるだけ受け入れ遊びを促すことで，少なくともカタルシスが生じ，うまくいけばマリの自発的な心の成長が進んでいくという考え（あるいは願望）に頼って，心理療法を行っていた。この方法は実際，マリに不安や衝動の発散という経験を提供していたようであったし，また，マリの混沌として混乱した内的世界の表現を促しているようにも見えた。しかし，どのような転移－逆転移が展開しているかについてまったく無自覚なこのアプローチは，マリがそれまでの人生で繰り返し経験してきたと考えられる，心の中で生じていることに十分に注意を向けない対象の再演を，私との関係において促していた。

2）第2期（X＋1年4月〜X＋1年7月：第32〜45回）

メモ：この時期より私は，精神分析的心理療法を不定期SVやセミナー，勉強会に参加することで集中的に学び始めた。それにより，少なくとも外的セッティング（空間および時間枠）は守れるようになっていった。マリの事例に対して定期的なSVを受けなかったのは，他の困難な事例に比べたとき，マリのケースは比較的うまくやれているという（内省力不足からくる）錯覚が私にあったことが影響していた。

　心理療法導入から約1年を経て明らかになってきたのは，マリが保育士にとって以前のように心配の対象となっていないことであった。保育士はその間に，マリより年少の幼児が新しく施設に措置されたことにより，その子たちの"手のかかる"問題に追われており，マリの関わりを積極的に求めてこない傾向はむしろ歓迎されているようだった。

　心理療法でマリは，自分の要求をのみ，それに動かされる私を独占したい気持ちを高めていった。マリは私が要求に具体的に応じないと，癇癪を起こした。要求を満たす私はマリによって理想化されることになり，私のセラピストとしての自己効力感は不当に刺激されていた。反対に，マリの要求に対して具体的に応じない私は，混乱と無力感を経験することになったのだが，第1期と同じく，私はこの逆転移を観察し思考する能力を発達させていなかったため，この問題が関係性の中で扱われることはなかった。

　ただ，私を理想化する関係は，マリの要求の矛先として対象を焦点化する

という肯定的な側面もあり，実際この時期から，私の中でマリが焦点の合わないぼんやりとした子という印象は薄れていた。一方，理想化が促されるなか，マリは私を独占したい母親の代わりというよりも，独占したい恋人として経験する側面を強めていった（第32, 34, 38回）。実母との経験および施設内での経験から，前者の結びつき，つまり養育的接触では他の子どもの存在が邪魔となり，母親を独占できないとマリは信じているようであり，またそれに関連する空想と感情（羨望や嫉妬）はごっこ遊びの中で，「お母さんにお世話される赤ちゃん」と「食べ物をもらえない赤ちゃん」との対比（第35回）という形で耐え難いものとして表現した。私を恋人として経験する結びつき，つまり性愛化された接触は，養育的接触が耐え難くなったときに出現した（第39回）。

養育的接触を性愛化された接触に置き換えようとするマリの動きについて，実母が子どもたちよりも恋人を優先していることを示す施設入所の経緯，そして外泊時の状況（子どもたちを施設に預けて自らは恋人と生活をしている）といった現実状況が，それを押し進めたところがあったかもしれない。ただ，養育接触を性愛化によって置き換える問題の中核はむしろ，養育的接触を支える構造や境界がないところ（父性機能の欠如）にあり，この問題がこの時期の心理療法の中でも展開していた。

3）第3期（X＋1年8月〜X＋2年8月：第46〜84回）

メモ：この期に至り，私はようやくマリとの心理療法で何をしているのか，何が起こっているのかわかっていないことを自覚し，この心理療法のためのSVを週1回受け始めた（終結まで継続）。SVで心理療法の細部を検討していきながら，私は漸次的に精神分析的心理療法を行うためのセッティングの構築を行っていった。

第3期の前半，SVの中でマリの要求を具体的に満たすことで生じている問題を考えていくことにより，私はセッションの中でそれを制限していくよう努めた。これは簡単なことではなく，最初のうちは，具体的に要求を満たさないことで顕在化したマリの癇癪と混乱が私には"悪化"としか感じられず，結局，抱っこや膝に乗るなどの身体接触を許容した。しかし，要求を具

第 2 章　子どもの心を受け入れること，そこにある痛みを経験すること，そして考えること　　47

体的に満たすことはマリに一時的な満足を与えているにすぎず，本来受け止め抱える必要のある難しい気持ち，心の痛みを，私が回避し受け止めない状態であることを SV の助けにより認識していくことで，時間は要しながらもこれを控える態度を確立していった。これによって先鋭化していったのは，マリが第 1 期で示していた混乱であった。これらのセッションでマリは，部屋の砂箱やおもちゃをぐちゃぐちゃにし，散乱させ，ときおり自他ともに攻撃するとも刺激するとも区別のつかない状態（砂を私に投げつけると思いきや，自分の目や口に入れ込む）を示した（第 48，49，50 回）。

　混乱が続くなか，マリはその排出先を私に定めていき（第 51～58 回），欲求を具体的に満たさない私を役立たずの "ばか" や "うんこ" だと罵(ののし)り，唾を私に吐きかけたりするなどして，私を言葉どおり不要物として扱った。それら否定的情緒の的になっても，具体的に欲求を満たさず，マリと私との間で何が生じているのかを見定め考えようと試みる態度の確立は，これらの混乱がもたらす情緒を私の心の中でも強烈に経験させ，私がマリを心で受け止める関係の発展につながっていった。

　一方，これらのやり取りを通して，マリの中で自らの乳児的欲求や感情が私との相互交流の中で活性化していくにつれて，生活でもいくぶんか以前と比べて A 先生に甘え，手をかけられるようになっていたようだった。実際，私との話し合いの中で A 先生は，マリを手はかかるが印象に残る子どもとして語っていた。ただ，この時期，マリにとって乳児的欲求および感情を抑制することなく表出できる場所は心理療法に限られていたようであり，そのぶん，マリは限られた時間しか会わない私に不満を募らせた。冬休みを迎えるころ，分離不安から，マリは再び私との関係を，性愛化され理想化した恋人関係に置き換えようと躍起になっていた。冬休み直前の第 62 回では，マリは私を喜ばせるためにケーキを作り，赤ん坊として扱われていたカードを噛みちぎりゴミ箱に捨てた。性愛化され理想化した関係の中で，マリの赤ん坊の部分はないがしろにされた。

　冬休み後，マリは打って変わって私を蔑(さげす)み，見下した。第 63 回では部屋を散乱させ，ゴミやおもちゃを私に投げつけ，「この汚いやつは，うんこ西村のや！」と罵った。第 64，65，66 回でも私をゴミのように扱い，部屋に一人閉じ込めようとした。私はこれらを長期休暇への反応（分離による理想化

の破綻）として理解を試みたが，実際はあまりの激しさに圧倒されており，思考が維持できていなかった。

　第66回，マリは来室を拒否した。後でA先生に連れられて部屋までは来るものの，私の姿を見るとマリは文字どおり凍りついた。マリの目に表れていたのは，私がそれまで彼女に認めたことのない恐怖であった。私は何か致命的な過ちをしてしまったのではないかという強烈な不安を感じた。SVでこれらの素材，特に逆転移をもとに冬休み前後の心理療法を精査していくなか，スーパーバイザーはマリが性的虐待を受けた可能性を疑った。即座に，私は施設内でマリの生活状況の聞き取りを始めたところ，冬の外泊以降，マリの兄弟が，母親の恋人がマリに「いやらしいことをしている」と述べていることがわかった。さらに冬休み以降，マリが生活の中で，突如パニックに陥って泣くことがあること，夜驚を示していることが報告され，外泊後しばらくマリの下着の股間部分に鮮血があったことも報告された。

　特徴的だったのは，個々の保育士はそれらの"異常"を認めつつも，それらを結びつけて意味するところを考えていないことだった（私もSVがなければ，同様の反応をしていただろう）。ここには性的虐待が喚起する現実否認が，マリに直接関わる者皆に生じていたと考えられる。しかし，互いの観察内容，考えを共有していくことによって，SVで疑った性的虐待は間違いないように感じられ，私を含む施設職員は協働して，再発の防止とさらなる状況の解明を求めて措置機関に働きかけた。ただ，この動きは措置機関による否認（まず施設側の訴えが無根拠だと疑い，次に心理療法の悪影響を疑い，さらには施設内の性的虐待を疑い，マリを一時保護した）など，難しい状況を導いた。それでも施設で協働して動くなか，最終的にマリが措置機関の児童精神科医に，母親の恋人に数度性的虐待を受けたことを直接訴えたことにより，性的虐待の疑いは事実として認められた。

　私は心理療法外では同僚と協働して半ば躁的に動いていたが，心理療法の中では無力感に圧し潰されそうになっていた。明らかに私は，マリに虐待者と同一視されていた。実際，私は自身の存在がマリを脅かしているようにしか見えず，何度も心理療法の中断を考えた。しかし，この状況における中断は，私がその経験の耐え難さからマリがその時に抱えていた心の傷，そこから生じる痛みを一緒に抱え考えるという，この心理療法の本来の営みから目

を逸らし，マリを置き去りにすることを意味していた。これは同時に，マリがそもそも抱えていた，心に焦点を当て真剣に受け止めない内的対象を，私が致命的な形で実演することを意味していた。SVで導かれたこの理解によって，私は辛うじてマリとの心理療法に向き合うことができた。

一人で部屋に入れないマリのために，私はA先生に心理療法に参加してもらった（第67回）。マリはA先生に抱かれて部屋に入るが，私の姿を認めるとA先生にしがみつき，震えて時間を過ごした。第68回で，A先生の腕の中で硬直し涙ぐんで震えているマリを前に，私はどうしようもない気持ちを感じつつ，「西村先生が怖かったんだね」と伝えた。A先生が小声で私の言葉を繰り返すと，震えは止まり，マリはうなずいて，いくぶんか安心したように体を弛緩させた。マリはこれらの経験を通じて，生活の中でもA先生との関係を急速に深めていった。

このようなセッションが続くなか，マリは次第にA先生と遊べるようになり，私はその内容にコメントしていた。この状況は図らずも，私に転移－逆転移を含めた観察に徹するポジションをもたらした。私は観察内容を記述的にコメントし，私が経験することになっている感情を言葉にした。A先生と私によるこの分業が定着するにつれ，マリは安心感を増していき，第70回では私のコメントに対し反応するようになった。そういった穏やかな関係を経ていくなか，マリはA先生と私に支配的に関わるようになり，マリ自身が虐待者と同一化するような状態を示していった。

【第74回】

（前半，マリは，赤ちゃんがお風呂で放置されて死にかけている状況を作り，それは私とA先生のせいだと怒りを向け，次第にサディスティックになっていく）

マリ，A先生に銃口を向け，「早う死ね！ 早う死ねって言ってるやろ。ぶた！ 寝転がれ！」と命令。さらに私に銃口を向けて，「死ね。そこに寝転がって死ね！」と言う。寝転がった後，私は〈西村先生は動けないし，声も出せない。何もできない人になってる。嫌なことされても何もできない〉と伝える。マリ，銃で二人を小突きながらニヤニヤと見渡した後，「おい，西村。動くなよ。動くなよ，こら」と私を蹴り，「ほら，何もでき

んやろう。何もできんやろう」と蹴り続ける。私はここで許容するのをやめ，起き上がる。マリ，睨むように私を見ている。〈マリちゃんは何もできないことがどんななんか，先生に知ってもらいたいんだよね。嫌なことされてるのに，何もできなくなってるのがどんな気持ちか，西村先生とA先生に知ってもらいたい〉。マリ，目を逸らし，銃を弄ぶ。〈でも，先生たちが何もできなくなると，赤ちゃんは困るね。何も言えなくなって苦しいのに，誰も助けてくれなくって。あと，マリちゃんも困る。助けてほしいのに，先生たち助けられなくなるから〉。マリ，銃を放り投げ，A先生のところに走っていき，起こして抱きつく。

　虐待者（攻撃者）への同一化は，虐待で被った圧倒的な無力感に対する健康的な防衛として理解することができる（Freud, 1936）。ただ一方で，このセッションで示されているように転移関係におけるその過剰な実演は，対象の保護的・養育的な側面の無効化であり，かえってマリを無力な状態に陥れる可能性があった。したがって，私はその動きに対して，無制限に許容するのではなく，大人として毅然と向き合い限界設定をすることで，攻撃の背景にある無力な乳児部分を抱える必要があった。

　このプロセスを経るにしたがって，マリは私に対する安心感を取り戻し，第76回以降はA先生が途中退室してもセッションを続けることができるようになり，第82回以降はA先生のいない本来の形でセッションを過ごせるようになった。マリはA先生がセッションに参加しなくなって以降，私を二つの側面で経験し始めた。一つは，私を無力で価値がなく，暴力によりコントロール可能な対象として経験する側面であり，その際は私を「西村」と呼んだ。もう一つは，マリを保護し心の養育対象として経験する側面であり，その際は私を「西村先生」と呼んだ。後者は性的虐待以降，心理療法ではマリがA先生に対して経験していた側面であった。ただ，この「西村先生」は，マリにとって不安定でいまだ信頼に足る対象として経験できてはおらず，そのため前者の側面で私と関わることで不安を処理していた。転移の中で表れていたこの分裂は，この段階では，良質だが不安定でいまだ脆い養育対象との関係を保護しているだけでなく，これら二つの側面を私との関係の中で探索し，思考することも促していった。

4）第4期（X＋2年9月〜X＋3年8月：第85〜122回）

メモ：性的虐待以降，強烈な情動にさらされるなか，私はSVのたびに観察の焦点を失っていること，それゆえに思考に偏りが生まれ，転移内外の全体状況を把握できていないことを自覚させられた。観察の精度を上げることによってこれらの問題に取り組むため，私は乳児観察を開始した。

夏休み後，転移における対象の分裂は続き，マリは二極化した二つの対象を私との関係で探索し，それらについて考えていった（第85〜88回）。それと並行して，転移における対象の分裂が，マリの展開する遊びの中でも表れるようになった。マリは自らの乳児部分を二つに分け，「大人を必要とせず，自力ですぐに大きくなる赤ちゃん」と，「大人との信頼関係を維持し，それゆえ多少のリスクを抱えながら依存関係の中で少しずつ成長していく赤ちゃん」を表現していった（第86〜88回）。

さらに，マリはこの二つの赤ちゃんに対して私がどのように反応し，考えるかを，注意深く見ていった。この時期顕著だったのは，私が観察と思考を維持できなくなったとき，マリは象徴的に遊べなくなり部屋の中で癇癪を起こし，あたりを無茶苦茶にするなどの状態を示したことであった。反対に，私がなんとか観察を維持し考え続けているときは，マリは象徴的に遊ぶことを維持でき，時にそれが破綻しても，象徴水準のやり取りを比較的短期の間に修復できた（第88〜96回）。このプロセスの中で，私が破綻そのものを経験し，機能不全から回復し，観察および思考を再開することをマリとの間で繰り返し行っていくことが重要であった。この破綻と修復の動き自体が，冬休み以降少しずつマリの中で内在化されたようで，次第に遊びの中で象徴的に展開していった（第100〜105回）。

春休みを前にしたころ，マリは4月から小学生になるため，担当がA先生からB先生に替わることに大きな不安を示していた。この時期のマリの遊びは，"母親から離れて暮らす女の子"をテーマに展開しており，マリは「強くてなんでもできる」ため母親を必要としない女の子と，母親がいなければ「死んでしまうかもしれない」女の子を設定し，その二人の思いを遊びの中

で探索した（第109〜111回）。このテーマが繰り返されるなかで，マリは私に「女の子が見つけるんと違う！ お母さんが見つけなあかんねん！ やないとこの子，死ぬで！」と訴えた。マリはA先生を自らの生活の中心から失ったことだけでなく，自らの母親が自らの生活の中心にいないことによる心の痛みを伝えるだけでなく，その痛みの中にあるマリ自身が，私を含めた対象に見つけ抱えられる必要を訴えていた。このプロセスが進むなか，マリは心理療法の中で性的虐待を遊びで表現するようになった。

【第114回】

（前半，マリは足に怪我を負った女の子の話を展開した）

　マリ，話を続けるなかで，足を怪我した女の子が，学校に侵入してきた「おっさん」にひどいことをされると話す。「この子だけな，変なおっさんにな，ひどいことされてん！」と言い，次第に興奮していき，「ちんちんぶらぶらすんねん。ちんちんぶらぶらしてひどいことすんねん！」と言って高笑いする。そうして，「おっさん」人形を女の子の人形に覆い被らせ，歪な動きをさせた後，先生人形を手に取り，「でもな，先生が戻ってきてな，おっさん追い払うねん」と言う。しかし，ひどいことをされた女の子は，「この女の子はな，もうな，全然（学校に）行けへんねん。もうだめやねん」。私は「死んでしまうんじゃないかって思うほど怖かった」と伝える。マリ，うなずき，「うん。もうな……怪我な，ひどくなってな。歩けへんねん。全然歩けへんねん」。

　マリ，再び女の子を学校に行かせて，その女の子が先生に守られている必要があると訴える。私は，女の子にとって大人に守られていると感じることが大事であることを伝えた後，〈先生が守っていれば，この子たちは怖かったことも忘れることができる〉と伝える。これに対してマリはいきり立ち，「違うで！ 違う！ 全然違うで！ あんなあ，この子はなあ」と女の子の人形に目を移し，「ひどいことされたの，忘れへんねんで！ いつまでも覚えてんねんで！ もうな，ずっとずっと覚えてんねんで！」。私は圧倒され〈この子は……ひどいことされたこと，ずっと覚えていながら生きていかなくちゃいけないってこと〉と伝える。マリ，それに対してうなずき，女の子人形を見つめていく。終了時，マリ，大量の砂

を絨毯にこぼす。

　このセッションの中でマリが性的虐待を遊びで示しているとき，私はそれまでの文脈含め，全体状況がそれを通して伝える衝撃に圧倒されていた。私はマリの心に焦点づけることができず，マリが心で経験していることに沿うことができなかった。つまり，私は衝撃に圧倒されるあまり，そもそもマリが抱えていた内的対象の問題が，転移 - 逆転移の中で展開し続けていることに注意を払えないばかりか，マリを前に願望（虐待経験の忘却）により，過酷な現実から目を逸らしている様をさらしていた。終了時大量の砂をマリがこぼしたことは，私がマリを自らの心で受け止め考えることができなかったことと関連していると考えられた。

　マリが性的虐待を遊びで表現していくセッションは続いた（第114～120回）。これは，「夜家族が寝静まっているときに幽霊に襲われ，汚いものを体に入れられる」「お風呂で赤ちゃんがひどい目に遭い，殺される」などの形をとっていた。これらを表現しているマリは，あたかもその象徴内容が目の前で具象的に展開しているような切迫感，不安，興奮状態を示していた（Segal, 1957）。私は圧倒されつつも，SVの助けにより時間差があっても圧倒から回復し，生じていることを考えることで，マリにそばにいることを示していった。この経験を経ることで，マリは私に性的虐待だけでなく，児童養護施設に住んでいることがどのようなことなのかを生々しく，象徴と具象を行き来しながら遊びの中で伝えていった（第121～123回）。心理療法の嵐のようなプロセスとは対照的に，外的にはマリは小学校生活に問題なく適応し，施設内ではA先生との親密な依存関係を保ちながらも，担当のB先生と距離はあるが良好な関係を築いていた。

5）第5期（X＋3年9月～X＋4年8月：第124～161回）

メモ：この段階までに私は，自分が精神分析経験を欠いていることの問題を痛感していた。この欠落により，スーパーバイザーの助けなしでは，心理療法の中でマリの心をそのまま受け止め，分析的に思考し，理解することが私には困難であり，私が受け止めたいようにそれを受け止め，理解したいように理解する傾向のある自分を認めざるを得なかっ

た。この認識が一因となって，私は1年後に渡英し，系統的な子どもの精神分析的心理療法の訓練を受ける決断をした。

4週間の夏休みの後，マリは「お母さんのお腹から追い出され，怒った赤ちゃん」（第124回）の象徴遊びで，私の不在に対する反応を示した。これは，私の不在に対する怒りを示している一方で，マリを内的空間（心の空間）で抱える対象として，私の内在化が生じていることを示唆していると考えられた。続くセッションでは，内在化されてきた私がマリにとってどのような対象であるかを示していった（第124～128回）。以下，この時期にマリが報告した夢を取り上げる。

【第125回】

マリ，セッションの終了間際，私に，「すっごくきれいでな，深い海」で泳ぐ夢（これは，マリが最近繰り返し見ている夢ということ）を話し始める。「夜深いところを泳いでいくと，はじめはきれいやろうけど，だんだん怖くなるやろう。でも，マリな，怖くないで。一人やないから。魚も一緒に泳ぐしな。あとな，くらげとかもおんねんで。一緒に泳いだことあるで。あとな，一人じゃなくってな。西村先生も一緒やねん」〈じゃあ，二人で泳いでいるから一人で泳ぐよりは怖くない〉マリ，うなずいて，「あんな，泳ぐだけじゃないねん。泳いで潜るんやけどな，ずっとずっと暗いところまで泳いでいってな。深いところにな，大ダコがおんねん。すっごく暗くてな，深いところにな，めっちゃ怖い大ダコがおんねん」〈そうか。海の暗くて深いところにな，大ダコがおるんだ。そこまで二人で泳いでいくの？〉マリ，うなずいて，「一人のときは怖くて行かれへん。でも，そのタコめっちゃでかいからな。手とかめっちゃ長くて。泳いでいる人，引っぱったりすんね。マリもな，前な，引っぱられてな，おぼれてん」〈怖いタコなんや〉「大ダコ。今日はな，二人で泳いでそこまで行くねん。二人やったらいけんねん」。

この夢は，マリが私を，海の暗くて深いところ（知ることが難しい心の領域を表していると理解）を，一緒に探索する対象として経験していることを

示していると考えられた。さらに，この探索の照準は，大ダコ（迫害的な色づけがされているが，基本的に正体不明の探求対象であることが示唆されている）に当てられており，この対象は，マリ一人では，恐怖と不安のために向き合うことが困難だが，私とであれば向き合うことができるとされている。この夢は，マリが心の中にある未知の何かに向き合う営みに沿う内的対象として，私を経験していることを示唆していると考えられた。

別のセッション（第128回）では，マリは，私が施設内でマリと個人的に最も長く会っている大人であることを指摘し，「マリが忘れているマリのこと」を覚えてくれて，「マリが知らんところ」（マリの知らないマリの部分）を見てくれる大人として描写した。このプロセスはマリの中で同時に，自らの母親とはどのような存在であるか，母親と離れて施設で暮らすことがどのようなことなのかについての探索を活性化し，マリは遊びを通して私とこれらのことについて一緒に考えていった。

これらの探索を経る中で，なぜ自分が心理療法を必要としているかが，マリに明確になっていったようであった。この時期，マリは子どもが受けてしまった「大きな傷」に対して私がどのように応じるのかについて，何度も真剣に問うていた（第129〜136回）。マリは「治らなくてもな，ずっと会い続けなあかんで。ずっとずっと会い続けなあかんねん」「あとな，ちゃんと見てないとあかんねんで」と訴えた（第135回）。ここには，心の傷は"癒える"ようなものではなく，マリが今後もずっと抱えて生きていかなくてはならないことをマリが認識していることが表れていた。また，この認識に表れている，マリにおけるこの困難な事実を現実として受け止める能力の高まりは，わからないことをわからないまま置いておくことを可能にしていた。それは，心の傷をめぐるやり取りに顕著であり，私がある種の耐え難さから，マリが心の傷がマリの中でどうなっていくと感じているのかと尋ねた際に，「それはな，どうなるかわからん」と答え，ただ私はマリと会い続ける必要がある，と訴えたことに示されていた。

私は終結の6カ月前に，マリにそれを伝えた（第137回）。この時，終結後，期間を空けて別の担当者と心理療法を再開するかはSVでも定まっていなかったので，マリにはその可能性については経過の中で決めると伝えた。

終結に対してマリは，二つの際立った反応を示した。一つは，終結という

未知のものに向き合いながら，何かかけがえのないものを私と一緒に創っていくという動きであり，それは終結に向けて本（「ユキ」という，母親と離れて暮らす小さな女の子の物語）を一緒に作っていく営みに表れていた。

　もう一つは，終結を決めた私に対する強烈な怒りであった。それは「子どものことを忘れる母親」（第139回）を遊びで何度も表現することや，実際に私に対して怒りをあらわにして，「（マリのことを）飽きたからどっか行くんやろう。飽きたからやろう！」と言い放つ（第142回）形に表れていた。マリは終結に私と一緒に向き合おうとしつつ，私に対してどれだけ怒りを感じているかを訴え，それを私が心から理解することを求めていた。

　ここにおいて生じたプロセスは，「養育的な対象」と「マリに焦点を当て，心で受け止めることができない非養育的な対象」という，以前は分裂処理されていた対象を，マリが私に対して在と不在をめぐる形で同時に経験していくことを促した。これは，それら相反する対象に基づく内的世界の分裂の解消を促進させた。たとえば第144回では，マリは木が茂り花が咲き実がなる豊かな場所と，木が1本だけ生えている不毛な場所を作った。それぞれの場所を探索した後，これら二つの場所は「見えない根っこのところ」でつながっていると言い，木が1本だけの寂しそうな場所にはこれから木々が生え，花や実も咲いていくと話し，反対に，豊かな場所も冬になれば木々や花たちが枯れ，寂しくなると話した。これは，在と不在が同じ対象をめぐってつながっているという認識が，マリの中で発達していることを示していると考えられた。

　このプロセスを経ることで，マリは私を養育的な側面だけではなく，同時に非養育的な側面も併せ持つ，より現実的な対象として経験するようになっていった。その中で終結に対するマリの激しい感情は，より悲哀の側面を強めていった。第155回で，マリは自分が心理療法を必要としているのに，どうして私はそれを終結するのか理解できないと泣きながら訴えた後，その本当の理由はまだ私にもわからないのではないかと問うた。これは実際そのとおり（私は事実，留学という決断を導いた「本当の理由」をわかっていなかった）であり，マリは終結を，この時点での未知なる「大ダコ」として，私と一緒に向き合っていこうとしているように感じられた。

　第156回では，マリは死んだ親が幽霊となって女の子を守ってくれる，と

いう話を展開した。女の子がどんなに辛い目に遭っても，夜になったら死んだ親が現れて女の子を助けると話した（転移の中でマリは，外国に行く私を死んだ親として経験していた）。この死んだ親の話はその後のセッションでも続き，実は死んだ親は育ての親で，実の親は生きていて，その子は親元に帰るという話を展開した。そのなかで，死者と話せる電話ボックスを通して，その子が死んだ親に「育ててくれてありがとう」と伝える話をした。ここには象徴的に私への感謝が表れているようで，マリが私を通して取り入れた対象が，良性の養育的な対象であることが示唆されていた。また実際，この時期，措置機関と児童養護施設およびマリの母親との間で，2年後を目処にマリが母親と暮らせるように進めていく援助計画が練られており，それはマリにも具体的に伝えられていた。

続く第158回，マリのほうから，私との思い出と「心の中の西村先生」を大切にしたいという理由から，再開は予定せず心理療法を終了したいと伝えてきた。そのセッションの中でマリは，親ではない人に預けられている子どもが，その人を親のように思い始めてとても苦しくなるという話をした。マリはその理由として，「その人はいつか離れていくから」と話した。私はそれを転移に結びつけて，苦しくてもそう思える誰かがいることがどれだけマリにとって大切かを，彼女が気づき始めていることについて話した。マリは，この苦しくて辛い認識と，それがもたらす困難な気持ちを抱えながら人と関わる営みが，自分にとって大切な人を創り出していくことに気づいているようであった。これは，マリの心を受け止め，そこにある痛みを経験し，考えながらマリに沿っていく対象をマリが内在化していることと，マリの内的なあり方がこういった経験を他者と結ぶことが可能な形に変化していることを示していると考えられた。

【最終回（第161回）】

マリは未完に終わっている「ユキ」の絵本を私に渡し，その続きを外国で書くように言う。マリは，この話はずっと続いていくということを強調した後，「あんな，ちょっと前からな，日記とかつけとるんやけどな，あんま書けへんねん」〈書けへんって？〉「あんな，思っていることとかな，いっぱいあるはずやのにな。日記には書けへん」〈心の中のことがな

かなか書けない〉マリ，うなずいている。「でも，書いとるんやけどな。なんやろうなあ，こういうのってな，あんな，心のこととかってな，忘れんでおいておけるん？」〈ん……たぶん，そのままを忘れないでおくっていうのは無理だと思う。マリちゃん，そのこと知っているから苦しんだと思う〉マリ，下を向いて苦しそうにしている。そうして，「いやや，いやや」と言いながら泣き始める。抑えきれない何かが溢れてくるように泣いていく。しばらく泣いて落ち着いた後，「ここにおるとな，ときどきな，忘れたくない人に会うねんな。でもな，絶対お別れせなあかんねん。だってな，ここの先生はな，マリの親じゃないから」と伝えてくる。「やからな，もしな，お母さんの具合が良くなってな，大変じゃなくなったらな。お母さんならな，お別れせんでもええねんけどな。でも今は大変やからな。暮らしてないんやけどな，お母さんはずっとおるやろう。マリが生まれたときからな，ずっとおんねん」〈心の中にも外にもずっとお母さんがいるって感じてる〉マリ，うなずいて，母親が自分にとっていかに大切な人かを話していく。セッション終了時，マリは私に，「西村先生，外国に行っても忘れんでな」と言って自室に走っていった。

　終結後，マリは心理療法を受けている他児をうらやましく思うこともあるようだったが，再開を求めることはなかったようである。施設生活では，担当のB先生とも良好な関係だったようだが，うれしいことでも辛いことでも何かあったらA先生のところに行き，話すという関係を続けていたようだった。終結から3年後に，マリは母親のもとで暮らすことになったようだが，それ以降もA先生とのつながりは維持し，連絡を取り合い，時には会うということを現在まで続けているようである。

■第4節　おわりに

　この心理療法のプロセスを振り返ったとき，心理療法初期にマリが示していた対象との心のやり取りの困難は，マリが内在化している内的対象の問題，つまりマリに焦点を当て，心で真剣に受け入れ，考えることができないマリの心の中の対象に，起因していたと考えることができる。この内的対象

の問題は，心の成長を求める自己が，心の成長を促す対象によって焦点化されていないところに，その本質があると考えられた。私は心理療法の中で，まずこの問題をとらえる必要があった。しかし，精神分析的心理療法の訓練を十分に受けていない私は，特に第1期と第2期，この内的対象の問題を把握するどころか，気づかないままその対象の性質をマリとの関係の中で具象的に実演していた。

　この点で，第3期以降のSVを中心とした漸次的な精神分析心理療法の訓練は，私にマリの心を焦点化していくことを少しずつ可能にしていったと言える。これは，マリと私の関係性の中で生じていること，特に転移－逆転移を観察と，それを可能にするセッティングの構築を通して，ゆっくりと実現していった。実質的な心の成長を促す展開はここに始まっており，この心を焦点化していく営みなくしては，後で少しずつ可能となっていくマリの心に生じている痛みを私が経験することも，それについて私が考えていくことも，困難なままであっただろう。

　心の焦点化に費やした時間と労力は，仮に私が当時十分な訓練を受けた状態であったとしても，プロセスの中で必要だったのではないかと思う。剥奪・被虐待経験を抱える子どもたちとの精神分析的心理療法の仕事は，そういった子どもたちの内的対象の性質により，象徴的な心のやり取りが展開する前段階に，多くの時間と労力を非象徴領域のやり取りに費やされること，およびその必要性を示している（Alvarez, 1992, 2012；平井, 2011）。この領域に対応するためにさまざまな技法的工夫が提案されているが（アルヴァレズの「再生技法」，平井の「拡充技法」参照），いずれの技法もその基盤に置いているのは，転移－逆転移の詳細な観察と精査である。私が行った心を焦点化していく営みは，転移－逆転移の観察と精査により，マリの心を焦点化していく営みであった。したがって，マリのように投影同一化を行う基盤があっても，内在している内的対象関係の問題により，象徴的コミュニケーションを関係性の中で展開できない状態に陥っている子どもの場合，心理療法の初期段階は少なくとも転移－逆転移に積極的な注意を当てて精査していくことで心の焦点化を行い，非象徴的コミュニケーションの象徴化を促していくことが必要だと言えるだろう。

　一方，心の焦点化が進展していくなか，次第に可能となってきた関係の中

で心の痛みを経験することは，初心者である私にとって困難な営みであった。第3期，特に性的虐待以降，マリが伝えてくる痛みは私にとって耐え難いものであり，SVがなければ，おそらく私は中断という形で心理療法の仕事を放棄しただろう。私はこの時期，SVで提供される精神分析的思考が関係性の中で心の痛みを抱え，考えていくことを可能にしていくことを学んでいった。

実際のマリとの心理療法のプロセスを省みたとき，第3期以降，精神分析プロセス（Meltzer, 1967）が現れており，マリが徐々に心の痛みを抱え，考えていく対象を内在化していき，心の成長を遂げていることが見受けられる。しかし，その最中にいる私には，自分が何を行っているのか自明ではなく，ただSVで得られる精神分析的思考を頼りにマリと共にいる，という形をとっていた。これは第5期，マリに抑うつポジションをプロセスしていく動きが加速していくなかで，マリのほうが私よりも，心の傷や心そのものについての性質を経験から理解していることを示していたことに，顕著に表れていた。しかし，そのような関係性でも，マリにおいて心の痛みを関係の中で抱えながら未知の現実に向き合っていき，心の痛みを抱え考える対象の価値，およびそういった対象と関係していくことの価値を認めていく心の成長は進んでいった。

したがって，一般化はできないが，本事例は訓練が十分でないセラピストによる精神分析的心理療法であっても，SVを受けることで，児童養護施設で暮らす子どもの心の成長を導くことがあることを示す一事例と位置づけることができるだろう。セラピストがスーパーバイザーと共に子どもについて考えることにより，心を思考できる良性のエディパル構造を心理療法にもたらすことができ，さらに精神分析的観察と思考が活性化された状態で，セラピストが子どもに向き合うことができる。それらによって，子どもは心の成長を促す精神分析プロセスを，セラピストとの関係性の中で展開する可能性に開かれるのではないかと考えている。

いずれにせよ，私はマリとの心理療法の経験から，児童養護施設で暮らす子どもの心を受け入れること，そこにある心の痛みを経験すること，そして考えることは，その営みを共にしてくれる第三者の存在がなければ，きわめて困難であることを学んだ。第三者は，スーパーバイザーに限らず，子ども

のことを一緒に考えることができる施設内の同僚，セラピストグループ，あるいは心の思考を促すセラピスト自身の内的対象が，その存在となりうるかもしれない。マリが大ダコの夢で伝えていたように，児童養護施設の精神分析的心理療法の地平にあるのは，そういった第三者の存在なしには向き合うことが難しい"何か"であると考えている。

[文献]

Alvarez, A. (1992). *Live company: Psychoanalytic psychotherapy with autistic, borderline, deprived and abused children*. London: Routledge.（千原雅代・中川純子・平井正三（訳）(2002). こころの再生を求めて――ポスト・クライン派による子どもの心理療法. 岩崎学術出版社）

Alvarez, A. (2012). *The thinking heart: Three levels of psychoanalytic therapy with disturbed children*. Hove: Routledge.

Boston, M. & Szur, R. (Eds.) (1983). *Psychotherapy with severely deprived children*. Routledge & KPaul.（平井正三・鵜飼奈津子・西村富士子（監訳）(2006). 被虐待児の精神分析的心理療法――タビストック・クリニックのアプローチ. 金剛出版）

Freud, A. (1936). *Das Ich und die Abwehrmechanismen*［*The ego and the defence mechanisms*］. Oxford, England: International Psychoanalytischer Verlag.

Henry, G. (1974). Doubly deprived. *Journal of Child Psychotherapy*, **3**(4), 15-28.

平井正三 (2011). 精神分析的心理療法と象徴化――コンテインメントをめぐる臨床思考. 岩崎学術出版社.

Isaacs, S. (1948). The nature and function of phantasy. *International Journal of Psycho-Analysis*, **29**, 73-97.

Lanyado, M. & Horne, A. (Eds.) (2009). *The handbook of child and adolescent psychotherapy: Psychoanalytic approaches*. New York: Routledge.（平井正三・鵜飼奈津子・脇谷順子（監訳）. NPO法人子どもの心理療法支援会（訳）(2013). 児童青年心理療法ハンドブック. 創元社）

Meltzer, D. (1967). *The psycho-analytical process*. Clunie Press.（松木邦裕（監訳）. 飛谷渉（訳）(2010). 精神分析過程. 金剛出版）

Rutter, M. (1972). *Maternal deprivation reassessed*. Harmondsworth (Middlesex): New York: Penguin Books.

Segal, H. (1957). Notes on symbol formation. *International Journal of Psycho-Analysis*, **38**, 391-397.

■■■ 西村論文へのコメント ■■■

崖っぷちを生き残る力とその支え──被虐待児のセラピーとセラピストの養育環境としてのトレーニングについて

【飛谷　渉】

1. はじめに

　マーガレット・ラスティンは，ネグレクトにせよ虐待にせよ深刻なトラウマを抱えた子どもたちのセラピーにおいて，セラピスト（以下，Th）がその力を発揮し，確実な内的変化をもたらすことができるとすれば，そのセラピー・プロセスにおいてThは力をまったく発揮できない無力な状態にまで追い詰められ，そこで絶望を味わい，Thとしてのアイデンティティを失いかける体験を逆転移の中で持つところにまで，いわば崖っぷち（ラスティンの表現では「壁際〈the wall〉」）まで追い詰められる経験をするものだと述べている（Rustin, 2001）。これは逆説的ではあるが，本当のことである。しかもThは，そうした崖っぷちから落下してはならず，生き残り，浮上せねばならない。

　ネグレクトされ，虐待を受け，トラウマを抱えた子どもたちは，彼ら自身も文字どおり壁際に追い詰められ，崖っぷちに立たされてきたのである。そうしたなかで彼らが培ってきた不器用な防衛保護システムは，反復強迫という形で円環的ドラマを実演し続けることとして表れたり，まったく心が動かない仮死状態，あるいはひどいときは，心のセメント化や自閉カプセル化などとして表れる。

　そうした病理的保護状態を得るための代償は，変化しないこと，つまり発達停止である。このような病理的保護状態にある被虐待児たちが，それらを放棄し，内的変化つまり内的対象の構造的変化という発達の途に戻るには，治療において臨床家によって心から理解される必要がある。しかしながら，彼らが自身の変化のために，進んで理解を求めるなどということはあり得ない。そのかわりに彼らがすることは，治療やThへの拒絶や無視であり，暴力的否定であり，交流から命を抜き取る同語反復である。こうして彼らは

Thを壁際に追い詰め，崖っぷちから突き落とそうとする。彼らが被ってきた被虐待状況での絶望が，ここでセラピー・バージョンの絶望としてThに喚起されるのである。

　この激しく過酷な投影同一化がセラピー状況の中で作動することなくしては，トラウマからの回復は困難だろう。極言するなら，残酷な被虐待体験は，子どもの脆弱な自我にとっては体験化不能であり，気づきから遮断されているために，Thによって何らかの形で発見され，観察され，追体験されることでのみ，体験化と意味化が可能となるのである。

　西村氏が提示した，彼の初心者時代に行った施設臨床のこの記録は，上述の過程を例証する。ネグレクトを受けた子どもがセラピーにおいて回復成長していくプロセスに，彼がThとして文字どおり崖っぷちをしぶとく生き残る過程が同期している様子が見てとれる。

　彼がここで焦点化しているのは，ネグレクトによる問題に取り組むなか，性的虐待までも経験することとなった子どもの，セラピーにおける内的対象の性質の変化である。そこでは，ネグレクトの体験によって内在化されたと思われる「心を焦点化しない内的対象」が，Thの注意と理解を得て，「見つけてくれ，共にいてくれる内的対象」へと変容する様子が生き生きと描写されている。さらに，彼が描写していることで興味深いのは，治療的変化のプロセスと，初心者だった彼がスーパービジョンをはじめとしたThのトレーニング環境（Thの養育環境）を整えていくなか，Thとして成長する様子を跡づけてもいる点である。

　まず，マリのセラピー・プロセスを跡づけることから始め，子どもの施設臨床を担うThのために必須となるトレーニングについても，西村氏が描写した臨床記述をもとにして若干の私見を述べてみたい。

2．セラピーのプロセス

　西村氏はセラピーでの最初の出会いにおいて，マリを，目の焦点の定まらない，ぼんやりと拡散した印象を与える子どもであると描写し，後の理解からこれを，「焦点化しない内的対象」の存在と関連づけている。最初の遊びでも実際，そのような焦点の定まらない遊びが展開する。だが，関心が拡散するとはいえ，手にしたたくさんのおもちゃの中から，彼女は赤ちゃん人形

も取り出していた。そして，赤ちゃん人形に対して，砂に埋まるように命令し，実行してしまう。まさに彼女の赤ちゃん的主体は存在するものの，砂に埋もれてしまっていて誰も見つけてくれないがゆえに，彼女の内的対象関係の軸が定まらないのだという内的状況が最初に示される。

　砂嵐が吹き荒れるかのように茫漠とした彼女の内的世界を具現化する遊びが，その後しばらく続く。時間的枠組みの維持もままならない状況に危機感を抱いた西村氏は，精神分析的心理療法の不定期のスーパービジョンやセミナーなどに参加することで，外的設定の維持力を得る。しかし残念ながら，砂に埋まった赤ん坊は，セラピー内部でも施設内でも，手のかからない子という仮面をかぶせられて，その後しばらく発見されないままであった。また，セラピーの内部はマリにとって，Th を独占できる唯一の場となるものの，そこで生きたまま埋葬されている赤ん坊は養育的対象としての Th には出会えない。

　そもそも彼女にとって，人生初期の養育が兄姉に任されたりするなど，養育的な原対象との結びつきは著しく脆弱で希薄であった。そのことの弊害は甚大である。嫉妬や羨望，あるいは不確かさから生じる不安など，養育的対象との体験にまつわる強烈な情動に，そもそも彼女は耐えられないのである。そのため，身体接触を求めたり，恋人のように振る舞ったりするなど，Th を養育者として使用するよりもむしろ，性愛的対象として引きつけ支配することしかできない。

　このようにセラピーにおける関係が性愛的領域へと移行する背景には，砂に埋もれて声を出せず，身動きできない赤ん坊がいるとともに，それに対してそもそも性的活性しかなく，授乳することには関心のない，養育者としては視野が曇っており，赤ん坊とのつながりを維持できない母親対象しかいない，という転移状況が現れてきていることを理解する必要があるだろう。これでは，砂に埋もれた乳児は授乳を受けることができないばかりか，性的活性（乳児的自己にとっては砂）に押しつぶされ，あげくにはミルクではなくその砂を口に入れられてしまう。

　このように，深刻な内的状況がセラピーに実演されていることへの気づきから，ここで Th は週1回の濃密なスーパービジョンを受けることにする。こうして彼は，外的設定ばかりでなく，確固とした見識による内的設定を確

立すべく動き始める。このことによって，以前に比して治療状況の限界設定を，毅然とした態度で，より安定した形で維持することができた。西村氏が指摘するように，ここで初めて精神分析プロセスが展開し始めた。つまり，内的対象関係が，転移・逆転移状況へと収集され始めたのである。ここでやっと，マリに対する Th の養育的眼差しが届くようになる。砂に埋もれた赤ん坊が発見され始めたのである。

　砂の中から現れた赤ん坊は怒りとフラストレーションに満ちており，混乱の中で経験してきた情動を激しく Th へと投影する。Th がスーパーバイザーの鮮明な視野と理解から支援を受け，そこから生じる痛みをコンテインする[*1] 関係性にとどまり続けることで，授乳・養育的水準での欲求や必要性の表現が鮮明となり，そこから生じるフラストレーションの過酷さが浮き彫りとなった。

　マリは当然，困難な情動の体験に圧倒されて荒れる。だが，そうした激しいフラストレーションと分離性の認識から生じる痛みは，情動を受け入れられた経験の乏しい脆弱なマリにとっては，どうしても耐え難い。そのため，性愛的関係性での偽りの満足によって代償しようとする圧力は，セラピーに巻き起こる砂嵐のように強大になる。ここで，養育的水準の接触と，性愛的水準での病理的誘惑の振動が激しくなるが，その違いは明確であり，Th はその意味を把握しているために，少なくともセラピーの内部では，その圧力に持ちこたえることができていた。

　ところが，性愛化の嵐は，性的捕食者の餌食となるという最悪の結果として，外的に現実化してしまう。冬休み期間中に，母親の恋人からの性的虐待が生じていたことが，ここで発覚するのである。こうして，このセラピーのなかで救出されつつあった赤ん坊は，魂の殺害ともいうべき悲劇に見舞われる。ここで分析プロセスは，無惨にも破壊されてしまったかに見えた。しかしながら，マリは Th を虐待者と同一視して，全身を硬直させて恐れる（ことができた，と言うべきかもしれない）。この虐待者転移は，見ようによっては，分析的セラピーが皮一枚で生き残ったことを意味している。プレイルームに入ることができなくなるなど，一時的にセラピー空間は機能しなく

[*1] 感覚的・具象的でない，心という水準での痛みの包容のこと。

なるものの，それでも担当保育士の協力により，何とか踏みとどまる可能性を残していた。

　置き去りにされる痛みの経験が強まる冬休みに，そもそも内的養育対象が脆弱なマリは，それでもその期間を良い対象と共に生き残るべく，より確実に見える性愛化対象に対して移動させようとしたのかもしれない。そうした意図のもと，冬休み期間にマリは，一時的に母親の恋人に Th の代わりをさせようとしたのかもしれない。そうしたマリの良い対象への希求が，性的捕食者に出会ってしまい，いわば惨殺されたのである。

　Th は，虐待者と同一視されて，セラピーが性暴力そのものであるかのように怯えるマリの姿に耐えられずに，中断を考える。しかしながら，虐待の実演スペースへと変質されられていたプレイルームは，それを転移として理解するスーパーバイザーの援助によって，痛みを分かち合いつつ共に考える，という本来の機能を何とか回復することができた。それは，担当保育士を良い対象として保持できたことにも表れている。

　治療スペースが生き残ったことで，マリは虐待者に同一化する形でセラピーに戻ってくる。逆転させた形での，目を覆いたくなるような虐待場面が実演される。もちろん，虐待された彼女の経験は，Th と保育士カップルへと投げ込まれている。カップルは瀕死の赤ん坊を救出せねばならない。さらに，ここでは殺されかけている赤ん坊を引き受けるだけではなく，虐待者に同一化したマリに対して，されるがままではない Th の生きた態度を示さねばならない。こうした形で本来のプライベートな空間が回復し，Th と 2 人で創り出すセラピーの空間が回復した。

　セラピーの空間は，自給自足で成長する赤ん坊，依存関係の中で少しずつ成長する赤ん坊，暴力によってコントロールできる対象，心を保護し養育する対象など，さまざまな自己と対象とが転移と逆転移という形で登場するポテンシャルを持った空間へと回復する。ここでマリ自身が，養育的対象の眼差しによって見つけられることが大切なのだと Th に教えたことは，印象的である。こうして外傷状況が実演としてではなく，遊びとして展開することが可能となった。

　外傷状況が生々しく圧倒的な形で表現されるために，子どもの心に焦点づけることが困難になり，ある種の忘却の願望を逆に投影してしまいがちだっ

たと西村氏は述べている。さらに彼は，その場における表現の意味を感受するとともに，そこに表れている迫真性を，転移と逆転移の展開の中でとらえることの重要性を強調する。これは，外傷が具象的および象徴的に遊びの中に展開するときに，Thが思考できなくなるまでに圧倒されつつ，考えることができるスタンスを取り戻すというTh自身の再生能力が，トラウマの治療の最も重要な要素だということを示しているようである。ここで彼は，自分自身の精神分析体験なくしてはこの過程がどうしても不十分になるのだと気づき，英国でのトレーニングを決意する。

　第125回に報告された夢は，このセラピーをマリがどのように体験してきたのかを的確に語っている。深海探索のバディとしてのThと一緒ならば，彼女の心の奥底に棲む怪物的な大ダコに対峙できるようにさえなったのである。彼女がセラピーの中で何をしてきたのか，何を発見したのかを，明白につかんだ夢のように見える。また，この夢において，彼女が退治せねばならない対象は大きなタコである。それは，吸盤の吸着によって捕捉し呑み込もうとする性的捕食者のようであり，グニャグニャした軸のない貪欲な対象のようでもある。これは，彼女の内的世界に巣くう，怪物的超自我なのかもしれない。彼女の内的対象関係世界を，美しく不気味な深海としてとらえたこの夢は，セラピーにおける2人の共同作業によって生まれた産物，すなわち精神分析プロセスそのものの描写でもあり，とても美しい。

　半年後の終結を告げられると，マリは，飽きて子どもを捨てる親をThに見て，激しく罵るが，同時に最後まで物語を共に創る共同制作者として体験することもできた。さらに彼女は，これらのどちらもが根っこでつながっているのだと言い，いまや，抑うつポジションにおける現実的な対象関係を受け入れることが可能になったことを示している。別れは双方にとって切ないが，それでも「心の中の西村先生」は彼女の中に，内的世界を奥底まで支えることのできる軸を提供し，夢見を共有できる育ての親として取り入れられたことがうかがえる。

3. セラピストの養育環境としてのトレーニング——スーパービジョン，乳児観察，そして訓練セラピー

　マリはネグレクトされてきたために，情緒体験の受け皿としての内的対象

も発達せず，注意を向け焦点化する内的対象も，内在化できていなかった。このような被ネグレクト児の困難な治療に，初心のThだった西村氏がいわば丸腰で臨んだ。西村氏は，当時の自分は臨床状況を観察する能力も不十分だったと振り返っているが，これは初心なのだから仕方のないことである。だが，そもそもベテランにとっても困難をきわめるような施設での子どものセラピーを，初心者に何の指導も受けさせずに任せることは，臨床家育成におけるネグレクトにも見える。

西村氏はこのセラピーを任された時点で，スーパービジョンの経験もなく，乳児観察の経験もなく，そして何よりも訓練セラピーの経験もないという，いわば「臨床家育成におけるネグレクト状況」の中で，マリのネグレクト経験の投影的展開を引き受けつつ考えるという，不可能な作業を強いられていた。こうした状況で生じたのは，設定の維持もままならないという，ネグレクト状況の再演であった。

これに危機感を抱いた西村氏は，セミナーに出かけ，不定期のスーパービジョンを受け始める。これで，頻度や時間管理などの外的設定は何とかなったが，これだけだと最も大切な内的設定の維持は望めない。内的設定とは精神分析的態度として面接室に表れるものであり，それは濃厚な経験的トレーニングの中で培われていくThの受容力，体験力，観察力，直観力，そして応答力などの能力の総体である。言い換えればこれは，一定期間の濃厚なトレーニングの経験によって，Thの心に「観察と体験から理解をもたらす精神分析的内的対象」が内在化されることで可能となる態度である。

これによりThは，自分自身の情動体験を含む臨床状況を観察することができ，そこから転移（投影）を感受し，逆転移によってそれに応答する形で共体験しつつ，転移の内容や動機を理解することができる。さらに，転移状況の嵐の中で，Thがこの精神分析的態度を維持し，思考し続けることができるなら，そして逆転移を行動化してしまう圧力を生き残ることができるなら，トラウマを抱えた子どもの内的世界に，良い対象の内在化という根源的変化の可能性をもたらすことができるのである。

さて，マリのセラピーにおいて，真に精神分析プロセスが展開し始めたのは，西村氏が週1回の個人スーパービジョンを受け始めてからであった。ここで集まる転移の濃密さに彼は驚いただろうし，あらためてマリの心に出

会っているという強い手応えを感じてもいたことがうかがわれる。そして，スーパーバイザーの豊かな経験と直観から，素材の理解が急速に深まってゆく。ところが，不幸なことに，マリは外泊中に性的捕食者による性被害に遭ってしまう。これにより治療は極度に混乱し，さまざまな要素が外部へと漏れ出ることになる。セラピー自体が死に瀕していたと言えるだろう。

　ここで西村氏は，スーパービジョンのみでは理解が少なくとも1週遅れになり，後手後手に回ることにフラストレーションを感じることになった。Th に訓練セラピーや乳児観察などの体験的トレーニングが欠けていると，その理解はいわば「周回遅れ」（飛谷，2012）になりがちなのである。ここで西村氏は，現場における観察力の欠如を自覚し，必要に駆られて乳児観察を始める。ここで得られた精神分析的観察の力によって，今や小学生に上がろうとしているマリの中の乳児が，再び観察できるようになっている。さらに観察眼が拡大したことにより，「母親に見つけてもらえないために死にかかっている赤ん坊」を発見することができた。観察力の向上によって，視力の弱い母親が顕在化するという逆説は，大変印象的である。これは要するに，「見える母親としての Th」が内在化され始めたことを意味しているのである。

　その後，マリは性的虐待を遊びの中で表現していくが，これらはマリが精神分析的内的対象に出会えたことで転移状況の展開が可能になったことを示しているわけで，この状況は相当な程度でスーパーバイザーの直観力と観察力に依存することで成り立っている。実際，現場では，マリのほうが Th としての西村氏を先導する形になっていたことに，彼は気づいている。ここに自らの分析体験の必要性を実感した西村氏は，さらなるトレーニングのための渡英を決意する。

4．おわりに

　Th を生み育てる患者，いわゆる Th メーカーがいる。どの患者にもそのポテンシャルはあるのだと言えばそうだが，特に分析的接触によく応答する感度の高い患者がいるのだ。マリもその一人である。こうした患者に出会うことで，Th は Th になるのかもしれない。西村氏の渡英の動機の一部に，マリとのセラピーに魅せられた体験があったのではないかと私は想像する。今

や英国で活躍する西村氏にとって，マリは今も初心者時代の最も印象的な子どもの患者だろう。

　性的虐待の体験から生じるトラウマが，遊びによって消化される（モーニング・ワーク）プロセスは，Thの助けなしにはなし得ない。治療は，どのような形であれ，子どもがその経験による痛みをThへと投影できることで始まり，その投影を感受できるThが痛みをそのものとして受け入れ，それについて考えることで進んでいく。これは西村氏の論文のタイトルが示すとおりである。

　ラスティンの言うように，そこでThは追い詰められるだろうし，追い詰められねばならない。そして，そこでThが子どもからの投げかけを無視してネグレクトや虐待を再演したり，逆にThのほうがその投影によって外傷を受けバーンアウトしたりするなどの事態になるなら，それらは追い詰められたThが崖から落下してしまったことを意味する。崖っぷちや壁際に追い詰められたThがそこから浮上するためには，自らの内部に精神分析的内的対象という支えを得ている必要がある。それを培うためには，訓練セラピーの経験が不可欠なのだということを，西村氏はマリのセラピー経験によって示している。

[文献]

Rustin, M. (2001). The therapist with her back against the wall. *Journal of Child Psychotherapy*, 27(3), 273-284.

飛谷渉 (2012)．週1回設定の心理療法を精神分析的に行うための必要条件——週複数回頻度の精神分析的心理療法実践の立場から．精神分析研究, 56(1), 39-46.

第3章

つながりを持つことの難しさ
──分離パニックを呈した男児との心理療法

【由井理亜子】

■第1節　はじめに

　ネグレクトおよび身体的暴力によって，幼児期から児童養護施設で生活していた男児A（以下，「ケイ」と仮称）は，他者と情緒的なつながりを持つことがとても難しい子どもだった。それは，相手が自分のことを大切に思い，向き合ってくれる，忘れないでいてくれる，と信じることが難しいことと密接に結びついていたと考えられる。彼との5年余りの心理療法の中で，私は彼が生きる世界に触れ，その混乱と不安の世界で生きるとはどういうことかを教えられた。

　本章では，ケイとの心理療法過程を振り返り，彼が対象と出会い，別れを情緒的に体験していくまでの過程を提示する。

■第2節　事例の概要

1. 生育歴・概要

　ケイの母親は家族との折り合いが悪く，ほとんど学校へ通うことなく，10代前半から家を出たり戻ったりの生活を続けていた。母親はある血液疾患を抱えていた。ケイは生まれてすぐに乳児院に預けられ，1歳前に祖父によって引き取られた。ケイの実父についての情報はない。ケイが2歳半ごろ，継父と知り合った母親は義妹の出産のため家に戻り，ケイと再会した。継父は仕事が長続きせず，借金を抱えていたという。ケイは，入園した保育所でネグレクトや身体的虐待が疑われ，行政による介入が行われるようになった。ケイが4歳のころ，生後数カ月の義弟が窒息死（死因不明）している。その

後，母親は義妹のみを連れて家出したため，ケイは児童養護施設へと入所することになった。借金やアルコールの問題を抱えていた祖父は，ケイをかわいがる面もあったようで，入所になかなか同意しなかったという。

　幼少期のケイの施設での様子は，突発的に施設から出て行くことや他児に対する暴力があり，いったん怖いという印象を持った相手を極端に怖がり続けるなど，かわいらしいが少し奇妙で理解しにくい子どもだったと職員らに記憶されていた。このようなことを心配した職員によって，ケイが小学校低学年の時に心理療法が勧められた。また，当時の発達検査で，軽度の知的な遅れが認められていた。

　前の担当者との2年ほどの心理療法の後，小学校中学年の時に私が心理療法を引き継ぐことになった。私が初めて施設を訪れた際，ケイは私の顔を正面から指差して「コノヒト，キライ」と言いにきた。その唐突さとロボットのような機械的な口調と動きが，強く印象に残った。

■第3節　心理療法過程

1. 第1期——混乱（セラピー開始〜X＋1年半）

　セラピーが始まる日，ケイは開始1時間前に，いきなりプレイルームの扉を勢いよく開けてやってきた。その目的は時間を確認するためであったが，私は非常に驚いたことを覚えている。再度，時間ちょうどにやってきたケイは，「遅くなりました」と言った。それから，プラレールを丸くつなげ始めた。私に対して緊張や不安を示すような態度は，ほとんど感じられなかった。ケイはレール上の新幹線を何度も往復させ，私に〈行ってらっしゃい〉と〈お帰り〉を言ってもらうことを繰り返した。私が一度〈お帰り〉を言い忘れたこと（実際にはタイミングが合わなかったのだが）で新幹線は怒り出し，それ以降，私の発する声を一切"無視"して高速で走り続けた。

　この初回のやり取りで，彼は出会いと別れに多くの関心を注ぎ，何よりも再会することの難しさを私に伝えていた。彼にとって，他者とタイミングよく出会うことは注意を払っていても難しいことであり，その失敗は取り返しのつかないことを意味しているようであった。ケイはその日から，強引に終了時間を延長しようとしてきた。そして，第3回以降は，時間前に部屋に入

ろうとすることもたびたびあった。

　ケイは，悪者の怪獣や恐竜とウルトラマンを戦わせ，最後は「みんな死ぬ」ような，食べる／食べられる争いを生々しく表現した。最初に良い者だった者も，悪者に嚙まれたり攻撃されることによって，容易に悪者になった。私には，汚染や感染のように悪いものが際限なく増殖していくように感じられた。ケイは急に別の遊びに変えてしまうことで私の介入を認めず，ただその惨劇の目撃者としていさせていたようだった。このようなことはセラピーの休み明けに顕著であり，ケイは入室直後に大きなぬいぐるみの「ウータン」をいきなり蹴り倒し，ナイフでメッタ刺しにした。ウータンと同様に，傷つけられてすでに無抵抗になっている他のぬいぐるみたちを，さらに踏みつけ痛めつけるということを彼は平然とやり尽くした。

　以下，隷書体の箇所は記録より抜粋したものである。

【第 56 回】

　私が片付けを促すと，ケイはすぐさま拳銃を取り出した。私に一瞬向けた後，自分の胸と頭に向かって何度も撃ち込んだ。私は〈終わりは，死にたいくらいしんどいんだよね〉と言いながら，拳銃をケイの手からそっと取ると，今度はナイフを取り出して自分の胸にグサグサと刺し始める。私がそれも制止しようとすると，虚ろな目で半笑いを浮かべて，自分を痛めつけるものを探し回る。私の言葉はまったく聞こえないようで，今度は自分の胸や頭を一心不乱に叩き始める。壁に頭を打ちつけ始めたため，私はケイの頭を手でかばうと，今度はナイフを私に向けて刺したり，叩きつけ始める。必死に落ち着かせようとするが，私とのもみ合いのなかで，ケイの右肩に引っかき傷ができると，ケイは動きを急に止め，その傷跡を見て目を見開き，「イタイ，イタイイタイ，あぁー！！」と絶叫し，持っていた拳銃で私の腕を引っかいた。

　単調なプラレールでの遊びで心を平坦に保っていた回でも，終了時には否応なくパニックのように不安がわき起こり，退室を渋るケイと退室を促す私との間で，避けがたい緊張状態が毎回のように起こった。ケイは，たいていは力づくで部屋にとどまり続けようとし，時にはウータンを攻撃したり，私

に直接向かってくることもあった。退室を強制する私に対して，私の目を「コワイ，コワイ，コワイ，コワイ！」と奇妙に怯え，その目をめがけて砂や玩具を投げつけてくることもあった。ケイが考えることができない部分は，私に具体的に投げつけられ，私は実際に見ることも考えることもできなくなるだけでなく，ケイに毅然とした態度がとれないようになっていた。

　ケイにとってセラピーの終了時間や休みは，どのように体験されていたのだろう。私は，彼の受ける衝撃を目撃はしていたが，共有することはできていなかったように思う。ケイは主に攻撃するものと同一化しており，私は悲惨な状況を見ていても，手も足も口も出せない無力感に襲われていた。彼の攻撃や暴力によって，彼の気持ちを考えることそのものも奪われているようだった。そんな私に対して，彼は休み明けに，「どうして（ここに）いるの？」と本当に不思議そうに尋ねることがあった。ケイにとって，変わらずに戻ってくる人がいるということが，まったく信じられない出来事であるかのようだった。

　1年目の後半から2年目にかけて，セラピーでは常に，脈絡なく勃発する「火事」や「事故」によって大惨事が起きることが繰り返された。火事はいきなり至る所で起こり，車同士の衝突事故が毎回のように起こった。そのたびに救急車や消防車が出動はするが，それぞれの役割が果たされることはなかった。ケイには，世界は常に，大惨事が突然に起こるように見えていたようだった。さらに言えば，セラピーの時間に私と出会って別れることそのものも，彼にとっては衝突事故のように感じられていたのかもしれない。火事を消すために「寒い国」の雪女が登場することもあったが，雪女の冷たい息は，火だけでなく周りのものすべてを凍らせて，黙らせてしまうようなものだった。私は，この脈絡なく生じる悲惨な出来事と，セラピーがなくなる不安や，心理療法の前担当者が実際にいなくなった寂しさなどを結びつけようとしたが，それはさらなる大惨事の引き金になるだけで，言葉を発することにも躊躇するようになっていた。

　また，このころのケイは，施設や学校で毎日のように問題行動を起こしていた。排便や排尿の失敗，過食，突然のパニック，危険行為（火遊び，高所から飛び降りようとする），年少児への暴力のほか，施設や学校から急に飛び出して行方がわからなくなることもしばしばあった。職員たちにもケイの

行動は手に負えないという気持ちにさせ，施設変更の話もされるようになっていた。私自身も彼の言動に何もできない無力感，受け止めきれない不安や恐れなど，職員同様に疲弊し，呆然と立ち尽くしているだけのような感覚に陥っていた。

　ケイの情緒的混乱に巻き込まれて，私を含めて周囲の大人たちが，それぞれの役割をまっとうできないでいるようだった。私は同僚の勧めを受け，緊急のスーパービジョン（後に定期的なものになる）を受け始めることにした。

2．第2期——持ちこたえる（X＋1年半〜3年目）

　施設が子ども家庭センターと頻繁に連絡をとるようになったことを機に，私は関係者を集めてカンファレンスを持つことになった。また，学校の先生たちとも話し合う機会を設けたり，担当職員とケイのことを記した日記を交換するようにして，セラピー以外の場面でのケイについて把握しようと努めた。そして，セラピーの開始と終了時に，職員にケイの送り迎えをしてもらうことにした。

【第60回】

　悪者が乗っているトラックを，パトカー2台が挟み撃ちしようとやってくる。しかし，悪者と仲間の戦闘機が，上空からパトカーを爆撃する。爆撃されたパトカーは捕まえられて，檻の中に入れられる。同じ檻の中には救急車も入れられる。その檻の周りには，銃を持った兵隊たちが見張っている。〈これはケイくんの心の中みたいだね。この檻の中には良いもの，助けてくれそうなものが入っているけど，自由に動けなくなってる。先生もケイのことを助けられていないみたい〉。檻の外にはたくさんの怖い恐竜が取り囲む。

　パトカーや救急車のように，守ったり助ける役割を担う存在は登場こそしたが，それは弱く，あっけなく捕らえられて，結局は役立たずであった。このころのセラピー終了時は，私に対して玩具を投げつける，殴る，髪の毛を引きちぎるなどの直接的な攻撃が増え，スイッチが入ると言葉が通じない容赦のない暴力が続いていた。しかし，そうしたことがあった次の回に，寝転

がっていたケイが私に向けて手を伸ばし,「げんき？」と尋ねることもあった。自分の攻撃によって私が弱ってしまったのではないかと,不安になったのだろう。この時期に,このような気遣いは非常にまれなことであったが,それは私がこの時期を耐え抜く支えや希望になっていた。

【第64回】

　時間どおりに来室できなかったケイは,セラピーが「今日じゃない」とつぶやきながら歩いてきた。ケイは素早く部屋に入り込み,逆に私を閉め出した。私は力ずくで部屋に入り,遅刻や閉め出しについて話をしようとした。ケイは「黙れ」と拳銃を向けてきた。〈閉め出されたり,黙れと言われたり。先生はそうされる気持ちを知る必要があるのかも〉と言う私に,ケイは手錠をかけ,牢屋に入れた。それから,ケイは赤ちゃん人形を持ってきて,赤ちゃんを床に叩きつけてから,胴体を持って頭を床に思いきり打ちつけ始めた。また,投げつけた後に赤ちゃんを殴り,お腹を足で踏みつけた。ケイは,無言のまま赤ちゃんの口に哺乳瓶を突っ込んでは離して泣かせる,ということを繰り返した。泣き出す赤ちゃんに「うるさい！」と言い,持ってきた聴診器で赤ちゃんの口をふさいだ。〈どんなにひどい目にあっても,泣くこともできない。泣いてはいけないって〉。その後,ケイは自らサングラスをかけ,また赤ちゃんの顔にはタオルをかぶせた後,赤ちゃんの性器に注射器を当て,慎重に何かを何度も吸い出し,お腹を切ってコップを取り出す手術を行った。

　私は,非情で冷酷なケイの視線や行動から目を逸らさず,何とか気持ちの話をしようと試み続けた。ケイは立場を逆転させ,セラピーから閉め出され惨めな気持ちを味わう「赤ちゃん」を,徹底的に痛めつけた。彼が赤ちゃんのお腹の中から取り出したものは,孤独でどうしようもないと感じる気持ち,"こころ"だったのかもしれない。ケイは休みの前後になると,遅刻が多くなった。赤ちゃんの気持ちや休みの寂しさに触れられることを一切「無視」するか,または私への攻撃となって爆発するかの状態が長く続いた。私と情緒的な話をしないで「無視」することが,ケイとぶつからずにいられる唯一の方法のようだった。

第69回では，プラレールの電車が男の子を正面から轢いていっても，電車は何の関心も示さず走り続けた。出動したパトカーは踏み切りに邪魔されて，目的地までたどり着くことができなかった。ケイは，「このパトカー，あほや」とつぶやいた。別のセッションでは，見張っていたはずの警察がぼーっとしている隙に悪者に逃げられたり，悪者と衝突することで悪者に寝返ってしまうこともあった。ケイの様子や行動を見守り，きちんと統制する力や役割が不足しているようだった。

　セラピーや私とのつながりも，まだ不安定なものだった。男の子が駅で電車を待っていても，来る電車は回送電車だったり，ようやく電車が来ても男の子がトイレに行っている間に行ってしまうなど，セラピーに来ることはタイミングの問題で，そのタイミングもうまく合うことはめったにないと感じていたようだった。

　無力な赤ちゃんは最後は落ちて死ぬことになっており，実際に終了時に，ケイもベランダから飛び降りようとすることがあった。私はこの時，ひとつ間違えばケイが本当に死んでしまうのではないか，もう二度と会えないのではないかという怖さを，1週間ずっと抱えながら過ごしていた。私は職員と相談して，セラピー中にケイの身が危険だと判断した時，または私一人では対処できないと判断した時，一緒に部屋に入ってもらうことにした。実際にそうなることは数回だったが，パニックになっていたケイは3人で過ごすうちに，心を落ち着けて話ができるようになった。混乱して酷いことになっても落ち着くことができる，再び話ができるという経験が，その後のケイにとって非常に有効であったと思われる。

【第101回】

　魔女は，注射器で男性の性器から何かを引き抜く。その後に，女性の乳房にも注射器を当てて「ミルク」を抜いた後，代わりに毒を注入する。生まれたばかりの赤ちゃんは，母親のおっぱいから「毒ミルク」を飲まされる。母親は魔女に連れ去られて，再び注射器で「こころ」を盗られる。病院に戻ってきた母親は，いきなり赤ちゃんを蹴りつける。母親はワニを呼び寄せて，赤ちゃんはワニにぐしゃぐしゃと食われる。ワニの口から吐き出された「頭のおかしい赤ちゃん」は，「イヒヒ」と母親と同じよう

に笑った。

　やがてケイは，上記のように，「なんでこんなことになったのか」と原因や犯人について考えるようになっていった。赤ちゃんの頭がおかしくなったのは，良いミルクではなく毒ミルクを与えられたからであり，その母親もまた，悪い魔女によってこころを奪われていたからではないか，と彼なりに結びつけようとしているようだった。それまでは，脈絡なく火事や事故や事件が起こり，ただ手のつけられない大惨事だったものが，上空から現場をとらえるヘリコプターの視点や，映像でその出来事をスローモーション再生して，詳細を把握する視点が加わるようになっていった。さらに，セラピーの最初に「今日も事件が起こるのでした」と話し始めるようになり，ケイが大惨事や事件と距離を保って話ができるようになっていった。

3．第3期——情緒に触れる（X＋3～4年目）

　3年目に入ると，ケイはセラピーが始まる数分前から待ちきれないように部屋にやってくるなど，セラピーのある日が「特別な日」に感じられ，セラピーや私を求める気持ちが強くなっていた。しかし，そうなるにつれ，反対にセラピーがない日や私が帰ってしまってからの時間は，ケイにとってひどく辛いものになっているようだった。放り出されて迷子になったケイは，自分がどこにいるのか，どこから来てどこに行こうとしているのか，自分は誰なのか，さらには生きているのか死んでいるのかなど，時間のつながり，他者とのつながりをすっかり見失ってしまう恐怖を感じているようだった。
　セラピー4年目の春に，ケイは支援学校中等部に進学した。ケイの中でセラピーや母親（私）を求める部分が明らかに強くなり，それに伴って，その気持ちに対する恐れを強くはっきりと感じるようになっていた。そのため，私は以前より考えていた頻度の変更について検討し，週2回のセラピーを提供することにした。第127回で，〈私やBママ（休暇里親）と離れる時，セラピーや楽しい時間が終わる時，ケイがとても怖い思いをしているように見える。また会えるとどうしても思えない時や，どうしようもない気持ちになっている時もあるみたい。それについてもっと考えていけるようにしたい〉とケイに説明した。ケイは，戸惑いや混乱を示しながらも了承した。

第 3 章　つながりを持つことの難しさ　　79

【第 135 回】
　砂の中で独り，「ママを捜している」子イルカがいる。子イルカは「クゥークゥー」と鳴（泣）いている。戦闘機に傷つけられた母イルカも，涙と血を流しながら鳴（泣）いている。母イルカは子どもの泣き声を聞いて子どものほうへ近づくが，別のほうに行ってしまう。そこにクジラがやってくる。クジラは母イルカの目の前に潮を吹いて，「迎えに来てください」と伝える。〈迷子になって心細くて泣いてる子どもは，ママに迎えに来てもらわないといけないね〉。ケイは私に，母イルカを動かすように言う。母イルカが来るまで，クジラは子イルカの世話を焼く。しかし，クジラの仲間であるシャチやサメが子イルカを食べようとやってくる。母イルカが子どもを助け出し，ようやく再会するが，倒されていたはずのシャチたちが再び復活し，母イルカは傷つけられ，子イルカが連れ去られてしまう。

　週 2 回になってからのセラピーの内容は，母子の情緒的なやり取りにフォーカスが当てられるようになった。そして，私に対しても，そのやり取りの中で何らかの役割が期待され，私の言葉を待つことが増えていった。この時，私は母イルカであり，母親と子どもを結びつけるクジラのようでもあったが，それはようやく再会した母子を引き裂く悪者とも結びつく存在であった。ケイのセラピーは月曜日と水曜日に実施していたが，彼は月曜日のセラピーにはより安心感をもって臨むことができたが，水曜日は遅刻が多く，より不安定に過ごした。それは，水曜日から翌週の月曜日までのほうが，長い間会えないことと関係しているようだった。お互いに求め合う部分はあるものの，この設定を決めているのは私であり，会いたい時に会えない寂しさ，置いていかれる不安を味わわせていたのは，私であった。
　セラピーの終わりや休みによって，ケイが迷子の無力な赤ちゃんや置いてけぼりにされる男の子の気持ちを感じていると伝えると，ケイは表情を豹変させ，「話すんな」と私やその気持ちを締め出した。そしてヒヒッと笑いながら赤ちゃん人形の頭を踏みつけた。か弱く脆い赤ちゃんの部分を失くすために，彼はロボットのように無機質で冷酷非情になる必要があったのだろう。私は，ケイが締め出そうとするこの赤ちゃんの部分（実際に，部屋から

赤ちゃん人形を締め出していた）について，タイミングを見ながら話で触れることにし，私とケイとの間にある「目の前にはいないが存在する部分」「イライラするが大切な気持ち」として扱うことにした。

　そして，4年目の後半になると，ケイは再会に対する不安に対処するために，新たな方法を見つけ始めた。それは，たとえば「一時停止」をして立ち止まり，少し先のことを「こうなったらこう……」「こうなるかもしれない」と予測したり，目（目印）や耳（館内放送，車内放送）から外的な手がかりに注目して，周りの状況を把握する方法であった。「避難訓練」の話では，その場面を詳細かつ忠実に再現し，大惨事に備える準備をするようになった。その避難訓練では，消防車や救急車，学校の送迎バスが互いに連絡をとり合って，バックアップ体制がとられるとともに，組織的によく統制がとれた動きを示していた。

　ケイは，第184回で，あるはしご車を「ウータン号」と名づけた。それは，以前からケイ用としてケイの箱に入っていたものであり，ケイの破壊行為によって，はしごの部分が取れたり外れたりしていて，私がそのたびに接着剤やテープで修理をしていたものであった。ウータン号はウータンが好きなはしご車として，特別な関係を持つものになった。ウータンが先生に怒られたり，みんなからのけ者にされて，困ったり，気持ちが不安定になった時に，ウータン号がその状況を収めるために助けにやってきた。しかし，ウータン号はすぐに別の仕事のために帰らなければならず，ウータンはウータン号の後ろ姿を見えなくなるまで寂しそうに見送った。〈また会えると言ったけど，すごく寂しい。先生の帰るとき，ケイもウータンと同じ気持ちかな〉と私が言うと，「ウータン，泣いてるねん」と応えた。ウータンがウータン号を見送る様子は，私が施設から車で帰る際，ケイが玄関から私の車を見えなくなるまで見送る姿と重なった。

【第204回】

　春休みの確認をすると，ケイは「あとで」とかわし，「これ，見たことあるやんな」と持参したミニカーに注意を向けようとする。私は見たことのあるミニカーと，見たことのないミニカーを区別し，確認する。その後，（私が見たことのない）初めて持参したミニカーについて，それらを

見知っているというウータン号が，他のミニカーたちに紹介するために道案内の役をする。(中略) 案内を終えて帰る途中，ウータン号のエンジンが「プスン，プスン……」と故障してしまう。「修理しなあかんねん」。ケイはウータン号がいる本来の場所に戻ることができないと言う。「だからな，ウータン号のところ（駐車スペース），シャッターが下りてるねん」。ウータン号のいるべきところが空いている。〈しばらく会えないね〉「ウータン，泣くねん」(中略) ウータン号が修理を終えて戻ってくる。「ウータン，見えてんな」と嬉しそうに言う。〈会えない時間はあったけど，ちゃんと忘れずに戻ってきてくれた。ちゃんと会えたことが，ウータンもウータン号も嬉しそう。ケイも春休みの後にちゃんと先生が戻ってきてくれるか，先生がケイのことを忘れずにちゃんとまた会えるか，心配なんかな。会えないと泣きそうになるかもしれない。けど，ちゃんと戻ってくるって思えるところもある〉。ケイは，私の言葉を聞いている。

第204回は，休み前でいつもより不安が高まっている回であったが，つながりを保持する役割のウータン号の必要性や，そのウータン号がいない寂しさや，再会できた喜びに触れることが初めてできた回であった。この休み明けは，これまでのような緊張感は軽減し，学校の始業式やクラス替えについて落ち着いて話をした。彼は，これまで締め出していた赤ちゃんや迷子の男の子についても，「赤ちゃんや男の子を世話するん（意味）はな，前もって教えてくれて，大丈夫って安心させてくれることやで」と教えてくれた。

学校では，1学期に「手に負えないくらいひどかった」状態（目を離すと教室からいなくなっているなど）であったが，2学期には授業に積極的に参加し，友人ができたことも報告された。

4．第4期――主体性を持つこと，調節すること（X＋4～5年目）

次第にセラピーの中では，私が他者と結びつくことで，その両親カップルから排除される男の子やウータンが，テーマとして表現されるようになった。私の関心が別の人に向くことで，私の心からケイのことはすっかり忘れ去られることになっていた。ケイはこの排除されていることに関して，「完全に無視されるゴキブリ」と表現し，さらに電車で轢き潰される様子をして

みせた。そこには，どうしようもない孤独やみじめさと，結びつくことができる対象に対する妬みや怒りが存在しているように見えたが，それらを私への気持ちとして言葉にして扱うことはまだ少し難しかった。

このころからケイは，しばしば意図的にセラピーに遅刻したり，休んだりするようになった。それは，ケイがなんとか私と感情的に，あるいは身体的にぶつからないように調節する試みであるようにも感じられた。

【第238回】

この日，プール行事のために30分ほど遅刻して来室した。ケイは，セラピーに間に合わないかもしれないことを私に伝えてほしいと，事前に職員に頼んでいたことを述べた後，大きな絆創膏を見せて，「階段ですべってこけてん。血がだらだら」と，3カ所ほど小さな傷を報告した。ケイは膝の怪我について，その状況を詳しく説明（どこで，どんな状況で，どのように）をした。プールの救護室でも，係の人にその状況について説明をしたことも含めて話した。それから，4本並行に並んだウォータースライダーの絵を描き，その一つの黄色の滑り台（スピード速い）に自分を描き入れた後，隣の青色の滑り台（スピードゆっくり）に私を描いた。〈先生と一緒に遊べるし，しかもぶつからずにすむね〉と言うと，「ふふ」と笑った。ケイは終了時に，「先生にプールの話伝えたかったもん」と誇らしげに言った。

この第238回以降，ケイは実際の生活場面で経験したことや感じたことを，積極的に私に伝えるようになった。私と一緒にいないときにケイがどのように過ごしていたのか，何を感じていたのかを伝えるようになった。それは，会えない間の時間を埋める作業であり，ケイの時間と私の時間，セラピーの時間とそれ以外の時間がまったく別のものではなく，つながったものとしてケイに体験され始めていることを示しているようだった。このウォータースライダーの絵は，ケイと私が横に並び，今から下に滑る場面が描かれていた。この絵からは，滑り落ちる怖さよりも，一緒にできる喜びや楽しさが感じられた。それは，スライダーのスピードが選べるようになっている点や，スライダーの上下には係員が見守っており，安全が保証されているとい

うことと関係しているようだった。

　その後ケイは，壊れたもの，傷ついたもの，不安だった気持ちをセラピーの中に持ち込むようになった。それは，少しずつではあるが，そのようなものが抱えられたり，手当てされたりすることができると思えるようになったからであろう。セラピーの送迎や学校への通学をはじめ，学校や施設の職員，周囲の大人たちが連携してケイを見守ってきたことで，ケイ自身が守られているという感覚や，何かあったときにフォローしてくれるという感覚が定着してきたことを意味していると思われた。

　冬休みの前，ケイは，妊娠した学校の女性担任が出産を機に担任を辞めるという話をした。その担任は，担任を辞めなければ赤ちゃんを殺すしかないと言っていたと話した。以前は触れること，考えることが難しかった，どちらかが死ぬしかないという母親をめぐる強烈な葛藤について，ようやくセラピーの中で話せるようになっていた。彼はこのころから，セラピーの開始時，部屋に入室する際に私を閉め出し，しばらくして扉を少しだけ開けて私がギリギリ通れるようにする（20cmほど開ける），ということを繰り返した。ケイは，突然暗闇に放り出される「母親のお腹から締め出された赤ちゃん」の気持ちや，「お腹に赤ちゃんがいる女性を見ると怒って蹴りたくなる男の子」の気持ちを，私に味わわせていたようだった。

　ただ，以前と比べると，彼なりに慎重にコントロールをし，私とのやり取りの中で「気持ち」に近づこうとしているようにも感じられた。ケイは，見えない間に相手がいなくなってしまうわけではないこと，大変な時には助けてくれるウータン号や，私の名前のついた病院があることを知っていると述べ，『ケイの箱』と書いてある自作の箱を持参し，その中に保管していたこれまで壊されずに生き残ったミニカーを1台ずつ私に見せてくれた。

【第286回】

　ケイは，自分で黒色（消防車）や，オレンジ色（レッカー車），白色と赤色（救急車：自分でいったん黒色に塗ったもの）に塗ったミニカーを持参してくる。そして，色が以前とは違うために，名前を一つずつ新たに名づける（「黒・大・ウータン号」「赤・ネコ・消防車」など）。そして，子どもたちに新しい名前を覚えてもらうと言う。（中略）以前ウータン号

についていたカーナビのような機能（司令塔のようなものが「ピュッ」と上に飛び出る）を備えた最新型の「黒・大・消防車」が，火事現場へ先導する（「右に曲がります」「まっすぐです」など）。火事に近づくと，「あと……100mです」「あと，50mです」と，残りの距離も教えてくれる。〈とても親切だねぇ。どこに行けばいいのか，どのくらいのところなのかも教えてくれてる。全然わからないところでも，この"ピュッ"がいれば，落ち着いて行くことができそう〉。救急車も最新型にはこの機能が搭載されているようで，司令塔同士が連絡をとり合い，怪我人を"由井病院"まで運ぶ。消火を終え，消防署に着くと，"ピュッ"の司令塔は「おやすみー」と下に消える。〈おやすみ……でバイバイ。先生とも，セラピーでバイバイしたら，ピュって切れるみたいに感じてるかな〉。

　ケイの中でこの最新型消防車の司令塔のように，火事にも落ち着いて対処できる部分が根づいてきたようだった。その次の第287回では，ケイは，春休み中にBママの家に行くことを心から望んでいるが，盗みなど悪いことをしてしまう部分をコントロールできないかもしれない不安と，それを知ったBママたちが悲しい思いをしたり，そんなことをしたら今度こそ放り出されてしまうかもしれないという不安から，遊びに行くことを躊躇していることについて話をした。これを機にケイは，ウータンではなく「ボク」が暗がりや雷が怖いことを私に伝えることができるようなるなど，自分の中に生じている情緒を自分自身のものとして，より主体的に感じたり，考えたりするようになっていった。

　また，プレイルームからミニカーを盗ったことがあることなど，今までやってきた「悪いこと」について初めてセラピーの中で話したり，ケイ自身がバスの運転手になり，私をガイドにして知らない土地を運転してみたいという話や，将来のなりたい職業（バスや電車の運転手，医者）について話すようになった。そのような話をするケイの様子は，過去と現在，そして未来という時間の中に，ケイがしっかりと"いる"ことを感じさせるものだった。私とパートナー（運転手とガイド）になり，見知らぬ土地に行ってみたいと夢を語ることができたのは，自身が他者と協力的な関係を結べると感じていること，その関係を支えとして何かを生み出したり，新しい世界へ踏み

出せる可能性を持つことができたことを示唆していると思われた。

5．中断

　ケイのセラピーは，ケイが引き起こした事故を機に，突然の中断に終わった。そして，ケイ自身も措置変更され，施設を移ることになった。セラピーの中断や措置変更については，今もとても残念な気持ちになる。その後，一度だけケイと会う機会が得られたとき，彼は比較的落ち着いており，嬉しそうな，少し寂しそうな表情で私たちを迎え，施設の職員や友だちに「さよならを言いたかった」と言った。

■第4節　考察

　ケイは，心理療法の初期には，不安と暴力と混乱が入り乱れる大変混沌とした世界にいたが，その過程の中で対象に出会い，その対象の良さや確かさを信じることができるようになっていったと思われる。
　初期の彼は，情緒を介さないロボット的な無機質な感じを与え，不安をかき立てるような情緒を具体的に排除する傾向にあった。ビオン（Bion, 1962b）は思考と情緒の発達について，これらの発達には乳児が消化することのできない圧倒的な体験を母親が理解し，意味を与えることが必要であると指摘した。このコンテイナーとしての母親の機能を内在化することが，思考と情緒の発達には不可欠であるが，ケイにはこのコンテイナーが不十分であり，不確かであった。ケイは，良いものはすぐに悪いものに襲われ，最後は誰も生き残らない悲惨な世界にいた。私の存在や言葉はまったく役に立たないように感じられ，分離に伴う避けがたい暴発（パニック）のたびに，無力感と絶望的な気持ちにさせられていた。ケイと関わる大人たちの間にも，もうこれ以上ケイの面倒を見ることは難しい，むしろケイを別の施設に手放したほうがケイのためになるのではないかという気持ちにさせていた。ケイの破壊的な投影によって，私や周囲の大人たちのコンテイナーはその機能を不全にされ，思考や感情，さらに感覚も麻痺させられていたようだった。
　ヘンリー（Henry, 1983）は，剥奪を経験した子どもは，外的環境による剥奪だけでなく，精神的苦痛に対する防衛として二次元的なあり方に陥り，想

像力や活力，考えや学ぶ力といった内的なものまで，「二重の剥奪」を受けると指摘した。ケイは過酷すぎる環境の中を生き残るために，二次元的な防衛を身に纏い，ロボット的な感情のない口調，残酷さへの同一化，知的な遅れなどに見られるように，思考や情緒，理解を育むつながりを破壊していたようだった。

　第2期より私は分析的なスーパービジョンを受け始めたが，これ以降，私がしていたことは，このケイの破壊的投影によってその機能を失いかけているネットワークやコンテインメントを再び活かし，彼の一見無意味に思われる暴言，暴力，逸脱行動の背景にあるものは何かを，職員や学校の先生たちと共に考えることであった。彼の内界は相変わらず残忍で冷酷な攻撃者と同一化し，無力さや寂しさは排除されてはいたが，私はそれらについて，ケイにとってできるだけ安全と感じられるタイミングで言葉にして伝え続けた。今から振り返ると，当時の私の発する言葉は無視されることも多く，その内容が解釈として成立していたかは疑わしいが，私が彼に関心を向けて，言葉を通して理解しようとしていることを伝える役割を担っていたと思われる。それは，彼のセラピストとして能動的にその場にいること，つまり，この状況をなんとかしたいと思っている人間がいることを伝えていたように思う。

　ケイの中で少しずつ「私」やセラピーという対象が根づいてきたのは，3年目のころであった。しかし，それは同時に，ケイが乳幼児期に母親たちから一人置いていかれたように，私から忘れ去られる恐怖や，二度と会えない不安を強烈に直面化することにもなり，週1回のセラピーではそれらの情緒を扱うことはきわめて困難となった。目の前からいなくなる私を心の中に保持することが難しいケイにとって，1週間という時間は長過ぎるようだった。

　週2回に頻度を増やした理由の中には，私自身にも，セラピーの後に彼がいなくなってしまうのではないか，死んでしまうのではないかという逆転移があったことも大きく関係していた。セラピーの内外で，ある程度コンテインメントがうまく機能し，今までよりもしっかりと抱えられていると彼が感じ始めるのにつれ，ケイはセラピーの中で，より象徴的に母子関係の話ができるようになっていった。平井（2011）は，子どもの心理療法におけるコンテインメントの重要性について述べているが，施設や学校という組織レベルで，そして，彼に関わる大人たちが個々にケイについて考え理解しようとす

ることが，彼の安心感に大きく寄与していたと考えられる。実際に，彼の問題行動は徐々になくなっていった。彼は，後に大惨事に備えた「避難訓練」の遊びで，バックアップ体制がとられた組織的な動きを見事に表現し，見守られ，必要な時に助けが得られるというコンテインメントが，内在化されていることを示した。

このように，彼の心の中に安心感が根づいていくにつれ，ケイは自分自身の体験や気持ちを，言葉にして伝えることができ始めた。抱えられるという受け身的で母性的な要素と，最新型の司令塔のように事態を把握し，どうすべきかを判断し行動するという，能動的で父性的な要素という「器」の両性性（Houzel, 2001）が，うまく協働し始めたとも考えられる。

次に，ケイの内的世界や対象関係について振り返ってみたい。実際のケイの母親については，対象（親，パートナー，家）との関係に一貫性がなく，知的な能力も低いということが，数少ない記録からでもうかがえた。子どもを産み育てるといった能力に関しても，きわめて難しい点があったと想像される。そして，その母親を支える環境も不十分であった。母親はウィルス感染による血液の疾患を抱えており，母乳による感染を防ぐために，子どもたちに母乳を与えることは（でき）なかった。この母親の疾患が，ケイの対象関係の持ち方にどの程度影響を与えていたかは不明だが，彼は，成長を育む対象（乳房や母乳）と関係を結ぶことに，生来的に困難があったと考えられる。良いものが悪いものに浸食されていく様子や，「毒ミルク」というケイの言葉から，母親の母乳に悪いモノが混入されていることが連想される。それは，母親の母親から母親へ，母親からケイへ，ケイからほかへと際限なく拡がっていくようにも感じられた。

このように，彼の生まれ落ちた環境は，コンテイナー－コンテインド関係が根深く障害されていたと考えられる。そのためケイは，接触し取り入れることを，悪いものに汚染・浸食される，死の危険を伴うものとして回避し，ときには結びつきそのものを破壊する傾向も見られた（彼は，男女の性器部位を執拗に痛めつけていた）。そして，このような接触への不安や葛藤に，「母親」は気づかない人のようだった。彼の表現する人間の「母親」は，子どもへの関心が続かず，自分の興味や関心（本能）にすぐに心を奪われてしまう人であった。そのため，彼の不安や恐怖，葛藤は，誰かに抱えられること

なく有形無形の「コワイ」ものになって、常に彼を脅かしていたものと考えられる。

　ただ、冷酷で非情な「母親」、無関心な「母親」と表現されることはあったが、彼の「母親」からはひどい歪みや悪意を感じることは少なかった。今から振り返ると、私が彼との心理療法の中で、絶望的な気持ちや不安な気持ち、寂しさを感じさせられることはいくどもあったが、嫌で投げ出そうという気持ちに一度もならなかったのは、良い母親（乳房や母乳）に対する純粋な期待（Bion, 1962a）を、彼が持ち続けていたことと関係していたとも考えられる。ケイと初めて出会った時、彼は私の目の前に来て指差し、「コノヒト、キライ」と言ったが、その真っすぐ指差された言葉の中に、良いものに対する関心や期待を私自身が感じとっていたからかもしれない。

■第5節　おわりに

　ケイは、周囲の人たちとの関係の中で心の基盤を築き、人間らしいやり取りを育んでいた途上であったが、セラピーが中断になったきっかけに見られたように、それはまだ不安定で不十分なものであった。心理療法終了後の人生の中で、この時までに獲得したと思われるものがある程度定着し続けているのか、または元の様子に戻ってしまっているのかはわからないが、その後の環境が少しでも彼の心を育み続けるものであればと願う。

[文献]

Alvarez, A. (1992). *Live company: Psychoanalytic psychotherapy with autistic, borderline, deprived and abused children*. London: Routledge.（千原雅代・中川純子・平井正三（訳）(2002). こころの再生を求めて——ポスト・クライン派による子どもの心理療法. 岩崎学術出版社）

Bion, W. R. (1962a). A theory of thinking. *International Journal of Psycho-Analysis*, 43, 306-310.（白峰克彦（訳）(1993). 思索についての理論. 松木邦裕（監訳）. メラニー・クライン トゥデイ②——思索と人格病理. 岩崎学術出版社）

Bion, W. R. (1962b). *Learning from experience*. London: Heinemann.（福本修（訳）(1999). 経験から学ぶこと. 福本修（訳）. 精神分析の方法Ⅰ. 法政大学出版局）

Henry, G. (1983). Difficulties about thinking and learning. In M. Boston & R. Szur, *Psychotherapy with severely deprived children*. London: Karnac and the Institute of

Psycho-Analysis.

平井正三（2011）．精神分析的心理療法と象徴化――コンテインメントをめぐる臨床思考．岩崎学術出版社．

Houzel, D.（2001）. Bisexual qualities of the psychic envelope. In J. Edwards（Ed.）, *Being alive: Building on the work of Anne Alvarez*. Hove [England]: New York: Brunner-Routledge.

■▼■ 由井論文へのコメント ■▼■

再生と破壊を抱え続けること

【西村理晃】

1. はじめに

　本論文で由井氏は，発達障害系の問題だけでなく，境界例系の問題も併せ持つ混合型の状態を示す子どもとの，5年に及ぶ心理療法のプロセスを描いている。由井氏の描写が赤裸々に示しているが，このタイプの子どもは児童養護施設において，心理療法だけでなく施設養育そのものが困難な子どもとして最も顕著な形で経験されるだろう。つまり，情緒的にだけでなく，物理的にも抱えることそのものが困難な子どもである。

　小学校中学年時に心理療法が導入されているとはいえ，由井氏との5年の心理療法を経るなかで，ケイは生活年齢的には思春期に相応する年齢を迎え，身体的には相応の発達を遂げていたことが想像される。そのような時期に，象徴化する能力の発達の不十分さから，不安や欲求不満を行動や身体を通して対処せざるを得ない状態にあったケイを，心理療法で抱え続けた由井氏の努力は相当なものであったにちがいない。これは由井氏の力量もさることながら，スーパーバイザーや施設内外での他職種との協働関係に支えられることで，実現したところも大きいのだろう。

　このような治療環境に抱えられることによって，ケイは当初の混沌とした内的状態から，過去 - 現在 - 未来を多少なりとも秩序だって見通すことを可能とする内的状態を，5年の歳月を通してゆっくりと着実に発達させていったようである。以下，由井氏の行ったケイの描写と理解に基づき，ケイの抱える中核的な問題が何であったかを私なりの観点から検討し，それによって見えてくるものを提示することによって，ケイの理解という終わりなき営みに加わらせていただこうと思う。

2. 中核的問題への接近

　由井氏は論文タイトルにあるように「つながりを持つことの難しさ」をケ

イの抱えていた問題ととらえ，ビオンの臨床モデルを参照し，その中核に「コンテナー・コンテインド関係」の"根深い"障害を見ている。この理解は，導入時に行う心理療法アセスメントでとらえたというよりも，長期にわたる心理療法の過程で少しずつ導いていったもののようである。心理療法導入を見きわめるために行う，数セッション（通常3～5セッション）からなる心理療法アセスメントの重要性は疑いない。しかし，こういった複雑な状態を示す子どもが抱える中核的問題のアセスメントは，由井氏が行ったように，スーパービジョンを受けながら心理療法の中で長い時間（ときに数年かかる場合もあるだろう）をかけて行っていくほうが，実質的なケイの理解につながるだろうし，そこから生まれる理解はセラピスト（以下，Th）のアプローチそのものに反映していくだろう。

　実際，由井氏が如実に体験しているように，子どもの心理療法では，その子の内的世界にThが情緒的に巻き込まれ，ときにどこに向かっているのか，あるいは何をしているのかを見失い，無力感に打ちひしがれ，どうしようもない思いになりながらも，とにかく子どもに向き合い続けていくという経験を十分に経ないと，子どもの内的世界はとらえることはできない。

　この観点から言えば，ケイの内的対象関係の問題を描くにあたり，由井氏はケイの母親についての記録を援用して，ケイの内的な「母親」を記述しているが，このベースにあるのは明らかに，氏自身がケイとの間で経験した体験だろう。第1期の心理療法過程の記述を見ていくと，そこにはたびたび，機能不全に陥るThが表れている。さらに，そのなかでThは，自分の生み出す考えや言葉が大惨事の引き金になるような経験をしている。それはあたかも，自らの生み出すセラピューティックな母乳が毒であるかのような経験である。

　そして，機能不全に陥ったThは，ケイが破壊行為によって雲散霧消させようとしている絶望に焦点を向け，抱えることができず，結果，それらは有形無形の「コワイ」ものになって彼を脅かすことになっていた。おそらく，その後のスーパービジョンの経験が，Thをこの内的な「母親」そのものに陥る状態から脱する（距離をとる）ことを助け，それを思考し，ケイの理解を紡いでいき，考察に描かれているような内的世界，内的対象の問題の理解に至ることを助けたのではないだろうか。

いずれにせよ,「コンテナー・コンテインド」の"根深い"障害の内実は,子どもの心に注意を向け,自らの心をもってそれを考えることができる内的な「母親」を,ケイが内在化していないところにあるようである。以下,この問題を少し詳細に検討してみる。

3. 内的混乱

Thとの出会いの瞬間から,ケイが彼女の顔を指差し「コノヒト,キライ」と言い放ち,彼女の心に強い印象を残したこと,その後もThが,眼の前でケイが繰り広げる惨劇を前に無力感に襲われていること,そういった素材から,ケイには対象を焦点化して投影同一化を行う能力が存在していることがうかがえる。投影同一化によって対象に投げかけているのは,無力感を中心とした迫害される対象が経験する情緒であり,迫害される対象そのもののようである。

Thが内的にも外的にも観察しているその過剰さは,投影同一化がコミュニケーションというよりも排出の目的で使用されていることを示唆している。ただ,排出先の器は,排出物の消化作用を十分に持つ器としては,経験されていないようである。それゆえ,排出物は際限なく器の中に蓄積されていき,器そのものが機能不全に陥り,内容物が溢れ出ることになっている。この機能不全によって対象から溢れ出る排出物を,ケイはさらに汚染され,自らを迫害してくるものとして経験し,さらなる排出（攻撃）を試みている。しかし,機能不全の器を前にケイは排出先を失い,混乱に陥っている。ケイがその際に示す自他の見境ない攻撃,種々のパニックは,ケイのコンテインされない内的衝動や情緒の身体的発散であると同時に,彼の内的混乱そのものの表れと考えられる。

メルツァー（Meltzer, 1967）はビオンのコンテインメントをさらに探求するなかで,子どもからの排出物を受け止め,浄化する対象の機能を「トイレ乳房」と呼び,「授乳乳房」（情緒的思考によって,子どもにとって必要なものを提供する機能）と分けて,前者を最も原初的な母性機能と考えた。それは,トイレ乳房が機能しない場合,排出物と栄養物の区分,つまり「良い－悪い」の区分が成立しないため,赤ん坊が安心して母親の乳房からミルクという栄養物を,「良い」ものとして受け取ることができないからである。

この点でケイの内的な「母親」は，ケイからの排出物を一時的に受け止めることはできるものの，その排出物の処理（自らの心で考え，処理する）を行うことができず，受け止めた排出物が限界を超えるとそれらを溢れさせ，さらなる汚染の拡大を引き起こす，言わば"頻繁に故障するトイレ乳房"として経験されているのではないかと考えられる。そのためケイは，「自己－他者」「良い－悪い」「大人－子ども」「在－不在」「過去－未来」といった秩序のある内的世界を構築するために必要な境が不安定であり，特に原初的な不安が刺激される状況においてそれらは頻繁に混乱し，内的世界そのものの混乱を引き起こしていたのではないだろうか。

4.「破壊」について

次に，ケイがそのような内的世界を抱えるなかで対象に密に接触した時に示していた，由井氏が「破壊」と表現する行為について検討する。

クライン派の理解に則るのであれば，最早期乳児心性においても良い対象を破壊しようとする衝動は想定され，その中核的情緒は羨望となる。羨望は，自分ではない他者に良いものが所属しており，それが自らのコントロール下にないという現実との接触により刺激される。ただ，羨望の発動は少なくともその瞬間において，部分対象レベルであれ，「自己－他者」の分離と「良い－悪い」の分裂が成り立っている必要があり，それらが成り立たない内的状態では羨望は発動する前提を欠く。

先述のケイの内的世界の理解が的を射ているならば，ケイの内的対象関係において対象のトイレ乳房の機能が破綻していない場合，ケイの示す「破壊行為」は，抱えきれない汚染された内容物の排出のために行われていると考えられる。その場合，結果的に生じる対象の機能破綻，その意味での破壊は，羨望による直接的なものとは考えられない。

一方，トイレ乳房が一時的に破綻し機能不全に陥っているとき，ケイの「破壊行為」は抱える対象を失った状態から生じる自己包容の試みであり，その多くは身体感覚や行為を通して，内容物を拡散および発散させることに費やされているようである。後者は，ケイがコンテインメントの機能不全のために用いている原初的防衛（ビック（Bick, 1968）の「セカンドスキン」）として考えることができ，したがって，彼が示す他の二次元的あり方（ロ

ボット的な振る舞い）と並列してとらえることができるだろう。

　つまり，由井氏が「攻撃者への同一化」とくくる彼の破壊行動は，トイレ乳房の機能が働いている時には汚染された情緒の排出行為，トイレ乳房が機能停止に陥っている時には攻撃者への二次元的同一化（行為モデルとしての表面的同一化），つまり付着同一化の産物として考えるほうが，ケイの理解により接近できないだろうか。由井氏が考察で少し触れているように，それらの破壊は，羨望による破壊や，混乱した内的世界に万能的な均衡を成立させるための倒錯的な破壊とは別物と考えるほうが，由井氏が考察で展開するケイの「良い母親（乳房や母乳）に対する純粋な期待」の位置づけにも，接近するように思う。この点について，技法にも関連させて，もう少し検討してみよう。

5. 前概念について

　由井氏は考察の最後に，ケイとの心理療法を振り返り，非常に困難な状態を示すケイを「嫌で投げ出そうという気持ちに一度もならなかったのは，良い母親（乳房や母乳）に対する純粋な期待（Bion, 1962）を，彼が持ち続けていたことと関係していたとも考えられる」と述べる。さらに出会いの瞬間を振り返り，「ケイと初めて出会った時，彼は私の目の前に来て指差し，「コノヒト，キライ」と言ったのだが，その真っすぐ指差された言葉の中に，良いものに対する関心や期待を私自身が感じとっていたのかもしれない」とする。

　ここで由井氏が提示しているのは，ビオンが想定した良い対象（乳房）に対する生得的な期待（前概念）をケイが持ち続けていたこと，そして，それに出会いの瞬間から Th が応じていた可能性である。最後のまとめとして述べられているので詳述されていないが，これはケイのような子どもの心理療法においてはきわめて重要な観点である。そして，Th がケイの生得的な期待を出会いの瞬間から感じとっていたのかもしれないと振り返ることができるのは，単にそれに無意識的に応じたのだけはなく，それを見つけ出し，応じようとする，Th の積極的な試みがあったからではないかと思う。

　ポストクライン派の Th たちは，精神病や自閉症などの重篤な状態にある子どもにおいても，良い対象を求める前概念の存在を担う人格部分，あるい

は心の側面は存在しており，それに応じることが Th が果たしうる重要な役割の一つであると考えている。逆に，それを見出し，そこに応じることができなければ，心理療法の中で生じる対象関係における心の発達は見込めない。

　問題は，ケイのように深刻な被虐待体験にさらされ，長期間にわたり内的に混乱した状態に陥っている子どもたちは，往々にしてその前概念を担っている心の破片すら見当たらないように思える状態を示すことである。たとえば，カナム（Canham, 2003, 2004）が提示する深刻な虐待を受けた子どもとの心理療法の仕事は，虐待による情緒剥奪のレベルが深刻であればあるほど，子どもは良い対象に対する生得的な期待から程遠い状態にあることを示している。子どもたちのなかには，「期待は必ず裏切られる」といった概念を過酷な被虐待経験にさらされるなか，強烈かつ強固に構築させていることもある。その場合，彼らは Th をその概念どおりの対象として扱い，Th も気づけば子どもにとってそのような対象となっている事態に陥る。そのため，Th がその子どもに存在している生得的な良い対象に対する期待にアクセスすることを，非常に困難にする。

　カナムは，そのような状態に陥っている子どもに向き合う Th に求められるのは，際限なく排出される行為や情動の嵐の中で，子どものことを Th の心で考え続けること，前概念を担う子どもの部分を見つける試みを続けること，そしてそれに応じることで良性の内的対象の修復を試みることであると考えた。そして，彼はその営みを行うためには，Th に投げ込まれる排出物を絶え間なく消化していくこと，逆転移を精査し，関係性の中および外で生じていることを理解していくことが，きわめて重要であることを示した。

　一方，アルヴァレズ（Alvarez, 1992）は，そのような深刻な状態を恒常的に示す子どもにおいて，良い対象を求める前概念を備える子どもの部分は救いようのないくらい遠く，他者の手が届かないような場所に落ち込んでいることに注意を向けた。彼女は，それは見出され理解されるだけでなく，生気が注がれ，活性化されることが重要であると述べている。このアプローチは，まだ対象に見出され，対象関係の中で生きた経験を十分に経ていない前概念を備えた子どもの部分を，生きた対象関係の中に引き上げ現実化していくことを試みる，能動的かつ積極的アプローチである。

　カナムのアプローチが良性の内的対象の修復を目指すモデル（修復モデ

ル）であるのに対し，アルヴァレズのアプローチは，内的対象の機能欠損に対してその発達を目指すモデル（欠損モデル）である。これらのモデルは，子どもの内的対象の状態によって使い分ける必要があるだろう。ケイの場合，先述のように，トイレ乳房の機能は十全なものではないながらも内的対象に備わっていた形跡が認められるため，そこについては修復モデルの有効性が想定できる。しかし，授乳乳房（思考する乳房）の機能については，欠損に近い状態にあったのではないかと思われる。したがって，技法的には，二つのモデルを参照しながら，ケイの示す状態に合わせてアプローチしていくことが適切だろう。

　提示されている臨床素材からは，由井氏がそれらのアプローチを意識しながら心理療法の営みをしていたかは定かではない。明らかなのは，この心理療法を通して，由井氏はケイがさまざまな行為，言動によって排出してくる内容物を受け止め，ときに無力感に圧しつぶされ，絶望し，機能不全に陥りながらも，なんとかそれを修復し，破綻することなくケイを抱え続けようと試みたこと。そして，そのような形で生き残っていくなかで，ケイの中に内的対象を求める前概念を備えたケイを探し続け，それとの結びつきを最初は具象的（文字どおりトイレになることなどを通して）に，そして徐々に象徴的に関係性の中で育んでいったことである。

6．ケイの遂げた変化について

　最後に，この心理療法でケイが遂げたと思われる変化について検討する。最初の明らかな変化は，第2期の後半に，表出する惨事について距離をとって話すことができるようになったことだろう。それは，自らの排出する汚物から距離をとり，それを主体および他者の関心の焦点に位置づけることができてきたことを示しており，当初の極端な混乱状態から脱し始めたことを示唆していると考えられる。

　その後，第3期に入ってからは，ケイは心理療法を楽しみに思い始めたようであり，反対にそれがない時間を辛く感じ始めている。ここには，「良い－悪い」の原初的分裂の発達と安定化が表れていると同時に，情緒に基づく時間が秩序ある形で経験され始めたことが示されている。それに伴い，由井氏を授乳乳房として経験できるようになっており，それはThのコメントを求

め，聞くことができるようになっている状態に表れている。おそらく，これらの変化の背後には，それまでもっぱら排出が目的で使用されていたケイの投影同一化が，トイレ乳房機能の修復と発達に伴い変容を遂げ，コミュニケーションのために使用され始めたことがあるのではないだろうか。

なお，ケイの中でトイレ乳房の機能を担う内的対象が修復され，発達している様子は，ウータン号（はしご車）の扱われ方に表れているように思う。ウータン号は，心理療法の進展の中で，ミニカー（子ども）の不快な情緒の処理（トイレ乳房の機能）を担う役割に加え，ミニカーに他者とのつながりを提供（授乳乳房の機能）役割も果たすようになり，さらにはミニカーのガイド（時間／空間を統制する機能：父性機能）を担うようにもなっている。ただ，このガイドの機能は，後にそれを表現する「ピュ」の素材に表れているように，災難時に司令塔として機能するものの，その頼りなさはThが扱っているように，「ピュ」という名前に表れていると思われる。明らかに部分対象であり，名前が示すとってつけた感は，この機能がまだ十分に他の内的対象機能に統合されていないことを示唆していると思われる。

一方，ウータン号が素材に表れる段階前後から，ケイの中で，良い対象に対する羨望，およびそれに基づく破壊が，潜在的に経験されているようである。それはThも認めているようだが，対象に対して保護的に関わる部分が，互いに優勢な関係性の中で扱われないままとなっている。ちなみに，ケイがThに対して保護的になっているのは，対象への配慮や懸念（抑うつポジション）からではなく，破壊性への恐れ（妄想分裂ポジション）から生じているのではないだろうか。

ケイは良い対象に羨望を感じる自身の部分が，対象だけでなく，自らも破壊（良い対象の保護から放り出される）してしまうことを恐れているように見える。それは，妊娠した女性担任の素材，および春休み前のBママの素材に顕著に認められる。Thの前で赤ん坊への殺意を示すケイ，盗みの衝動がコントロールできないことを恐れるケイは，自らの羨望に満ちた自己部分を恐れているようである。その自己部分は，Th不在時（および他の良い対象と結びついていないときの）のケイであり，赤ん坊への殺意や盗みの衝動は，おそらく良い対象と結びつく対象の居場所（心）を，（以前，赤ちゃんの腹から器〈コップ〉を取り出したように）奪い取ろうとする絶望的な試みと

考えることができる。

　したがって，この段階でのケイの内的状態は授乳乳房と結びつき，ゆっくりとではあるが着実な発達を遂げるケイの側面と，自らが授乳乳房に結びついていない時に喚起される羨望によって破壊的になるケイの側面が，分裂して並存している状態とくくることができるだろう。これは，他者の心を配慮し，自らを省みながら他者と関わり続けることを可能とする心の状態（抑うつポジション）からはまだほど遠い状態であるが，それ以前にケイが生きていたひどく混乱した内的状態と比べると重要な発達であり，それは由井氏が振り返るように，彼のその後の心の発達の基盤となるものである。

　そう考えると，彼自ら引き起こした事件によるとはいえ，措置変更により，彼の心の発達を助けてきた施設そして心理療法から切断される事態に至ったのは，彼の発達にとっては本当に不幸なことであったと思う。

[文献]
Alvarez, A.（1992）. *Live company: Psychoanalytic psychotherapy with autistic, borderline, deprived and abused children.* London: Routledge.（千原雅代・中川純子・平井正三（訳）こころの再生を求めて──ポスト・クライン派による子どもの心理療法．岩崎学術出版社）
Bick, E.（1968）. The experience of skin in early object relations. *International Journal of Psychoanalysis*, 49, 484-486.
Canham, H.（2003）. The relevance of the oedipus myth to fostered and adopted children. *Journal of Child Psychotherapy*, 29(1), 5-19.
Canham, H.（2004）. Spitting, kicking and stripping: Techinical difficulties encountered in the treatment of deprived children. *Journal of Child Psychotherapy*, 30(2), 143-154.
Meltzer, D.（1967）. *Psychoanalytical process.* Scotland: Clunie Press.（松木邦裕（監訳）．飛谷渉（訳）（2010）精神分析過程．金剛出版）

第4章

分析的設定の中で育まれる心
―― 二次元的な世界を生きていた男児との精神分析的心理療法

【志満慈子】

■第1節　はじめに

　本章では，乳幼児期からネグレクトを受け，児童養護施設に入所していた男児A（以下，「コウタ」と仮称）との，約6年にわたる心理療法について述べていく。コウタは，医療機関において発達障害の診断を受けたことはないが，心という三次元的なコンテイナー（器）がほとんど育っておらず，自閉症児に見られるような二次元的な心の状態にとどまっていることが，セッションの中で明らかになった子どもである。コウタとの心理療法は，乳幼児期からネグレクト状態に置かれ，ビオン（Bion, 1962）の言う「α機能」を担う対象を経験できなかった子どもが，その後いかに三次元的な心を育むことに困難をきたし，さらに，考え，学ぶ力にも深刻な影響を受けるかを教えてくれるものだった。

　コウタが精神分析的心理療法という枠組みの中で，セラピストから注目と関心を向けられることによって，三次元的な心の器を内在化し，さらに過去・現在・未来という時間軸を持つ四次元性を獲得していった過程を振り返りたい。

■第2節　事例の概要

　出生時の詳細な状況は不明だが，仮死状態で生まれ，新生児ICUに入っていたとの記録が残っている。コウタを妊娠中に父親となる男性に去られた母親は，未婚のままコウタを生み，生活保護を受給しながら一人で育てていたが，コウタが通っていた保育所でネグレクトが疑われ，保健師による経過観

察が行われた。母親は，コウタをかわいがることもあれば，放ったらかしにすることもあり，コウタを一人残して長時間外出するなど，命の危険をはらんだ一貫性のない関わりをしていたようである。

　コウタが2歳になったばかりのころ，母親の入院をきっかけに児童養護施設に一時保護され，その後も引き取りの目処が立たずに入所となった。施設職員によると，入所当時のコウタはなされるがままの状態で，知らない人に抱かれてもぼーっとしているような子どもだった。手指に力が入りにくく，歩行は不安定，言葉は喃語のみで，斜視もあり目線が合いにくかった。入所後も母親との面会は行われたが，母親は面会当日に急にキャンセルすることが多く，しばらく音信不通になることもあり，安定したつながりは持てなかった。コウタが普段の生活の中で母親を求めることはなく，面会時に母親に抱かれても無表情だったという。

　コウタが3歳10カ月のころ，言葉の遅れと他児への嚙みつきを心配した施設職員の勧めにより，週1回50分の心理療法（以下，「セラピー」と記す）が導入された。すでに入所後1年以上が経過しており，その間にずいぶん表情が出てきて，斜視はそれほど気にならなくなり，言葉も不明瞭ではあるが有意味語（二語文程度）を発するようになっていた。ただ，彼のあどけない表情とぐにゃりとした体軀，おぼつかない足取りや全体的な雰囲気は，まるで1，2歳の赤ちゃんのようであった（3歳時に受けた発達検査では，1年半程度の遅れを指摘されている）。

■第3節　セラピー過程

　本節以降，コウタの発言を「　」，セラピストの発言を〈　〉で記す。また，隷書体の箇所は記録より抜粋したものである。

1. 第1期——枠のないセラピー（X年5月〜X＋1年4月：第1〜39回）

　コウタの，人（セラピスト）や物（玩具，プレイルーム）に対する刹那的で表面的な関わり方は，第1回目のセッションの時から見てとることができた。コウタは，初対面の私に無邪気な笑顔で近寄り手をつなぐと，保育士の

ことを振り返りもせずプレイルームに向かい，何の迷いもなくするりと入室した。目についた玩具を手に取っては，私に「これは？」と尋ねるが，数秒後には興味を失い，次の玩具に移ることを繰り返した。やることが見つからないときは，箱庭に入り込んで体中に砂をかけながらよだれを垂らし，感覚的な世界に耽(ふけ)った。そんなコウタに対して，私は，聞かれたことに答える，できないことを手伝うなど，コウタの要求するままに動いていた（当時の私は，コウタの気持に"添うこと"がセラピーだと思っていた）。第5回目以降，時間の途中にふらりとプレイルームから出て行くようになったコウタを引きとどめることもできず，私たちはプレイルーム以外の場所で多くの時間を過ごすようになり，セラピーはコウタを抱える器とはなれずにいた。

　コウタの遊びは，細切れで単調なものだった。ドールハウスの2階から人形を落とす，箱庭棚のアイテムを一気に払い落とすといった遊びは，私に少なからずインパクトを与えたが，そこには落とす／落とされるという関係性はなく，ストーリーもその後の展開もなかった。私の中に，何が起こっているか知る由もないし為す術もないという無力感が，次第に募っていった。

　心理療法を開始して最初の1年の間に，コウタはずいぶん言葉を話せるようになり，主訴の噛みつきはほとんど見られなくなった。また，入所時から一貫して世話をしてくれていた担当保育士のB先生に，愛着を示すようになった。X＋1年の4月からコウタは幼稚園に通い始めたが，B先生の不在に耐え切れず，教室でつま先立ちになって呆然としていたり，施設まで一人で歩いて帰ってきたりする様子が報告されていた。

2. 第2期——枠づくり（X＋1年5月～X＋3年3月：第40～120回）

　セラピーを開始して2年目を迎えるころ，私は精神分析的スーパービジョンを受け始め，セラピストとしてのスタンスが大きく変わった。まずは，セラピーの枠を立て直そうと，第43回目より時間中の退室を身体的に制止することにした。これに対し，コウタは泣きわめき，嘔吐し，遺尿するという激しい反応を示したが，その次のセッションでは「今日は泣かない」と宣言し，終了後「泣かなかった！」と嬉しそうにB先生に報告した。この時コウタは，はっきりと，プレイルームの内が外とは違う場所だと感じているよう

に見えた。さらにその次のセッションでは，プレイルームの床に座ったまま滑り落ちるように身体を傾け，「つかまえて」「抱っこして」と私に身体を支えるよう求めてきた。コウタにとって退室を制止する私の両腕は，滑り落ちそうなコウタをつかまえ，抱え上げる腕としても経験されたようだった。

　退室を制限したことをきっかけに，コウタは，自分がプレイルームから飛び出していくかわりに，毎回いくつかのビー玉（「ビーちゃん」と命名）を容器に入れて振り回すようになった。目を見開き，恍惚としてビー玉を転がすコウタは，どのビー玉にも同一化しておらず，そこには熾烈なぶつかり合いだけがあった。ビー玉が弾き飛ばされ視界から消えると，コウタは「なーい」とつぶやくだけで，探そうとすることはなかった。まるで，視野から消えたものは自分のあずかり知らない世界に行って，もう戻ってくることはないと，端からあきらめているように見えた。容器から飛び出してどこに行ったかわからなくなるビー玉は，セラピーが終わってプレイルームから出ると，私やプレイルームの存在も，自分自身も飛散してわからなくなってしまうコウタそのもののようだった。

　実際コウタは，2年目を迎えても，自分のセラピーの時間がいつあるのか把握できなかった。また，プレイルームのどこにビー玉があるかいつもわからなくなり，毎回私に「ビーちゃんどこ？」と尋ねた。ふとした瞬間に，「お化け，怖い……」とつぶやくこともあった。コウタにとってセラピーは，何者かによって邪魔され，不意に無くなってしまうかもしれない不確かなものであり，しかも相手は神出鬼没で防ぎようがないと感じているようだった。セラピー中に，形の残るものを作ろうとすることはなく，たまに絵のようなものを描いても，すぐにそれを消してほしがった。私もコウタを心に保持することが難しく，セッション後に記録を起こそうとしても，断片的にしか思い出せないことがあった。

　転機は第66回のセッション（X + 1年12月）で訪れた。いつものように「ビーちゃんどこ？」と尋ねてきたコウタは，所定の場所にビー玉があるのを見て，「なんでビーちゃん，いつもここにいるの？」と心から驚いた様子で問うたのだった。この出来事をきっかけに，ビー玉の存在を焦点として，それまでバラバラに体験されていたセラピーの時間と空間が，少しずつまとまりを持ち始めた。次も同じように自分の時間が"ある"ことを期待できる

ようになり，セッションの最後に「これの続きをしよう」と帰っていき，次のセッションでそのことを思い出そうとするようになった。

　同時に，セラピーが"ない"時のことも考えるようになり，別の時間に来ている他児の存在に気づいていった。箱の中でぶつかり合うビー玉は，コウタを含め，セラピーに来ているたくさんの子どもたちを表すようになり，コウタはどのビー玉が最後まで飛ばされずに残るかに注目するようになった。私は，〈どけどけーって感じだね。コウタも，セラピーをコウタだけのものにしたくて，みんなどけどけーってしたいのかな？〉〈わー，追い出されちゃったよー〉など，そこに生じていると思われるかすかな投影の兆しをとらえ，言葉にするように注意を払っていた。

　ビー玉のぶつかり合いは激しさを増す一方で，コウタはビー玉が割れるのではないかと心配する様子も見せた。コウタにとって他者とぶつかることは，自分が放り出されるか，あるいは互いに傷つけ合う可能性をはらんだ，危険なことだと感じられているようだった。コウタは私との間でも，ぶつかり合うことを避けようとした。時間の終了や，セラピーの休暇に対する怒りの気持ちは，玩具の録音機に向かって「しばくぞ」「ぎゃー」と怒ったような声を録音することによって，間接的に表現された。私はそれを，本当は私に伝えたい気持ちとして取り上げていった。

　第89回目のセッション（X＋2年6月）以降，コウタは「泥棒に取られないように」とお気に入りのアイテムを隠し，プレイルームのドアの鍵や，金庫，手錠といった玩具に興味を示すようになった。神出鬼没な「お化け」は，コウタのセラピーを奪う他児を表す「泥棒」へと姿を変え，鍵を閉めておくなど手段を講じれば侵入を防げる対象になってきた。また，第99回目（X＋2年9月）以降，トイレに行くたびに洗面所に水をため，「ここにちゃんと（水が）あるか，後で見ておいて」と頼むようになった。このころ，B先生からコウタが便秘がちであると報告を受けたが，ようやく，コウタは心と体を通して，自分から漏れ出していくものを止め，保持する感覚をつかみ始めたようだった。

　次第にコウタは，セラピーの中でいろいろなものを作り，それをコウタ専用の箱に保管しておくことを求めるようになった。3年目の冬休み前のセッション（第109回）では，画用紙で二つの楕円を作り，それを持って帰りた

がった。コウタの中でセラピーの体験が,「心の栄養を与える良いおっぱい(二つの楕円)」として,内在化されつつあることの萌芽のようだった。コウタの中の私を求める気持ちは大きくなっていったが,コウタは私の存在を,たまたま身に着けていた腕時計といった,手近ではあるがあてにならないもので確かめようとした。そのため,別のセッションの時に私が違う腕時計をしているというだけで,私の存在は不確かなものになってしまい,ずるずると無力感に覆われた世界に逆戻りしてしまうのだった。

　この時期,4月から小学生になるコウタについて,職員の間で特別支援学級への入学が検討された。しかし,母親がコウタの発達の遅れをいっさい認めなかったため,コウタは普通学級に入学することになった。母親は遠く離れた県で仕事を始めることになり,コウタに会いに来る回数はますます減っていった。

3. 第3期——母性的な温かさと心の痛み（X＋3年4月～X＋4年3月：第121～163回）

　小学生になったコウタは,トイレの水がどこから来てどこへ行くのかに興味を持つようになり,ビー玉が転がって見えないところに行っても「こうなって,こうなって,こうなってきたんや!」と,道筋をたどって見つけ出すことができるようになった。見えないところに行ったものでも,手がかりをたどれば自分の力で取り戻すことができるという感覚は,コウタに自信を与えたようだった。

　コウタは,コウタと会っていない時の私についても考えるようになり（第128回～）,コウタが来る前に私が何をしていたのか,どんなふうにコウタのことを待っていたのかを知りたがるようになった。コウタは,目に見えないところにいてもお互いのことを知りうること,考えうることに気づき,とても安心した気持ちになっているように見えた。

　この時期,コウタはスタートからゴールまで続く双六を作ることに夢中になった。目の前の出来事はランダムに起こるのではなく,スタート（原因・理由）からゴール（結果）まで一本の道筋のようにつながっているということは,コウタにとって新たな発見だった。一方で,スタートからゴールまで迷わないように必死にたどっていくコウタの姿は,小学校で周りの子につい

ていこうと必死になっているコウタと重なった。結局，コウタは普通学級では授業についていけなくなり，主要科目だけ特別支援学級で受けることになった。

【第130回（X＋3年6月：前回，前々回は歯の治療のため20～30分遅れて来室）】

　入室してすぐに，「今日は遅れてない」とはっきり言う。「来い，泥棒！オレは孫悟空だ！」と紙の剣で私に切りつけ，「泥棒やられた」「ガチャ，鍵をかけた」と，私から離れたところに座る。「ふー」とひとり寛（くつろ）いだ様子である。赤ちゃん人形を引き寄せ，じっと顔を見る。哺乳瓶を手に取り，自分の口にくわえた後，赤ちゃんを抱えあげてミルクを飲ませる。〈ミルクかな？〉「うん」〈おいしそうやなぁ〉「うん」。赤ちゃんを寝かせ，その隣に自分も寝転がる。赤ちゃんに何やら話しかけながら，私に背中を向ける。〈コウタと赤ちゃんは，2人でおいしいミルクを飲んで，楽しいお話をしてるみたい。でも，志満先生はそこには入れないんやなぁ〉。コウタはにこにこしながら振り返り，「鍵がかかってるから。牢屋やから」と言う。〈志満先生はここから出られない〉「ガチャ。開いた」「ガチャ，閉まった」と何度も開けたり閉めたりする。ドールハウスの洗面所，ベッド，ベンチのアイテムを私に投げてよこし，「はい，これだけ」〈これだけかぁ。ちょっとしかもらえない感じやなぁ〉「ガチャ。開いた」「ガチャ，閉まった」〈せっかく開いたと思っても，すぐに閉まっちゃうなぁ。セラピーも1週間に1回，たった50分だし，ちょっとしかもらえてないって思うかなぁ〉「コケコッコー，夜ですよ」「コケコッコー，昼ですよ」と何度も繰り返す。〈志満先生は，何日も待たないといけないんやなぁ。コウタも，セラピーが終わってから次のセラピーまで，何日も待たないといけない。その気持ちを，今は志満先生が味わうことになってるみたいやな〉「ちゃんと反省した？　反省したら出してあげます」と，私の側まで来ていきなり剣で叩く。〈志満先生は反省しないといけないんやね。この前も，その前もセラピーの時間が短くなった。泥棒志満先生に，大切なセラピーの時間を盗まれたように思ったのかもしれない〉と話す私の目を，コウタはじっと見つめていた。

約1カ月の夏休みを前にしたセッション（第134回）では，「ありえねえ！」と叫び，「ガチャ」と私を閉じ込めて，「ここにずっといて」と悲しそうにつぶやいた。セラピーの休みに対して，コウタがこのような反応を見せたのは初めてのことだった。第1期，第2期を通してセラピーの枠組みを経験し，プレイルームや私の心の中に抱えられている感じを味わえるようになったゆえに，長期の休みはそこから排除されることとして体験され，今までになく辛いものとして感じられているようだった。

夏休みが明けてからも，良い世界と悪い世界を分けるテーマは毎回のセッションで見られ，コウタは繰り返し私を牢屋に閉じ込め，ガラクタや糞尿しか与えず，寒くてひもじい思いをさせた。私は，お母さんに世話をしてもらえず遠くに追いやられるのはどんな気持ちがすることなのか，良いものを与えてもらっている人を目の前にして，自分が貧乏くじばかりひかされるのはどんなに惨めな気持ちになるかを，言葉にして伝えていった。

次第にコウタは，私との間で良い体験を味わいたい気持ちを強めていき，第140回目のセッション以降，玩具の哺乳瓶の中に入っている白い液体が「本物のミルク」なのかを問うたり，私に抱っこを求めてくるようになった。それに対して，私が抱っこで応えず，コウタの気持ちについて考えるスタンスにとどまろうとすると，コウタは自分の要求が拒絶されたと受け止め，「志満先生，赤ちゃんがいるの？」と身を引いた。また「抱っこして」と言った直後に「だめやんな」と言ったり，哺乳瓶の中身を「これはミルクと違う。これは水や。本物じゃない」と言う（第150回）など，自分の求めるものを自ら遠ざけ価値下げし，十分に理想化することができなかった。

第146回目（X＋3年10月）以降は，コウタの要求に具体的に応じない私に対し，窓から身を乗り出すなどわざと危険なことをして，「ここから落ちてやろうか！ ぼくは死ぬ！」「志満先生いらない！ 死ね！」「もうここには来ない。終わりにする！」と叫びながら手当たり次第に物を投げ，私を叩いたり蹴ったりした。コウタの中で母性的な温かさを求める気持ちが大きくなるほど，それを今まで得られなかったという心の痛みに触れることになり，悲しみと怒りがコウタのコントロールを超えてわき起こってきたようだった。コウタはひとしきり暴れると，身体の一部を私に触れさせながら，電池が切れたように眠りに落ちた。

こうした状態は，その後約1年間続いた。私は危険なことは身体的に止めながら，私がコウタのことを本当に大切に思っているとは思えないことや，本気でコウタを引き止めたいと思っているか確かめたい気持ちになっていることを伝え続けた。そうしながらも私自身の中に，「コウタの求める本物を与える力が，私にはないのではないか」という漠然とした不安があるのを感じていた。しかし，当時はそれを，逆転移感情として十分意識化することができずにいた。

生活場面では，手の空いた大人を求めて施設内をうろうろしているコウタの姿が，しばしば目撃されるようになった。しかし，B先生は別の年齢の子どもの担当となっており，また，新たにコウタの担当となったC先生は長期療養のために休んでいて，コウタの求める気持ちを十分に受け止めることが難しいようだった。

4．第4期——心の痛みから目を逸らすこと，そして停滞（X＋4年4月～X＋5年3月：第164～205回）

小学2年生になったコウタは，顔つきや体つきがしっかりし，学校でも友だちができ，学習にも意欲的に取り組むようになった。セラピーの中で暴れることは続いていたが，少しずつ「これ，全部コウタのものにする！」「この部屋はコウタのもの！」と主張する姿を見せるようになり，"できる"ことをアピールするようになった。私はこうした主体性の発現を，コウタの成長ととらえていた。しかし，注意して見ておかなければ，できることのアピールは，容易に"できなさ"から目を逸らすための試みへと転換された。

【第164回（X＋4年4月）】

他児と共用の玩具箱から折り紙を全部出し，その半分を私に渡す。〈うん？ これ，全部コウタが使うの？〉「うん。あんな，D（次の時間にセラピーをしている他児）が折り紙を使いたいって言ったら，もうないよって言って」〈コウタはそれを一人占めできるってことが大切みたいやね〉「うん」。意気揚々と手裏剣を折り始める。折り方がよくわからないようでぐちゃぐちゃになるが，「コウタ，強いで。どんどん早くできるで。あったまいい〜」とヘラヘラ笑っている。〈強くて頭がいいコウタになろ

うとしているみたい〉「あー，コウタな，勉強してるしな，うん。ドリルとか，春休みにやったから。それでな，うん，頑張ってるから」「コウタ，あったまいい〜。天才やからな」と繰り返し，「九九18やろ？」と自信満々に言う。

　こんな時のコウタは，その顔つき，声のトーン，素振りから，やっていることを真剣にとらえがたいようなムードを醸しており，私はもどかしさや苛立ちを感じたが，"できない"ことにコウタを直面させることにも躊躇を覚え，空回りするコウタをただ見ているだけしかできなかった。施設の中でも，他児や職員の間で，「できなくてもコウタだからしょうがない」という空気ができ上がっていた。そうすることで，"できない"ことに対して，コウタ自身も周囲の人間も，真剣に取り組まなくて済んでいるようだった。

　この時期，コウタの言動は次第に性的なニュアンスを帯びていき，「抱っこ」と近寄り胸を触ったり，性行為を連想する言葉を連発し，突然ズボンを脱いで性器を見せたりした。私は，性的な言動は〈ここではしないよ〉と制止しながら，〈コウタが求めているのは，志満先生の心に抱っこされることや，志満先生の心の中を知りたいということじゃないかな〉と話し，母性的なものと性的なものを明確に分けようと試みた。だが，毎回こうした言動を繰り返すコウタに対して，私は次第にまともなことを言っても通じない相手を見ているような気持ちになり，すでに使い古されたやり取りのパターンで応じるようになっていった。

　スーパービジョンを通して，私の中にコウタに対するあきらめの気持ちや，むしろ"できない"ことに気づかないほうがコウタにとっていいのではないか，といった現実から目を背けることを正当化する気持ちがあることが明らかになった。こうした気づきを得ることで，私はコウタの奇妙な言動の背景にある，そのままの自分は受け入れてもらえないという悲しみに，目を向けることができるようになった。コウタは，できる子，あるいは大人のように振る舞うことで受け入れてもらおうとする反面，拒絶されることも恐れ，わざとまともに取り合ってもらえないような状況を作り出し，そこに逃げ込むことで心の痛みを避けようとしていたのかもしれない。

　こうして，私がセラピストとして何とか自分の「考える機能」を取り戻そ

うと格闘していた時期と並行して，コウタは「筋トレ」に興味を持つようになり（第201回：X＋5年2月〜），セラピーの中でも身体を鍛えて筋肉の堅さをアピールするようになった。また，私を叱咤激励するように，「勉強しなさい」「頭を使いなさい」と訴えた。コウタは私に対して，考える機能を失った脆弱な対象ではなく，ぶつかっても壊れない堅さを持った手ごたえのある対象を求めており，また，自分自身も堅い守りを身につける必要を感じているようだった。

第192回目以降，コウタは持ち込んだたくさんの牛乳瓶の蓋に数字を書いて「メンコ」を作り，私と戦う遊びをするようになった。このゲームはコウタの独断のルールで進み，コウタの圧勝で終わるのだが，最後にはコウタのメンコもバラバラに振り払われ，すべてが「破壊」されてしまうのが常だった。しかし，ゲームという構造化された枠組みの中で象徴的に表現されることによって，以前よりも安全にぶつかり合うことができ，それについて考えていくことができると感じられた。

第4期の終わりごろから，コウタは50分のセッションの間に，必ず1回はビー玉で遊ぶ「ビーちゃんの時間」を設けるようになった。このことは，セラピーの中にビーちゃんの時間が保障されるように，私の心の中にコウタのためのスペースが"ある"と，コウタが感じられるようになったことを示しているように思われた。

5. 第5期——セラピストの機能の内在化と心の痛みに耐えること（X＋5年4月〜X＋5年11月：第206〜234回）

【第206回（2回分の春休み明けのセッション）】

「ビーちゃんの時間や」といくつかのビー玉を転がし，「目をつぶってどのビー玉が一番速いか当てて」と言う。〈見ないで当ててほしい，考えてほしいんやね。コウタのことが見えなかったお休みの間にも，コウタのことを志満先生に考えておいてほしいと思ってたんやろうね〉「なんでお休みしてたん？ お仕事？ あってる？ 友だちに会ってたん？ 当たり？」〈コウタのセラピーが休みの間，志満先生が何をしていたのか気になるみたい。ちゃんとコウタのことを覚えててくれたのかなって〉「コウ

タは覚えてたで」。箱庭の砂をボウルに移そうとし，砂が大量にこぼれる。「あ，いいこと考えた！」とスコップを使ってかき集める。「おっ！集まってるやん。コウタ，頭いいやろ？　頭使いなさいね。頭，使わないと」〈志満先生も頭を使わないといけないってことかもしれないね。お休みしてないで，コウタに会って，コウタのことを考えて！　って〉「久しぶりやな。（砂をこぼしたのは）志満先生が悪い」〈お休みをする志満先生が悪い。お休みの間，コウタは寂しい思いをしていたのかもしれない。それを，今日久しぶりに会って，何とかしてほしい，考えてほしいと思っているよう〉。コウタは立ち上がり，私にもたれかかりながら「この歌知ってる？」と言い，「さよならって言わなくても大丈夫，また明日会えるから。またねって言わなくても大丈夫。また会えるから」と優しいメロディーを歌う。〈さよならしても，また会えるっていう歌なんやね。お休みがあったけど，また志満先生とコウタ，会えたね〉と伝えると，コウタはおもちゃの哺乳瓶を手に取り，赤ちゃんのように寝転がって口に含む。

　短い時間ではあったが，このときコウタが，私の言葉をおいしいミルクのようなものとして取り入れたと感じた。このセッションを境に，コウタはそれまでよりもまっすぐ私に甘えたい気持ちを表すようになり，私の膝に寝転がったり，パンツについたうんちを見せたり，「お昼ごはん食べてないからお腹すいてるねん」と話したりした。私は，コウタが赤ちゃんのように甘えたい，世話をしてほしい気持ちになっていることについて，その都度伝えていった。

　第218回目のセッション（X + 5年6月）では，コウタは箱庭アイテムを用いて，交通事故と銃撃戦が一度に起こるという大惨事のなか，赤ちゃんだけは別の場所に置かれ，大切に守られるというストーリーを展開した。この遊びは，コウタが，プレイルームや私の心の中のスペースを，自分を守り育む空間として感じ始めていることを示しているように思われた。コウタはそこで，母性的な温かさに触れることに伴う圧倒的な心の痛みや，自分の内からわき起こる怒りにも耐えうる強さを，身につけつつあるようだった。コウタは，以前なら考えることができずに行動化していた赤ちゃんの気持ちについて，「赤ちゃんて，なんでお母さんのおっぱい飲むん？」「コウタは，大き

くなるために飲むと思う」と話したり，「赤ちゃんて，おっぱいをこうやって飲むのかなぁ」と想像したり考えたりすることができるようになった。

　第4期の終わりから第5期にかけて，コウタはブロック玩具で「マシン」を作り，私のマシンと戦わせる遊びを繰り返すようになった。私のマシンに搭載された機能を，「これいいな」「もらおう」と自分のマシンに取り入れ，マシンの上に「展望台」を作り，そこに「監督」や「リーダー」を座らせた。途中でマシンが壊れてしまっても，あきらめずに辛抱強く復元しようとし，そんな自分について「おれ，めっちゃ集中してるなぁ」と話した。

　また，私がよく口にするフレーズ（○○やなぁ）をリフレインして，「志満先生の真似やで！」と言った。こうした遊びは，コウタが私を良い対象として，自己の中に取り入れ始めたことを示していた。この「監督」や「リーダー」は，ただ「見てるだけ」の存在ではあったが，観察する私の機能をコウタが取り入れ，全体を俯瞰する視点を持てるようになったことを表していた。コウタは空間的にも時間的にも，より広い視野から自分自身を見ることができるようになり，幼児のころのセラピーを思い出したり，コウタの箱に保管してあるものを振り返ったりして，「いっぱい思い出が残ってる！」と喜んだ。過去と現在がつながっている感覚や，自分の中に良い体験が積み重なっている感覚を繰り返し味わい，確かめていくようなセッションが続いた。

　コウタと私のマシンの戦いは，私よりも優れた機能を搭載したコウタのマシンが私のマシンをいったんは破壊するも，その衝撃でコウタのマシンも被害を受けてしまい，結局どちらもバラバラに破壊されて終わるというのがお決まりのストーリーだった。対象はいまだコウタを受け止めきれるほど十分な強さを持っていないと感じられているようであり，ゆえに，自分の激しい情緒をぶつけることは対象を傷つけ破壊し，自らも傷つくことを意味していた。

　しかし，第231回目のセッション（X＋5年10月）では，破壊され傷ついたマシンを「修理する時間」が初めて登場し，復活しては戦い，傷ついてもまた復活することを繰り返し，最後，コウタと私のマシンを合体させて帰っていった。その次のセッションでは，私のマシンに乗っていた人形を「人質」としてさらって行き，私に探し出して助けるように求めた。コウタは，人質の帽子を取ってわざと道に「落ちてたこと」にし，それを手掛かりにす

れば仲間を見つけ出すことができるのだと話した。このころを境に，互いにぶつかり合い，破壊し合うというストーリーから，遠くに行ってしまった仲間を見つけ出して再会するストーリーへと，遊びのテーマが大きく変化していった。また，たとえ互いのマシンがぶつかり合い，傷つけ合ったとしても，「防弾チョッキ」や「復活の薬」によって致命的な傷を負わずに生き残ることができるようになっていった。

　現実的には，私がその年の年度末に，故郷に帰るために施設を退職することが決まった。私は，ようやくセラピーの中で母性的な温かさを味わうことができるようになったコウタに，このことを伝えるのをためらっていた。

6．第6期──終結に向けて（X＋5年11月〜X＋6年3月：第235〜252回）

　冬休みが近づいた第235回のセッションで，私は年度末でセラピーが終わることをコウタに伝えた。コウタは即座に「じゃあ，4月からコウタは誰とセラピーするん？」「なんでなん？　なんでそんなことになったん？」と寂しそうにつぶやいた。そこから最後のセッションに向けて，コウタは私のことを知ろうとし，何とかしてつながりたい，跡を残したいという思いを強めていった。その方法は，たとえば私が昼食に何を食べたかを知りたがる，エアコンの操作の仕方を知りたがる，私によだれをつけようとするなど，具体的で的外れなものも多かった。しかし，より考えられる状態にあるときは，「なぜ辞めるのか」「辞めてどこに行くのか」「行った先にもし線路がつながっているのなら，電車で施設まで通えるのではないか」など，私がどこにも行かなくてすむ方法を現実的に知ろうとし，考えようとする力を見せた。そこには，以前の「考えても仕方ない」「なるようにしかならないし，自分には為す術もない」という無力なコウタはいなかった。理由がわかれば手立てはある，なんとかする力が自分にはあるかもしれないという希望が，コウタを支えていた。

　私とのマシンの戦いでは，第三者が現れて私の味方を連れ去る，というストーリーが新しく加わった。誰かのものになってしまうくらいなら壊してしまえとばかりに，「破壊破壊破壊！」とマシンを振り回し，ぶつけ合ってバラバラにするコウタの表情には，鬼気迫るものがあった。「全員死んだ！　あ

とは3人だけだ」「男と女は死んだ。あとは生きてる！」と叫ぶコウタは、セラピーから振り落とされるのではなく、振り落とす立場に立とうとし、必死に生き残ろうとしていた。

　一方の私は、コウタに対して相変わらず、セラピーがなくなってしまう不安や無力感に焦点を当てた言葉をかけ続けた。今から思えば、それは私自身の都合でセラピーを終えることへの罪悪感と不安から漏れ出た言葉であり、私の行動化であった。セッションの中で私がコウタを抱えられなくなっていることは、スーパービジョンでも何度も指摘され、その都度修正しようとしたが、残された時間はあまりにも少なかった。行きつ戻りつしながらも希望を持ち続けようとするコウタと、無力感や不安を強引に分析的に取り上げようとする私のずれが、次第に停滞感を招き、最終回までセッションを覆うことになった。

　最終回のセッション（第252回）で、コウタはセロハンテープの一端を私に持たせ、もう一端を引っ張って長く長く引き延ばし、「ながーい！」と言った。私が、これまで6年という長い間セラピーをしてきたことに触れ、〈コウタと私は離れているけどつながってるね。セラピーが終わっても、ずっと覚えておくことはできるし、心はつながることができる〉と伝えると、コウタはテープを自分の体に巻き付けながら私に近づき、さらに私の体もテープでぐるぐる巻きにした。私が、コウタは私につかまえてほしいと思っているし、私が遠くに行かないようにつかまえておきたいと思っているのだろうと伝えると、テープを手繰り寄せながら私の体に自分の体をくっつけ、「くっついたー」といい、数秒も経たないうちに「おしっこ行く」と離れていった。

　その後も、コウタのにおいを私に付けようとしたり、逆に私の化粧をコウタの顔に付けたりして、互いの痕跡を残そうとしたが、それが本当に自分の求めているものではないこともわかっているようだった。なぜお別れしないといけないのか、どうしても引っ越さないといけないのかと繰り返し確かめた後、私から顔を背け、振り絞るように「今までありがとう」と言った。私は胸が熱くなるのを感じたが、コウタはすぐに気持ちを逸らすように、録音機に向かってぶつぶつと何かつぶやき始めた。

　いよいよ終わりの時間が近づいた時、コウタは私の足に自分の足を乗せ、

穏やかな表情で歌を歌った。それは、「もしも本物のコックさんだったら、太平洋に砂糖と卵を混ぜて、大きなプリンを作って、世界中の子どもたちに食べさせてあげることができるのに」という内容の歌だった。私は、〈コウタはもしも志満先生が本物のお母さんだったら、お別れをしなくてすむのにと思っているのだろうか〉と伝えた。コウタはじっと私の顔を見つめた後、パッと時計を見上げ、「あ、もう時間」とあわてた様子で立ち上がり、迎えに来た先生に話しかけながらプレイルームを後にした。〈さようなら〉という私の声掛けに、振り返ることはなかった。

■第4節　考察

　セラピー開始当初のコウタは、「心」という三次元的なコンテイナー（器）が十分育っていなかったために、物質的にも心理的にも「保持しておくこと」が難しかった。それゆえ、自動的に何も考えず、できる部分を相手に預け、その相手と一体になる、くっつくという原初的防衛を用いて何とか生き残ろうとしていたと考えられる。コウタの要求に即座に具体的行動で答えていた私は、そのようなコウタの防衛に共謀していた。

　こうしたコウタの心の状態が、どこまで生来的な障害によるものかわからないが、乳幼児期のコウタに対する母親の一貫性のない関わり方が、さらに深刻な影響を与えたことは確かだろう。赤ん坊のコウタにとって、ある時は泣いたらミルクがやってくるが、ある時はどれだけ泣いてもミルクはやってこない。そうなると、泣くという自分の行為におっぱいを呼び戻せる力があるとは思えず、行ってしまっていつ戻ってくるかわからないおっぱいを、待ち続けることをあきらめてしまう。生き残るためには、たまたまやってきたおっぱいに必死にしがみつくしかない。ヘンリーは、「思考能力は、対象が不在であるときに、心の中で対象を生かしておこうとする試みを通して発達する」というビオンの考えを引用し、深刻な剥奪経験にさらされた子どもたちは、「不在の対象」を生かし続けることにもはや耐えられず、三次元的な心を二次元的にする、つまり「空っぽにして平板にする」ことで、その苦痛に対処するようになると述べている（Henry, 1983）。

　コウタは、完全に二次元の世界にいたわけではなく、「なくなったものが

行ってしまう先」についておぼろげに知ってはいたが，そこは自分のあずかり知らない世界として，それ以上考えないようにしていたという意味で，二次元的世界にとどまっている状態だったと見ることができるだろう。プレイルームの床から滑り落ちそうなコウタは，プレイルームを二次元的な平面として体験しており，セラピー中は必死にそこにしがみつき，終了時間になったら滑り落ちていくような感覚を持っていたのではないかと想像される。おそらく，私もそのようなコウタの世界に同調しており，セッション後にはコウタの記憶が滑り落ちていたのだろう（第1期）。

　第2期，精神分析的スーパービジョンによって，コウタとの関わりを客観的に見る視点を得た私は，セラピーの枠を立て直す必要を痛感し，外的な枠組み（時間，場所，コウタ専用の保管箱）と，内的な枠組み（コウタに関心を払い考える態度）を守ろうとするようになった。こうした分析的設定は，まず，コウタにとってプレイルームの内と外を分けることに役立ち，やがてプレイルームの中にいつも変わらず存在していたビー玉の発見へと至る。このビー玉の存在は，プレイルームという器の中の突出した存在，すなわち，ミラー（Miller, 1999）の言う，「包容する構造」における「組織化する焦点」としての役割を果たしたのだろう。

　ビー玉の存在を焦点として，それまで断片的に体験されていた対象が少しずつまとまりを持ち始め，コウタの時間や空間に対する認知能力は飛躍的に発達した。コウタは，「続き」を作る，洗面台の水を溜める，といった具体的な行動を繰り返しながら，時間や場所を超えてコウタの痕跡が残ることや，私やプレイルームが変わらず存在することを確認しようとした。そして，より象徴的に，私の心にコウタのことが保持されうることや，コウタが私の心に影響を及ぼしうることを信じられるようになっていった（第2期）。

　セラピーの枠組みが維持され，プレイルームや私の心というコンテイナーが成立していくなかで，コウタは「良い世界」と「悪い世界」を分割し，良いものを手に入れ，悪いものをセラピストに投げつけるという遊びを繰り返すようになった（第3期）。これは，クラインの言う妄想・分裂態勢という心の状態を，コウタが確立していく過程と見ることができる。この二極分化を十分に成し遂げ，良い対象を取り入れることによって安心感を得ることは，心の成長にとって必要不可欠なものと考えられている（Klein, 1952）。

しかし，ここでコウタは，良い対象を十分に理想化することができず，ゆえに良い対象を自己の中に取り入れることができない。その理由は大きく二つあったように思う。一つは，コウタにとって良い世界，すなわち母性的な温かさを味わうことは，心地良さだけではなく圧倒的な心の痛みを伴うものだったからである。それは，それまで自分には心のミルクをくれる母性的な対象がいなかった，という現実認識に伴う心の痛みである。もう一つは，セラピーの中で明らかになったように，コウタの心の基盤となるべき対象は，他のことに心を奪われコウタを受け入れるスペースを失っている，とコウタには感じられていたからである。そのため，コウタが強烈な情緒をぶつけると，対象はそれを受け止めきれずコウタを置いて去ってしまい，コウタは空腹のなか，糞尿にまみれて放置されるしかないのだった。

コウタが私との関係においても，私が抱っこをしてくれないのは他に赤ちゃんがいるためであると考え，私に激しい情緒を向けながらもそれを真正面からぶつけることができなかったのは，コウタがこうした脆弱な内的対象を私に投影していたためと考えられる。ここにおいて私は，自らの逆転移感情を十分意識化することができず，いつの間にかコウタの投影に動かされ，おっぱい（心の栄養）を求めて泣いている赤ん坊（ありのままのコウタ）を受け止めきれず去っていく，コウタの中の脆弱な内的対象そのものになってしまっていた。実際に私は，的外れな"できる"アピールや，性的な言動を繰り返すコウタから心が離れていき，コウタに対してあきらめの気持ちや，むしろ"できない"ことに気づかないほうがよいのではないか，といった考えを抱いていた。こうした状況は，コウタが障害を抱えていることや，コウタ自身のまともに受け取りがたい振る舞いによって正当化され，それ以上考えてもどうにもならないことのように感じられていた。

ホクスター（Hoxter, 1990）は，被虐待児が自分の喪失や苦しみについて十分に気づくことに耐えられないのと同様に，セラピストもそれに耐えられず，子どもの心の痛みから距離をとったり，あるいは喪失の重大さを過小評価しようとさまざまな試みをしてしまうことがあると指摘している。また，平井（2011）は，ある知的障害を持つクライエントとの心理療法の経験から，「知的障害者」であることが，ある真実に直面しない隠れ蓑のようになっており，それにセラピストも共謀してしまう危険性を示唆している。私

はまさにそのような状態に陥り，心理療法は停滞した。

　再び，セラピストとしての「考える機能」を取り戻そうとするなかで，コウタの奇妙な振る舞いの背景にある悲しみと，ぶつかっても壊れない堅固な対象を希求する気持ちに，目を向けられるようになった。第5期になると，コウタは，私の心の中にコウタが育ちうるスペースがあると感じられるようになり，私を良い対象として理想化し，取り入れ，観察する機能を内在化していった。その機能は，コウタのことを「見てるだけ」であり，考える能力には少々欠陥を抱えていた。それでも，空間的・時間的に自分自身を「観察する」視点を得たコウタは，過去から現在まで続く時間の中に自分を位置づけたり，赤ちゃんの立場になってその気持ちを想像したり，考えたりすることができるようになった。

■第5節　おわりに

　ようやくコウタの求める「本物」，すなわち理想対象としての母親を探索するための土台が築かれた段階で，私の都合によりセラピーを終えなければならなかったのは残念なことであった。コウタとのセラピーを振り返るたびに，最後のコウタとのやり取りを反芻し，胸が痛む。あの時の「もしも志満先生が本物のお母さんだったら……」という言葉は，第3期から引きずっていた「本物を与える力が自分にはないのではないか」という，私自身の心の痛みから漏れ出た言葉であった。それは，「本物のお母さんではない」ことをコウタに突きつけ，コウタがようやく内在化しつつあった理想対象を，コウタから取り上げるような言葉だったのではないか。アルヴァレズ（Alvarez, 1992）が指摘するように[*1]，あの時私がすべきだったことは，コウタが将来，理想対象に出会える期待と希望の気持ちを内包し，共に夢見ることだったのかもしれない。振り返らずに去っていくコウタを呼び止め，もう一度言葉をかけたい気持ちになるが，それは叶わない。コウタが私との経験を基盤と

＊1　アルヴァレズ（Alvarez, 1992）は，慢性的に抑うつ状態にある子どもの空想における理想対象の出現を，重要な発達的達成の兆しであるとし，これを時期尚早に防衛として解釈することは，新しい発達の過程を阻害することになるかもしれないと警鐘を鳴らしている。

し，さまざまな人たちとつながり合いながら，希望を失うことなく心豊かに育っていくことを願うばかりである。

[文献]

Alvarez, A.（1992）. *Live company: Psychoanalytic psychotherapy with autistic, borderline, deprived and abused children.* London: Routledge.（千原雅代・中川純子・平井正三（訳）（2002）. こころの再生を求めて――ポスト・クライン派による子どもの心理療法. 岩崎学術出版社）

Bion, W. R.（1962）. *Learning from experience.* London: Heinemann.（福本修（訳）（1999）. 経験から学ぶこと. 福本修（訳）. 精神分析の方法Ⅰ. 法政大学出版局）

Henry, G.（1983）. Difficulties about thinking and learning. In M. Boston & R. Szur,（Eds.）, *Psychotherapy with severely deprived children.* London: Karnac.（上村宏樹（訳）（2006）. 考えることと学ぶことの難しさ. 平井正三・鵜飼奈津子・西村富士子（監訳）. 被虐待児の精神分析的心理療法――タビストック・クリニックのアプローチ. 金剛出版）

平井正三（2011）. 精神分析的心理療法と象徴化――コンテインメントをめぐる臨床思考. 岩崎学術出版社.

Hoxter, S.（1990）. Some feelings aroused in working with severely deprived children. In M. Boston & R. Szur（Eds.）, *Psychotherapy with severely deprived children.* London: Karnac.（村井雅美（訳）（2006）. 被虐待児とのかかわりにおいて喚起される感情. 平井正三・鵜飼奈津子・西村富士子（監訳）. 被虐待児の精神分析的心理療法――タビストック・クリニックのアプローチ. 金剛出版）

Klein, M.（1952）. Some theoretical conclusions regarding the emotional life of the onfant. In M. Klein（1975）. *The writing of Melanie Klein Vol.3. Envy and gratitude, and other works, 1946-1963.* London: Hogarth Press and the Institute of Psycho-Analysis.（佐藤五十男（訳）（1985）. 幼児の情緒生活についての二，三の理論的結論. 小此木啓吾・岩崎徹也（編訳）メラニー・クライン著作集第4　妄想的・分裂的世界（1946-1955）. 誠信書房）

Miller, L.（1999）. Babyhood: Becoming a person in the family. In D. Hindle & M. V. Smith（Eds.）, *Personality development: A psychoanalytic perspective.* London: Routledge.

■■■ 志満論文へのコメント ■■■

精神分析的設定に支えられて抱えていくこと

【平井正三】

1. 発達障害系の子どもと初期の非分析的心理療法

　志満氏の論文で取り上げられるコウタ君は，母子家庭においてかなり深刻なネグレクトを含む，極度に不安定で剝奪的な養育を受けていた。その後，2歳時に施設養育を受けるようになった時点で，歩行は不安定，斜視で視線も合わず，言葉は喃語のみで，非常に受け身的で，知らない人に抱かれてもぽーっとしている状態であった。これは児童養護施設にいる子どもにしばしば見られるタイプの生育歴，そして状態像であり，精神医学的には概ね発達障害様の状態像を示すアタッチメント障害と見なされる。こうした子どもは，本論文のコウタ君のように，施設の職員によるケアを通じてそれまでの剝奪的な養育状況が改善すれば，一定の発達や情緒面での改善が起こりうる。実際，入所後1年のうちに，コウタ君はいくぶん情緒表現が見られるようになり，視線も合い，有意味語も発するようになっていた。

　志満氏は，コウタ君が3歳10カ月のころ，彼の心理療法を始める。最初の1年は分析的な設定ではなく，「できるだけ子どもの気持ちに添う」という一般的なプレイセラピーのやり方で行う。コウタ君が部屋を出て行こうとするのを断固止めたり，彼のやっていること，治療関係で起こっていることを考えたりする枠組みを持たないセラピスト（以下，Th）には，断片的で単調な「遊び」が続くなかで，この子どもの心の中で何が起こっているかを知ることなく，この子どもに何らかのできることはない，という無力感が募っていく。

　この最初の非分析的な心理療法の時期は，いくつかの点で興味深い。まず，このようなやり方であっても，実際のところ，コウタ君は心理療法外の日常生活では不適応行為の消失，言葉の進歩，アタッチメント行動の出現など，顕著な改善が見られている点である。これがすべて心理療法のおかげであるとは言えないが，逆に心理療法の貢献もあることも，否定しにくいだろ

う。しかし，この状況でThが，これ以上の援助を心理療法を通じて行うことは難しいと感じることは多いだろうし，それも故なしではないように思う。それは，この「改善」の過程を生じさせ，そしてそれをとらえる枠組みが十分ではないからである。それを与えてくれるのが精神分析ではないかと，私は考える。

そして，そうした枠組みを持たない場合，しばしばThは，「このような子どもには個別心理療法よりも生活支援が大切」と，結論づけてしまっているのではないかと推測する。生活か心理療法かという二分法ではなく，心理療法は心理療法で子どもの包括的な養育に貢献できる道があるということこそ，本論文の示唆するところであろう。

2. 分析的設定の導入

さて，2年目に入って志満氏は，心理療法に精神分析的設定を導入するようになる。具体的には，部屋を出ようとするコウタ君を抱きとめることで止めたことである。すると，コウタ君は泣きわめき，嘔吐し，遺尿する。すなわち，体のあらゆる孔という孔から体の中身を出すという行為をする。ここではじめて，コウタ君の「部屋を出る」という行為は，自分の中身を出していくことと密接に関わることが示唆される。コウタ君の心は，完全に平板な二次元的なものというよりも，孔だらけの筬のようなもののように思われる。それは，この子どもの心の欠損の表れというだけでなく，母性的な器がほぼ欠如している場合に，痛みに対処するための生き残り戦略として理解できるだろう。

これは志満氏が述べているように，すでにヘンリーが指摘していることであり，何も考えない，空っぽもしくは平板な心しか持たないように見える，こうした発達障害様の状態像をとる剥奪児を理解する鍵となる認識である。さらに言うならば，子どもの意に添おうとして途中退室を許容するThは，こうした子どもにとってまさしく「孔だらけの母親」，すなわち子どもを自分の心に保持することのできない対象を，具現化してしまうかもしれない。

体を張って途中退室を止めるThとの関わりを通じて，コウタ君は，部屋を出ることで消失させてきた何かを受け止めてくれる存在に気づき始めたようであり，Thに「抱っこして」「つかまえて」と言うようになる。そして，

「泣かなかった」と，セッションの終わりに愛着を持つ保育スタッフに伝えるようになる。つまり，何かを自分の中に保持することが，誰かとの関わりでとても重要になりつつあることが見てとれる。

退室を止めた後，コウタ君は「ビーちゃん」と呼ぶビー玉で遊ぶようになる。最初は，いくつかのビー玉を容器の中に入れて振り回し，いくつかのビー玉が飛ばされていくという遊びであった。この遊びにおいて，コウタ君はどのビー玉にも同一化しておらず，ビー玉を保持しようという動きはまったく起こらない。確かにこの遊びは，笊のようなコウタ君の心，そしておそらくはコウタ君の対象の心そのものを表しているように思われ，その意味で，この心理療法で初めて象徴の萌芽のようなものが現れたと考えてよいだろう。コウタ君にできることは，この笊の心を振り回し，心を空っぽにすることだけと感じていたのかもしれない。

そして，転機の第66回のセッションで，ビー玉がいつもの場所にあるのを見て，コウタ君は「なんでビーちゃん，いつもここにいるの？」と心から驚いた様子で問う。私はこの瞬間，この子どもが自分にとって真に意味のある関係性を発見したように思われる。おそらく，それまでコウタ君は，すべての関係性は自分が把握することのできない仕方で，ランダムに起こると感じていたように思われる。そこに一定の規則性はなく，よって考えても無駄であり，できることは笊としての心を振り回し，苦痛を除去するだけである。そのコウタ君が，この瞬間初めて秩序，すなわち彼にとって意味のある何かを保持する対象を発見したように思われる。

私は，これが起こった背景に注目したいと思う。まず，ビー玉をコウタ君が「ビーちゃん」と名づけ，それをThとの間で共有されたということに留意したい。この時点で，この「ビーちゃん」と呼ぶものは単なる具象的物体ではなく，コウタ君にとって，誰か別の心にもとどまる可能性のある何かとして存在するようになっていた。さらに，これらのセッションの中で，コウタ君が「ビーちゃん」がなくなることを気にし始めるとともに「おばけ，怖い」と話し始め，Thもセッションで起こったことを保持することが難しいと感じるようになる。つまり，自分の心が笊のようにしか機能できず，さまざまなことをなくしていることを，Thも意識し始める。

このように考えていくと，分析的設定を持つことでThは定点観測の枠組

みを持つことができ，それを通じてコウタ君はより象徴的に表現するようになり，Th もより心理的にコウタ君のことをとらえることができるようになるとともに，「なくなる不安」というこの子どもの核心に触れるようになったと見てよいかもしれない。それはまずお化けとして現れ，後に他の子ども，そして泥棒という明確な形をとっていく。志満氏はビー玉を，ミラー（Miller, 1999）を引用し，「包容する構造」の「組織化する焦点」と的確にとらえているが，こうした構造と焦点を与えてくれたのは，分析的設定であるとも考えられる。分析的設定はいつもある点，すなわち定点を与えてくれることで，子どもも，そして Th も考えやすくしてくれる性質を持つことを，この心理療法のこの局面は雄弁に示しているように思われる。この定点である「ビーちゃん」はまた，母性的対象を支える父性的対象という側面もあるように思われる。この点については後に触れたい。

　これ以降，心理療法は，部屋の中のものを他の子どもや泥棒から取られないことが中心になり，そのための手段として鍵，金庫，手錠，牢屋という主題が現れてくる。これは，コウタ君の中に保持するための自我機能が育ってきているとも言えるし，彼の有能感が強まってきているとも言えるだろう。そして保持できる心ないしは自己の感覚は，経験から学んでいくこと，すなわち成長の基盤そのものでもある。

3．対象との必須のつながりとしての投影同一化

　続く第3期においては，コウタ君はトイレの水がどこから来てどこに流れていくのか気になったり，赤ちゃん人形にミルクを飲ませたりするなどの遊びをするようになる。これらは，どのようにして中に入ってくるのか，そしてどこに出ていくのかという，取り入れと排泄・投影をめぐる主題と見てよいかもしれない。そして，Th をコントロールすることで，待たされる気持ち，少しのものしか与えられない気持ちを投影するという関わりを持つことができるようになる。それと同時に，コウタ君はおもちゃの哺乳瓶のミルクが「本物」かどうか尋ね，また，抱っこしてほしいと Th にねだるようになる。この要求はさらに切迫したものになり，Th が抱っこしないと，窓から身を乗り出し「ここから落ちてやろうか」と言ったり，「志満先生いらない！　死ね！」と叫んで物を投げたり，Th を叩いたり蹴ったりするようにな

る。

　ビオンは，健常な投影同一化が，考えることを発達させる基盤となると論じている。その際に彼は，赤ん坊が死につつあるという不安を母親に投影同一化することを，例として挙げている（Bion, 1959）。母親は子どもからのこうした投影を受け止め，子どもが死ぬのではないかという不安を一方で持ちながらも，バランスを崩さず現実的な対応ができることで，子どもは自分の不安を対処可能な形で感じることができるようになるとされる。私は，この母子間のやり取りの記述は，子どもが死ぬことを心底心配する対象と出会うことが，その子どもが養育対象，そしてこの世と本当につながっていると実感できる基盤であることを示唆しているのではないかと考える。

　心理療法のこの時点で，コウタ君はおそらく生まれて初めて，そのような対象と出会おうと試みていたのかもしれない。しかし，コウタ君は「電池が切れたように眠り」，Th は知らず知らずに自分には「コウタの求める本物を与える力がない」と感じる。この無力感，不適切感は，この心理療法全体において基調音を成しているように見える。私は，それはこの子どもの感じていたことであるとともに，どこかこの子どもの母親の感じていたことも反映していたかもしれないと推測する。それは，「本物」を与えることのできる「何か」を欠いているという感覚と不適切感，とも言えるかもしれない。

▶ 4．心の筋肉を用いること

　第 4 期においては，現実適応面での進展が報告されるとともに，「できないこと」を否認し，躁的に「できる」ことを強調するようになったことが述べられている。こうした表面上の動きとは裏腹に，水面下では，「できなくてもコウタだから仕方ない」というあきらめの気持ちをいつの間にか Th も持っており，「できないこと」に気づかないほうがコウタ君にはいいんだ，と考えていることに気づかされていく。心理療法過程のこの部分の記述は，こうした逆転移の振り返りは，このような子どもとの心理療法の仕事においては，真に重要であることを伝えてくれている。

　志満氏の振り返りを別の言葉で言えば，この時点で Th は，この子どもには力がないので心の筋肉を使わなくてもよいと考え，自分自身も心の筋肉を使わなくなっていたのかもしれない。実際，こうした逆転移の仕事を行った

後のセッションで，コウタ君は筋トレに興味を持つようになり，Th に「頭使いなさい」と言うようになる。メンコ遊びは，"できなさ"という無力感に吹き飛ばされない硬さが，彼にとって重要な次元であることが示唆される。

　第5期になると，春休み明けのセッションで Th が，コウタ君のことを覚えていたか気になっていたのではと言うと，「コウタは覚えていたで」と答え，こぼれた砂を集めるのにスコップを使うことを思いつき，「頭，使わないと」と話す。そして「さよならって言わなくても大丈夫，また明日会えるから」と優しいメロディを歌う。そしてセッションの終わりに哺乳瓶を口に含む。これは，この子どもが自分にとって真に意味のある対象と持続したつながりを持つために，心の筋肉を使うことを学び始めた瞬間であったように思われる。その後のセッションでは，この取り入れの流れは続いていき，「展望台」「監督」など，見通しを持って状況を見る Th の観察機能を取り入れていった。さらに，壊れても修理できること，離れても再会できることという主題も現れた。

5. 心理療法の終結と「本物」に出会うこと

　このようななかで，志満氏は個人的な理由で，この6年にわたった心理療法を終わらせざるを得なくなる。この心理療法のこの部分の記述は，コウタ君にとっても志満氏にとっても，とても苦痛な過程であったことが痛切に伝わり，読者にとっても読むのが辛い部分である。コウタ君はよだれをつけようとしたり，具象的な形で跡を残そうとしたり，何も考えないようにしたりするなどの振る舞いも見られたが，「なぜ辞めるのか」と尋ねたりもできるようになっていたことも見逃せないだろう。そして最後にコウタ君は，「もしも本物のコックさんだったら，太平洋に砂糖と卵を混ぜて，大きなプリンを作って，世界中の子どもたちに食べさせてあげることができるのに」という趣旨の歌を，穏やかに歌う。

　志満氏はこの歌に対して，「もし志満先生が本物のお母さんだったら，お別れしなくてすむのにと思っているのだろうか」と応えたが，考察では，このような介入はコウタ君から理想対象を取り上げるものであり，「将来，理想対象に出会える期待と希望の気持ちを内包し，共に夢見ること」が必要だったかもしれないと述べている。

ここでもう一度全体を俯瞰してみよう。「大きなプリン」を乳房対象ととらえるなら，この歌には，それを作り出す背景に「本物のコック」，すなわち父性的対象の存在が仮定されていると見ることもできる。この母性的対象を作り出し，支える父性的対象という主題は，おそらく「ビーちゃん」から始まり，閉じ込める「牢屋」や「鍵」，そして落ちた砂を集める「スコップ」，さらに全体を見渡す「展望台」「監督」，かき混ぜる筋力等々，ここまでの志満氏との心理療法の重要な主題とつながり，それらの主題が「本物」という言葉とともにほぼ集約されていることに気づかされる。この事実は，この子どもがおそらく志満氏が考えているよりもはるかに多くのことを，この心理療法の経験から得ていることを示しているように思われる。つまり，彼はすでにこの経験の中で「本物」に出会ったとも，語っていたのではなかったのだろうか。もちろん，この「本物」は儚(はかな)すぎ，この子どもがこの夢を保持し続けられるという保証もないとも言えるが，少なくとも見るに値する夢を彼が持ち始めたのも事実ではないだろうか。
　コウタ君のような子どもに接する大半の大人は，この子どもがかわいそうだと思いはするし，可能ならば「援助」したいと思うかもしれない。しかしながら，いったい，このコウタ君であるということはどのような経験なのだろうかと考え続け，その深みにおいてとらえる試み[*1]をしようという人は，少ないだろう。精神分析的心理療法はまさしくそのような試みであることを，志満氏の心理療法の記述は雄弁に，そして心を動かす仕方で示しているように思われる。

[*1] 太平洋という不定形から形（プリン）がコックによって作られていくという，コウタ君の最後の歌は，ビオン（Bion, 1965）がOとの関わりについて述べる際に引用する「空虚な無限からかちとられる」という，ミルトンの『失楽園』の一節を思い起こさせる。この太平洋というイメージは，ベルモート（Vermote, 2009）の言う「対人関係的フィールドの基層」イメージである水のイメージとも重なる。

[文献]

Bion, W. R. (1959). Attacks on linking. *International Journal of Psycho-Analysis*, 40, 308-315.（中川慎一郎（訳）(1993). 連結することへの攻撃. 松木邦裕（監訳）(2007). 再考：精神病の精神分析論. 金剛出版）

Bion, W. R. (1965). *Transformations: Change from learning to growth*. London: Heinemann Medical Books.（福本修（訳）(2002). 変形. 福本修・平井正三（訳）. 精神分析の方法Ⅱ——セブン・サーヴァンツ. 法政大学出版局）

Miller, L. (1999). Babyhood: Becoming a person in the family. In D. Hindle & M. V. Smith (Eds.), *Personality development: A psychoanalytic perspective*. London: Routledge.

Vermote, R. (2009). Working with and in the basic layer of the interpersonal field: Opportunities and dangers. In A. Ferro & R. Basile (Eds.), *The analytic field: A clinical concept*. London: Published by Karnac for the European Federation for Psychoanalytic Psychotherapy in the Public Health Services.

第5章

早期剥奪児の心理療法における制限と協働関係の重要性について
―― 対象との分離性をめぐって

【藤森旭人】

■第1節　はじめに

　本章では，養育困難により生後1歳から乳児院に，その後措置変更によって児童養護施設に預けられた男の幼児A（以下，「シュン」と仮称）との，2年間の精神分析的心理療法を描写していく。

　早期剥奪児に対して精神分析的心理療法を提供する際には，子どもの無秩序な内的世界がその場に表出されるため，まず分析的設定の維持自体が往々にして困難を伴うことが多いように思われる。この分析的設定は，「外的設定」と「内的設定」（平井，2011）に大別される。前者は「時空間の枠」であり，後者は「子どもの内的世界に関心を払い，観察し，考え理解しようとするセラピストの態度」を指す。心理療法の時空間が早期剥奪児の激しく暴力的な言動で充満してくると，彼らについて「考え，理解する」セラピストの機能は著しく低下する。さらに，彼らは自分のために協働してくれる大人（「結合両親対象」）をきわめて不十分にしか体験しておらず，内的世界に根づいていないため，迫害的で協働が困難な「結合両親対象」が職員間に投影されて，職員間の連携もますます難しい局面を迎えてしまい，外的な分析的設定の維持，つまり心理療法の継続も脅かされていく。換言すれば，直接処遇職員が「子どものこころについて考える心理療法は必要ない」と感じれば，心理療法の基盤が大きく揺らいでしまうのである。

　本章で取り上げるシュンの内的世界は，暴力的で混沌としており，二次元的で分離性は定かではなく，情緒を抱えるこころのスペースはないように私には感じられていた。まずは，シュンの内的世界について考えられる設定を創り出すために，心理療法の中のさまざまな局面でシュンの行動に制限を加

えた。そして，彼の情緒の投影を受け取るなかで，彼は私という対象に出会い，剥奪や分離にまつわる情緒に触れ，こころのスペースを保持できるようになったと考えられた。

本事例から，早期に剥奪を被った子どもとの心理療法過程における制限の意味や，直接処遇職員と協働しながら心理療法を支える重要性について，考察を試みる。

■第2節　事例の背景

予定より3カ月早く，1,000g台で，三兄弟の三男として誕生したシュンは，生後から数々の感染症に罹り，病院と家を行き来するような生活を送っていた。そして，1歳前には母親のネグレクトにより，乳児院に入所することになった。乳児院では，「自己主張が少なく，目立たない」子どもであったようである。両親はシュンの生後間もなく離婚したが，兄2人は母親と生活していた。その後，措置変更により，2歳後半（X－2年）から児童養護施設に入所することとなった。

シュンは3歳（X－1年）になると，担当職員に限らず女性職員の素足に，口や頬，性器をこすりつけるようになった。職員が注意をしても聞くことができないどころか，職員が怒っている様子を見て笑い始めることもあった。また，自分で性器を触っていることも多かった。さらに，女児の足にも同じようなことをするようになった。他児とは，一緒に遊んでいるのか，シュンがしたいことをしてあたかも「遊んでいるように見えている」のか，見分けがつかないと多くの職員は感じていた。

落ち着いていることがなく，周囲を不快にするシュンの言動への対応に追われた担当職員によって，X年4月に心理療法が依頼され，3回のアセスメントセッションを経た後，週1回50分のセラピーを施設内のセラピールームで実施した。セラピールームは施設内の離れにあり，担当職員に毎回送り迎えをしてもらった。

■第3節　心理療法過程

本節以降，シュンは「　」，私は〈　〉でそれぞれの発言を示す。また，隷書体の箇所は記録より抜粋したものである。

1. アセスメント（第1～3回）

担当職員に連れられてアセスメントにやってきたシュンは，年齢に比して体格が大きく，面長で目がギョロッとしており，あまり子どもらしい表情が見られないという印象を私は抱いた。

シュンは初めて出会った私をジッと見るが，特に表情を変化させず，急ぐようにしてセラピールームに入室した。私はアセスメントについて説明しようとするが，「これ何？　どうする？　どうやって使う？　何？」などと，一人で言ってはおもちゃを取り出すが，それらを使ったり遊ぼうとしたりせず，すぐに次のものを探すということを繰り返した。私の話には耳を傾けず，セラピールームは雑然とした。刺激の多さと，まったく知らない私に圧倒されているようであった。私の中には，まったくシュンについていけず，おいてけぼりにされているような感覚が残った。また，セラピールームがとても息苦しい空間のように感じられた。シュンには無関心である大人，あるいは他のことをしている大人が，シュンのこころの中に存在しているような気もした。一方で，突然私の名前を「君」づけで呼んだり，「一人？　お母さん死んだ？」と聞いてきたりと，シュンの境遇をそのまま私に見ているようなところがあり，私とシュンとの差異は存在しないかのように振る舞った。また，ここで何をしたらいいのか，私がどういう人なのか，どうしたら私とつながれるのかを模索しているようなシュンも，部分的にはいるように感じられた。

第2回では，前回のことを覚えていた。シュンはシンデレラと王子様を箱庭の中に入れ，抱き合うようにして寝かせた。その様子から，性的な印象も若干感じられる一方で，シュンにとっては，とにかく，くっついておくことが大事なように思われた。また，ウルトラマン（シュンの役）と怪獣（私の役）を戦わせた後，攻撃してしまった私の怪獣を必死に治療しようとする様子から，シュンの弱い部分や無力な部分は相当傷ついているのであろうと感

じられ，私の中にシュンの傷ついた部分を何とかしてあげたいという気持ちも生じた。シュンは終了時にその治療セットを必死に持って帰ろうとし，関係がなくなることを恐れているようにも見えた。同時に，持ち帰ろうとすることで，アセスメントと日常との差異を消失させようとしているようであった。

第3回では，「温泉」と言って，マグマの中にカエルを何匹も入れていくが，途中でカエルを金庫の中に移し，その上に砂を落としてカエルを埋めていくことに変わってしまった。私は，ここでもまた息苦しさをとても感じた。最後に，女性担当職員（以下「B職員」，20代女性）と相談して，今後シュンが心理療法（以下，事例内はセラピーと表記）に来ることが役に立つかどうか決めることを伝え，終了した。

2．見立て・方針

アセスメントから，シュンは大人との関係で，つながりが切れることを恐れているように思われた。3回とも前回からのつながりは存在し，玩具や私が今回もそこにある（いる）であろうことは想定でき，遊びの中でそれがなくなってしまうかもしれない気持ちを相手のこころに訴えかける力は，有しているように感じられた。また，私の関心に比較的早く反応して，自分自身に関心を払って見てくれている大人を，シュンのこころの中で想定できるようでもあった。したがって，セラピーを継続していくことで，こころのつながりは維持されうるものだと感じられるようになることが，一つの大きな目標になるであろうと考えられた。それによって，関係が切れてしまうことを恐れるがゆえの，周囲には奇異に映る行動（対象を想定していない遊びや，周囲が不快に感じる身体接触，性器いじりなど）は，セラピーで私との一定の関わりが続くことで，減じていくと思われた。

ただし，これまでの母親や乳児院の担当職員との分離の体験は強烈な剝奪体験であり，シュンにとってとても「痛い」ものであり，それを感じないように奇異な行動をとってきたとも考えられるため，セラピーにおいても分離（1回ごとの終わりや，セラピーの休みなど）場面では，常に「痛み」が生じる可能性は十分にあり，まずはその「痛み」をセラピーの時間に共有してくれる大人の存在に気づくことが重要であろう。また，その「痛み」に耐えら

れるようになる力を養うという，かなり忍耐力を要する作業になることも想定された。

　第1回のような不安に突き動かされた状態にならないように，不安に持ちこたえられるこころの器がシュンの中で広がってくれば，もともと考える力はある程度あるようなので，シュンの気持ちについて考えてくれる大人（私）を取り入れて，自分自身のことをより深く考えることができるようになる，といった希望も持てそうであった。それは，遊びを通じて「中身」を見ていく作業によって達成されていくと考えられるが，それは今まで見てこなかった「中身」，つまり，なぜ自分はここにいるのか，母親と離れて生活しているのか，などを見ていくことでもある。それは恐怖でもあるため，どのように向き合っていくかは，今後セラピーの展開を見ながら検討していく必要があるように思われた。

　上記をB職員にフィードバックすると，シュンは出来事や人のことは本当によく覚えていてハッとさせられることも多く，接するなかでシュンに対して腹が立ってしまう感じを何とかしたいとB職員は語った。一方で，穏やかに関われるときはかわいいと感じられることもあり，意外にB職員のことを見ていることもあるのだとも感じていた。さらにB職員は，シュンが日常生活で，とにかくモノを散らかすことをどうにかしたいと言った。そして，〈自分のことを忘れ去られない手段としてのシュンの奇異な行動〉という共通理解のもと，安定した対象を根づかせることを長期的な目標に，セラピーを継続していくこととした。B職員から今後可能な限り生活場面の状況を聞き，セラピーの状態と照らし合わせながら，協働関係のもとでより良い支援を考えていくことになった。また，毎週のセラピー送迎をお願いした。

3．第1期——落ち着いて考えられる空間を作り出す（第4〜44回）

　しばらくは，玩具を出しては移動することを繰り返し，落ち着いて取り組めないセラピーが続いた。私は，砂をばらまかないようにさせることや，出した物を片づけるよう伝えるなど，制限に労力を費やす時間が続き，シュンに置き去りにされる感覚を抱き，次々に散らかっていく腹立たしさでしかシュンとつながれないような気持ちを抱き続けた。長期休み前のセラピーで，B職員の迎えが少し遅れると，股間を押さえてとても不安そうにそわそ

わする様子からは，性器を通じて不安を快に反転させようとし，主訴のような行動になっているように思われた。

【第15回】

　長期休み後。少し元気なさげにやってくる。黒ひげの剣を色ごとにそろえて樽に刺していく。飛び出ることを試すように刺していき，飛び出ると肩をビクッとあげて驚くことを，わかっていながらも何回も繰り返す。〈休みで追い出されたように感じていた〉ことを取り上げると，ウルトラマンを投げつけてくる。〈うわあ〉「うわって言わんといて。ぶっ殺す」と言うが，それほど凄んだ感じはなく，手錠をかけに来る。そして「ピー」と笛を吹く。私の生気を確認しているようでもあり，また私を目覚めさせるように吹いている印象を受けた。〈お休みの後の藤森先生，蘇らせようとしてるみたい〉「蘇らせるって？」〈元どおりにって〉「蘇らせる……」と繰り返す。その後ゴキブリのアイテムをセラピールームの中に投げ回ってから，赤ちゃんに食べさせようとする。私からひどい目に遭わされたシュンのようだと感じていると，今度はビー玉を部屋中にばらまく。私はどうしようもなく無力な感覚に襲われる。さらに，「取ってこい！」〈今は，藤森先生がシュンの思いどおりにされることになってる〉「取ってこい！」と命令される。〈お休みはどうしようもできなかったから，今は藤森先生がそういうふうにされる〉「次は？　来週お休み？」と少し元気がない様子で砂を触っていた。

　第16回以降，少しずつではあるが，表現していることに含みがありそうな素材が出てきた。箱庭の中に恐竜やライオン，トラ，ワニなどの獰猛な動物を並べ，小動物を赤ちゃん人形にめがけて投げ，ライオンが他の並べられた動物たちを食べていくなど，飢えたシュンを表現しているように見えることが増え始めた。ライオンが動物を食べ尽くした後は，そのライオンを埋めて攻撃的な部分をないことにしようとするなど，飢えから生じる獰猛な部分と，無力で何もできない赤ちゃんの部分とを，分けようと試みているようであった。その後，ドールハウスで「一緒にお家作ろう」と，「家」に関心を持ち始めた。また，サルのぬいぐるみの中に包まれにいき，「ここは安全だし，

優しい」と言うなど，〈安心できるところを藤森先生と一緒に作りたい〉シュンがいるようにも感じられてきた。

　そして，シュンは棚と棚の間に，「ボロイ橋」をかけて，そこから人が落ちることを繰り返したり（第33回），私の前に電話を持ってきてかけてきて，「沖縄にいる」〈藤森先生をすごく遠くに感じている〉「ここに引っ越してきた。藤森先生と住むことになった」（第35回）と言ったり，線路をつないで電車を走らせ，その中には「シュンとB職員」が乗っていて「藤森先生は駅」にいるが，その線路にはさまざまな障害物が置かれ，脱線したり，事故に遭ったりしてなかなか駅にたどり着けず，その挙げ句，駅で待っている私はホームから転落する（第37回）など，シュンはセラピーのない6日間を非常に長く感じているようになってきた。同時に，駅で待っている私は独りぼっちであることを強調し，相手にされず独りぼっちという体験をしているシュンを伝えてきているようであった。

　そのような情緒への対処として，シュンは箱庭の中に入ろうとしたり，玩具をただ散らかしていき，考えないことにしようとしているように思われたので，私は制限をかけ続け，落ち着いて考えられる状況を作ることに時間を割かれることがまだ続いた。

4．第2期——排除することとされること（第45〜70回）

　大型連休明けの第49回は，これまで同様に落ち着かず，粘土を砂につけて部屋中に投げようとするので制限した。すると，自動販売機を持って私の膝に座りにきて，「シュンはジュース，先生はお茶」と渡してきた。自然でかわいらしい振る舞いで，まるで〈藤森先生からミルクをもらって元気になりたいシュンのよう〉だと伝えるなど，制限をかけることを通じて，私がそこにいることを見出してもらえるように感じられてきた。

【第51回】

　拳銃セットを取り出し，「泥棒め」と，手錠を私の手首にかけてくる。銃を持って，「バーン」と私を撃ってくる。シュンの言動が私に影響を与えられるのか確かめているよう。警察手帳のバッチの部分を外し，「これを先生が盗んだ」と言う。そして電気を消す。「夜。おい，泥棒，これ盗

るなよ」とセットを置き，横になって「グー，グー」と寝る。少し安心しているようにも見える。シュンは起き上がって「何でお前がここにいるんだ。もう泥棒じゃないからいい」と私の手錠を外す。しかし手錠を外すと，また不安になったのか「泥棒だ」と，また手錠をかける。〈先生が自由になるといなくなったり，何か悪いことするんじゃないかって不安になる〉「何でお前はしゃべるんだ，黙れ。オレは泥棒だ」〈今度は泥棒になっちゃった〉「違う，警察だ」「先生も警察だ」と，主客や役割が混乱してよくわからなくなる。「お前は泥棒だ」と言い，シュンは「警察」に戻り，一応構造ははっきりする。「早く帰れ」と，手錠をかけられた状態で家に帰るように言われる。「シュンのお母さんから先生のお母さんに，泥棒したって言ってもらうからな」。シュンはドアに行き，「ピンポーン」とインターホンを押すそぶりで，「泥棒ですよー。先生が泥棒しましたー」と，家の中に向かって言うような様子であった。

　そして，第51回での「お母さん」のように，このころから表現する素材のなかに第三者の存在が垣間見え始めた。さらに，第60回あたりからは，二者関係からの排除という構図がより鮮明に浮かび上がってきた。ドールハウスで3人のアイテムを使い，「先生」は家の下敷きになり，「シュンとB先生は2階でお風呂」に入って楽しそうに生活したり（第61回），母親が運転しているトラックの助手席にはシュンがいて，「お兄ちゃんは後ろ」と言い，走らせたり（第62回）と，二者の結びつきを強調するために第三者を排除しているようであった。さらに第65回では，「先生，ウルトラマン買って。シュンのために」と言ったり，他児に使わせないようにアイテムを隠しておこうとしたりと，執着する様子が少し見られるようになってきた。

　また，休日にシュンとB職員および年少児との3人で遊園地に行った際，これまでは興奮してすぐにいなくなったり走り回ったりしていたシュンが，落ち着いて年少児の面倒を見て，かつ，そっと優しくB職員と手をつないで楽しそうに過ごしていた様子から，B職員はシュンの成長を強く感じていた。

【第66回】
　箱庭で「街作ろう」と，八百屋や踏切，遮断機，家，病院，教会，駅，

ガソリンスタンド，郵便ポスト，滝，温泉，マンションなどを，内側向きに置いていく。人のアイテムを5人取り出し，「シュンとお母さんと，お兄ちゃん（2人）と，藤森先生」と言って，テーブルの上に置く。私はケガをして病院にいると言う。シュンとお母さんは温泉の中に入り，「あー気持ちいい」と言う。そこに兄2人もやってきて，すごく窮屈そうな状態になるが，シュンは必死に母のそばにいようとしている。〈シュンはお兄ちゃんたちにお母さん取られないようにしてるみたい〉。一人の兄は，滝の水しぶきの上を滑り台のように滑る。「シュンも」と，同じように「わーい」と滑る。すると兄が，「シュンばっかりずるい」と言う。〈シュンの場所が取られちゃうんじゃないかって思ってるみたい〉だと伝える。

　シュンはお釈迦さまやマリア像も置こうとする。すると，テーブルの下で"ガチャ"という音が聞こえる。「壊れた，これ」，マリア像が割れている。私には母親を攻撃したようにも見える。「これ（お釈迦さま）でコツッてやったら壊れた」と言い，私に融合するような感じでスッと身体をすり寄せてくる。そして，落ち着かない様子でシュンは箱庭に行き，砂を触りながら，怒られるのでB職員には言わないでほしいと言う。ここは守られているのか，猜疑心を私に抱いているようであった。

　さらに，銃を向けている警官のアイテムを使って，「バーン」と次々に人々を倒していく。何か寄せつけないように，考えないように，ただ銃で撃ち殺すことを遂行しているよう。「つらいぜ」と，撃たれたほうが言ったのか，警官が言ったのかわからないが，わき目も振らず撃っている警官のほうが辛く見え，〈撃っている警察のほうが辛そう。シュンも壊しちゃって不安になった気持ちを，撃つことで感じないようにしようとしてるみたい〉。撃たれた人たちは死体の山のように置かれていく。救急隊が助けに来るが，「あ，壊れた」と，左手首も折ってしまう。私は落胆と怒りが生じ始めてくる。

　シュンは箱庭の中に入ろうとするので，制限する。シュンは私に電話をかけてくる。〈もしもし〉「藤森先生ですか？　今，家にいる」〈何か落ち着かないみたい。先生にどうにかしてほしい〉「ちょっと待って。切るで。プープー」と電話が切れることを強調する。

　時間がなくなり，片づけをする。「シュンばっかり」と，不当に片づけ

させられていることに憤慨している様子。片づけながら家の煙突をまた折ろうとするので，私は制限をかけると，「シュン怒られてばっかり」と，ふて腐れたようにして他のアイテムを棚に戻す。

　その後も，アイテムを落としたとき，「落とした」ではなく「落ちた」などとすべて自動詞で言うので，私は必要以上に腹立たしさを感じていた。それはひるがえって，いったい誰がシュンの人生に責任を持ってくれるのかといった，責任の所在を明らかにしてほしいと訴えているシュンの情緒から来ているようにも思われた。一方，セラピーから帰るとき，B 職員に「抱っこ」を求めたり，生活場面での身体接触も，B 職員にとって不快に感じられなくなってきたシュンがいたりと，より自然な乳児的部分が出てきているようであった。

5. 第 3 期──別れをめぐって（第 71〜85 回）

　第 71 回では，約半年後の年度末の，私の退職を伝えた。同時期に B 職員も退職が決まっていた。私は，シュンがこれまで養育者と十分に別れを体験する期間を持ててこなかったであろう背景をかんがみて，B 職員との間で別れを共有するある程度の期間が必要であり，できる限り早く伝える必要性を訴え続けたが，シュンに対する罪悪感からか B 職員は言えずにいた。セラピーの終了を聞いたシュンは，2 人で今後のセラピーの予定をカレンダーで確認しても，羅針盤なしに大海原へと放り出された舟のようにまったく見通しが持てず，しばらくただ漂うかのようにそこにいるだけであった。しかし，その回の後，B 職員には「もっとセラピーしたかったなあ」と寂しげに語っていた。

　第 72 回では「3 月は幼稚園あったっけなあ」と，自らセラピーの終了時期に触れてくるなど，情緒を保持できる能力は育っているようであった。そして「ビー玉を持って帰りたい」と言い始めたり，ビー玉を浅い缶のふたの上で転がして落としたりするところから，もっとセラピーを続けたいのに，私が「こんなふうに落としてシュンを見捨てていくんだろ」と伝えてきているような，シュンの情緒を感じた。その後しばらく，私は「鼻くそ君」と呼ばれ，サッと寄ってきて鼻くそをつけては離れていくということが続き，私

は怒りとともに，どうしようもないみじめさを体験していた。それは，シュンが腹立たしさを伝えてきていると同時に，まるで私がシュンのことを「鼻くそ」で，必要のない存在だと思っているのではないかと感じているようであった。そのため〈鼻くそみたいにいらないものにされるとどんな気持ちになるか，藤森先生が考えることになってる〉といったことを伝え続けた。また一方で，汚し，対象を不快にさせることによって，自分のことを保持してもらえるかもしれないという，シュンの想いもあるようであった。

　第80回からは，アニメの主題歌の『にんげんていいな』の替え唄で，「にんげんて悲しいな」を歌い始めたり，終了時には「オレはジャイアーン」と躁的に歌ったりと，別れをめぐる辛い気持ちをどうするのか，もがいているようにも見えた。一方で，砂をばらまこうとして発散させようとしたり，それを制限されたことで私を叩こうとしたのを掌で受け止められると，ジャブのように楽しみ出したりと，怒りを感じないようにする振る舞いに持っていこうとするので，そのような対処行動を制限しつつ，シュンの中に存在するであろう私への怒りとして伝えていった。シュンの抱えられない情動に対する対処行動は，発散あるいは対象の表面にくっついて融合するというものであると考えられ，制限を加えることで分離を促進し，シュンの情緒を考えていくことに，私は躍起になっていた。

　3月になり，ようやくB職員の退職が伝えられた。シュンは一晩中泣き続けていたという。その後の第84回では，寂しげで，優しくしてほしいと訴えかけるような様子で私にすり寄ってきて，B職員との別れについて「悲しいに決まってる。めっちゃ泣いた」。そして，私との別れについても，「知ってるし」と，怒りをぶつけてきているようであった。一方で，作ろうとしたものを再び広げては元通りにしてしまうなど，やけくそになって自らつながりを断ち切ろうとしているシュンもいるように見え，私はいたたまれない気持ちになった。

【第85回】

　セラピールームに靴をそろえて上がるなど，そぶりが丁寧で，すごく良い子としてやってくる。〈藤森先生とのセラピー今日でおしまい〉「うん」と，寂しさを拭うような笑顔。粘土をボウルに入れて手で捏ねてい

く。「足でやっていい？」と確認するなど，最後は怒られないようにしようとしているようであった。〈仲良くセラピー終わりたい〉。粘土に色を塗っていく。手にマジックがついてしまう。「今日ぐらい，いいか」〈最後のセラピー，それ見たらまた思い出せるし，残しときたいってことかな〉「うん」と素直にうなずく。シュンはパッと自分の指の爪を見て，前回赤でマニキュアのようにすべての爪に塗ったことを思い出したのか，「昨日，お風呂入った時に洗った」と，前回を昨日と言う。一方，これまでのように「消えた」ではなく「洗った」と言い，主体性がある感じがした。

　折り紙をちぎって「ハート」を作り，缶の中に入れていく。シュンは粘土をちぎって，いったん平らにし，その上にちぎった折り紙を乗せて，ゆっくりと包んでいく。シュンのこころの中にいる私，あるいはその逆のように感じられてくる。とても穏やかな時間が流れている印象。〈それはシュンのこころの中にいる藤森先生かなあ。セラピー終わっても，ずーっとシュンのこころの中にいて，見守ってくれてたらいいなあって思う〉と言うと，「やさしいこころ〜♪」と唄い始める。〈やさしいこころで，藤森先生にずーっと見ててもらいたい〉「小学生になっても」〈うん，シュンが小学生になっても，ずっとずっと藤森先生に見ていてもらいたい〉「シュンな，4月から小学校行く」と，終了後のことを話し始める。〈うん，シュンのことほんとはずっと見ててほしいし，考えててほしい〉。シュンは残った粘土を「耳」にする。〈シュンの話を聞いてくる藤森先生の耳かなあ。もっともっと藤森先生にお話聞いてほしい〉「違うで」と否定し，「やさいいこころ〜♪」と，馬鹿にするように唄い始める。〈そんなん，あるわけないって思うシュンもいるかもしれない。藤森先生，セラピーやめていなくなるんだから〉と伝えると，私と対面して座る位置に来る。とても自然な感じがする。そして「お別れでも独りぼっちじゃない♪」という内容の歌を唄い始める。

　「これもおにぎりにしよう」と，缶の中に入っている丸めた粘土も，いったん伸ばしてから三角にしてしまう。〈あー。それも三角にしちゃうんやあ。せっかく丸めて中に入れたのになあ〉私は台無しにされるような気持ちになる。「今度，餃子にしてみようか」と言って，薄く延ばして，その上に折り紙を置き，餃子のように端を折り重ねていく。しかし，粘土

が薄すぎて破れてしまう。私はまた壊される感じがするが，この日はちゃんと残そうとしているようにも感じられる。それもうまく餃子にできず，結局丸めて元の玉になる。「シュン，器作りたいな」と言い，湯呑にし「焼きたい」「とっておきたい」と言う。ちぎった折り紙を粘土の中に入れ，すべて使い切る。残った粘土の塊は「藤森先生にあげる」〈藤森先生もこれ見たら，シュンとセラピーで作ったなあって思い出せる〉。

〈これで藤森先生とのセラピーおしまい〉「うん」ドアへ向かっていく。最後は寂しさを蓄えながら，とても穏やかな優しい笑顔を浮かべ，何度も振り返って「バイバイ」と言う様子から，私もこれで終わりなんだと寂しさがこみ上げてきた。そして，シュンと向き合えた感触が私の中に残った回であった。

■ 第4節　考察

1. 子どもの心理療法における制限の意味について

シュンとの心理療法は，シュンの情緒に触れ，考える状況を作り出すために，身体接触や発散行動に制限を加え分離性を見出し，「生きた仲間」としての私と出会う時間であった。アルヴァレズ（Alvarez, 1992）は，自閉症の「心的苦痛からの防衛的逃避」側面を示唆しているが，シュンの一見，付着的で，こころのスペースがないかのようなあり方も，三次元的なシュンのこころの器に情緒が入ることは大変な痛みが伴うために，二次元的なあり方を作り出していたと考えられる。あるいは，対象を不快にすることによって保持してもらうシュンの部分的な投影同一化は，対象に生気を与え「生きた仲間」に出会うための方法であったとも考えられる。したがって，砂をばらまこうとしたり，私にくっついてきたりするような防衛的な行為の制限は，暴力的なシュンの部分を「生きた仲間」としての私に向けて，表出しやすい状況を作り出すことに寄与したと思われる。

また，制限を加えることは，「良い」「悪い」が混沌としていたシュンの内的世界を仕分ける作業，すなわち秩序をもたらすことにもつながっていたと考えられる。父性的機能の内在化，と言い換えることもできるかもしれない。第16回以降の，動物のアイテムを使った素材からは，対立構造が明確

に立ち現れてきており，さらにその背景には飢えたシュンがいることも示唆された。シュンの中では，栄養や関心，温かさを求める乳幼児的な部分と，貪欲で攻撃的な部分とが混在しており，周囲には後者が強く感じられていたために，不快感が醸成されていたのかもしれない。したがって，制限によってシュンの飢えた乳幼児的部分が顕在化し，またそういった情緒に触れていくことで，自然な乳幼児的訴えの表出が可能になったと考えられる。それが，「家」という「安全」で「優しい」素材への関心につながっている。日常生活で職員の不快感が減じていることも，その証左であろう。換言すれば，心理療法によって，シュンの理想的な対象関係の保持に多少なりとも貢献することができたと言える。

しかし，シュンにとって「家」というスペースは必ずしも「安全」な場所ではなく，第51回に見られるように，「泥棒」が侵入してくる，あるいは奪いに来る場所でもあり，シュンの内的な安心感は常に脅かされていたように思われる。そして，主客が混沌とした世界に舞い戻ってしまう体験を繰り返していたと考えられる。また，徐々に情緒を受け止めてくれる対象がいる感覚や主体性が芽生え，こころが三次元化してきたがゆえに，これまで誰ともつながっていなかったことが強調され，シュンの感じてきた落胆や怒りが顕在化してきたように思われる。そして，二者関係を安定したものにするために，私を第三者の立場に置き，排除することが繰り返された。私が排除される情緒を担いながら，シュンの怒りに触れようと試みた結果，最後に「器」を作ったことは，情緒を保持できる内的対象の萌芽であると考えられる。

2. 直接処遇職員との協働関係が子どもにもたらすもの

児童養護施設（に限定されないようにも思われるが）における心理療法プロセスの進展は，対象児を取り巻く直接処遇職員との協働関係をいかに築けるかに依拠している，といっても過言ではない。平井（2011）は，「協働関係がコンテインメントの重要な側面と見ることができる」ことを示唆し，その原型を「両親対象」に帰結させている。本章の冒頭でも見たように，施設入所児は協働する両親を十分に体験していないことがほとんどであり，セラピーを下支えするためにも直接処遇職員との協働は不可欠である。ウィルソン（Wilson, 2009）も，施設入所児の大半がこれまでに十分な養育や一貫性

を経験しておらず,「家」や「家族」という感覚に乏しいことを指摘し,入所児に関わる職員間の連携によって,援助機能を高める必要性を説いている。したがって,セラピストと直接処遇職員との関係は,いわば「創造的な両親カップル」になることが必須なのである。

　では,本事例でのセラピストと直接処遇職員との協働関係は,シュンに何をもたらしたのであろうか。シュンの主訴には,性器をこすりつける行為が挙げられていた。これは,「結合両親対象」からの派生物のようであり,意味を考えるための残存物として,シュンのこころに残っていてものかもしれない。つまり,シュンのことについて考えてくれる対象を希求していた側面も,少なからずあったのだと思われる。そのような,シュンのことについて考えてくれる対象とのつながりが,多少なりとも心理療法によってもたらされたのではないだろうか。しかし,性器をこすりつける行為には快も伴っており,倒錯的な色彩が色濃く出てきてしまい,周囲に不快に感じられていたのであろう。シュンとの心理療法の中で私がシュンについて考える姿勢を示し続けたことや,私とB職員は「つながって」おり,第37回の素材で見られるような,B職員がシュンを私のところに送り届ける役割を担っているという協働関係をシュンが感じられたことによって,シュンが抱えられていると感じられる空間を「創造」することに寄与できたと考えられる。

　一方で,私とB職員とのつながりは,シュンにとって迫害的な体験でもあり,心理療法の中では,シュンとB職員が結びついていることが強調され,私はそこから排除される役割を担っていた。しかし,日常生活では,シュンにとってB職員は非常に重要な養育者でもある。ウィルソン(Wilson, 2009)は,児童養護施設におけるセラピストの役割として,個人心理療法の提供とともに,職員個人へのコンサルテーションを挙げている。本事例においても,可能な限り毎回,心理療法終了後に日常生活におけるシュンの様子をB職員から聴き,コンサルテーションとして心理療法の中で感じられたシュンの理解を伝えることで,B職員の中にシュンを保持し続けられるスペースを維持,拡張することにも貢献できたであろう。ひいては,それがシュンにとってもB職員の中に抱えられている感覚を培うことにつながったかもしれない。

[文献]

Alvarez, A.（1992）. *Live company: Psychoanalytic psychotherapy with autistic, borderline, deprived and abused children*. London : Routledge.（千原雅代・中川純子・平井正三（訳）（2002）. こころの再生を求めて——ポスト・クライン派による子どもの心理療法. 岩崎学術出版社）

平井正三（2011）. 精神分析的心理療法と象徴化——コンテインメントをめぐる臨床思考. 岩崎学術出版社.

Wilson, P.（2009）. Therapy and consultation in residential care. In M. Lanyado & A. Horne（Eds.）, *The handbook of child and adolescent psychotherapy: Psychoanalytic approaches*. New York : Routledge.（平井正三・鵜飼奈津子・脇谷順子（監訳）. NPO法人子どもの心理療法支援会（訳）（2013）. 児童青年心理療法ハンドブック. 創元社）

■■■ 藤森論文へのコメント ■■■

子どもの生活を支える職員との協働
—— 心理療法を抱える器

【鵜飼奈津子】

1. はじめに

　児童養護施設は，それぞれに大変な背景を背負った子どもが，そうした生育歴を抱えながらも将来的には自立して生きていくための力を養う場である。そして，そこで行われる心理療法は，当然ながら"楽しい遊びの場"であるよりも，痛みを伴うものである。それは，子どもたちが本来抱えている痛みである。心理療法に携わる者とそれを支える職員が，こうした基本的な認識を共有していることが，まずは児童養護施設における心理療法について論じる際の第一歩である。本論で報告されているシュンは，まさにそのことを生々しく読む者に訴えかけてくる。

　まずは，シュンの生育歴からたどってみたい。

2. 最早期の体験

　本事例を読み終えてまず私の心に浮かんだのは，わずか5年の間にこのすべてのことが起こった，そんな過酷な人生を生き抜いてきた，サバイバーであるシュン，である。乳児院から児童養護施設に措置変更され生活している子どもは，児童養護施設には大勢いるであろうし，なにもシュンだけがサバイバーではない。そうした思いを抱く方は少なくないかもしれない。しかし，もしそう感じるとしたならば，それはこうした現場で仕事をするうえで否が応でも身につけてこなければならなかった，防衛の一つだとは言えないだろうか。一人ひとりの過酷な人生にいちいち痛みを感じていたのでは，日々の仕事はこなせず身も持たない。こうして感情をマヒさせることこそが，こうした現場に身を置く者の生き残りの手段であるというのもまた，辛く悼むべき現実なのかもしれない。

　しかし，ここでシュンについて考えようとするならば，やはりそんなシュ

ンの生育歴という観点から始めなければならないだろう。シュンの主訴である性器いじり，落ち着きのなさ，そして関われなさ。こうしたことを，私たちはいったいどのように受け止めればよいのだろうか。

　予定より早く1,000g台の極小未熟児としてこの世に生を受けるというのは，いったいどのような人生の始まりだったのだろうか。呼吸をするにも栄養を取り入れるにも，自らの力ではどうすることもできない未熟な状態。生存は，人間的な温もりがごく限られた医療機器に，絶対的な依存状態である。それはシュンにとって，ときに侵襲的で，安全ではない世界との出会い方ではなかっただろうか。母親についての詳細はわからないが，このような状態でシュンを産み落としてしまったことに対する悲しみや罪悪感，もしかすると自分自身の体調も思わしくないなかで，入退院を繰り返すシュンとどのように関わっていけばよいのか，母親も十分なサポートが得られていなかったのかもしれない。

　結果的に，母親との十分な愛着関係が築かれないまま，シュンは乳児院で生活することになる。ここまでわずか12カ月足らずの間に，シュンはいったいいくつの生活の場，そして何人の養育者（看護者）に出会ったのだろうか。まったく目まぐるしい変化である。5年経った現在，シュンが見せる落ち着きのなさは，まさにシュンが過ごしてきた特にこの最初の1年間が，丸ごと持ち込まれたものであると言えるのではないだろうか。生きるか死ぬかのカオスのなか，生活の場を転々としながら多くの養育者（看護者）との出会いと別れ，そしてそのたびに経験したであろう見捨てられる体験。理想的には，人は人と関わることの土台を，人生最初の1年間に築き上げるものだと言えるが，シュンはそれを体験しないままに乳児院へと生活の場を移していったのではなかっただろうか。シュンが乳児院で「自己主張少なく，目立たない」存在であったとしても，驚くに値しない。シュンは，どのように自分の欲求を表現すれば良いのか，あるいは何かそれを表現したところで，それが満たされるのだということを，それまでの人生でほとんど経験することがなかったのではないか。

　そうしたなかで，シュンにとっては自分自身の身体だけが，頼りだったのかもしれない。それだけは，いつも自分が自分であることを確かめられるものであり，慰めであったのかもしれない。他者の心に決して安定して抱えら

れることのなかったシュンには，自分の身体の感覚によって自分を抱えることが，唯一，自分を一つにまとめておく機能を果たしていたのかもしれない。シュンはそこで確実な安全感を抱くことができていたのではないかと想像できると，それこそが，シュンが自分であると確実に感じられる感覚であったのかもしれない。

こうしたシュンの「周囲を不快にする」言動は，つまりは生まれてからずっと，特に最早期には，身体的な不快感にさらされ続けてきたシュンの体験そのものだとは言えないだろうか。

3．自分は誰なのか

シュンは原家族について，どれくらい知っているのだろうか。

両親はシュンの生後間もなく離婚したということだが，もしシュンがそれを知っているとしたならば，両親の離婚は自分が生まれてきたためだという罪悪感を抱かされることにはならないだろうか。シュンは，そのために自分は罰せられ，母親と二人の兄からも引き離されたのかもしれないといった空想を，抱いている可能性はないだろうか。

シュンが自分のこれまでの人生について，そして原家族について，どれほどの知識を持っているのかということは，シュンの心理療法を行ううえで重要な情報になるように思われる。むろん，事実を知っていても知らなくても，あるいは知らなければなおさら，子どもは自分がどうして原家族から見捨てられ，今，ここで生活しているのかについてさまざまに空想をめぐらせるであろう。だからこそ，事実を丁寧に伝えていくライフストーリーワークの重要性が強調されるのであり，これは心理療法を行ううえでも把握しておきたいことである。

4．心理療法の外側の器としての，セラピストと職員の「創造的な両親カップル」

次に，この心理療法が果たしたことについて考えてみたい。

まずなんといっても，セラピスト（以下，Th）がThとしてB職員を支えたこと，つまり，可能な限り毎回B職員と話し合えたことの大きさが挙げられよう。これにより，藤森氏が「結合両親対象」と表現しているように，Th

とB職員は，シュンとシュンの心理療法をカップルとして支える器になり，シュンがThを排除しようとしたことによっても壊れることのない強さを保持することができたのである。もしかするとシュンの両親がそうであったように，脆弱なカップルはこうした局面で壊れてしまう危険性をはらむ。ここで，このカップルが外から抱える器として決して壊れなかったことが，シュンの心理療法という内側の器をより豊かなものにしていったことは特筆に値する。

　本論のテーマでもあるように，施設の中で心理療法を行うにあたって，施設の職員とThの協働は必要不可欠であると同時に，最も難しいことの一つであると考えられるからである。

5．心理療法の内側の器としての制限と，心理療法のプロセス

　本論のもう一つのテーマは，制限である。この心理療法が行われたセラピールームは，「刺激の多さ」が問題になりそうな部屋であると言う。むろん，理想的なセラピールームが用意される環境ばかりとは限らないが，それでもやはりセラピールームをどのような設定にするのか，つまりThとしてどのような環境を提供するのかということは，その後の制限にも大きく関わる根幹的な問題であると言えよう。

　生まれて以来，次々にいろいろな大人がシュンの目の前に現れては，ケアをしてきてくれたが，それでは今度新たに現れてきたこの人はいったい誰なのかと，Thという人（の人生）への関心を示している点が印象的である。

　「見立てと方針」について私は，シュンが特に「『中身』，つまりなぜ自分はここにいるのか」を見つめていくことは「恐怖でもある」との，藤森氏の考えに同意する。母親そして兄たちから排除され，求められない自分と向き合うことには，想像を絶する痛みを伴う。そして，入退院を繰り返し，乳児院から児童養護施設へと，生後わずか数年の間に目まぐるしく変化してきたシュンの生活環境を彷彿とさせるようなセラピールームの散らかり方も，印象的である。先にも述べたように，シュンはまさに自分のこれまでの人生のすべてをここに持ち込み，それをThに提示しているのである。

　第1期の後半では，セラピーという安定した場や，Thを台無しにするような行為が繰り返し見られる（「考えないことにしようとしている」）が，こ

こでこそ Th の制限が，生きたものになって立ち現れてくる様子が見てとれる。つまり，シュンは Th の課す制限という枠（器）によって守られもし，抱えられもしているのである。

　第 2 期に入ると，シュンの中で Th の存在が大切な対象として根づいてきたことがわかるが，そうなると，そこにはその大切な Th を他児と共有しなければならないという痛みが新たに加わる。自分は常に排除される側に甘んじるのか，あるいはようやく手に入れた大切なものを守るために他者を排除する側に回るのか。それとも第三の道，大切なものを大切なものとして他者と共有するというあり方を模索することができるのか。ここではシュンのそうした苦闘が感じられる。

　そして，Th の中には，繰り返される銃撃戦のなかで，「あ，壊れた」とアイテムを折ってしまったシュンに対して「落胆と怒りが生じ始めてくる」。ここでの Th の落胆と怒りとは，いったいどのようなものだったのだろうか。シュンは，「怒られてばっかり」だとふて腐れるが，しかしそこには，Th も触れているように，「対象を不快にさせることによって，自分のことを保持してもらえるかもしれないという，シュンの想い」が確かにあったのだと私も感じる。そうして「怒られる」ことでしか対象と関われないシュンであり，それはまた，シュン自身の不快感でもあり，怒りでもあるのだろう。

6．別れ

　こうしたシュンの不快感や怒りは，藤森氏が指摘しているように，誰もシュンの人生に責任を持たないばかりか，ついには Th も自分を見捨てて去っていくのだという，「どうしようもないみじめさ」と怒りなのだろう。そんな人間（の人生）は，まさに「悲しい」。Th はこのような情緒をいかに受け止め，それに耐えることができるのだろうか。この時期，Th は「制限を加えることで分離を促し，シュンの情緒を考えていくことに」「躍起になっていた」と言うが，そうでもしなければ Th 自身が耐えきれない状態だったのであり，また，それは Th をこれほどまでの情緒から守る砦になっていたのかもしれない。

　そうして迎えた最終回，「仲良くセラピーを終わりたい」シュンは，「お別れでも独りぼっちじゃない」，そして Th との間で経験したことは，藤森氏が

「情緒を保持できる内的対象の萌芽」としてとらえているように，形は変わりつつも最終的には器として，「とっておきたい」ものとして，残されていくことになるのだろう。

7. おわりに

　本論は，職員との協働がテーマの一つであり，それが「B職員の中にシュンを保持し続けられるスペースを維持，拡張すること」に貢献できたと述べられている。何人もの養育者との出会いと別れのなかで見捨てられ，誰かの心にとどめておいてもらえた体験が圧倒的に欠けているシュンにとってこうした体験は，新しく，かつ，そのなかで自らを発見し成長していく機会になったであろう。Thとの別れは，シュンにとっては馴染みの，相手の都合によるものではあった。しかし，それでもその別れについてしっかりと向き合い，考えることができたのは，これまでとはまったく質の異なる体験であり，シュンの今後の成長の礎になることと思う。

第6章

母親に置き去りにされた少女との精神分析的心理療法
―― 痛みを感じることをめぐって

【平井正三】

■第1節　はじめに

　本章では，第1章で述べた「発達障害系」の子どもが数年の心理療法を経て，一定の改善が見られ，思春期になった時点で始めた心理療法過程について述べていく。

　ビオンのα機能の理論（Bion, 1962）は，象徴形成の基盤に関する理論として理解できる。すなわち，いまだ心的なものになっていない「考え」や「気持ち」（「β要素」）が，そうした象徴化の力（α機能）を持つ母親との投影と摂取のやり取り（コンテイナー－コンテインド関係［♀♂］）を通じて，「考え」や「気持ち」の萌芽として心の内容物となっていく過程についてのモデルを提示している。これは，人の象徴化の能力（内省機能）が，非言語的・非象徴的な対人相互作用（広い意味での「対話」）を通じて形成されることを示唆している。

　臨床的に見て，自分自身の「考え」や「気持ち」を，「考え」や「気持ち」として持て（すなわち，自分の主観性と主体性を確立でき），したがって，他の人の「考え」や「気持ち」とつなげたり，整理したりすること（すなわち，考えること），そして自分自身の「考え」や「気持ち」を他の人に伝えて，他の人とのつながりの中で話し合い，考えることのできる力（すなわち，間主観性／相互主体性世界につながっていける力）は，子どもが社会の中で生きていく力そのものであり，それを育むことが精神分析的心理療法の目的と言ってよいであろう。つまり，精神分析的心理療法の目的は，子どもの象徴化の能力を促進し，象徴的に考えていけること（その基盤はメルツァーの言う「夢生活」または無意識的思考〈Meltzer, 1983〉）ができるように援助す

ることであると見ることができるだろう。

　治療モデルという観点で見た場合，長い間，精神分析的心理療法においてセラピストは，言語的表現（自由連想法）にせよ，非言語的表現（遊戯技法）にせよ，クライエントの表現やコミュニケーションの無意識的な意味を解明し，それを言葉で伝える（解釈）というモデルが採用されてきた。このモデルは，クライエントの表現やコミュニケーションの象徴的意味を解明するという意味で，象徴モデルと呼ぶことができる（平井，2011）。このような象徴モデルの有効性は十分証明されてきたと言えるが，その限界も明らかになっているように思われる。それは，このようなモデルがとらえるクライエントの表現やコミュニケーションは，象徴化されたものに限っていること，また「解釈」行為は，クライエントがそれを象徴的コミュニケーションとしてとらえることができることを前提としていることに起因している。しかし，次第に明らかになってきたことは，そもそも象徴化そのものが問題となっている多くのクライエントにとって，このようなモデルはあまり有効でない。

　象徴化そのものが問題となっているクライエントに対しては，象徴化を前提とした介入とは別に，象徴化を促したり，それを確固としたものにする介入が必要になってくる。このような事態に有用に思われるのが，私が「対人相互作用フィールド・モデル」（平井，2011）と呼ぶ治療モデルである。このモデルにおいてセラピストは，観察と検討と介入の対象は自分自身を含めたセラピスト−クライエント相互作用の全体である。その際，注意を払うのは，象徴的表現やコミュニケーションだけでなく，非言語的な表現・コミュニケーションである。特に，今ここで生じている非象徴的な「考え」「気持ち」に焦点づけ，それらの象徴化を促す介入をしていく。そこでの介入は，古典的な意味での「解釈」に限定されない。むしろ，「解釈」行為の意義は，伝えるというよりも「関わる」ことや「示す」ことにあり，その目的は，解明というよりも象徴化や象徴的思考過程の促進にある。

　第1章で述べたように，児童養護施設に入所している子どものなかには，こうした象徴化やコミュニケーションの力が十分ではなく，社会性の基盤が脆い，自閉スペクトラムの特徴を示す「発達障害系」の子どもが多く見られる。そのなかには，生得的要因を強く感じさせる子どももいれば，そうした脆弱さはあるかもしれないが，概ねネグレクトなどの不利な養育環境に起因

すると考えさせる場合も多い。それは，ビオンが記述しているような，子どもの気持ちを深く受け止め，それについて考えていくような養育者との「対話」経験が，十分に起こっていない。こうした子どもの情緒発達には，生活での保育スタッフとの関わりがもちろん最も重要であるが，象徴化の発達促進を目指す心理療法は，そうした子どもの生活での重要な人間関係を構築するうえで役立ちうると私は考える。

　本章では，こうした考えに基づいた精神分析的心理療法の一例を取り上げ，検討していきたい。

■第2節　事例の概要

　ユカ（仮称）は3歳の時に，母親が体調が悪いこと，他に子どもを見てもらえる人がいないことを理由に，自閉症の妹と一緒に一時保護という形で施設に預けられた。その後，引き取りにはならず，ずっと児童養護施設で育てられることになった。妹は別の障害児入所施設で生活することになった。ユカの母親宅への外泊，外出は次第にまれになり，心理療法開始時には，母親は1年ほど姿を見せていなかった。施設職員がユカの学校行事などに母親を誘うと，母親はぎりぎりになるまで迷い，結局「体調不良」などの理由で来ないということが多かった。

　ユカの両親は，彼女が2歳の時に離婚している。その後父親との交流はない。母親は精神的身体的に強くなく，おそらくは慢性的なうつ状態のようであるが，詳細は不明である。ユカが母親宅に泊まっても母親はほとんど寝ていることが多いらしく，ユカがご飯を作ったりもしているようである。

　ユカは出生体重600gくらいの超未熟児で生まれ，3カ月間保育器にいた。全体に発育は遅く，歩き始めは1歳半，言葉は2歳になるまで話せなかった。10歳2カ月時にとった新版K式発達検査では，認知・適応の発達指数が66，言語・社会が80で，全体の発達指数は75であった。

1. 以前の心理療法

　ユカは5歳から女性のセラピストに2年半，その後，男性Bセラピストとの間で3年数カ月，心理療法を経験している。ユカが心理療法を始めたの

は，軽度発達障害を抱えており独語や一人遊びが多いこと，同年代の子どもとうまく遊べないことなどの理由で，保育士から依頼があったからであった。2人のセラピストとの心理療法を通じて，対人交流の面でかなりの改善が見られたようであった。しかし，情緒を感じたり伝えたりする面での改善が求められるということで，ユカにはより長期的な心理的援助が望ましいと考えられ，外部機関である私の相談機関に紹介されてきた。心理療法は，認定NPO法人子どもの心理療法支援会の援助により，無料で行われた。

2．心理療法過程

心理療法は，週1回50分で行われた。月1回1時間ほど，施設職員に対して私がコンサルテーションを行った。子どもの送迎はボランティア学生が概ね行った。セラピーは6畳ほどの通常の面接室で行われ，そこにはテーブルと，寝椅子，椅子がある。ユカ専用の玩具箱が準備され，中には家族人形，動物（ミニチュア，「ハム太郎」の指人形など），折り紙，ノート，紙，はさみ，筆記用具，セロハンテープ，蜜蠟粘土などが入っている。

以下の隷書体の箇所は記録より抜粋したもので，「　」は子どもの発言，〈　〉は私の発言を表す。

1）最初の出会い——アセスメント（X年11月12日〜11月26日：第1〜3回）

私はまず施設を訪れ，施設長と担当保育士と，ユカについて話すことから始めた。担当保育士はユカについて，以下の懸念を抱いていることを話す。

「母親や妹に関して勝手に空想を広げ，現実であるかのように一方的に人に話すことがある。また，高校生の女の子にくっついていることが多い。その子に感化され，宝塚にはまっている。自分で遊びを考えるのが苦手。言っても動かなかったり無視したりすることが多く，叱ると『うるさい』と言う。使った下着などをタンスにしまう，または使用するなどして，臭う時がある」。

私は，ユカに3回のアセスメントセッションを設け，その後にまた，担当保育士と話し合うことで合意した。

【アセスメント第1回（X年11月12日）】

　最初の回，ユカは施設での担当保育士のX先生と，エスコートボランティアのDさんとともにやってくる。待合室で初めてユカに会った印象は，全体的に暗い印象の女の子というものであった。その暗さは，影というよりもなにか「くすんだ」とか，「目立たない」「ぱっとしない」といった類のものであるように思われた。自己紹介の後，まったくと言ってよいほど緊張や不安を見せず，初対面の私と一緒に面接室に入っていった。

　私がひととおり設定を説明するが，ユカはよく心得ているように見える。ユカは，自分の持ってきたかばんを開け，中から黒いぬいぐるみを出してくる。私がそれについて尋ねると，ユカは，それは「クロ」と名づけた猫だと答え，テーブルの上で私に向け挨拶をさせる。すぐにそれを引っ込めてソファーの上に置き，ユカのために用意した玩具箱の中を見ていく。ハム太郎の指人形を見つけ，「あ，コーシー君。コーシー君大好き」と言って手に取る。しかし，それもすぐに下に置き，ノートに色鉛筆で絵を次々に描いていく。

　最初に描いたのは「炎のカービィ」と彼女が名づけたもので，カービィというキャラクターの周りに炎が燃えさかっている絵であった。私は，〈負けないぞっていう感じかな〉とコメントした。次に，「『メルヘブン』に出てくるキャラクターの女の子」を描く。私は『メルヘブン』について尋ねてみる。ユカは以下の説明をする。「ギンタという中学生の男の子が主人公で，お父さんがメルヘブンに吸い込まれてしまう。教室にメルヘブンの入り口が突然でき，ギンタも吸い込まれてしまう。そして仲間を見つけ，『チェスのコマ』という敵と戦う。『チェスのコマ』はお父さんを殺した敵でもある」。私は，もうひとつつながりがわからないまま，以上のことは理解した。

　息つく暇もなく，ユカは今度は折り紙を折り始める。まず，「椅子」を作る。次に丸いものを作り，「色は違うけど何でしょう？」と聞き，自分で「りんご」と答える。最後に「鉛筆」を作る。私は，〈ユカさんは，先生にこんなことができるんやっていうことを見せてくれているんやね。普通にない折り紙ができるんやって〉とコメントする。

　ユカは，少し表情が緩んだように見えたが，そのまま玩具箱に向かい，

中から動物を出してくる。ワニを見て「うわっ，ワニ嫌い」と言い，さらに「お母さんといた時はライオンも嫌いだったけど」と言う。〈それは小さかった時のこと？〉「3歳くらいの時やと思う。お母さんと妹とで動物園に行って，怖かった」。テーブルに動物を置いていくが，犬を見つけ，「これは動物園にいない」と言って箱に放り込む。荒っぽい印象。「ライオンは，B先生の時に絵を描いた」〈前の先生やね。B先生のことを思い出して寂しい気持ちかもしれないね〉。ユカは「それはない」とはっきりと否定。〈ここに（土曜日に）来ることについてはどう思っているかな〉「土曜日にソーラン節の稽古がなくなり，ちょうど暇つぶしにいいと思った」。玩具箱から粘土を見つけ，「黄色やし，バナナ作るのにちょうどええ」と言って，バナナの皮をむいた状態を作ろうとする。棒状のものに皮を一枚一枚くっつけていくが，皮がくっつかずはがれてしまう。〈あー，残念やね〉。しかし，ユカは，はがれた皮について「これはこうなるもの」と言って，そのまま棒に塗り込め，形を変えて，「花」と言う。〈転んでもただでは起きないっていうことかな。これくらいのことでいちいち騒いでいたら生きていけへんぞっていう感じかな。失敗をプラスに変えるみたいな〉。ユカは微笑む。粘土の断片を兜状の形にして，ワニの皮膚の跡をつける。〈ワニの皮膚は硬いね。硬い皮膚があれば，少々転んでも嫌な目にあっても大丈夫という感じかな〉。

続いてユカはノートを取り出し，「お城」を描く。二次元的な絵である。城壁は厚い皮膚に見える。「入り口」の門の上に，大きな火が灯してある。「遠くの廊下に人がいるのが見える」。この絵の上にユカは，動物フィギュアを置いていく。ゴリラが入り口から入っていくのに対して，城の中のワニが向き合って牽制して，他の動物を守っている。ライオンが王様。しかし，すぐに動物フィギュアは箱にしまってしまい，ノートに絵を再び描く。女の子の絵であるがドレスを着ている。〈女王様みたいやね。ユカさんは今日，X先生やDさんにここに連れてきてもらい，こうして平井先生と遊んでいて，まるで女王様みたいに今感じているかもしれないね〉。ユカは，まるでその考えを振り払うような微笑を浮かべる。〈そんなうまい話にはのらへんぞ，という気持ちもあるかもしれないね〉。

ユカは動物フィギュアで遊び始める。馬におばあちゃんやお父さんな

どの人形を乗せていくが，これらは次々落ちていく。赤ちゃんを抱いているお母さんを，「これは危ない」と言いつつ馬に乗せ，落とす。〈馬に乗るといい気分になるかもしれないけど，落ちるかもしれなくて怖いね。同じように，ユカさんは今日ここにセラピーに来て，すごく面白く感じているかもしれないけど，B先生の時と同じように，いつかは私もいなくなってしまって，落とされるような気持ちにもうなりたくないと感じているところもあるかもしれないね〉「いつでもお母さんのところに行けば遊べるから大丈夫」〈B先生がいなくなっても，自分にはお母さんがいるから，と思って大丈夫だったかもしれないね〉。

ユカは妹の話をする。妹と別れて5年経つが（実際は7，8年），妹のことを忘れていたこともある。「それって最悪やろ」〈今どこに？〉「知らない」と切り捨てるように答える。「お母さんも参観日忘れてたりする。それっていなくてもおんなじやん」。そしてユカは，ソファーに置いていたぬいぐるみのクロを，自分のスカートにつけてあるチェーンにつなぐ。「これって，捕まえてるみたいやな」〈どこにも行かないようにしているみたいやね。ユカさんにとって，好きな人がどこにも行かないように，っていうことかもしれないね〉「それはない」「友だちより家族が大切。だから（家族でない人は）別れてもそれっきり」「妹も忘れていたけど」〈ユカさんは，人は友だちになってもみんな自分の家族が大切で，別れてもそれっきりになってしまうと感じているかもしれないね〉〈同じように，ユカさんは家族のほうが大事と思うわけだけど，妹さんのことを忘れていた。そうすると，自分も人に，別れても覚えてもらっていると感じられないところがあるかもしれないね〉。

ユカはこれには答えず，お母さん人形を手に取り，赤ちゃんの抱き方が不安定であれこれ模索。〈お母さんは，赤ちゃんや子どもを落っことさないように，しっかりと抱っこすべきやと思うのかな〉「それは大丈夫」とユカは答え，小さい時，妹は歩けないのでベビーカーに乗り，彼女はベビーカーの荷物のところにつかまっていた話をする。それから，ユカは，母親が二人を自転車に乗せた時のことを話す。彼女は，自転車のカゴのところに乗らなければならなかったと話し，私は，彼女は落ちるかと思って怖かったかもしれない，と指摘する。

時間が来たことを告げると，ユカはあっさりと片づけ，帰り支度をして，明日のテレビの話をし，まるで彼女の関心はもうここにはないかのようにして，部屋から去っていく。

　このセッションを終えたところでのユカの印象は，どういう子どもであるか不明瞭な感じであった。彼女は象徴的表現が可能に見え，それに対する解釈にも答えているように見えるところがあるが，「接触」や「手ごたえ」の感覚は強くなかったし，全体的に表層的に思えた。また，話や表現の筋道を追いにくいところがあった。加えて，表現が「行き当たりばったり，もしくは適当である」という印象を与える部分があり，深いところから形をなしているという感じはなかった。私の解釈にも，深く理解して反応しているようにも見えなかった。しかし，理解していないとも言えないようにも思われた。私のことをどう見ているか，すなわち転移に関しても，ぼんやり（あるいは表層的）としているように感じられた。しかし，発達障害の子どもとの心理療法で典型的に見られるような意味のなさや，表層的な感じと比べると，接触の感じや中身のある感じは，一定あるようにも思われた。

【アセスメント第2回（X年11月19日）】
　この日から，ボランティアのDさんと二人でやって来る。ユカはぬいぐるみのクロを持参して私に見せる。ユカは「ドロシー」の話をし，彼女がお母さんによって別の世界に行かされてしまったこと，それで呪いで目の色が変わり，何度か会っているけどわからなくなったことなどを話し，「ドロシー」の絵を描く。セッションの後半にかけて，さまざまなことを次々にやる。筋道がつかめない感じ。うつむいて折り紙を次々に作っていき，何を作っているのかもわからず，何か自分で自分の気持ちを支えるためにだけやっているように見える。

　ノートに適当にぐちゃぐちゃした線を書き，「迷路」と言い，私にそれをやるように言う。私はそれを適当にやりながら，〈これじゃあ，ゴールにつけるかわからへんな。迷子になっているみたい，家に帰れへんかもしれへん〜，という感じかも〉〈もしかしたら，ユカさんも今日ちゃんとここに来れるか，それからちゃんと施設まで帰れるか，心配やったかも

しれへんね〉。

【アセスメント第3回（X年11月26日）】
　セッションの冒頭で，私がカレンダーを出し，アセスメントの終了と冬休みを知らせると，全体に失望と落胆の雰囲気が出てくるが，私は何を言ってもそれを止めることはできないと感じる。ノートを広げ，前回同様ゴールのない迷路を描き，私にそれをたどらせる。次に，ユカは私になぞなぞを出してくる。これらのなぞなぞは，答えを考えている様子はなく，私は困惑したままの状態にとどめられることになっているようであり，そのことについて私は彼女に話していった。

　このセッションで最も私の心に残ったのは，休みを告げた時にユカが見せた強烈な落胆と，それが部屋を覆いつくす感覚と，それを止めることはできない無力感であった。そしていつも以上に，ユカは折り紙などで作ったものを躊躇なく崩したり，挙げ句の果ては捨ててしまったりするのが印象的であった。うまくいかなかったものを，あたかもそうでないように表層的に取り繕うところも見られた。なんとか私が別れの寂しさを取り上げると，すかさず『メルヘブン』を持ち出し，「なんとも思わない」ようにしようとした。
　終了時に，ほとんどボランティアのDさんを待つことなく，彼女を置いてけぼりにしそうな勢いで去っていった。「迷路」のように彼女の思考，そして心的世界はこんがらがっているように思われると同時に，さみしさや不安，そして困惑などの不快な感情は，どこかに捨て去るか，見ないようにしているようにも見えた。
　このセッションの後に私は担当保育士と会い，アセスメントでの印象を話し，継続した心理療法を始めていくことで合意した。ユカとも話し，同様に心理療法の開始に合意した。

2）グループホームに入るまで——私はユカのことを少しずつ知っていった。ユカも私のことを知っていった（X年12月3日〜X＋1年3月25日：第1〜13回）
　この時期は，描画や人形を使った遊び，話など，象徴的と思える表現やコ

ミュニケーションが見られた。しかし，それらは一定の意味合いを帯びているように思えても，不安定であり，流動的で，形をなさなくなることがしばしばであった。私はこれらの素材に対して，その象徴的な意味について考え取り上げていったが，そのような関わりの基盤はきわめて不安定なように感じられた。それは，ユカの象徴化能力，象徴的思考の能力の不安定さの表れであるように思われた。ユカの考えるための装置（Bion, 1962），そしてコミュニケーションの能力は脆弱で，うまく機能していないように思われる節があった。

　端的にこの事態を表していると思われるのが，ユカの折り紙や粘土との関わりである。ユカは，折り紙や粘土で何かをしばしば作ったが，途中で何かうまくいかなくなると，それを壊し，いつの間にか別のものを作り始めたものであった。これは，彼女の心においても，何かの考えや気持ちが形をなし始めても，どこかでうまくいかなくなるとそれは別の考えや気持ちになってしまうかもしれないことと，関連しているように思われた。この別の例は，彼女の「なぞなぞ」や「問題」である。これらは，そもそも「問題」自体が，流動的で何を聞いているかわからないことがしばしばで，答えに関しては本人もそれをはっきりと考えていない場合も多く，私とのやり取りの成り行きで答えも決めているように思われた。

　以上のような問題は，象徴 - 解釈モデルの治療モデルは，ユカとの心理療法ではあまり役に立たないことを示唆している。というのは，象徴 - 解釈モデルにおいて，子どもの表現はなぞなぞの問題のようなもので，セラピストの課題はそのなぞなぞの答えを「解明」することにあるのに対して，ユカの場合，そもそも問い自体が確固とした形をなしていないことが多く，答え（無意識的思考）にいたっては，砂の城のように消え去っているように思われることもあった。

　おそらく，この時期最も象徴的表現と思われた素材は，人形や動物フィギュアを使った遊びである。しかしこれらも，基本的には，「何をしているでしょうか？」といったように，「問題」の形式をとることがほとんどであった。そして，はっきりとした「伝えたいこと」があって，それを伝えているというよりも，漠然とそれを表現しているように思われた。それは，ゴールまでの道筋を考えて作っていない彼女の「迷路」のように，はっきり

とした「伝えたいこと」のない象徴的表現のようにも思われた。しかし，「迷路」と同じように，彼女は私に「見て」もらうこと，注意を払ってもらうこと，関心を持ってもらうこと，考えてもらうこと，心にとどめてもらうことを，とても必要としているようにも感じられた。そのなかで彼女は，少しでも自分にそぐう「問い」を形作ることができていくのかもしれないと思われた。

　セッションでの彼女とのやり取りは，一見意味があるようでいて，根底は表層的であるように感じられることがほとんどであった。次第に私の介入は，ユカの表現の意味を解読するよりも，彼女がセッションに持ち込んでくる情緒に向けることのほうが多くなっていった。それは，セッションのその時々で彼女が抱いているであろう情緒を推測し，取り上げていくといった直接的なものから，ノートに彼女が描く絵の女の子の表情や雰囲気から推測できる情緒について話していく，ということまで含まれていた。

　回を重ねるにつれ頻繁に見られるようになってきたのは，セッションの後半から終わりにかけて，当初は何かを作っていた折り紙や粘土を，最終的にははさみで切り刻み，そしてゴミ箱に捨てるという振る舞いである。当初私はこれを，辛い気持ち，特に別れをめぐる気持ちを切り捨て，何も感じないようにする動きとして取り上げていたが，次第にそれは，怒りの表現として受け止めるほうがぴったりと来るように感じられるようになった。彼女はいつも無言で折り紙をぐちゃぐちゃにしたり，はさみで粘土を切り刻んだりしたが，私はそのような彼女の振る舞いに対して，そこにあるかもしれない情緒を，彼女に代わり膨らませて表現することを試みた。たとえば，〈めちゃめちゃむかつく！　自分のこと全然大事にしてくれへん！　いい加減にしてよ！　切りきざんだれ！　っていう感じかな〉などである。

　ユカは玩具箱をまったく片づけず，また玩具をきわめてぞんざいに扱うので，彼女の玩具箱は次第に，玩具箱というよりもゴミ箱のようになっていった。私は，彼女は自分のことを，まさしくその玩具箱のようなゴミ箱のように感じていると感じるようになっていった。〈平井先生がユカさんのことを大切にしてくれるとは，思えないかもしれないね〉〈平井先生がユカさんのことを忘れず，大切に考えていてくれているとは，思えないのかもしれない〉などと，私は取り上げていった。粘土をテーブルにこすりつけた時は，

〈うんここすりつけたれ，ぐちゃぐちゃのうんこの気持ち，受け取れ！〉と話した。

　ユカの私に対する態度も次第にぞんざいになり，私が何か言っても無視したり，答えなかったりすることが多くなっていった。私はそれを，〈どうも今日は，平井先生は無視されることになっているみたいだね。口もきいてもらえないという目に遭うことになっているみたいだね〉などと取り上げた[*1]。

3）グループホームに入ってから中学生になるまで──私はユカの心のゴミ箱になっていった（X＋1年4月8日〜X＋2年3月：第14回〜）

　4月からグループホームで生活を始める。そこは，施設から徒歩10分くらいの場所にある家で，6人の子どもを，2名の常勤の保育士と数名の非常勤の保育士とで世話をしている。グループホームに入ってから，以前に比べれば生活での保育士との交流は密になったと思われる。

　担当保育士とのコンサルテーションでは，ユカについて，「保育士に何か注意されたり，他の子どもに何か嫌なことを言われたりすると部屋にこもってしまい，それ以上関わろうとしない。学校でも，難しいことは自信がないのか，自分からやろうとしない。普通学級に行くと，じっと下を向いている」と報告された。

　グループホームに移ったころから，母親が再びユカに会いに来はじめるようになる。これはしばしば，気まぐれで，不意にやってきたり，やってこなかったりという感じであった。また，保育士の印象では，大切にされているというよりも，適当に100円均一ショップで何かを買ってあげる程度の感じであった。それでも多くの場合，ユカは上機嫌で施設に帰ってきたようである。

　心理療法場面では，この時期少しずつであったが，ユカから，どこか薄汚れたぱっとしない子という感じが消えていき，子どもらしい生気が出てきたように思う。心からの笑いや楽しそうな表情も，見受けられるようになってきた。4月から5月にかけて，彼女に自分が少しは大切に扱われるかもしれ

＊1　ここで示された技法については，第1章参照。拡充技法については，平井（2011）の第11章参照。

ないと感じていることを示唆する素材が現れ，それはグループホームに変わったこと，母親との接触がまた始まったことが関係しているように思われた。

　ユカの玩具箱は，この時期ますますゴミ箱状態に近くなっていった。そのガラクタの寄せ集めという感じは，彼女の自己イメージそのもののように思えた。彼女は粘土や折り紙で何かを作っても，ノートに何かを描いても，それを大切にすることはなく，いつも最終的にはゴミくずのように扱った。私は，いかに彼女は自分がゴミくずのようなものであり，大切に扱われることなんかないと感じているか，そして私が自分の心の中に彼女のことを大切に覚えておくことなどないと感じているか，といったことを取り上げていった。

　また，この時期ユカは，しばしば私に「問題」を出して答えさせたり，「迷路」をたどらせたりしたが，単に私を適当に片手間に相手にしているだけのように見え，私に考えさせている間，『たまごっち』をしたり，携帯をいじったりして私を無視し，「問題」を出したことさえ忘れているように見えることが多かった。私は，無視されること，相手にされないこと，他にもっとすばらしいものがあって自分はどうでもいい存在のように扱われることについて，話をし続けた。この無視される，相手にされないという事態は，夏休みを告げたころから顕著になり，私は彼女に，私や大人が勝手に「休み」を決めて，彼女を放っておくことへの怒りについて話していった。

　夏休み直前の数回，彼女は私を無視する以外に，別のことをし始めた。それは，以前にも何度かしたことのある「宝探し」遊びであった。彼女は母親からもらったと称するゲームセンターのコインを10数枚持ってきて，私に目をつぶらせている間に，部屋のあちこちにそれらのコインを隠し，私にそれを見つけさせる，という遊びであった。私は，この遊びに含まれるさまざまな局面を「拡充」していった。つまり，目をつぶっている間，待たされている立場になっていること，彼女が何をしているかわからないこと，彼女の足音などの手がかりなどから推測するしかないことなどを取り上げた。しばしば長い間，私は目をつぶっていなければならなかった。それから，探す時に私は，どこにあるんだろう，わからない，ということや，いくつかの手がかりから推測している過程を話して聞かせつつ，見つけ出した。ひとことで言えば，私は，私の役割に含まれる感情や推理などの心理的過程を，彼女に

示すように努めた。
　彼女はこのやり取りを，とても楽しんでいるように見えた。私はそうしながら，次のようなことを彼女に話していった。すなわち，私が彼女のことをこのように積極的に探すことで，初めて彼女は私に関心を持たれていると感じることができるのかもしれないこと，わずかな手がかりしかないところで，大事なものがどこに行ってしまったかを考えなければならないというのはどういう気持ちか，私は味わうことになっていること，休み中，彼女の姿が見えない時にもこのように私は彼女のことを考え，彼女がどこでどうしているか，どういう気持ちでいるか考えてほしいと彼女は感じているかもしれないこと，そして休みが終わったら，私がまた彼女をちゃんと見つけられるかどうか確かめているのかもしれないこと，などである。
　この時期の担当保育士とのコンサルテーション面接（X＋1年9月6日）で，ユカが母親のところに泊まりに行った際に，母親に「お父さんって誰なん？」と聞いたというエピソードが話される。それに対して母親は，「私たちに愛情がなくなり，置いて出て行った」と答えたようである。母親はいつも直前になるまで外出や外泊の決断がつかない。突然現れたりする。最近，ユカが母親のところに外泊してグループホームに帰ってきた時，初めて涙を見せ，寂しさを保育士に表現した。生活では，下着をまめに替えるようになり，身ぎれいにするようになってきた。

4）その後の経過（X＋2年3月～X＋5年3月）

　中学生になったユカは，「普通の中学生の女の子」という外見に変貌していた。そして，暗さやくすんだ感じに変わって，気の強さや明るい感じが現れるようになってきた。セッション中，笑うことも増えてきた。
　心理療法では，先述したように私をほぼ無視し続ける回がほとんどであったが，中学1年の2学期になると，次第に変化が見られ始めた。ユカは『どうぶつの森』というゲームソフトを持参して，携帯型ゲーム機でセッション中遊び始めたのだが，そのゲームには意味があるように見え，私の質問に答えたりして，そのゲームの内容について話し合うことができた。また，ゲームの合間に，これまで話したことがなかったグループホームで一緒に生活している子どもたちのことや，母親のこと，家族のことなどを話すようになっ

てきた。

　『どうぶつの森』は，新しい土地に一人でやってきて，そこで自活できるように，家具など家の中を整えていくという内容のゲームである。そして，家の中や生活基盤が整うと，外に出ていろんなキャラクターと交流をしていく。これは，ユカが自分自身の有能感や主体性の感覚を少しずつ確かめていくこと，そしてそれによって余裕ができることで，「外」の世界との交流が可能になっていく様子と関わるように思われた。

　同じグループホームのＢ子という１歳年下の女の子と仲良くなり，ときおり彼女の話をするようになった。学業に関しても，以前はまったく自信がなく，すぐにできないとあきらめていたのが，根気よく挑戦する姿も見られるようになってきたと保育士は報告した。ホームの他の子どもとの関係でも，前は嫌なことを言われても言い返したりできなかったのが，それができるようになってきた。母親も比較的定期的に彼女と外出するようになった。

　中学２年の４月ごろに，ユカは母親に"ねだって"買ってもらったという『牧場物語』というゲームソフトを持参して，プレイし始めた。彼女は，自分が要求すれば応えてもらえると感じ始めているように思われた。しかも彼女は，母親に小さいころよくねだっていたと聞いたと話したが，それは彼女が自分自身の中核に，そうしたものがしっかりとあると感じ始めていることを示唆しているように思われた。

　この『牧場物語』は，続く数カ月間，心理療法の中心的な主題になっていく。それは，新しい島にやってきた主人公が，島のいろんな人と人間関係を作っていくというものだが，焦点は結婚相手を見つけるというものであった。結婚，そして異性への関心のテーマは，思春期的な発達課題との関連でとらえることができるが，同時にユカにとって「結婚」は，「ずっと一緒にいてくれる人との関係」という，親子関係では得られなかったものと関わるという意味で，再会した母親との関係とも関わるように思われた。

　心理療法では主にゲームの話を通じて，嫉妬の気持ちや「あぶれる」気持ち，「中に入れない」気持ちなどを話し合うことができた。

【第93回（X＋3年4月26日）】

　ユカは，「『もののけ姫』に怪獣（デイダラボッチ）が出てくるが，ユカ

はそれに気づいておらず，他の子が"ユカ！"と言ってくれたので気づき，あわてて荷物を持ち，部屋を出たところで，その怪獣に押しつぶされる」という夢を報告してくれる。そして「めっちゃ重いで」とつけ加える。さらに，別の夢を話し始める。この夢も最初は同じで，「施設のみんなが母親に連絡を取るが，ユカだけ母親が来ない。母親が車で来るが，もう少しで母親の車に轢かれそうになるが轢かれずにすみ，車に乗る」というものであった。

　このデイダラボッチの悪夢は，さまざまなバリエーションで繰り返し見る悪夢のようであった。分節化を破壊し，さまざまなものの形や同一性を溶解させる，呑み込んでくる，巨大なものに脅かされるという主題は，おそらく彼女が常に脅かされている原初的な抑うつ（Tustin, 1972; Wittenberg, 1997）と関わっており，アセスメントの最終回に見た，圧倒するような落胆感と同じものかもしれない。この落胆感は，自己を呑み込み，存在消滅の危機に陥れるように思われる。彼女が心理療法に来ることは，こうした"デイダラボッチ"の抑うつに，潜在的に直面させられることだったかもしれない。
　この少女にとって脅かすものは，形があり，構造があるものというよりも，定まった形やつながりをとどめることができず，構造を溶解していくものであることは注目できる。一見すると，夢の内容は，気づかないことは致命的であるという話に思える。しかし，逆に気づくことは，こうした不定形化の恐怖を味わうことになるという含みもあるように思われる。これは，この少女の自己感，そして主体性（主観性）の脆弱さであり，心理療法のセッションにおいて，私を無視することで自分（主体性）を保つやり方をとってきたことを示唆しているように思われる。
　別の夢では，助けを呼ぶという主題が現れる。母親に助けを求めるがなかなか現れず，ようやくやって来た母親の車に轢かれそうになる。車という表象は，硬くて彼女を不定形の恐怖から守ってくれる「器」，そして心理療法の設定と関連づけることができるかもしれない。その場合，こうした確たる「器」対象にこの少女は，自分が圧倒され，押しつぶされる脅威も感じているのかもしれない。またこの器は，家とは異なり，常に移動しているような不安定さを持っているようにも思われた。

このデイダラボッチの夢は，1年後にも報告された。新しいバージョンでは，「教室にいるとみんなが驚いているので，『デイダラボッチ』がやってきているのに気づく。あわてて家にゲーム機を取りに帰る」と変化していた。この夢の「ゲーム機」は，どうやらこの危機状況で彼女を支える必需品のようなものに思われた。『どうぶつの森』『牧場物語』というゲームをするなかで，彼女は現実に対するさまざまな対処方法だけでなく，「自分は対処しうる」という有能感，そして主体性の感覚を培っていたところがあったように思われたことと関係しているのかもしれない。しかし，ゲームはユカ自身が考えたものではなく，借り物であるのと同じように，この有能感や主体性の感覚などは，まだまだ具体的な物（ゲーム機）なしには維持できないものだったのかもしれない。実際ユカは，心理療法のセッションで少しずつ，グループホームの人間関係，学校のこと，母親やパートナー，親戚のことなどを話すようになってきたが，ゲーム機はほとんどの回に持参し，調子の悪い日はそれにほとんどの時間没頭し，調子の悪さについて話すことはまず難しかった。

　職員によれば，ユカはホームの人間関係でも，他の子どもに言い返したり，積極的な態度に出たりすることが見受けられるようになった。また学校でも，おとなしい女の子数名と仲良くなっていった。大きな変化は，それまで嫌なことも面と向かって嫌と言えなかったのが，それを言えるようになってきたことが挙げられる。そして，その「イヤ」は，最終的には私と心理療法に向けられた。職員を通じて間接的に心理療法をやめたいと言い始めていたが，X＋4年の夏休み明けに，心理療法の頻度を下げてほしいと本人から言ってきた。理由を尋ねると，母親がやってきたりすることと，友だちと遊んでいるほうがいいから，とおずおずと話した。その後，職員とも話し合い，中学卒業以降の継続については本人と話し合うことになる。その年の暮れにかけて，私はユカと心理療法の継続について話を向けたが，ユカは最初はあいまいな態度であったが，最終的にはきっぱりとやめると明言した。

【第152回（X＋5年3月13日）】

　ユカは『カードキャプターさくら』の家を描く。私はその絵に，彼女の「私なんかダメ」という自信のなさと見捨てられる怒りが表現されている

と感じ，それを伝える。彼女は，「暇やから描いているだけ」と答える。（中略）彼女は昔のことは覚えていないことと，友だちが増え自信がついてきたことなどを話す。そして，自分は「雨女」だと言う。（中略）ユカは，学校の友だちの話をする。「その男の子の友だちは，別の男の子にちょっかいをかけられる。その男の子は口で言えないから，ちょっかいかけることで構ってもらいたいんだと思う。その友だちの男の子は優しく，嫌と言えない。私だったら，やめてと言うのに」と彼女は語る。

この「ちょっかいをかけられても嫌と言えない男の子」は，セラピストである私に投影された彼女の部分であると，考えることはできるかもしれない。そうした気の弱い部分は「男の子」に投影され，自分は「やめて」と言える存在になれると，彼女は言っているように思われる。「雨女」は，デイダラボッチの夢のように自分が呑み込まれていく状況ではなく，彼女が「雨」（不定形化作用，気の弱い部分）を降らす，能動的主体的な存在であると主張しているのかもしれない。

【第153回（X + 5 年 3 月 27 日）】

女の子の絵を描きながら，まず，ホームで一人部屋になったことを話す。そして，中学校生活のことを話していく。中学校 1，2 年の時は，「良くなかった。暴れる子がいたり，授業に出ない子がいたりした」。中学校 3 年は「良かったが，クラスのテンションが高く，ひいていた」と言う。

卒業式のために，担任教師にビデオレターを作ることをめぐって，クラスでもめたことを話していく。「勉強ができて尊敬されている男の子が，ビデオレターをやっている男の子にキレた」（ユカは人物の配置を図示してくれる。男の子二人の間に，ユカと友だち 4 人がいる）。そこに"関係のない女の子"が口を出してきたようである。ユカは，その女の子に対してものすごく腹を立てているようで，その子は「いい加減である」と，珍しく感情を露わにして話していく。その子は，「ジコチューなのに，自分がジコチューと認めない」「ムカつく」「その子，高校落ちた。けど，許せん」と憤懣やるかたない様子で話し続ける。

私は，これまでにないユカの感情の爆発に圧倒されつつ，それが心理

療法が終結すること，私たちが別れることと関係しているという枠組みで考えようとしたが，セッションの最後までつながりを見出すことはできなかった。私は辛うじて，彼女はとても腹が立っていることはわかった，と伝えるのみであった。

　最後のセッションで私は，ユカが強烈な怒りを表現しているとは感じたが，心理療法の終結という，私とユカとの間の今ここで起こっている現実とのつながりを見出すことができなかった。しかし，少し時間と距離を置いて彼女の言っていることを見てみると，担任教師，すなわち私へのビデオレター，すなわち別れに際しての情緒の表現をすることをめぐって，クラス，すなわち彼女のパーソナリティがバラバラになっていく状況，そしてそのなかでまとめる動きに協力せず，無責任にかき回す"女の子"を問題にし，そこに彼女の痛みの焦点があり，彼女の怒りはそこに向けられているように思われる。
　この"女の子"は，自分が何か重要人物であるかのようにしたいがためにだけ，人に口出ししてくる。そして，実際は人を混乱させたり葛藤を強化したりする人物のように思われ，おそらく彼女にとって母親と関連した内的対象として考えられるかもしれない。その意味で，これはこの心理療法の中で焦点化した転移対象としての私の一側面であり，私が何か言えば，それは「一丁噛み*2」として彼女の主観性や主体性をまとめあげる手助けをするというよりも，混乱や対立をいたずらに強めているだけに感じられたところがあることを，表現しているとも考えられるだろう。
　心理療法が終結してからおよそ半年後に担当職員と話したところでは，ユカは見違えるほど元気に高校生活を楽しんでいるとのことであった。

■第3節　考察

　ユカは心理療法の初期には，象徴的表現が一定でき，セラピストの解釈にも反応することができる部分があるように見えたが，こうして全体を見れ

＊2　何にでも口を出してくる人のこと。

ば，そうした部分はやはり表層的な側面にすぎず，彼女の中核的な問題は，主観性／主体性そのものが「不定形化」に圧倒されがちであったことのように思われる。この「不定形化」は，折り紙や粘土の扱い方，『メルヘブン』など漫画のストーリーの構造の不安定さに見られるように，彼女が苦痛な情緒を経験しないようにする防衛的な役割も果たしている面も見られた。しかし，「デイダラボッチの夢」の素材が示すように，対象と別れの失望などの感情に直面すると，それは彼女の存在そのものを呑み込んでいく脅威になるようであった。これらの背景には，超未熟児で生まれた彼女の器質的脆弱性も一定あったかもしれない。

　ビオンは，赤ん坊と母親との投影同一化を軸とした関係性が，考えることの基盤となると述べた。このコンテイナー－コンテインド関係が，♀♂としてつながりの原型となり，考えること，そしてコミュニケーションを可能にしていく。つまり，一方で主観性と主体性を作り上げていき，他方で人とつながっていける象徴化を生み出していく。ひとことで言えば，間主観性／相互主体性ゲーム（平井，2016）という，社会の一員として生きていく力を培っていける。このような投影同一化は，自己と対象，すなわち「あなたと私」という互いに一定の距離のある関係性が，その構造的基盤である。精神分析的心理療法では，セラピストは子どもとの間に，こうした投影同一化が生じる受容的でありつつも分節化された関係性を作り上げ，維持していく必要がある。

　ユカのパーソナリティは，その場その場の状況で間に合わせに作っていった構築物のようであり，表面的なつながりや形はあったが，構造物全体を支える柱を欠いているように見えた。ユカとの心理療法の中で私は，存在を無視され，ないがしろにされる経験を延々としていったが，少なくともその一部はユカ自身の経験の中核だったと考えられる。私が思うに，それはユカが施設に預けられ，母親に放ったらかしにされ，来ると言ったかと思えば来なかったりして振り回されるという経験だけでなく，もっと幼少期の赤ん坊の彼女が，母親と十分つながったという感じを持てずにいたことと関わっていたのではなかろうか。

　最終セッションでの「ジコチュー」の女の子は，ユカの主観性／主体性をまとめ上げ，他者と意味あるつながりを作り上げることを邪魔する母親対象

への，心の底からの怒りと関わっていたのかもしれない。「高校落ちても許さない」という彼女の表現は，そうした母親に痛みを投影し，同時に自分の主観性／主体性を確立する試みと考えられるだろう。

振り返ってみると，心理療法でのユカのこうした「進展」は，非常にゆっくりとしか起こらなかったように見える。個々のセッションで，既述した「あなたと私」という関係性と，彼女に関心を払い続ける受容的な態度を維持し，そして私が拡充技法（平井, 2011）と呼ぶ，ありうる情緒を膨らませ，投影同一化を促進するやり方を織り交ぜていくことは，一定役に立ったように思われる。

しかし，こうした個々のセッションでの努力以上に大切だったように思われるのは，こうした姿勢を長い期間維持し続けること，この少女の投影を進んで受け入れ，彼女がどういう経験を心の中核に持っているか身をもって知ろうとし続けることであり，そうした長期的な生きられた過程の中で感じられ，見えてくるものが，こうした子どもとの心理療法でセラピストがとらえるべき最も重要な事柄のように思われる。これは，おそらく心理療法一般に一定程度言えることであるが，ユカのような間主観性／相互主体性ゲームの"運動音痴"である発達障害的な傾向を持つ子どもとの心理療法において，決定的に重要な認識であると私は考える。

「デイダラボッチの夢」を報告した時に，「めっちゃ重いで」とユカが言ったときに伝わってきたリアルな重さ感覚，そして最終回での怒りの感情の強烈さは，この少女が心と体の底から感じる何かを，私に伝えることができつつあることを示しているように思われる。「デイダラボッチ」の不定形さと比べて，最終回の話はまだ形が定まってはいるが，分節化は不安定にも見える。しかし，そもそもこうした夢や連想を私に話し，そこにはこの少女の存在の中核から発信する何かがあるように思える点で，彼女は，考えることとコミュニケーションの基盤となる結合対象（Meltzer, 1973, 1983）との，より良いつながりを持ちつつあると考えてもよいかもしれない。それが，彼女の自己の柱となり，彼女が主観性／主体性ゲーム，すなわち人のつながりの中でのプレイを通じて自己を実現させることが，以前よりもできるようになったように見えることにつながったと考える。

以上のユカの変化は，私との心理療法だけで起こったこととは考えられ

ず，彼女の送迎を担当したエスコートボランティアの人とのつながり，そしてグループホームに入ったことでの保育士や他の子どもたちとの密なつながり，母親との関係の再開などが，大きかったことは間違いない。こうした現実の関係経験での影響が直接的には最も大きく，心理療法はむしろそうした彼女の新しい関係を実り多いものにするうえで役立ったと言ったほうがいいだろうし，逆に心理療法がこうしたさまざまな関係により助けられていた点も大いにあったろう。こうした子どもを取り巻く相互的，互恵的関係性のネットワークが，このような発達障害傾向の子どもの心理療法には必須のように思われる。

　最後に，こうした子どもへの介入は，精神分析的心理療法である必要があるか，という問題を考えてみたい。ユカとの心理療法では，一定の転移解釈をしていることは，心理療法過程の記述を読まれた方はわかるだろう。しかし，最終回に典型的なように，多くの場合，転移解釈はあまりなく，彼女の表現や振る舞いを受け入れ，考え続けるだけであった。ここまで書いてきたように，こうした子どもは子どもの心の中核に関心を持ち続け，身をもって知ろうとすることそのものが大切だと考えられるが，それであれば，それは精神分析でなくてもよいという批判もあると思う。なぜなら，上記のようなアプローチや態度は精神分析固有のものというよりも，受容的なプレイセラピー一般に当てはまる部分があるからである。実際，それは一定程度言えており，精神分析的方法をとらなくても，こうした子どもに大変役立つ心理療法的介入は可能であると私は考える。

　唯一の違いは，精神分析的方法は，セラピストがセッションの中で何が起こっているかとらえることを可能にし，それによってセラピストは子どもの何が問題になっており，それがどのように変わっていったかを考えやすくする。そして，セラピストは子どものことを保育士や他の関係者に伝えやすくなり，ケアのネットワークに貢献できる。さらにそれは，他のセラピストと仕事の知見をつなげたり，比較したりして，セラピスト自身が自分の仕事の意義を理解するとともに，広く専門家のコミュニティでこうした子どもの問題を協働してとらえていくのに貢献できるのである。

[文献]

Bion, W. R. (1962). *Learning from experience*. London: Heinemann.（福本修（訳）(1999)．経験から学ぶこと．福本修（訳）精神分析の方法Ⅰ．法政大学出版局）

平井正三（2011）．精神分析的心理療法と象徴化——コンテインメントをめぐる臨床思考．岩崎学術出版社．

平井正三（2016）．自閉スペクトラム症への精神分析的アプローチ再考——「間主観性／相互主体性ゲーム」の観点から．福本修・平井正三（編著）精神分析から見た成人の自閉スペクトラム——中核群から多様な拡がりへ．誠信書房．

Meltzer, D. (1973). *Sexual states of mind*. Clunie Press.（古賀靖彦・松木邦裕（監訳）(2012)．こころの性愛状態．金剛出版）

Meltzer, D. (1983). *Dream-life: A re-examination of the psycho-analytical theory and technique*. Perthshire: Clunie Press.（新宮一成・福本修・平井正三（訳）．夢生活——精神分析理論と技法の再検討．金剛出版）

Meltzer, D. (1997). The evolution of object relations. *British Journal of Psychotherapy*, **14**(1), 60-66.

Tustin, F. (1972). *Autism and childhood psychosis*. London: Hogarth Press.（齋藤久美子（監修）．平井正三（監訳）．辻井正次ほか（訳）．(2005)．自閉症と小児精神病．創元社）

Wittenberg, I. (1997). Autism as defense against hopelessness. In T. Mitrani & J. Mitrani (Eds.), *Encounters with autistic states*. Aronson.

■■■ 平井論文へのコメント ■■■

不明瞭さの中に見えてくるもの

【西村理晃】

1. はじめに

　この論文では，思春期にあたる年齢に至っても心の機能水準が非象徴領域の段階にとどまっており，「発達障害系」の問題を抱えていたユカとの心理療法過程が記述されている。平井氏がこの論文で示している心理療法士としての態度，およびアプローチは，現代の英国における発達障害を抱えた子どもたち，深刻な被虐待体験を抱えた子どもたちとの精神分析的心理療法を代表している。

　事例の経過を大まかに追う限り，平井氏の心理療法に長期的に通うなかで，ユカはまず「間主観性／相互主体性ゲーム」に関わるための基盤となる発達を漸次的に遂げていき，それにしたがって，少しずつぎこちないながらも主体性を持って「間主観性／相互主体性ゲーム」に関わり始めるようになったところで，終結を迎えているようである。

　以下，この心理療法プロセスについて，平井氏がとらえたユカの抱えていた中核的な問題を，ここに提示されている観察素材と思考を糧に検討していき，私の観点から見えてくるものを展開していこうと思う。

2. 中核の問題をとらえること

　まず，この論文の構成で目を引くのは，平井氏がアセスメントセッションの提示に，かなりの分量を割いていることである。

　アセスメントプロセスの中で，最初はユカの「くすんだ」「目立たない」「ぱっとしない」という初対面の印象から，徐々に「まとまりのなさ」「わからなさ」といったものがセラピスト（以下，Th）の綿密な観察の中にとらえられている。一見すると，ユカはさまざまなことを話し，遊びのようなものを展開しており，それぞれに意味が包含しているようにも見える。しかし，それをまとめる主体の力がまだ十分ではないのだろう。ユカは Th の解釈に

対して，その場しのぎで表面的には応えるものの，それは同一セッションの中でも経験として保持されていないようであり，その瞬間が過ぎると忘れているように見える。感情についても，その瞬間感じるが，関係性の中で意味づけられて蓄積されていくことなく，彼女を通り抜けていっているようである。この特徴だけ見ていくと，自閉スペクトラムの子どもに特徴的なあり方を示しているように思えるのだが，平井氏は自身の「発達障害の子どもの心理療法」を参照し，その子たちと比較したとき，ユカの場合は「接触の感じや中身のある感じ」が一定あることから，それとは異なると想定する。しかし，続く平井氏の記述からは，その異なる状態が何なのかについては示されていない。

　なにより，かなりの分量を割いて臨床素材が提示されているにもかかわらず，総体的にまとまりのあるものを伝えているようではないこと自体が，平井氏が「わからなさ」と結んだ印象の裏づけとなっている。この印象の根拠が何によるものであれ，この時点で言えるのは，それは他者がユカを理解することを困難にする性質を持つものであり，それゆえ，ユカが他者と関わることを通して心の発達を遂げていくのを難しくしていることである。

　平井氏は，このとらえどころのなさにある中核的問題を，後に展開する心理療法プロセスにおいて，ユカを少しずつ知っていくなかでとらえていっている。

3．不定形化作用

　平井氏がその後，ユカとの心理療法を経ていくなかで彼女の問題の中核にとらえたのは，「不定形化作用」である。これは，単にセッションを積み重ね，転移－逆転移を含めた綿密な観察をしていくことでとらえたのではない（この綿密な観察は，続く介入を導くための必要条件である）。それは平井氏が，ユカが対人交流をとることのできる射程を見定めていき，その中でユカに届く言葉を見出し，ユカとの交流を維持していくために有効と思われる介入を積極的に行っていくなかでとらえられている。

　平井氏がユカとの間で主に用いて，有効性を発揮したように見える技法は，関係性の中にはっきりしないながらも現れては消えていく感情およびその形跡に積極的に注意を向け，それを言語および非言語（記述にはないが，

声の抑揚やトーン，ジェスチャーなども，感情拡充のために意識して使用したのではないかと推測する）で，関係においてリアルさを持つよう拡充していく方法である。平井氏はこの「拡充法」を用いながら，ユカの中にゆっくりとだが着実に対人交流を可能にしていく基盤の発達を促していくことによって，それとは反対の作用である「不定形化作用」を，多くの場合それが作用した痕跡を，関係性の中にとらえていったようである。

「不定形化作用」の作用について，平井氏が「デイダラボッチの悪夢」の理解に集約させている表現を用いると，それは「分節化を破壊し，さまざまなものの形や同一性を溶解させる」作用とくくることができる。平井氏は「デイダラボッチの悪夢」を手がかりに，ユカの経験の中心に「原初的な抑うつ」があり，ユカは常にそれに脅かされていると想定する。その場合，「デイダラボッチ」は「原初的な抑うつ」そのものであり，それは彼女にとって，「形があり，構造があるものというよりも，定まった形やつながりをとどめることができず，構造を溶解していくもの」であり，彼女を「呑み込み，存在消滅の危機に陥れる」と理解している。

そして平井氏は，考察にてユカの中核的な問題をまとめる際に，「この『不定形化』は，折り紙や粘土の扱い方や，『メルヘブン』など漫画のストーリーの構造の不安定さに見られるように，彼女が苦痛な情緒を経験しないようにする防衛的な役割も果たしている面も見られた。しかし，『デイダラボッチの夢』の素材が示すように，対象と別れの失望などの感情に直面すると，それは彼女の存在そのものを呑み込んでいく脅威になるようであった」とくくり，それが投影同一化を軸とした対象関係の構築を可能とする基盤，つまり，自己と対象との間に一定の距離のある関係性を形成することを難しくさせていたと理解している。

ここで私は，平井氏が触れてはいるものの，考察では十分に展開していないように見える「不定形化作用」の防衛的側面に注目し，この問題について考えてみようと思う。

平井氏による臨床記述から，ユカの「苦痛な情緒」とは，他者と関わること，対人交流を行うことによって生じる，精神的な苦痛を示していると考えられる。平井氏が挙げている「対象との別れの失望」などの感情は，それ自体，ユカの主体を圧倒するような体験となることは，「デイダラボッチの悪

夢」に明らかである。ここにおいて，防衛として記述できる「不定形化作用」は，その感情経験を成立させる基盤そのもの，つまり心を成立させる三次元的構造を認識レベルだけでなく知覚レベルで溶解させていくことで，主体をその圧倒的な感情から守る防衛的役割を果たしているととらえることができる。

　この場合の「不定形化作用」は，メルツァー（Meltzer, 1975）が自閉症児との仕事において見出した，「分解（dismantling）」に相当すると考えられる。メルツァーの「分解」とは，他者との接触において刺激される精神的苦痛を回避するために，その際に同時に生じている本来は他者と共有可能な知覚を，共有不可能な感覚刺激に分解させる営みである。営みとは言っても，他者に対して注意を注ぐことを停止し，一時的にマインドレスの状態を作り出すことによってなされるため，その時点で営みを行う主体は消失している。したがって，「分解」は現象として，そこに本人の意図を感じさせない受動性を帯びる。その際，子どもの注意は分解の産物に固定されており，それは子どもの，その時の執着物や強迫的運動として観察されることもあれば，具体的には観察しにくい形（たとえば解離等）で表れることもある。

　メルツァー（Meltzer, 1988）は「分解」の発生由来について，なかば詩的な推測から，それは赤ん坊が生まれ落ちて出会う母親対象と接触することによって生じる，美的経験（ここでは，対象の真実に接近することが美的経験と見なされる）に伴う，美的葛藤（そのような美にひきつけられつつも，そこにある不可解さに圧倒されることで生じる葛藤）がもたらす衝撃に，耐えられないことによって生じると考えた。赤ん坊側の生得的要因，または母親対象側の環境的要因，あるいは双方が原因して，赤ん坊と母親対象がその接触によって生じる衝撃，つまり情動経験に耐えながら互いにひきつけ合うことを維持することができないとき，赤ん坊は「分解」により，この相互交流から遠ざかる。

　ユカの「不定形化作用」は，少なくとも平井氏とのアセスメント段階では，おそらく平井氏との接触によって生じる情緒，精神的苦痛を回避するために，共有されるはずの知覚（互いの輪郭）を分解することで，あいまいにする形で作用したのではないだろうか。それが，平井氏がユカにとらえた，「まとまりのなさ」「わからなさ」「表層的」といった印象形成につながって

いったのではないだろうか。

　飛躍となるかもしれないが，「不定形化作用」の起源について，ユカの母親対象との最初の接触が，原初的抑うつ（ユカを対象関係から遠ざけ，抑うつの縁に引き落とす）をもたらす接触であったとすると，それはユカがそこに引きずり込まれることから免れるために作用し始めたと想定することもできる。

　いずれにせよ，このレベルの原初的防衛の問題は，発達的には，生き生きとした対象関係が子どもの中で自ずと展開していくことを支える構造的基盤の，欠損レベルの問題となる。

4．「デイダラボッチの悪夢」再考

　「不定形化作用」を以上の観点からとらえると，「デイダラボッチの悪夢」はどのように理解することができるだろうか。

　「デイダラボッチの悪夢」を報告した時期までに，ユカは心理療法のプロセスで，彼女の対人交流を支える構造的基盤の発達を示唆する変化を示していた。ユカは外見的にも「普通の中学生の女の子」に変貌していき，「暗さやくすんだ感じにかわって，気の強さや明るい感じが現れるようになった」と，Th の印象も変わっている。さらに，この時期の保育士や母親との関係も，ユカ自身が相手の関心や注意を引くような形に変化していることが示されている。

　「デイダラボッチの悪夢」が報告される直近数カ月の心理療法では，結婚に代表される親密な人間関係にテーマが集約し，そのなかで嫉妬の気持ちや排除される気持ちを Th と話し合うことまで可能となっている。つまり，以前の段階では，接近することができなかった親密な対人関係の領域で，対象との情緒的接触をとることが少しずつできるようになっていることがうかがえる。

　「デイダラボッチの悪夢」がこのプロセスの中で表れていることに注目すると，それはむしろ「不定化作用」が，その時期の発達により弱体化してきたことを示してはいないだろうか。「『もののけ姫』に怪獣（デイダラボッチ）が出てくるが，ユカは気づいておらず，他の子が"ユカ！"と言ってくれたので気づき，あわてて荷物を持ち，部屋を出たところで，その怪獣に押

しつぶされる」という夢の内容には，他者によってデイダラボッチの存在に気づかされるという関係性が表れている。このデイダラボッチは，それ自体が不定形作用を持つものというより，以前は，不定形作用によってその輪郭があいまいにされ，表層的に扱われてきた対象と見ることはできないだろうか。それが，他者との関わりの中（他者によって注意を促される関係の中）で，ユカ自身が少しずつそれに対して注意を向けることができるようになり，デイダラボッチという，あいまいながらも知覚認識が可能な形態を持つものとして，経験されるようになったのではないだろうか。

さらに，Thとの転移の中では，ThがユカがTが注意を向けていない（気づいていない）経験の側面（精神的苦痛を伴う情緒経験）に注意を向け，それを拡充していったことにより，それまで意識的には不在であった対象との経験の側面，つまりThの不在が，デイダラボッチとして具象化されて経験され始めてきたとも考えることができる。これは，対象の不在の具象的な経験のモード（オショーネシー（O'Shaughnessy, 1964）の「不在対象」参照）と考えることができる一方で，ユカの主体の領野が，対象の在と不在を経験できるまで拡張していったことも示しているように思われる。ユカはThとの転移関係の中で，落胆や怒りの矛先でもあり，それゆえにユカを押しつぶし，あるいは呑み込んでしまう「不在のTh」を，経験し始めていたのではないだろうか。

さらに，このデイダラボッチは夢の中でユカを押しつぶし，夢の報告の際にも「めっちゃ重いで」と彼女に語らせるほど，リアルな重みを持つ対象として経験されている。ここには，確かに原初的抑うつの存在が示唆されているようだが，それと同時に，その対象の重み（実質）を経験するユカの主体の存在が示されていることは見逃せない。

残念ながら，平井氏が指摘しているように，この段階においてもユカの主体はまだ脆弱であり，デイダラボッチに向き合うことはできず，背を向けて部屋（対人交流の場）から逃げ出したところで押しつぶされている。しかし一方で，ユカはこの夢に続けて，待ち続けてやっと現れた母親（デイダラボッチの別バージョンと考えられる）の車に，「轢かれそうになるが轢かれずにすみ，車に乗る」という別の夢を報告している。この夢では，ユカは母親から逃げておらず，接触による衝突の危機を経ながらも，母親の乗る車に

乗っている。つまり母親との距離をより密なものとしている。

　この夢は，最初に報告された「デイダラボッチの悪夢」への連想（同じ対象への異なった経験を示す夢）として，位置づけることはできないだろうか。もし，その位置づけが可能であれば，そこにはユカが原初的母親対象との接触に対し，二つの異なるあり方を内的にとることができるようになっていること，および夢を持って夢で応じていく無意識的思考が，ユカの中で発達していることが示されているのかもしれない。

5．終結について

　以上の観点からこの心理療法の終結を見ていくと，そこにはユカが遂げた発達によって，治療への抵抗が生じていた側面が浮かび上がる。先述のように，終結を決める時期のユカは，今まで「不定形化作用」により不明瞭なものにしていた対人交流に存在する親密な領域を，徐々に輪郭と実質（重み）を帯びるものとして，より能動的に経験できているように見える。最初の「デイダラボッチの悪夢」の報告から1年後に報告されているデイダラボッチの夢（「教室にいるとみんなが驚いているので，デイダラボッチがやってきているのに気づく。あわてて家にゲーム機を取りに帰る」）には，1年前のように，周り（Thを含む）に注意を促されて気づくのではなく，周りの情緒反応を観察して，自らデイダラボッチの存在に注意を向けることができているユカ（この発達は第152，153回に顕著に表れている）が表れている。

　これらの発達により，ユカはデイダラボッチを自らを押しつぶす（抑うつの縁に追い込む）危険な存在として，以前よりずっとリアルに転移の中で経験し始めたのではないだろうか。この存在に対して，この段階の彼女が主体的にできる唯一のことは，ゲーム機を手に取り，ゲームに没頭し，デイダラボッチの存在を意識野から無視する（「不定形化作用」を主体的に引き起こす試みとも考えられる）ことだったようだが，おそらくこの試みは，彼女の中で同時に進行する発達の動き（対象と関わる動き）によって，不完全なものとなったように見える。徐々に，転移の中に接近してくるように感じられてきた「デイダラボッチ」Thに，ゲーム機だけでは対処できないと感じたことが，彼女をもって終結の決断を導かせたのかもしれない。

　ただ，「デイダラボッチ」は，それでも彼女の経験領域にさらにリアルな

姿となって表れていったようであり，最終セッションではそれは，クラスを無責任にかき乱しばらばらにする「関係のない女の子」という，明瞭でより現実的な形をとっている。さらに印象深いのは，そこには，原初的母親対象との接触によって，なす術もなく深い抑うつの縁に落とされるのではなく，「不定形作用」によって対象および主体を雲散霧消させるのでもない，怒りをその対象に向けて爆発させるユカの姿が表れている。ここには明らかに，投影同一化が対象関係に生じており，平井氏の言う「間主観性／交互主体性ゲーム」に参入可能となる構造的基盤が，ユカにある程度育ってきていることが認められる。

　基本的には心理療法の終結は，子どもが一定の心の発達を遂げ，それが対人交流の中で自ずと促されていく状態にあり，また，それが促される環境に子どもがいると認められた時に導入していく。一つの目安として，関係性の中で自らだけでなく，関わる他者の気持ち，心の動きを情緒的に経験しながら，それらを考え省みる能力の発達（抑うつポジションの達成）を，年齢に期待できる形で子どもが遂げているかが採用される。

　しかし実際には，さまざまな理由で，ここに到達する以前に多くの心理療法は終結を迎える。ユカの心理療法は，ユカにおいて投影同一化の生じる対象関係を，他者と交流するなかである程度形成し維持する構造的基盤が発達し，妄想分裂ポジションの心の状態が可能となった段階で，ユカの決断により終結している。この終結について，平井氏がこの論文では焦点を当てなかっただけだとしても，その記述はユカが心理療法を「やめる」ことについての状況記述に終始しているようで，他の場面の記述と比較すると表層的な印象さえ否めない。終結をめぐって実際どういう関係性が平井氏によってとらえられ，どういった精神分析的思考が展開し，終結の同意に至ったのかが明瞭ではない。

　この点で，最終セッションの「関係のない女の子」の素材に示唆されている転移の側面が，時間を経て，終結後に平井氏の精神分析的思考でとらえられていることは，実際ユカに向き合っているセッションの中では，それが平井氏に十分に機能していなかったことを示唆しているのかもしれない。この事態は，平井氏がユカの中核的問題として抽出した「不定形化作用」の痕跡として，とらえることはできないだろうか。

憶測の域を出ないが，この終結をめぐる平井氏の精神分析的思考の不明瞭さがユカの中核の問題に関係しているとしたら，「不定形化作用」は平井氏にも，この心理療法を通して影響していた可能性が考えられる。特に，平井氏が「存在を無視され，ないがしろにされる経験を延々としていった」なかで，「不定形化作用」は平井氏のThとしての機能に強力に作用していき，「デイダラボッチ」ユカが転移の中で形をなし始めたことに，むしろ平井氏が気づかないという事態を引き起こしていたのかもしれない。

　ユカのように，他者と交流するための構造的基盤に欠損レベルの問題を抱えた子どもに長期心理療法を行うとき，子どもの抱える中核的な問題は，気づかない間にThの構造的基盤（たとえば精神分析的思考を行う機能）をゆっくりと侵食していき，ThがThとして機能していくことに深刻な影響を与えていることは多い，というより避けられない。その際，平井氏が行っているように，時間差があったとしてもThが機能を回復し，精神分析的思考を困難な事態に向けていくことは，決定的に重要だと思われる。そのとき，目の前に子どもはいないかもしれないし，子どもはもう心理療法に戻ってこないかもしれない。たとえそうであったとしても，精神分析的思考を回復し，子どものことを考えていく営みを続けていくことが，私たち子どもの精神分析的心理療法士がその子どもに近づきうる唯一の方法であると思う。

［文献］

Meltzer, D.（1967）. *Psychoanalytical process*. Scotland: Clunie Press.（松木邦裕（監訳）. 飛谷渉（訳）（2010）. 精神分析過程. 金剛出版）

Meltzer, D.（1975）. The psychology of autistic states and post-autistic mentality. In D. Meltzer et al., *Exploration in autism*. Strath Tay: Clnnie Press.

Meltzse, D.（1988）. Aesthetic conflict: Its place in the developmental process. In D. Meltzer et al., *The apprehension of beauty: The role of authetic conflict in development, are, and violence*. Strath Tay: Clnnie Press.

O'Shaughnessy, E.（1964）. The absent object. *Journal of Child Psychotherapist*, 1, 39-43.

第7章

第Ⅰ部のまとめ

【平井正三】

　第Ⅰ部では，児童養護施設の子どもの精神分析的心理療法について概説し，5人の子どもの実践例とその考察を提示してきた。ここでは，これらの事例を概観してみたい。

■第1節　発達障害傾向のある子どもたち

　まず，この5例のうち3例（第4章，第5章，第6章）が，発達障害，特に自閉スペクトラム傾向を何らかの形で持つ子どもたちであり，おそらく第3章のケイ君も，背景にそのような傾向を持つと考えてよいかもしれない。第Ⅱ部や第Ⅲ部で取り上げた子どもたちを見れば，こうした傾向を持たない子どもの事例も少なくないように見えるので，第Ⅰ部の事例のこの傾向は，やや偏ってしまったきらいがあるかもしれない。しかし，自閉スペクトラムなど何らかの発達障害傾向は，現在児童養護施設の臨床で出会う子どもの主流を占めているという実感を反映してもいる。

　ボストンとスザーがロンドンのタヴィストック・クリニックのワークショップで行った，本書で扱った子どもたちと同様の子どもたちへの精神分析的心理療法に関する研究（Boston & Szur, 1983）で，すでに，「くっつくこと」という原始的な防衛と関係様式に特徴づけられる，発達障害傾向のある子どもたちに関する記述が見られる。この研究では，このような傾向は主に女の子に見られるとされているが，おそらく現在わが国の児童養護施設では，男女にかかわらずこうした傾向のある子どもは相当いるものと思われる。これらは，今日的にはアタッチメント障害の一種と理解されているような子どもたちであろうし，概して自閉スペクトラムとの関連で語られるよう

に，生来的な要因は大きくはないと思われる。

　とはいえ，第6章で取り上げたユカさんは，超未熟児で生まれ，妹が自閉スペクトラム症であり，生来的もしくは器質的要因が少なからず想定される。とはいうものの，施設の子どもでこのような傾向を見せる子どもの発達障害傾向の多くは，剝奪もしくは虐待的養育環境と，それを生き残るための方策と関連していることは，第Ⅰ部で記述されている心理療法の詳細な過程を見れば否定できないだろう。そして，精神分析的心理療法は，新しい良性の養育環境と連動していくことで，こうした子どもの発達支援となりうることをこれらの章は示しているように思われる。

　第Ⅰ部で取り上げた発達障害傾向があると見られる事例の中で，コウタ君とシュン君は典型的な子どもたちと言えるだろう。この二人は「考えるスペース」としての心を十分に発達させておらず，断片的で表層的であり，その場その場の関わりしか持てず，何かを保持して育んでいく力そのものが弱いように見える。コウタ君は笊のように穴だらけの器のような心しか持たないようであったし，シュン君は刺激－反応図式で主に作動するような，二次元的な深みのない心しか持たないように見えた。少なくとも表面上はコウタ君が受け身的であるのに対して，シュン君は多動傾向があり能動的に見える。しかし，シュン君のほうも結局は何がしたいかわからず，意図性や主体性はむしろ，コウタ君と同じくらい空虚であることが見えてくる。

　両者とも，分析的設定をしっかりと持つこと，特に「枠」をきちんと持とうとする介入をすると，より象徴的な表現をするようになるという反応が見られる。コウタ君の場合は部屋を出ようとすることに対する制限，シュン君の場合は砂をばらまいたりすることなどへの制限であり，両者ともマネジメント上の問題を引き起こし，セラピストが考えられなくする働きを持つ子どもの動きであった。こうした，セラピストが抱えられない，もしくは考えられなくする子どもの動きに毅然として制限を加えることは，自閉症への精神分析的アプローチのパイオニアであるタスティン（Tustin, 1972）も強調していることであり，このような子どもへのアプローチにおいては，まず押さえておかなければならない認識であろう。

　こうした制限をしっかりと加えていくことに対して，たいていの場合，子どもはセラピストがより理解しやすいやり方で，すなわち象徴的な形で自分

の心の中にあることを表現してくる。それはとりもなおさず，子どもとセラピストがより深い意味で「一緒に考えていく関係」という協働関係を形成していく，重要なステップとなりうる。これは，第2章で取り上げられたマリさんとの心理療法の初期にも当てはまり，西村氏が論じている「焦点化」と呼ぶ過程が，考えることのできる対象と子どもが接触を持てるために必須であるように見える。

　セラピストが子どもの気持ちを考え続けられるように制限を加えること，精神分析的設定を維持しようとすることは，上記のような側面を持つだけでなく，たとえば第4章の事例においてコウタ君がセラピストに抱っこを求めてきた場合のように，非治療的ではないかという疑念を抱く局面もある。境界例系の子どもたちの多くは，心理療法において激しい投影をセラピストに向けてくるため，情緒的に「近すぎる」ことが問題になる一方で，このような自閉スペクトラム傾向のある子どもたちは，「遠すぎる」傾向があるだけでなく，拒絶に対して大変脆いところがある。

　境界例系の子どもの場合，第2章で西村氏が描写しているように，子どもの言いなりにならず「考えていこう」とするセラピストの姿勢は，拒絶的，否定的な母親もしくは父親と経験されてしまい，それ自体，陰性転移の急速な増大という厄介な問題を引き起こすが，たいていの場合，さらにそれを扱うことでより深い相互理解や関係が生じていく。それに対して，自閉スペクトラム傾向のあるこうした子どもの場合，「抱っこをしない」というセラピストの意図や態度を理解することは難しく，こうしたスタンスには言語的，非言語的な「説明」や「補足」が肝要であろう。つまり，子どものことをもっと考えたいからそうしていることや，優しい態度を維持していくことを並行してやっていくということが必須だろうし，おそらく志満氏はそうしたことを十分に行っていたのではないかと推測する。

　さて，記述したように，心理療法セッションを通じて詳細に見ていくと，コウタ君，シュン君，そしてユカさんたちが皆，このような二次元的もしくは空っぽな心を持ってきているのは，彼らが過酷な養育経験をする一方で，それらの心の痛みを受け止め考えてくれるコンテイナー対象に恵まれないなかで生き残るために，役立ってきたところがあるように思われる。もちろん，生来的にそのような傾向が一定程度あったように思われる子どももいる

が，そのような場合でもこういった傾向が強化され，より非自閉的な傾向，すなわち気持ちを感じて人にそれを伝えることのできる力の発達は阻害されてきたように思われる。

　こうした子どもたちには，通常の精神分析的解釈は多くの場合的外れであり，第1章で述べたように，アルヴァレズ（Alvarez, 2012）の説く記述解釈や，拡充的な介入が役立つことが，これらの事例においても確認できる。

　生活担当職員との協働関係がこの群の子どもたちとの間でも重要であることは，第5章の藤森氏が指摘するとおりであり，志満氏もそして私の実践においても，そのことは確認される。自閉スペクトラムの問題をつながりの希薄さや不十分さと理解すれば，生活担当職員と定期的もしくはその都度子どもの様子について話し合い，子どもの理解を共有していく実践は，本質的に重要であると理解できるし，また藤森氏が論じるように，両親の協働関係としての「器（container）」を子どものケアにおいてできるだけ具現化する試みとも言えよう。

　この群の子どもは脆弱な面が目立っており，心理療法の援助だけで子どもの問題が解決するとは考えられず，心理療法終了後も発達上の問題は持続することが想定される。その後の非公式のフォローアップによると，第6章で取り上げたユカさんも，高校卒業後，一人暮らしを始め，職には就いたものの続かず，無職になっているということであった。このような子どもたちは，施設退所後も相当の手厚いサポートが必要ではないかと思われる。

　最後に，乳児院での養育について若干述べておきたい。こうした生育歴を持つ子どものほとんどは，実父や実母との関係について一定の記述があっても，乳児院での保育士との関わりについては，ほとんど公式のファイルに記載されていないことが通常である。しかし，子どもにとって乳児院での保育士との関わりは，その人生において決定的に重要な経験であることは疑いないだろう。第5章のシュン君についてもそれは言えているだろうし，藤森氏が述べるように，保育士との別れはシュン君にとって，潜在的には痛みに満ちたものであったに違いない。

　それらをなんでもないことのように扱ったり，まるでなかったことのようにされている「ケース記録」がまかり通っていたりすることと，これらの子どもたちが彼らにとって大切な人との間に意味のある関係を作っていくこと

（それには，そのような人との別れの痛みを経験することが含まれている）をせず，何も感じない，何も考えないやり方をとってしまっていることと，無縁ではないかもしれないと思われる。

■第2節　境界例系の子どもたち

　既出のボストンとスザーの研究で扱っている事例の多くは，境界例児と分類できる子どもたちであるのに対して，本書の第Ⅰ部で取り上げた子どもにおいては典型的な事例はなく，第2章のマリさんの心理療法の中期の特徴，そして第3章で取り上げたケイ君のいくつかの特徴がそれに相当すると見なせるのみであった。もっとも，ケイ君には自閉傾向も認められ，どちらかというと混合型であると考えられる。この後の第Ⅱ部以降に目をやれば，第10章のヒロム君はこうした子どもに当てはまると考えてよいだろう。

　境界例系に分類される子どもとの精神分析的心理療法の特徴は，第1章で述べたような精神分析的設定が，外的な意味でも内的な意味でも子どもの迫害不安を一時的に高める作用を持ち，セラピストはその維持に多大な苦労をする点である。それは，先に述べた発達障害系の子どもたちが，枠の維持に概ね象徴的表現の増加などの良性の反応を示し，包容されたと感じる傾向が見られるのと好対照である。

　由井氏のケースも，ケイ君との心理療法では途中退室，セラピストへの突然の激しい暴力など，心理療法の場自体を維持するというマネジメント上の大きな課題をセラピストは担わなければならなかっただけでなく，赤ちゃんが激しく攻撃されるなどの残酷さや冷酷さ，いつ暴力や破壊が始まるかわからない不安にさらされることになる。このように，子どもとの関わりから激しい情動を喚起されるところも，境界例の子どもとの心理療法に特徴的なところである。そして，こうした投影を受け止めつつ，激しい破壊性や攻撃性に対処して，心理療法の設定を維持し続ける一方，このような子どもの心にある強烈な痛みをセラピストが身をもって経験していき，考えていけることが，このような境界例の子どもとの心理療法における肝ということになろう。

　この投影を受け止め，痛みに満ちた経験を考えていくことそのものが治療であるという考えは，ビオンのコンテインメントの考えに基づいている。そ

して，セラピストが子どもを包容していく際に役立つのが，生活担当職員との協働関係，スーパービジョン，そして子どもの提示している問題を理解できる理論的枠組みであろう。

　第2章のマリさんとの心理療法で西村氏が経験したように，そして第10章のヒロム君との心理療法で綱島氏が経験したように，このような子どもはセラピストとの間に，理想化された関係を作っていきがちである。セラピストはしばしば，自分が子どもにとっての救い主のように感じる。こうした状況で分析的態度を中核とする分析的設定を維持することは，子どもにひどいことをしているように感じがちである。西村氏はマリさんの要求に応えないようにするが，そうするとマリさんは癇癪を起こしたり，混乱したりするようになり，悪化しているように感じる。後の第10章で述べるように，綱島氏はヒロム君のマッサージの要求に応えることで，良い関係を提供していると感じ，実際にスーパービジョンや技法の理解は適切でないとまで考えるようになり，それを続ける。綱島氏の場合，ヒロム君の行動化の事実を知ることで，技法的な誤りを悟り，マッサージを控えていく決断をする。

　以上のように，このような子どもとの心理療法において，子どもの要求を満たすのではなく，また理想化の要請に従うのではなく，子どもがどのような痛みを持っているのか考えていこうとする，こうした分析的態度，そして設定は，しばしば子どもの痛みをあらわにするだけでなく，セラピストを迫害的な対象に変えてしまいがちである。しかもセラピストは，こうした子どもとの関わりの中で深く，激しく心を動かされがちであり，第10章の綱島氏が率直に述べているように，現実をみる見方にまでその影響が及ぶ「逆転移神経症」的な様相を呈する場合もある。したがって，この問題を扱うのは簡単ではなく，こうしたアプローチをとるセラピストは，逆転移と取り組むという容易でない仕事が課せられるうえに，技法上のデリケートな配慮も必要になる。ここでも，綱島氏の例で，生活担当職員からの情報や支えが技法上の再検討につながっていることからもわかるように，生活担当職員との協力関係が決定的に重要になってくるだろう。

　第1章で，こうした子どもたちは極度に自己評価が低いという病理を持つことを指摘した。第3章のケイ君は，セラピストがセッションの終わりを告げると自傷行為を始めた。対象からの分離は，自己への徹底的な攻撃につな

がっているようであった。第2章のマリさんは，セラピストを「ばか」「うんこ」と罵る。または，セラピストはゴミのように扱われる。これは，役立たずの「ばか」で「うんこ」「ゴミ」のような自己感をマリさんが有しており，それをセラピストに投影していると理解できる。これと関連して，このような子どもたちは「赤ん坊」という主題への態度が特徴的であり，多くは「赤ん坊」はひどい目に遭うという内容の遊びが執拗に表現される。これらは，こうした子どもたちの乳児的自己の状態，そして対象像や対象関係の性質を示していると考えてよいだろう。

このように，ケイ君もマリさんも病的な自己感を持っていることが見てとれるが，そこには若干の程度の差も見られ，それに応じて対象像や対象関係の相違が表れているように見える。ケイ君は既述したように，実際に窓から飛び降りようとしたり，（おもちゃの）ナイフで自分を刺したりするなど自分を激しく攻撃する傾向が見られ，同様に赤ちゃんも足で踏みにじられるなど激しく攻撃された。他方，マリさんの場合は，ケイ君のような自己憎悪と言えるような自己感ではなく，主に価値がないという意味での自己評価の低さが問題となっており，赤ん坊も，ケイ君のように激しく攻撃されるというよりも，食べ物を与えられないとか放置されるといった，ケアされないという扱いを受ける場合がほとんどであった。このような相違は，第1章で述べた，迫害不安なのか抑うつ不安なのかという境界例系での区別と関わる。ケイ君は，良い対象関係がほとんど確立されておらず，迫害的対象に常に脅かされているように見えた。マリさんは，良い対象関係は一定確立されているが，それはきわめて不安定であるように見える。

これらの相違に呼応するのが，逆転移経験の相違である。ケイ君のセラピストは予測不能な恐怖が逆転移経験の中心であるのに対して，マリさんのセラピストは罪悪感が目立っている。これらの対象像と関係の性質の相違の背景には，二人の養育環境の違いが関係しているように思われる。ケイ君の養育は乳児院から祖父へと替わり，祖父によるネグレクトや身体的虐待，さらに不安定な母親による関わりなどがあったのに対して，マリさんの母親は，マリさんを育てたいという気持ちはかなり一貫して持っていたように見える。マリさんの心理療法が，初期の焦点のぼやけた状態から，比較的迅速にセラピストと良好な情緒的接触を持てるようになった背景には，この女の子

が心理療法を通じて，早期の比較的良好な母子のつながりを再発見したのかもしれない。

　このように，境界例系の子どもとの心理療法においては，子どもの乳児的自己がより良い母性的対象とのつながりを再発見，もしくは構築していく必要がある。そのような子どもの主観性や主体性を受け止め，考えていこうとする良い母性的対象とのつながりにおいて，子どもの中に主観性や主体性，そして自己感の核が育っていくと考えられる。このような過程は，ケイ君においては非常に困難であったが，頻度を週2回に変更したあたりから少しずつ生じていったように見える。このような境界例系の子どもとの心理療法が役立つには，週複数回が必須の場合も多いように思われる。

　第1章で述べたように，こうした子どもの多くは幼少期に虐待などによるトラウマ経験をしており，それが心理療法の中心的な特徴になる。これはケイ君の場合に当てはまるだろう。また，マリさんは不幸にも，心理療法過程のなかで性的虐待を経験した。この点については後述する。

　最後に，発達障害系の子どもとの心理療法と比べて，境界例系の子どもとの仕事においては，精神分析の設定と介入が特に役立つように思われることを述べておきたい。それは，このような子どもは，発達障害のように対象関係の希薄さではなく，その歪曲や混乱に苦しんでおり，精神分析的な介入はそうした問題に特に向いている側面があるからである。このような子どもたちは，大規模な投影同一化による自己と対象の混乱状態にあり，分析的設定や介入はこうした「地理的混乱」（Meltzer, 1967））を解きほぐし，既述した「乳児的自己」を見つけ出すのに適している。明確な構造や方法論を持たない一般的なプレイセラピーにおいては，子どもの混乱を浮かび上がらせ，それを仕分けることができないまま，セラピストが子どもの病的対象関係に共謀するか，混乱してしまいがちのように思われる。

　しかし，本書の由井氏，西村氏，そして綱島氏が述べているように，分析的なアプローチは，セラピストに子どもの混乱した対象関係や激しい痛みの「器（コンテイナー）」としてそれらを担い，そして考えていくという多大な負担が課せられる。子どもが悪魔のように見えたり，セラピストが虐待されている子どものようになったりするという形になってしまう場合もあるように，「地理的混乱」はセラピストの逆転移経験の中で強力な作用を及ぼす。

そのような局面では，セラピストが一人の大人として，自分自身の気持ちや考えを大切にできるスタンスを維持できることが必須になり，スーパーバイザー，同僚の助けは必須かもしれないし，場合によっては自分自身がセラピーを受けることも大切になるだろう。

そして，どの事例においても，生活担当職員との協働は必須である。ケイ君のセッション時の激しい行動化，マリさんの性的虐待後に不安で入室が難しくなった時など，こうした子どもとの精神分析的心理療法においては，トラウマ性の問題やそれに関連した半ば精神病的な転移反応に対応するために，セッションそのものが生活担当職員の助けなくしては成り立たない局面が訪れる場合がある。逆に，こうした「大人同士の協力関係を通じて子どもを抱えていこうとする実践」は，まさしくこのような子どもの親が達成し損なった，健全な大人の関係のモデルともなりうる。

■第3節　トラウマと性的虐待

第3章のケイ君の事例は，心理療法セッションでのトラウマの現れる仕方の，典型的な特徴が示されている。たとえば，第56回を見てみると，セッションの終了を告げると，最初は拳銃，次にナイフで自分を傷つけようとし，セラピストはまったく目に入らないかのような状態に急速に陥り，最後は絶叫する。脈絡がわからない唐突さ，激しさ，そしてセラピストの心にショックと無力感や麻痺の感覚，そして訳のわからなさの衝撃を与える性質などがその特徴である。

このようにセッションでのトラウマ経験の表れは，ケイ君のように，おそらく解離状態になるだけでなく，フラッシュバックもしくは幻覚状態に脅かされているように見える場合もある。こうした状態は，セラピストが探知できるきっかけがなく起こる場合もあるが，多くの場合，ケイ君の場合のように，分離経験などが引き金になっていることが見てとれる。これらはセラピストに，風景や世界の様相がガラリと変わってしまったという感覚，場合によっては解離様の経験を与える。

ケイ君の幼少期の生育歴については，1歳までの乳児院での養育，その後祖父による養育の中でのネグレクトと虐待，そして児童養護施設入所という

大雑把なこと以外の詳細は不明である。こうした養育者の交代によるトラウマ，そして祖父によるネグレクトや虐待経験によるトラウマのほか，義弟が窒息死したという事実との関連で，ときおり母親が養育していたときに，死ぬのではないかという恐怖の経験をした可能性もある。いずれにせよ，結果的にケイ君を苦しめているのは，基本的な関係性を築き上げることを困難にする，分離をめぐる強烈な不安のように見える。

心理療法においてそれは，主にセラピストである由井氏に投影されていった。こうしたトラウマ経験は，心理療法の初期から事故や火事といった主題のおもちゃでの遊びに表現されていたが，それは一方的で，セラピストとの間で情緒的に分かち合われることを目指す表現ではなく，いわば情緒を排し解離状態で表され，ケイ君一人の中で組み立てられる自己愛的な世界の一部に組み込まれているだけのように見えた。つまり，彼を苦しめるトラウマ経験は，誰かと分かち合われ，それによって緩和される過程を経てはいないように見えた。

しかし，心理療法過程が進むなかで，徐々にケイ君のトラウマ経験は分離との関連で，セラピストの首を絞める，窓から飛び降りようとするなどの激しい行動化という形で噴き出してくるようになる。すると，今度はそれを抱えること，もしくはコンテインすることが困難になり，生活担当職員の助けを借りることでなんとかセラピストは，子どもと自分自身の身の安全を確保することができるようになる。セラピストの心に喚起された，予測のつかなさ，激しい自己憎悪，死ぬのではないかという恐怖，無力感と麻痺の感覚は，ケイ君のトラウマ経験の重要な情緒的構成要素であったのではないかと推測する。セラピストが子どもからのこれらの情動的側面の投影を担っていくとともに，施設の協力を得て週2回の設定に変更することで，ケイ君は分離のトラウマから解放されたより安心できるスペースを得て，乳児的な部分がセラピストの母性的な側面とつながれるようになっていったように見える。

それとともに，ケイ君はトラウマ的な分離の経験を象徴的な遊びの形で，すなわち，セラピストという他者に分かち合われる形で表現することができるようになっていった。心理療法でのこれらの変化に伴い，生活場面でのケイ君は，職員や学校教員との関係もより安定したものに変わっていった。少なくとも自分がどんな気持ちか伝えることができ，唐突にいなくなったり，

自傷的な行為をしたりすることは少なくなっていった。

　西村氏のマリさんの場合は，性的虐待が心理療法過程の中で起こった。それは，セッション時の子どもの様子の急変という形で表現されると同時に，生活場面でも同様の変化は見られた。当初セラピストや職員の中にあった「見て見ぬ振り」への圧力は克服され，性的虐待の事実は暴露された。マリさんは恐怖から心理療法に戻れなくなったが，職員に一緒に入ってもらうことでなんとかプレイルームに入ることができ，再びセラピストとのつながりは回復される。そのなかで現れた最初のトラウマ経験の表現が，「赤ちゃんがお風呂に放置されて死ぬ」という遊びであったことに注意を向けたい。この子どもの早期経験の重要な側面はネグレクトであり，西村氏の表現を借りれば「焦点」のぼやけた母性的対象であることを思い起こすと，性的虐待経験の基底は，こうした早期の悪性の経験の活性化であることが見えてくる。あるいは，こうした悪性の経験をし，焦点のぼやけた，ネグレクトする対象像を心に抱いている子どもは，こうした性的虐待経験のリスクが高い面もあるとも考えられる。こうした不安状況が表現され，心理療法過程が進むなかで，人形を用いた「変なおっさんにひどいことをされ」怪我をした女の子の遊びという形で，性的虐待経験そのものがセッションの中で表現される。

　このような生々しい遊びは，心理療法のセッションの中で繰り返される一方，心理療法の外側での適応状態は良好になっていく。この点で，第125回のセッションはとても示唆的である。このセッションで，マリさんは海を泳ぐ夢について話をする。彼女は，その海の深みに恐ろしい「大ダコ」がいると言い，「今日はな，二人で泳いでそこまで行くねん。二人やったら行けんねん」と話す。性的虐待という「大ダコ」は深い海に追いやられており，それを可能にしたのは，その経験を分かち合ってくれるセラピストの存在が大きかったと，この子どもは語っているように私には思われる。

　性的虐待については，性的関係という親密さと，大人であることの本質的な側面，そして精神分析でエディプス的構造と呼ばれる，心の骨格を歪めてしまう可能性があるゆえに，子どもの情緒発達に深刻な悪影響を与える可能性がある。こうした事態が起こるのは，性的虐待が日常的に行われている場合であり，そうした場合，こうした虐待を行う親のパーソナリティに大きな問題がたいていはあり，親子関係全般の歪みが，子どもの心に大きな影響を

与えていることがほとんどである。このような問題は心理療法において，先に述べた地理的混乱をはじめとする，混乱し歪曲された転移関係として現れるが，こうした問題は西村氏の事例ではあまり顕著に見られなかった。それは，この性的虐待のエピソードが一過性であり，また施設養育という基盤があったりしたことも，大きいのではないかと思われる。

■第4節　思春期の子ども

　第Ⅰ部では，第6章のユカさん，そして第4章のケイ君の心理療法の後半は，思春期にあたる時期に行われている。一般に，思春期の子どもの精神分析的心理療法は難しいとされており，特に施設の心理療法はそうであると認識されている。こうした理由の一つは，児童期においては，依存的な関係性が発達的に中核的な位置を占めているうえに，内的対象関係をめぐる葛藤や不安を遊びという形で表現する傾向が強いのに対して，思春期は大人への依存から自立へと向かう発達時期にあたるうえに，内的葛藤や不安を，同年齢グループの中で，相互投影同一化という形でワークしていく傾向が強い発達時期であることが背景にある。加えて，施設にいる子どもは，心理療法によって喚起された葛藤や不安を行動化しやすく，児童期のようにそれらを生活担当職員が包容することが難しいことが多い。

　以上のような理由で，思春期の子どもへの心理療法は中断も多いし，行動化によって継続が困難になりやすいので敬遠されることもある。しかし，施設外の治療・相談機関での心理療法であれば，依存をめぐる問題は多少回避できる可能性があるし，また子どもによっては行動化の問題は比較的少なく，心理療法の過程がとても役立つ場合もあるように思われる。

　第3章のケイ君は，心理療法を通じて情緒的なつながりを持てるようになり，全体として落ち着いて考えられるようになったが，思春期になって残念ながら行動化によって措置変更を余儀なくされ，心理療法は中断されてしまった。こうした思春期の子どもを抱えるには，児童養護施設は「抱える環境」としては不十分な場合もあることには，留意せざるを得ないだろう。

　第6章のユカさんは，児童期から思春期に移行する際の問題を示している。施設の子どもの多くは，小学校卒業時に心理療法を終えることを希望す

ることが多いように見える。そこにはさまざまな理由が考えられるが、「過去と決別する」というやや躁的な防衛的な要因が、一定の役割を果たしているかもしれない。ただし、こうした躁的な動きは必ずしも反発達的とは限らず、むしろ発達に資する場合もあるので、十分に考えられ話し合われていくことが肝要であろう。

ユカさんの心理療法経過は、プレイセラピーから通常の言語的な面接への移行という、もう一つ重要な主題について考えさせられる。ユカさんは、当初は描画や遊びを通じて自分の感じていることを表現していたが、それは漫画の話になり、その後はゲーム機を持参してゲームに没頭する形になった。そのゲームの内容は次第に、彼女の人に関する考えや気持ちを表現するものになっていくとともに、グループホームの人間関係、そしてクラスの人間関係についての話に移行していった。

象徴的でない遊びから借り物の象徴に移行し、次第に象徴的なものが垣間見えるようになるという経過は、自閉スペクトラムの思春期や青年期のクライエントが一般的に見せる傾向であるが、このようなプレイセラピーから言語的面接に移行する際に子どもが見せる経過の典型を、ある程度たどっているように思われる。つまり、豊かな象徴的遊びから、一時的にゲームなどの貧困な「遊び」に移行し、その後に次第に情緒的・象徴的な内容をそこに盛り込み、そして、グループ過程を通じた表現に移行していくのが一般的であるように思われる。

[文献]

Alvarez, A.(2012). *The thinking heart: Three levels of psychoanalytic therapy with disturbed children.* Hove: Routledge.（脇谷順子（監訳）(2017). 子どものこころの生きた理解に向けて——発達障害・被虐待児との心理療法の3つのレベル. 金剛出版）

Boston, M. & Szur, R.(Eds.)(1983). *Psychotherapy with severely deprived children.* Routledge & K. Paul.（平井正三・鵜飼奈津子・西村富士子（監訳）(2006). 被虐待児の精神分析的心理療法——タビストック・クリニックのアプローチ. 金剛出版）

Meltzer, D.(1967). *The psycho-analytical process.* Clunie Press.（松木邦裕（監訳）. 飛谷渉（訳）(2010). 精神分析過程. 金剛出版）

Tustin, F.(1972). *Autism and childhood psychosis.* London: Hogarth Press.（齋藤久美子（監修）. 平井正三（監訳）(2005). 自閉症と小児精神病. 創元社）

第Ⅱ部 施設での精神分析的心理療法 実践をめぐる諸問題

第8章

児童養護施設での心理療法の特徴

【綱島庸祐】

　児童養護施設での子どもの精神分析的心理療法の実践例について報告するにあたり，まず，話の舞台となる「児童養護施設」そのものや，そこでの心理療法の特徴について説明をしたい。

■ 第1節　児童養護施設での心理療法を取り巻くもの

1. 児童養護施設について

　児童養護施設とは，虐待をはじめとするさまざまな家庭の事情により，家族と一緒に暮らすことができなくなった子どもたちの生活の場である。日本全国に約600カ所あり，そこで3万人の子どもたちが暮らしている。入所している子どもの年齢は概ね1歳過ぎから18歳までだが，条件が整えば，乳児や20歳まで利用することができる。ひとくちに「児童養護施設」と言っても，その実情は非常に多様性に富み，それぞれの形態・規模・立地・歴史などによって各々独自の文化を有しているため，心理職へのニーズもさまざまというのがこの臨床現場の特徴であろう。

2. 入所している子どもたちについて

1）子どもたちの特徴

　子どもが施設に措置される理由で最も多いのは，「虐待」である。厚生労働省による2013年の児童養護施設入所児童等調査によると，入所している子どものうち半数以上（59.5％）が何らかの虐待を受けた経験を持ち，約4分の1（28.5％）が何らかの障がいを有しているとされているが，現場の感

覚からすると，これらはいずれも随分と少なく感じる値である。

　よく，「虐待通告をすれば，多くの場合，親子分離が行われ，子どもは施設に入ることになる」という誤解を耳にするが，実際に施設入所するのは，児童相談所による児童虐待相談対応件数全体の5％前後にすぎない（厚生労働省，2016）。すなわち，大半のケースは在宅のまま支援されており，選りすぐりのケースしか施設にはやってこないと言えるだろう。

　彼ら・彼女らは，過酷な生育歴に起因する心の痛みから強固な防衛を作り上げ，感じ・考えることが難しくなっている場合が多いため，心理療法の過程はえてして難渋しやすい傾向にある。また，こうした心の痛みについて考えてくれる養育者の不在という危機的状況に対処するため，「大人など重要ではない」「自分はもうお世話を必要とする子どもではない」などの空想を発展させているケースも少なくなく，モチベーションを共有・維持することも一苦労というのが現状である。「セラピーが必要な子ほどつながらない」という話をよく聞くが，こうした子どもたちの中にある潜在的なニーズを，どのように引き出し治療につなげていくかについて，生活担当職員と一緒にあれこれと考えをめぐらし手立てを探すのも，施設心理職の大切な役目であろう。

　また，施設の子どもたちは，例外なく「施設入所」という外傷的な分離を経験しているため，分離不安に関するテーマが，休みの前後はもちろん，心理療法過程の随所に見られるのも特徴である。また，休みの経験は，彼ら・彼女らに強いインパクトを与えることから，治療の転機になる場合も少なくない。

2）子ども同士の関係に見られる特徴

　次に，子ども同士の関係に見られる特徴について述べたい。最大の特徴は，彼らがセラピーの内容を，頻繁にやり取りしているということだろう。これは，セラピーをしている子同士でなされる場合もあれば，セラピーをしていない子も交えたなかでなされることもある。そのため，「○○もセラピーしてるんだろ？」「○○もこの玩具を使った？」などの質問がよく出てくる。子どもたちが急に同じ遊びを同じ時期に始めたりして，戸惑わされることもある。

また，基本的に常勤の心理職は各施設一人であるため，入所児童全員に心理療法を提供することは，とうてい難しいのが現状である。そのため，必然的にセラピーをしている子どもとそうでない子どもとの対比が生じ，子ども同士のきょうだい葛藤を大きく刺激することになる。

　この影響は，子ども集団全体が「セラピー」のことをどのようにとらえているかによっても異なる。「セラピー＝大人との個別の関わりを提供される価値ある時間」というようなとらえ方が主流であれば，セラピーをしていない子どもたちに「良いものが自分には回ってこない」という惨めな体験をさせることになるし，逆に「セラピー＝何かしら問題のある者が行かされる罰」というようなとらえ方が主流になれば，セラピーをしている子どもたちに引け目を感じさせることになりやすい。

　周囲の目ということに関連して言えば，「セラピー（＝治療）」という名称自体が与える印象についても留意する必要があるだろう。場合によっては，たとえば「（セラピストの名前）さんの時間」などと呼称を変えるような工夫も必要になるかもしれない。

3．セラピストの置かれている状況の特徴

　セラピストが置かれている環境の最大の特徴は，生活との距離の近さであろう。現実的な問題として，子どもたちとまったく顔を合わせないようにすることはほぼ不可能である。特に施設では，待ったなしの状況で突然舞い込んでくるイレギュラーな問題がつきものなので，「心理職である以前に施設職員である」との原則に基づき行動しなくてはいけない状況が多々発生する。たとえば，女性の職員さんしかおられない状況で中高生の男の子が暴れ出したときには，男手としてホームに赴いたり，火災警報器が鳴れば，消火器とバケツを持って現場に駆けつけたりする。私は基本的には「生活には入らない」というスタンスで仕事をしている部類のセラピストであり，周囲もそのことに理解を示してくれているが，それでも子どもたちの生活空間に顔を出さざるを得ない事態はまま生じる。

　心理療法を行う者は，こうしたセラピー場面とは異なるスタンス，すなわち，セラピストとしてではなく，一人の大人として子どもと関わる場面があること，そして，そうした場面をセラピーをしている子どもに見られること

の影響について，注意を払う必要があるように思われる。

　このように，目に触れる機会が多いということは，セラピストの個人的な情報が，よりたくさん子どもに流れることを意味している。確かめようはないが，彼らはずいぶん詳しいところまで，私たちの情報を知り得ているとの印象を持つ。なかでも職員同士の関係性，特に上下関係についてはかなり正確に把握しており，驚かされることが多いように思う。自分の担当セラピストが常勤か非常勤かという点に，強くこだわる子どももいる。このようななかで，セラピストと子どもとの間には，セラピーを始める前から何らかの転移・逆転移が生じていることは少なくないように思われる。

　もちろん，生活との距離が近いことによるメリットもある。特に子どもたちの日々の様子を詳しく知ることができるのは，何事にも代えがたい大きな強みだと言える。

　一人職場であることが多いというのも，特徴の一つである。このことは，年月をかけ蓄積したノウハウを伝承できないことを意味している。加えて，職場内でスーパービジョンを受けることは難しい場合が多いため，その役割を外部に求めていく必要がある。

　職員集団の中でマイノリティであるという事実は，その後ろ盾の弱さを示すものでもある。たとえば，一部署として全体に意見を表明するようなことは難しい。何か問題が起こった時の最終的な責任の所在についても，生活担当職員の場合は組織図にわかりやすく明示されているが，心理職の場合は必ずしもそうではなかったりする。管理職から「心理（特にセラピー）のことはよくわからないからお任せするわ」というふうに言われる場合が少なくないのが現状で，"組織に守られている"という感覚は，基本的に薄いのではないかと思う。守秘義務などの兼ね合いもあり，何をどこまで伝えるのか慎重に検討する必要はあるが，面接記録の決裁ルートを確保するなど，自分を守るためのシステム作りに少しずつでも着手していくのは大切なことだろう。

　こうした刺激的で，なおかつ守りの薄い環境で働き続けるということは，給与の低さなども相まって，必ずしも簡単なことではない。そのため，自分を支えてくれる施設外のネットワークを構築しておかないと，仕事を続けていくこと自体が大変難しいという状況にどうしても陥りがちである。

4. セラピーを取り巻く他の専門職と連携していくうえでの特徴

1）生活担当職員との関係の特徴

　ここからは，他の専門職との関係に見られる特徴について述べる。

　入所している子どもたちの背景の重さに比べて，職員側のマンパワーは慢性的に不足しているし，必要な研修を受ける機会についても，十分に保障されているとは言いがたい状況である。また，拘束時間の長さの割に賃金も低く，変則勤務であることも相まって，生活担当職員は常に大変ストレスフルな状況に置かれている。「勤続3年目で中堅」と表されるような職員定着率の低さは，この業界の過酷さを何よりもよく物語っていると思う。

　このような過酷さを生む背景に，長らく据え置かれていた職員配置の最低基準の問題がある。0～1歳児は子ども1.6人に対し職員1人，2歳児は子ども2人に対し職員1人，年少児（3歳～就学前）は子ども4人に対し職員1人，少年（就学以降）は子ども5.5人に対し職員1人という配置基準である。この数字は，職員が24時間365日，休みなしで働き続けたときの割合なので，実際にはこれの2～3倍の子どもを一度に見なくてはいけない制度になっている。2015年4月，国は職員配置を改善するために必要な経費を計上したが，それでも諸外国の水準とは依然として大きな開きがあるということを，ここで改めてお伝えしておきたいと思う。

　こうした児童福祉の制度全体に関わる問題以外にも，生活担当職員がその職務をまっとうすることを難しくしている要因は多数存在する。なかでも，彼ら・彼女らが"専門職"であり，また"養育者"でもあるという点，すなわち，半分生身であるという難しさをよく知っておくことには，大きな意味があるように思う。"仕事"でありながら"生活"を共にするという勤務形態は，プライベートとパブリックの境目をあいまいにしやすく，その結果，職員と子どもの関係は非常に密接したものになりやすい傾向がある。距離感が近くなればなるほど状況を客観視することが難しくなるので，セラピーの中で見えてくる子どもの姿を生活の様子と照らし合わせながら，「今，何が起こっているのか」を折りに触れて職員同士で話し合うということは，セラピーそれ自体が持つ治療的な意味合いと並んでとても大切になる。

一つ例を挙げたい。

　これは、さまざまな虐待を、その時々の養育者から受け続けてきた男の子の話である。非常に疑い深く、信頼関係を築くことが難しい状況にあったが、そんな彼のことを「かわいい」と言ってくれる職員との出会いに恵まれ、あやとりを通じて二人の関係は少しずつ育まれていった。
　そうした矢先、やむにやまれぬ事情からその職員が退職することとなり、お別れを告げられた彼は、「やった！」と叫んでむしろ清々したというような態度をとるようになる。職員が「すべて自分の独り善がりだったのかもしれない……」と肩を落とす一方、セラピーでは、まるで取り替えのきかない特別な関係が存在することを必死に否定するかの如く、私に大量の紙幣を作るよう命令し、量によって喪失感を埋めようとする彼の姿が見られた。そこから展開したおままごとの中で彼は、「いくらお金を出しても手に入らない、最高級の料理がある」と語り、自分にとって愛情というものがいかに高嶺の花であるかということを、象徴的に表現する。この事実は職員の希望になり得たようで、関わりは再び熱を帯びるようになる。
　退職が間近に迫ったある日、彼はこれまで職員の協力なしではできなかったあやとりの『四段ばしご』を一人で作って見せ、「……一人になると面白くない」と、別れの痛みを初めて口にしたのだった。

　平井（2011）も述べているように、子どもの育ちにとって最も重要なのは、生活担当職員による養育にほかならない。こうした前提に立ちながら、日々の暮らしの中にある、子どもとそれを取り巻く人々とのやり取りに注目し、そこに豊かな意味が育まれていくよう包括的にコーディネートする、そうした施設心理職としての基本姿勢に基づいて心理療法も運用されるべきなのだろう。これは「養育者と子どもをつなぐ」という、いわゆる「母子臨床」の視点を常に持ちながら謙虚に関わり続けることと、言い換えることができるかもしれない。
　また、実際の親と同じように生活担当職員も、子どもとの関係について自身が抱いている不安を相談するときには、「養育者として失格だ！」と責め

られるのではないか，などの恐れを抱く場合があることにも言及しておきたい。田中（1997）の，「日本では子育てに関して，母親は自分を犠牲にしてでも無条件に子どもを愛し，慈しむべきであるという伝統的な考え方があります」という指摘は，そのまま生活担当職員に向けられる世間の目として読み替えることができよう。こうした考えにさらされるなかで，あたかも「子育てなんてやれて当然」と言われているように感じ，誇りを持って仕事ができないでいる人たちも少なからず存在する。このあたりのことを踏まえずにズケズケ自分の考えを述べていると，それが理路整然としたものであればあるほど，「現場の大変さも知らないくせに！」などの反感を買ってしまいがちである。最悪の場合，子どもを取り合うような構図となり，そうなるとセラピーの設定を一緒に維持してくれる役割を求めることは，きわめて難しくなってしまう。

　もちろん，逆のパターンも有りうる。生活担当職員との協働関係が崩れてくると，セラピストは子どもと二人だけの世界に閉じこもり，「この子を救うことができるのは自分だけだ」などと感じるようになる場合もあるため，注意が必要である。

2）管理職との関係における特徴

　連携が必要なのは生活担当職員ばかりではない。管理職についても同様のことが言える。

　心理職は施設の他の専門職（生活担当職員や栄養士など）に比べて，仕事の内容をイメージしづらく，「不思議な存在」としてとらえられやすい傾向にある。それゆえ，積極的に自分たちの専門性と，それを現場で活かしてもらうための具体的なアイデアを，管理職に提言していくことは必要不可欠である。

　なかでもセラピーについては，どういうものかを協働者に理解してもらうことに独特の難しさがあるように思う。こうした特徴は，しばしば耳にする「何の相談もなしにある日突然，直接処遇や宿直の業務に割り当てられるようになった」という事態や，まるでセラピーを魔法か何かのように万能視する事態を生み出す，一つの原因になっているようにも思う。

　このような状況に陥ることを防ぐためにも，施設で精神分析的心理療法を

実践していくうえでは，普段から「構造」「設定」の重要性や，その適応や限界について，きちんと示していく努力は欠かせないと言えるだろう。

5. 物理的・構造的な特徴

次に，セラピーを取り巻く環境のうち，より物理的な側面について述べる。これは「生活空間」と「セラピー空間」が物理的に近接しているため，互いに影響を及ぼし合いやすいという点に尽きるだろう。

セラピールームには，他の子どもたちの声や足音，ピアノを練習する音などが聞こえる。時にはいたずらしてきたり，乱入してくることもある。ほかにも，館内放送が聞こえたり，美味しそうな夕飯の匂いも漂ってくる。また，生活空間までの距離が近いゆえに，場面や気持ちの切り替えがしづらく，アクティングアウトを起こしやすい環境であるとも言える。

6. 施設の環境（文化を含む）から受ける影響

施設の環境（文化を含む）から受ける影響についてであるが，ここでは，①貧困と，②境界線があいまいという二つのキーワードを挙げたい。

お金が必要になるような新しい取り組みを申し出る際，管理職への綿密なプレゼンテーションが必要になるのはどの業界でも同じだが，「貧困」の問題を抱えるわが国の児童福祉施設の現場においては，その重要性は一層高まると言える。もともとの部屋数に限りがあるため，プレイルームはあるが相談室がなかったり，物置を間借りして新しく相談室を開設したりするようなことがよくある。経費削減のためにDIYで部屋を作っていく場合が多いが，そうしたときも，管理職をはじめとする周囲への事前の入念な根回しは欠かせない。子どもの心理療法をきちんとメラニー・クライン（Klein, 1955）のやり方を踏襲してやっていこうと思うと，子どもそれぞれに個別の玩具を用意する必要があるが，これひとつとってもまったく同じことが言えるだろう。

もう一つの「境界線があいまい」という特徴だが，これについては，ここまでの記述全体に通底するテーマとして，すでに感じ取ってもらえていることと思う。ほかによくあるのは，セラピールームが何の相談もなく違う用途で用いられるということだろう。私自身，朝出勤すると緊急避難先としてプレイルームが使用されており，子どもが布団を敷いて寝ていて驚いたという

経験がある。

　また，一度中断したケースが時間を置いて再びつながってくることがよくあるのも，この現場ならではであろう。ある職員から，「関係が切れてしまうことを恐れる人がいるけれど，同じ施設にいる以上，完全に切れるということはあり得ない。"関わりたい"という気持ちがまったくなくなってしまわない限り，関係は形を変えながら続いていく」という話を聞いたことがあるが，このことは，セラピストと子どもとの関係においても十分当てはまると思う。

7. リファー先の問題

　最後に施設外の各関係機関との連携の特徴について述べる。

　当然だが，施設内で私が心理療法を行うのが良いとは思えないようなケースも存在する。たとえば，境界が非常に薄く，場面を大きく変えて切り替えさせなければ，日常生活に容易に混乱をきたしてしまうであろうケースなどが，それに当たる。

　心理療法をリファーできる関係機関の数には地域格差があるようで，もちろん例外もあるだろうが，基本的には地方に行けば行くほど限定されてくるように思う。多くの場合，児童相談所の児童心理司や，学校適応にまつわる問題を抱えている子であればスクールカウンセラーが最も現実的な選択肢となるが，いずれも多忙なため，週1回の頻度でセラピーをしてもらうことはなかなか難しいのが現状だろう。

■第2節　おわりに

　ここまでの内容から，やりづらさばかりが際立つ現場だと思わせてしまったかもしれないが，決してそのようなことはない。たとえば，「子どもを育てるというのは，大変手間暇がかかることだ」という価値観を共有しやすく，週1回50分の心理療法にじっくりと取り組める環境にあることは，この職場の大きな魅力の一つだと言えよう。

　もちろん，このような環境にあるからこそ，「本当に心理療法が第一選択としてとられるべき手段なのか」「自分は心理療法がしたいのか，それとも

第 8 章　児童養護施設での心理療法の特徴　205

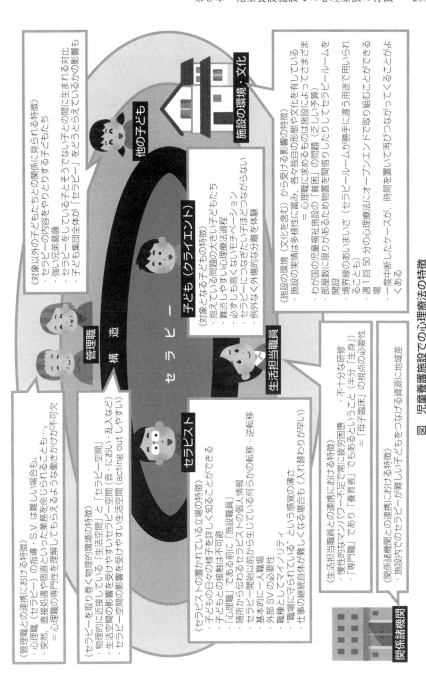

図　児童養護施設での心理療法の特徴

対人援助がしたいのか」などの問いを，折りに触れて自分に投げかけることは大変重要である．目の前の子どものニーズをなるべく正確に把握しようという構えなしに，およそどんな支援も役に立つことは難しいように思うからである．

[文献]

平井正三（2011）．児童入所施設の子どもの心理療法——精神分析的アプローチ．臨床心理士子育て支援合同委員会 第 7 回 子育て支援講座「児童福祉施設における心理臨床」講演集．臨床心理士子育て支援合同委員会．（未公刊）

Klein, M.（1955）. The psycho-analytic play technique: Its history and significance. In M. Klein（1975）. *The writing of Melanie Klein Vol.3. Envy and gratitude, and other works, 1946-1963.* London: Hogarth Press and the Institute of Psycho-Analysis.（渡辺久子（訳）（1985）．精神分析的遊戯技法——その歴史と意義．小此木啓吾・岩崎徹也（編訳）．メラニー・クライン著作集 4 妄想的・分裂的世界（1946-1955）．誠信書房）

厚生労働省大臣官房統計情報部（編）（2016）．平成 27 年度厚生統計要覧．厚生労働統計協会．

田中千穂子（1997）．乳幼児心理臨床の世界——心の援助専門家のために．山王出版．

■■■ 綱島論文へのコメント ■■■

多層的な協働関係の中で「考えにくいこと」を考える営み

【冨成達也】

　綱島氏と同じく児童養護施設に常勤心理職として働く者として，連想や補足に近い形ではあるが，施設という組織全体の枠組みと心理職の枠組みに分けて，協働をキーワードとしてコメントを述べていきたい。

1. 組織全体の枠組みとそこでの支援

　児童養護施設とは子どもたちの生活の場である。この生活の場を自ら求めて入所する子どもはまれであり，多くの場合，子どもは虐待などから保護されることを目的として，なかば受け身的に入所となる。そこでの入所期間は，2013年に厚生労働省が行った児童養護施設入所児童等調査によれば，平均在籍期間は4.9年であり，5年未満が全体の58.2％，5〜10年が27.6％，10年以上が13.8％（残りは期間不詳）となっている。複数年入所している子どもが大半であり，なかには長期間入所する子どもが多いという事実からは，児童養護施設でのケアが長期的視点に立つ必要性が浮かび上がる。

　児童養護施設におけるケアにはアドミッションケア，インケア，リービングケア，アフターケアがあり，施設でのケアというとインケアに焦点が当てられることが多いが，長期的視点に立ってこれら四つのケアを有機的に関連づけ，その時期に必要なケアを必要な機関と協働・連携して取り組むことが求められる。

　主に児童相談所が行う入所前のアドミッションケアに基づき，入所後に行われるケアが，生活の場において求められる主要な機能となる。この生活に含まれるのは，いわゆる「衣食住」だけでは不十分であり，虐待などの剥奪を理由に児童養護施設に入所する子どもにとって，そこが安心でき，安全な場所だと思えることが求められる。では，どのような枠組みが安心・安全につながると言えるのだろうか。

一つには，入所している子ども間や，入所している子どもと職員間の暴言や暴力を制限する父性的・構造的な枠組みが挙げられる。それと関連して，虐待者のようにその時の気分に応じて一貫しない関わりをしたり，一方的な暴言や暴力に訴えたりするのではなく，子どもの気持ちや考え，行動について，職員が原因や理由，あるいはそのプロセスについて思案するという，母性的・受け皿的な枠組みが挙げられる。さらには，時間軸を意識し，児童相談所や保護者，学校，医療機関などの施設の外部と連携・協働する枠組みが挙げられ，ここには，入所の段階からいずれ来る退所に向けて，児童相談所や保護者とケースワークの共通目標を立てることや，学校や民間の塾などと連携して学力や学習機会を保障すること，ほかにも必要に応じて外部の医療機関と連携することも含まれる。

　施設という組織全体の枠組みの中で行われることをまとめると以上のようになるが，実際はこの安心・安全な場を作り上げることがきわめて難しいことは言うまでもない。綱島氏が指摘するように，入所している子どもの多くは，剥奪による心の痛みから強固な防衛を作り上げ，感じ，考えることが難しくなっている場合が多く，施設入所という外傷的な分離を経ているため，児童相談所や施設に対して敵意や不満を抱えていることも多い。こうした理由から，入所している子どもは，他の子どもやさまざまな大人と対等な関係や協働関係，互恵的な関係を築くことが難しい。それゆえに，生活場面においても不安定な関係性に陥ることが多くなり，考え続けることが難しくなるが，だからこそ児童養護施設で行われるケアは，さまざまな人，機関という有機的なつながりの中で，「考えにくいこと」を考える営みが重要になってくる。

　なお，綱島氏が指摘している貧困について，児童養護施設の経済状況は潤沢とは言えないとしても，年に複数回，旅行やキャンプといったレジャー行事や，さまざまな機関による招待行事があり，学用品や栄養バランスのとれた食事も提供される。ほかにも，季節に応じた衣服の購入はもちろんのこと，中学生以上は通塾のために費用が充てられるなど，一般家庭と同じ程度の生活水準を保っている。しかしながら，組織全体で見ても，心理職を取り巻く面で見ても，至る所に貧困の一端を垣間見ることが多く，それはハード面よりもソフト面で感じることが多い。なぜ，同じ水準の生活，養育を提供

しているのに貧困の影が付きまとうのか考えた時に，やはり子どもが入所する前に経験してきた剥奪の影響が大きく，その影響からの回復を実践する際に生じる難しさが関係していると言えよう。

2．心理職の枠組みと意義

こうした剥奪や貧困の影響によって生じるさまざまな「考えにくいこと」を考える枠組みとの関連で，ここからは心理職の枠組みについて記していく。生活の場で生じるさまざまな要因による「考えにくいこと」を考えるために，別の視点を提供することが心理職に求められており，心理職によるアセスメントやコンサルテーション，そして心理療法という営みが「考えにくいことを考える」ための有効な手段となる。

子どもは入所時に，児童相談所からその子の生育歴や養育者の情報などを携えて入所してくる。子どもによってその情報量に違いは見られるが，記された内容の大半は，事実関係に基づく環境的な視点によるものである。そこには，子どもがそうした環境をどのように体験してきたか，どのように対処してきたかという心理的な情報が欠けており，また，入所に関して子どもがどのような思いやニーズを持っているかを共有できているとは限らない。そのために家庭支援専門相談員などと連携しながら，児童相談所や保護者から追加情報を入手することに加えて，子ども自身にアセスメントを行うことが重要になる。具体的には，①生活や学校での様子を職員に尋ねる，②その子の心理的状態を知るためにアセスメントセッションを実施する，③アセスメントセッションで明らかになった子どもの状態をフィードバックする，という段階が含まれる。

このアセスメントの結果によって心理療法を導入する場合もあれば，職員あるいは子ども自身から心理療法を希望することで，導入に至る場合もある。心理療法を導入する際は，生活担当職員も同席してもらい，アセスメントの結果や生活場面での様子を三者で共有し，子どもともきちんと治療契約・同盟を結ぶことが，モチベーションや心理療法の効果にも影響すると考えられる。

しかしながら，児童養護施設の場合，入所している子ども全員に定期的かつ個別の心理療法を提供することは現実的に難しく，心理療法の実践自体も

"良いもの／悪いもの"と意味づけされやすい傾向にある。子どもは剥奪の影響により，子ども自身はもちろんのこと，子どもの周りの物や人を大切にすることが難しい傾向にある。"良いもの"を自分が享受できるはずがないというファンタジーを抱いていることや，"良いもの"として享受した体験を心の中に保持し続ける難しさもあるため，心理療法を実施しても，備品や二人の関係性，あるいは心理療法という枠組み自体を破壊しようとすることも見受けられる。こうした場面は心理職にとっても対応に苦慮する部分であり，「考えにくいこと」を考える難しさに直面することも多い。

　そこで生じる逆転移感情や，その具体的な取り扱いについては本書の他の執筆者に譲るとして，心理療法を通して，①マインドレス（考えなし）にならず考え，理解する，②転移・逆転移について考え続ける，③枠に対する破壊について考え続ける，④考えることへの破壊を考え続ける，などが求められる。そのためには，生活担当職員との協働も不可欠であり，またこうした難しさや心理療法で得られた理解を生活場面に還元する工夫も必要となる。その工夫には，コンサルテーションや定期的なカンファレンスに加えて，定期的に子どもと生活担当職員，心理職の三者で振り返り面接を持つことが挙げられる。生活場面と心理療法場面の境界は明確に設定しつつも，あいまいな境界は有効活用し，情報を共有することは，双方にとって「考えにくいこと」を考えるための手助けとなる。

　生活でも心理療法でも，子どもは自身の過酷な経験や苦悩，辛さを，さまざまな問題行動を通してコミュニケートしてくるため，大人は巻き込まれて対処に追われ，その意味や背景について考えることが難しくなる。だからといって，巻き込まれないように子どもと一線を画し，関係性や構造がブレないようにすることは，マインドレスに陥っている可能性もあるため，必ずしも望ましいとは言えない。職員にとっては負担ではあるが，子どもにとっては巻き込まれてくれる職員がいることによって，自分の苦悩，辛さをコミュニケートできるという側面もある。「こうした事情により自分たちを巻き込むことで，辛さをコミュニケートしてきている」と生活担当職員が理解されるだけでも，自身の状況や役割が明確になったと安堵されることも多い。

　心理療法を実施しているかどうかに限らず，普段からさまざまな子どもの様子を取り上げてコンサルテーションやカンファレンスを行うことで，職員

の負担軽減だけでなく，心理職の視点が生活にも反映されることが期待され，また心理職も生活担当職員の知見によって，子どもへの多層的な理解が深まることも多い。

　最後に，入所中のインケア，リービングケアももちろん重要ではあるが，アフターケアの視点も，剝奪や貧困の影響を考えるうえで有用なものとなる。入所の段階から時間軸を意識し，そのときに必要なケアを提供することに加えて，自分の生い立ちや家族関係，今後の展望について，心理療法や生活場面で取り組んでいた子どもと，さまざまな要因によりそれらに取り組めなかった子どもとを比較すると，退所後の適応状態に差が見られると体験的に実感している。そのため，心理職は生活担当職員との協働に加えて，児童相談所の職員，家族，学校関係者，外部の治療機関など，さまざまな立場の大人との間，多層的な協働関係の中で，生い立ちや家族関係，今後の展望といった実存的な問いの整理を手助けすることも求められていると言えるだろう。

第9章

児童養護施設に入所している子どもの心の痛みに触れること

【横山隆行】

■第1節　はじめに

　親などの養育者からの虐待などで，適切な養育環境を剥奪された体験を持っている子どもは少なくないが，児童養護施設に入所している子どもと家庭で生活している子どもとの決定的な違いは，養育環境が家庭から施設に移行しており，生活環境も養育者も変わっているという点にある。施設に入所した子どもたちは施設の生活に順応しなければならず，施設職員という新しい養育者との関係を構築していく。彼らは新しい環境に順応するため，これまで実際の親との間で体験したトラウマや心の痛みを，強く防衛していることが多いように思われる。

　また，本事例のように，施設に入所中に同胞が誕生するなど親の状況が大きく変化することも多く，そのような場合に子どもたちは大きく動揺する。このような子どもたちとの心理療法では，心の痛みに触れられることを極端に恐れて中断の危機にさらされたり，痛みに触れられると強く防衛してしまって心理療法が膠着状態になることも少なくない。そのため，セラピストは彼らの痛みに触れすぎないように解釈の仕方を工夫し，強く防衛している膠着状態に対して根気強く待つことが求められるように思われる。

　本章では，児童養護施設に入所している子どもの精神分析的心理療法の技法的観点，特に防衛と解釈という観点から検討してみたい。

■第2節　事例

1. 事例の概要

　A（以下、「サトシ」と仮称）は、小学校に入学する少し前に、私の勤務する児童養護施設に措置されてきた男の子だった。サトシはそれまで母親と二人暮らしだったが、母親が夜の仕事をしている間一人で家に残されたり、交際男性が来ると家から出されたりしていた。食事も十分に与えられていなかったようで、家にはレトルト食品が大量にあり、サトシはそれを自分で調理して食べていたようであった。子どもが一人で家にいるようだという近隣からの通告で児童相談所が関わるようになると、母親が生活を安定させて自立をしたいと望んだために施設に入所することになった。サトシの母親は、サトシのほかにも数人の男性との間に複数の子どもを出産していたが、どの子どもも親戚に預けたり、父親が引き取ったりして、自分では育てていなかった。

　サトシには発達の遅れがあり、療育施設に通所していた。母親は療育施設から、サトシがいつも同じ服を着ていることや、サトシの食事の問題、交際男性を優先する生活を指摘されると通所しなくなった。児童養護施設に入所後は、就学するまでの間、施設の職員が療育施設に送迎していた。また、小学校では最初、普通学級に所属していたが、勉強についていけない様子で、入所後に行った発達検査の結果を受けて特別支援学級に変わった。発達検査では各項目でばらつきが非常に大きく、自閉スペクトラム症も疑われていた。

　入所した当初、サトシは他の子を睨みつけるような目つきをしており、そのため、他の入所児童から攻撃されることも少なくなかった。助詞の使い方など言語的なコミュニケーションに難があり、注意や禁止をされると激しく怒り出すと報告を受けていた。また、女性職員が裸で布団に入ってきたと言うなどの虚言があったり、他の子どもとペニスの舐め合いをするなど、性的行動化が見られた。学校では忘れ物が非常に多く、いつも何かを忘れて帰ってきていた。

2．心理療法の導入まで

　入所後の様子を聞いて私は心理療法が必要だと判断し，母親の同意を得て，3回のアセスメントセッションを持つことになった。初回に担当職員とやって来たサトシは，私が話している最中にも玩具に手を伸ばすなど，話を聞くということ自体が難しい様子だった。また，ドールハウスの1室に家族人形を全員集めて「地獄に落ちないように」と言い，独りぼっちになることを地獄に落ちるようなひどい体験として感じているようだった。

　そのほかには「ライオンは戦いを我慢できない」と言って，ドールハウスの中でライオンと牛を戦わせて家の中をぐちゃぐちゃにする，ライオンが家の中で大便をする，家が地震に見舞われたりするなど，これまでの養育環境がいかに混乱していて安心できないかを伝えていた。また，もともと壊れている玩具を，ある職員がやったのかと言ったり，ライオンが倒した牛が生き返って報復するなど，迫害的な傾向が強いように思われた。

　アセスメントを行った印象としては，母性的な対象の存在が希薄であり，迫害的な対象関係を持っている比較的重篤な子どものように感じたが，遊びを通して象徴的に表現する力があり，精神分析的心理療法が可能であると判断して，サトシに継続的な心理療法を提案した。時間の設定で話が嚙み合わないところもあったが，サトシは週1回50分の心理療法に同意した。

　本来，当施設では，小学生になると幼児部屋から小学生や中高生が生活する男子フロアに移行することがルールであったが，施設全体で話し合い，サトシにはまだまだ幼児のような関わりが必要であろうと判断して，当面は幼児部屋で生活することになった。

　なお，当施設は大舎制の施設で，子どもたちが居住する生活棟と，プレイルームなどがある事務棟に分かれており，心理療法には生活担当職員にプレイルームまで連れて来てもらい，帰りは私が生活棟まで送っている。また，私は子どもの生活場面には入らず，心理療法場面だけで子どもと会う形を取っている。

3. 面接経過

1) 第1期——迫害的な気持ちから抑うつ的な気持ちを見せるまで
　（第1～34回）

　第1回の前日，生活棟で私がサトシとすれ違うと，なぜか怖い顔をして私の足を蹴って去っていき，私は理由がわからず当惑した。当日，プレイルームにやって来たサトシは，ドールハウスの家具の配置がほとんど変わっていないのにどうして家具が散乱しているのか，ある職員が優しくなくなったから嫌いになった，どうして自分はここに来ないといけないのかと言い，かなり迫害的になっていた。帰らせてほしいと地団太を踏み，帰ろうとするサトシを引き止めて話をしようとするが，私が「いじめている」「毎日ここに呼ぶのだろう」と言い，いくら説明しても話にならないまま終了になって，逃げるようにして帰っていった。

　第2回では，私と離れた場所で，『ドラゴンボール』のベジータが口から血を出している絵や，同じキャラクターの女性のように髪留めをした絵を描いている。私が先週のことについて話してみると，「僕，怒ってた？」と何事もなかったかのように振る舞っていた。また，サトシは心理療法に連れて来てもらった女性職員に対して，「僕，イケメンが良かった」と言っていたのが印象的だった。

　開始当初のサトシとの心理療法は，祝日などで休みがしばしばあり，また時間の変更もあって構造が安定しなかった。サトシはそれに反応するかのように迫害的な表現を見せていた。たとえば，1週間の休み明けだった第3回は，ドールハウスの家具をぐちゃぐちゃにしたのは誰だと聞き，動物人形を家具の下敷きにすると，大人の牛は子牛に助けてもらえるが，子牛は助けられるどころか大人の牛から攻撃され，「味方は誰もいない」と言うのが印象的だった。時間の変更を告げた第7回では，家の中で人形や牛が戦っており，そこへ梯子を振り回す消防車が「誰がやったんだ」と言いながらやってくると，動物や人形は消防車を恐れて家から逃げていった。

　サトシは時間の変更をプレイルームから追い出されるように感じていると思われ，実際に翌週のセッションでは一人で入室できず，職員に同席しても

らわねばならなかった。またサトシは，いつもセッションの最中に何度もトイレに行くこと，家族人形の女性をすべて男性に置き換えて遊ぶこと，帰る時はいつも私から逃げるように飛び出して帰ることが特徴的だった。

　サトシの人形を使った戦いは，誰が敵で味方かわからない混沌とした構図だったが，第11回で負傷した人形を別の人形が助けるという場面があり，「敵だけど味方」と言うので，私は「横山先生も敵か味方かはっきりしない，と思っているのかもしれない」と伝えてみた。すると，雌牛の上に乗って出かけていった少年が，いきなり雌牛の首を絞めて振り落とされるという表現をした。私がどうして首を絞めたのかと聞くと，サトシは雌牛の乳房をじっと見て「牛乳が出るんやで」と言い，時計を見て帰りたくないと訴えた。

　第13回で2週間の夏休みについて説明すると，トイレに行き，私より先に部屋に戻って電気を消して待っている。私が〈トイレから帰ってくると，横山先生は電気が消えていてびっくりすることになっているみたい〉だと言うと，サトシは私に中指を立てたり，私の足を踏んで，「死ぬって知ってる？　包丁で刺すこと」と言って部屋を出ていこうとした。私が〈本当は休みがないほうがいいと思っているのだろう〉と言っても，サトシは否定し，分離の不安を扱うことはまだ難しいように感じられた。

　夏休みが終わると，サトシは少しずつ抑うつ的な気持ちを見せるようになってきた。第16回では，サッカー観戦をしていた人形が次々に粘土で覆われて死んでしまう。サトシは，私が「会いたい時に会えないからかわいそう」だと言うので，私が〈それはサトシのことではないか〉と言うと，サトシは「僕もそう思う。寝かしてほしい」と言い，帰る際にも「嫌だな，寂しいな」と言っていた。

　第17回では，家族人形がそろって食卓でご飯を食べていたが，祖父人形だけが座らせてもらえず，テーブルの下で寝かされる。朝になって他の人形から「出ていけ。帰ってくるな」と言われると，サトシは祖父人形が怪獣だったと言って粘土で覆い，祖父人形は他の人形から総攻撃を受けた。私が，祖父人形はきっと悲しいだろうと言うと，サトシは自分も母親から出ていくように言われたと話した。私は辛い気持ちを感じながら，〈セラピーが終わると，サトシ君も横山先生から出ていくように言われていると感じるのかもしれない〉と解釈をしてみたが，サトシには理解されていないように感

第9章　児童養護施設に入所している子どもの心の痛みに触れること　217

じられると同時に，私はサトシをコンテインし損ねたように感じた。

　すると，次の第18回で，サトシはどうして他の子は心理療法を受けていないのかと怒って入室を拒み，他の子にやられたのだと言って全身傷だらけの少年の絵を描き，他の子が自分の鉛筆を勝手に使っているのではないかと訴えるなど，迫害的になった。第19回では，私が他の子から嫌われていると話したり，どうして変な服を着ているのかと馬鹿にした。

　第20回では，それぞれの背中に人形を乗せたライオンと牛がキスをすると，背後にいた別の牛が激しく怒り出し，キスをした牛に乗っていた人形をドールハウスの浴槽に入れて燃やしたのだと話すなど，三者関係から排除される怒りや嫉妬を表現した。

　次第にサトシは役になりきって遊ぶことが増えてきた。サトシが先生役をして自分が描いた絵を私に見せると，「何ですかこれは！」と私が怒られる生徒役をやらされたり，「今日の漢字はこれです」と言って，「男」と「女」の字を私に書かせたりした。

　第23回で1カ月後に休みがあることを伝えると，粘土を細く伸ばしてバラバラに切っている。私が〈休みの話を聞くと，横山先生とバラバラになって，もう会えないように思って心配なのかもしれない〉と言うと，サトシは私に学校に迎えに来てほしいと悲しそうに言い，迫害的な気持ちと抑うつ的な気持ちの間で揺れて動いているようであった。

　サトシは妊娠9カ月の母親と面会し，母親が交際男性との間に子どもを妊娠している事実を初めて知った。サトシは，性別がはっきりしないヒーローを演じたり，私に父親役をさせて世話をされるという遊びをしており，母親の妊娠に対する動揺はそれほど見せていないように思われた。しかし，第34回では入室を拒み，ドールハウスに落書きをしようとしたり，他の子が色鉛筆を使ったのかと聞いて私の頭に芯を擦りつけた。私が，〈他の子が勝手に使ったように思うので腹を立てているようだ〉と伝えると，サトシはトイレに行き，帰ってくると私のお腹を撫で，足を骨折していることにして，私に父親役をさせて世話をさせた。その日の夜，サトシが理由もなく大声で泣いていたと聞き，私は，サトシが辛い気持ちをなんとか隠してきたこと，私が母親のように妊娠して見捨てるのではないかと思っていることに気づいて胸が苦しくなった。このころにはサトシは飛び出して帰るということはなく

なって，私とちゃんと別れられるようになっており，性的行動化も見られなくなっていた。

2）第2期──抑うつ的な気持ちから身を守る鎧を手にする時期（第35〜132回）

　サトシは女児を出産した母親に職員と会いに行った。病院では言葉少なくイヤフォンでテレビを見ており，現実をどのように受け止めてよいのかわからないようだった。心理療法の中では，私に父親役をしてほしいと言うものの，自分は仮面ライダーになって一人で戦っており，私は次第に蚊帳の外に置かれるようになって，無視されることが増えていった。

　しかし，サトシは私と会えなくなることは恐れているようであり，休み前の第38回には，粘土を長方形にして電車だと言うと，鉛筆の怪獣がやって来て電車を穴だらけにしたり，私が来週の休みについて言及しても，「明日，学校休み」と話を逸らしていた。休み明けの第39回では，職員が持っていた小さな犬のぬいぐるみを持って入室する。戦隊ヒーローの主人公になったサトシは，電車を降りると見知らぬ場所に来てしまったと話し，そこで赤ちゃんになった主人公を発見する，という物語を展開する。帰る道中ではぬいぐるみを階段から落としたり，フェンスに擦りつけながら帰った。

　心理療法を始めて1年が経過したころ，サトシは男子フロアに移動することになった。担当職員も一緒に移動になり，引き続きサトシを担当することになった。しかし，サトシは挑発に弱く，何か言われると他の子どもと喧嘩をすることが目立ち，あまり適応できていないように見えた。第40回では，救急車が怪我をした人形を病院へ運ぼうとするが，見当違いの場所に着いてしまう。病院に着いても駐車場には誰もおらず，サトシは「なに，お母さんの子どもが入院してるって」と言うと，救急車はそのまま旅に出てしまった。

　サトシの遊びは人形同士がひたすら戦うだけの単調なものになっていった。また，その後に行う体を使った戦いでも，キャラクターは替わったりするが内容は同じで，主人公が最初はやられて負けそうになるが最後には勝つというパターン化したものになり，私はサトシの遊びに集中することを難しく感じるようになった。また，サトシが一人で戦いごっこをしている間，私はただそれを傍観しているだけになってしまい，〈横山先生は仲間に入れて

もらえなくて，寂しい思いをすることになっているみたいだ〉と言うこともあったが，サトシは何の反応も示さず戦い続け，私はさらに無視されるようになったと感じた。

　第53回で私が2回目の夏休みについて話すと，ドールハウスがきれいになっているので誰か来たのか，と尋ねる。私は〈サトシ君が来ていない間，誰が来ているのか，横山先生が誰と会っているのかが気になるみたいだ〉と話すと，サトシは人形を頭から浴槽に入れたり，屋根に寝かしたりして，「起きたらこうなってる」と言い，休みの間に何かおかしなことになってしまうのではないかと思っているようだった。休み直前の第54回でも，夏休みについて話すと，「休みながっ」と言い，人形が家の中に入れないという表現や，『ポケモン』ごっこでは，「誰もいないな，お母さんもいない。まあいいや，出かけよう」と言って延々と戦いごっこを始めた。2週間の休みが終わると，サトシはますます一人で戦いごっこをするようになった。プロレスや『ポケモン』『妖怪ウォッチ』と，人やキャラクターは替わるのだがあまり内容がないような戦いで，私は見ているのが苦痛だった。

　第61回あたりから，戦いの中で人形の目が飛び出したり，骨が折れたりと，人形がひどい怪我を負って悲痛な声を出すようになった。また，第62回では，ライオンが親牛を食べてしまうと，残った子牛はライオンと魔法で親子になり，子牛は親牛を攻撃した。それは，自分の親ではない私や施設職員と，親子関係だと思い込もうとしているように感じられた。

　サトシは休みに対してさらに敏感に反応するようになり，2週間の休みが迫った第63回では，帰る道中で「泣きそう」と言って走って帰っていく。第67回で年末年始の休みついて伝えると，人形でプロレスごっこをしていたサトシは，少女の人形を赤ちゃんだと言い，少年の人形が赤ちゃんの上に着地して殺してしまったり，ラーメン屋台のミニカーに別のミニカーを近寄らせると，屋台の人がラーメンをくれないから殺したと言う。生活場面でも不安定になっており，他の子と喧嘩が増えたり，職員に暴言を吐くことも目立ってきた。心理療法も遅刻しがちになり，年末年始の休み直前のセッションには，時間内に学校から帰って来なかった。

　第70回では，私が片づけ忘れていた他の子の家族人形を見つけると，自分の人形の服をボロボロに切ってしまう。さらに，その日に休みについて伝

えられると，人形同士の戦いで勝利した父親人形は何者かに首を絞められたり，足を折り曲げられたりして「痛い，助けてー」と叫ぶ。父親人形は飛び下りて自ら命を絶とうとするが，救急車に助けられると粘土で体の所々をプロテクターのように覆われ，サトシは「これで怪我をしなくてすむ」と言った。私は〈サトシ君も辛い気持ちを鎧で守るようにしていて，考えたくないって思っているみたいだ〉と言うと，「うん」と返事をしていた。

　第71回では心理療法に行くことを渋っており，担当職員に抱っこされながらやってくる。サトシはカレンダーを指差して，怖い話でも聞かされるように「話は？」と言うので，私が休みの日程について話すと，サトシは他の子が部屋を使うのかと聞いた。休み直前の72回では，『妖怪ウオッチ』の「おにぎり侍」になりきっていたサトシは，「おにぎりを食べたら爆発した」と言って，おにぎりを捨てた。このように，サトシは心理療法の休みを，私が他の子と会っているか，もしくは，私から爆弾のようにひどいものを与えられると感じているようだった。

　生活場面では，母親と面会をすると嬉しそうに帰ってきたが，注意されると「死にたい」「こんなところに居たくない」と不安定になったり，「僕のことなんかみんな嫌いだ」と自分を卑下するような発言が目立つようになってきた。担当職員がサトシがなぜ施設で生活をしないといけなかったのかという経緯を説明し，いつになるかわからないが，母親の準備が整えばサトシに家に帰ってほしいと思っていると伝えるということがあった。休み明けの73回では，心理療法の前にゲームを出してほしいと言って暴れ，泣きはらした顔でやって来た。雄牛の頭を粘土で覆ってヘルメットだと言うと，こけた雄牛は家に帰ると言って帰っていく。そこに雌牛がやって来ると，サトシは雄牛が悪魔にとり憑かれていると言って，雄牛が雌牛を攻撃するのだった。それは母性的対象に対する怒りや不信感が顕著になってきているようであり，母性的対象にコンテインされるとは思えないようだった。

　サトシは次第に心理療法を渋るようになっていき，泣いて嫌がって来られない時もあった。やって来た時には，人形同士がひたすら戦うという表現や，周囲の者をヤンキーに変えてしまうという妖怪，皆を暗い気持ちにさせるという妖怪の絵を描いて，心理療法の時間を短くしてほしいと訴えた。

　心理療法を開始して2年が経過したころ，サトシの担当職員が，これまで

2年間担当していた男性職員からベテランの男性職員に替わった。サトシは別れに弱いので心配されていたが，前の担当職員とも関わる機会もあり，新しい担当職員にもすんなりと甘えを出せていた。心理療法では，初めに休みの説明がないかを確認してから，一人でプロレスごっこをすることが常になった。サトシはある人気レスラーを演じており，戦いに勝利してもすぐにまた次の戦いを始めた。私がどうして戦い続けるのかと尋ねると，サトシは「強くなりたいからです」と答え，試合後にも筋肉を鍛えて自慢していた。また，戦いでどれだけ負傷しても病院に行くことを拒み，「一度連れていかれたときは悔しかったです」と話していた。

　サトシが演じる人気レスラーは勝利し続けていたが，第83回で，自分よりも筋肉が発達したレスラーに負けてしまった。同じ回でサトシは，削った鉛筆の芯がたて続けに折れてしまうと，どうして他の子の筆記用具が使えないのかと聞いた。私が〈他の子はもっと良いものを使っているように思うのだろう〉と言うと，翌週は行きたくないと泣きじゃくって来ることができなかった。サトシはその後もプロレスごっこを続けたが，サトシが演じるレスラーは毎回のように替わっていった。私はサトシが誰を演じていて，誰と戦っているのかがよくわからないようになっていき，再びただの傍観者になっていった。

　サトシとの心理療法が長く停滞しており，また，サトシの辛い気持ちが表現されればされるほど心理療法を嫌がるので，私は無力感や罪悪感を抱いていた。しかしある日，施設内でサトシと出くわしたとき，「今日が金曜日（心理療法の曜日）ならよかったのにな」と言った。私は，サトシが心理療法で肯定的な体験もしている部分もあるように感じ，気持ちを持ち直すことができた。

　第86回で，人気レスラーが戻ってくると，複数のレスラー相手にも勝利するような無敵の強さを誇っていた。しかし，負けたほうがハンマーで殴られるというルールで敗れてしまうと，腕と腰をハンマーで叩かれて骨を砕かれてしまう。その後，人気レスラーは悪役になって，負けた相手を踏みつけたり，リングにイチゴをばらまいて「ほら食えよ，お前ら」と迫り，食べないと相手を蹴り続けて殺してしまった。私は人気レスラーが〈変わってしまったね〉と言うと，サトシは「俺は悪者なんだよ」と凄んでいた。

セラピーを始めてから3回目の夏休みを直前にした第94回では，父親人形が家の中でシャワーを浴びていると，そこへ手と足だけになっていた母親人形がやって来て早く出るように言う。父親人形が「まだ準備ができてない」と答えると，母親人形に心臓を取られて死んでしまうが，母親人形はすぐに心臓を戻して回復させる。私は〈来週から2週間休みで，しばらく横山先生に会えないけど，サトシ君はまだ心の準備ができていないって思っているのかもしれない〉と言うと，サトシは「うん」と答えてから「うわー」と叫び声を上げ，父親人形の体がバラバラになったと言う。私は〈横山先生と会えないことは，体をバラバラにされるみたいに心が痛いのかもしれない〉と伝えた。

　休みが明けると，サトシは悪役レスラーばかりを演じるようになっていった。心理療法にはほとんど遅れて来るようになり，年末年始の休みの前には時間内に学校から帰って来なかった。人形を使った遊びでは，最初は敵と味方で戦っているが，最終的には見えない敵に全員殺されてしまう表現が続いた。

　第110回あたりから，サトシは相手に嫌悪感を抱かせるようなポーズが得意である悪役レスラーを好んで演じるようになった。その悪役レスラーは，椅子や塩などで相手を攻撃したり，髪の毛を切ったりするなど反則技を駆使して戦って勝ち，試合後はマイクパフォーマンスで相手を馬鹿にした。しかし，実物の悪役レスラーはどこか抜けている部分があり，口だけでたいてい試合には負けてしまうレスラーだった。

　私が戦いを実況中継のようにコメントするようにしていくと，サトシは次第に心理療法に時間どおりに来るようになり，時には時間前に来てしまうこともあった。サトシは試合が終わると，まるで私が悪役レスラーのファンであるかのように握手をしてサインをし，一緒に記念撮影をした。私は基本的には中立的な立場を取っていたが，あまりにひどい反則をしたときには，〈それでは嫌われてしまうのではないか〉と言ってみることもあった。すると，サトシは反則技をした後に，私の顔を見て反応を確かめるようになった。私は悪役レスラーを受け入れることがサトシを受け入れることだと感じ，サトシのどんな反則技にも，評価するような言動はしないようにしていった。サトシが演じる悪役レスラーは，反則技を使って勝利し続けていた

が，次第に口だけで負けてしまうような実物に近い形になっていった。

　その後は，チーム同士やチーム内の抗争が中心になってくる。サトシは第128回で，演じている悪役レスラーが連続して負けてしまうと，チームメイトから批判されるのを恐れて自らチームを脱退する。サトシは他のレスラーも演じていたが，どのレスラーも負けが続くとチームを追放されてしまい，弱い者は追い出されてしまうというテーマを表現していた。

　サトシは4回目の夏休みを終えて再開した第132回で，いつも演じている悪役レスラーではない非常に筋肉が発達したレスラーを演じた。そのレスラーは，団体に所属するすべてのレスラーと戦って勝利するとリングに倒れ込み，「どこにも入れない。独りぼっち」とつぶやいた。終了時間になると，サトシは久しぶりにプレイルームを飛び出して出て行ったが，私が外に出るとサトシは「へへへ」と笑いながら私を待っていた。

■第3節　考察

　サトシとの心理療法は，微妙なバランスの上に成り立っているように感じられた。第1期でのサトシは，心理療法の休みや時間の変更を迫害的なものとして感じており，そのような気持ちをセラピストとの関係に結びつけて解釈すると，サトシはますます迫害的になった。私はサトシをコンテインし損ねたように感じ，迫害的な気持ちについてはあまり解釈しないほうがいいように感じられた。しかし，徐々に抑うつ的な気持ちを見せるようになってくると，分離に対する心の痛みについては，コンテインしていけそうに感じられた。

　しかし，母親が妊娠，出産すると，サトシは三者関係から排除されることに対して非常に敏感になっていき，私が他の子のことについて言及すると，翌週は心理療法に来られないほどに，サトシの心の痛みに触れてしまうようであった。転移関係を考えると，サトシは心理療法が休みの間に，私が自分の家庭で乳児をかわいがっているのではないかという空想を抱いていたと考えられたが，そのような転移解釈をすると，サトシは二度と立ち直れないのではないかと思われた。また，分離に対してもこれまで以上に敏感になっていき，戦いごっこをすることで私と関わらないという，防衛的手段を用いる

ようになっていった。最終的にサトシがプロレスラーを演じるようになったことも，筋肉の鎧（よろい）で心の痛みから身を守ろうとする防衛的手段だったと考えられる。

　ただ，サトシの戦いごっこを一言で防衛だと片づけることは正確ではないだろう。サトシはすでにアセスメントセッションの時点から，「戦いが我慢できない」と，動物人形を使って戦いをしており，やるかやられるかといった対象関係を持っていたと考えられる。サトシの母親が，子どもを出産するたびに自分で育てていなかったように，サトシも生まれた順番に自分が手放されたのではないかという空想を持っていた可能性がある。第2期の後半で，弱い者は排除されるというテーマが明確になってきたように，サトシの戦いは自分が養育者を勝ち取るための戦いであり，私が心理療法をしている他の子どもに対する戦いだったとも考えることができる。そのため，私が他の子について言及することは耐えられなかったのかもしれない。

　このような戦いごっこをするようになっていったサトシに対して，私は傍観者にさせられて，排除されていた。私は何度も，〈横山先生は相手にされなくて，寂しい気持ちになることになっているみたい〉だと，治療者中心の解釈を行ったが，なんの効果もないように見え，むしろ，さらに排除されるようになったと感じた。

　私は第2期の大半を，サトシの戦いをただ眺めていることが続き，心理療法が膠着状態に陥っているように感じていたが，次第に，サトシが防衛的手段を発達させるために必要な期間なのではないか，と思うようになった。そのように考えるようになると，私はサトシの戦いに積極的に関心を向けられるようになり，サトシは悪役レスラーを演じながらも，熱心に心理療法に通ってくるようになった。

　このような長い防衛期間を必要とするのは，サトシが脆（もろ）く傷つきやすい部分を持っているということだけなく，施設で生活をしているということも，影響していると思われる。家庭で生活をしている子どもでも，同胞の誕生は大きな影響を与え，同じ家で生活をしているぶん，日々葛藤に直面するだろう。しかし，施設に入所している子どもたちは，自分だけが排除されているという感覚を持ちやすく，さらに家族ではない施設職員と生活している。このような状況は，現実に目を向けることを避けようとする傾向を生みやす

く，心理療法は停滞しやすいように思われる。

　本事例のように強固な防衛を必要とする子どもに対しては，防衛を構築できる猶予を与えるために，セラピストが膠着状態に根気強く持ちこたえることや，心の痛みに触れすぎないように調節していくことが求められるように思われる。アルヴァレズ（Alvarez, 1992）が発達的視点から見た防衛という視点を論じているように，また，サトシが分離に対する心の痛みに対してまだ準備ができていないという表現をしていたように，私はサトシが心の痛みに直面できるまで待つ必要があったのかもしれない。

　私の行った解釈を中心に振り返ってみると，私はサトシとの心理療法の開始当初から膠着状態に陥るまで，どちらかと言うと，転移関係を意識して転移解釈を行おうとしていた。転移解釈とサトシの反応を取り出してみると，たとえば第17回で，私が〈セラピーが終わると，サトシ君も横山先生から出ていくように言われていると感じているのかもしれない〉と患者中心の転移解釈を行うと，サトシはしばらく迫害的になった。また，サトシが一人で戦いごっこをしている間に私が排除されているという関係について，〈横山先生は仲間に入れてもらえなくて，寂しい思いをすることになっているみたいだ〉と治療者中心の解釈を行うと，サトシはますます私を排除するようなっていった。

　これに対して，第2期の後半から，私がサトシのプロレスごっこを実況中継のようにコメントしていくと，サトシは熱心に心理療法に通うようになった。私はサトシのプロレスごっこに対して，ただ実況中継をしていたわけではなく，サトシが演じるレスラーがどういう状況なのか，どう感じているのかについてコメントすることも多かった。こういったセラピストの言葉かけは，平井（2011）が，自閉スペクトラム症などの指向性の弱いタイプの子どもに対して投影作用を増強すると述べている，拡充技法に近いものだったように思われる。サトシはそれほど指向性の弱いタイプの子どもではないが，良い対象を取り入れる機能が弱く防衛的なところがあったので，こういった言葉かけのほうが侵襲的にならず受け止めやすかったのだろうと思われる。

　サトシについてもう少し考えてみると，サトシは遊びの中で役になりきって演じることが多く，同一化を多用しているように見える。心理療法の中で特徴的なように，サトシは抑うつ的な気持ちを防衛するために，同一化を

使って乗り切ろうとしていた。サトシが入所当初に見せていた性的行動化や，女性職員に「イケメンが良かった」という発言も，母親との分離に伴う痛みから身を守るために，母親に同一化していたのではないだろうか。ただ，そもそもサトシは，母性的対象と父性的対象のイメージがあいまいで混乱しているように思われ，特に母性的対象については，雌牛の首を絞めないとミルクを出さないと表現されているように，コンテイナーとしてはあまり認識されていなかったように思われる。

　また，サトシは私との分離に対して，体を粘土で覆われる，鉛筆で突き刺される，心臓が抜き取られる，体がバラバラになるなど，かなりの強い反応を示していた。それは，アセスメントセッションの中でサトシが言っていたように，「地獄に落ちるような体験」として感じられていたのだろうと思われる。このような強い身体化を伴った分離体験は，タスティン（Tustin, 1972）が述べているような，自閉スペクトラム症の子どもが示す身体的分離性の問題と類似する部分があるように思われるし，サトシは日常生活において忘れ物が非常に多く，不注意の問題があることを何度も指摘されていた。つまり，サトシには，自閉スペクトラム症とADHDの特徴の，両方が見られると考えることができる。

　児童養護施設には，発達障害の診断を受けている子どもが少なくない。しかし，そのなかには，養育環境の問題によって発達障害のような症状を示している子どもが多いように思われる。サトシも，純粋な意味での自閉スペクトラム症やADHDとは思えないが，ネグレクトを中心とした養育環境によって，発達障害のような状態を示していたのではないかと考えられる。サトシは心理療法を続けていくなかで，学校で集中力がかなり増してきたこと，落ち着いているときには忘れ物が減るなどの変化が見られるようになってきたことが，その考えを支持するものではないだろうか。また，怒りを爆発させることが減り，相手の挑発にもかなり持ちこたえられるようになったとのことだった。

　当然ながら，このようなサトシの変化は心理療法だけでもたらされるものではない。大舎制の児童養護施設では，子どもの年齢によって生活する場所が変わることが珍しくなく，職員配置上，年齢が上がれば職員の手があまりかけられなくなってしまう現実がある。しかし，サトシの場合，施設全体で

話し合って，小学生になっても幼児のように手厚く関わってもらっていたことが非常に効果的だったと思う。

　このように，児童養護施設に入所している子どもを支援していくためには，心理担当職員と生活担当職員が共同でアセスメントを行い，支援方法を共有していくことが欠かせない。また，サトシが男子フロアに移動になった時，担当職員がそのまま持ち上がったことも，サトシの安定材料の一つになったと思われる。児童養護施設においては，生活空間の移動は担当職員の変更につながることがあり，たとえ同じ建物内の移動であっても動揺する子どもは多い。そのため，生活空間が移動した時に担当職員が替わらなかったことは，サトシの揺れ幅を小さくしたと思われる。

　サトシとの心理療法は，表面的には一人で戦いごっこをしているだけに見えるかもしれないが，私が受ける印象は大きく変わってきている。膠着状態だと感じていた時期の戦いごっこは，虚勢を張っているかのようで，本来のサトシの姿とは一致しない印象であった。しかし，第2期の後半でサトシが同一化の対象として選んだ悪役レスラーは，反則技を駆使するものの弱く憎めない存在であり，サトシが自分の弱く脆い部分を受け入れようとしているように感じられた。また，アセスメントセッションで，独りぼっちになることを「地獄に落ちるような体験」だと破滅的な不安に近い形で表現していたのに対し，第132回の「どこにも入れない。独りぼっち」という言葉には，抑うつ的な響きがあった。このように，サトシは少しずつではあるが，自分の気持ちに圧倒されることなく，自分の気持ちを考えられるようになってきていると思われる。

　今後も心理療法の休みや，母親との関係によって防衛的な鎧にヒビが入ることがあるだろう。そのような時にも，サトシの心の痛みの程度を推し量りながら解釈を工夫し，コンテインしていくことが必要であり，そうすることでサトシ自らが防衛的な鎧を脱いでいくのではないかと思われる。

[文献]

　Alvarez, A.（1992）. *Live company: Psychoanalytic psychotherapy with autistic, borderline, deprived and abused children.* London: Routledge.（千原雅代・中川純子・平井正三（訳）(2002). こころの再生を求めて――ポスト・クライン派による子どもの心理療法. 岩崎学術出版社）

平井正三（2011）．精神分析的心理療法と象徴化——コンテインメントをめぐる臨床思考．岩崎学術出版社．

Tustin, F.（1972）. *Autism and childhood psychosis*. London: Hogarth Press.（齋藤久美子（監修）．平井正三（監訳）（2005）．自閉症と小児精神病．創元社）

■■■ 横山論文へのコメント ■■■

多層的な困難さを持つ子どもとの心理療法における，セラピストの工夫

【脇谷順子】

1. はじめに

　事例を読みながら，セッションでサトシがやっていることや話していることを，まとまりやストーリーのあるものとして理解していくことの難しさを感じた。そうした難しさは，サトシが抱えている困難さや，サトシを取り巻く環境の問題とも関係しているのだと思う。サトシは母親との関係も含めて家庭環境に恵まれず，発達の問題も持っているようだ。また，サトシのセラピスト（以下，Th）との心理療法を受けている他の子どもたちと生活の場が同じであることや，同胞の誕生といった複雑な出来事が現在進行形で起きているなど，養護施設で生活している子どもたちが直面せざるを得ない状況にもある。こうしたさまざまな外的なことにサトシは影響を受けており，セッションでのサトシの言動は，そうしたことへの反応でもあると考えられそうだ。

2. サトシが体験している世界――混沌と混乱

　サトシがセッションで行ったり話したりすることには，心理的な意味が含まれていたり，彼の内的世界が表現されているように思えるし，ときには象徴的な表現のようにも見える。しかし，たとえばアセスメントセッションにおいて，ドールハウスの中でライオンと牛を戦わせて，ライオンが家の中で大便をするということが起きたり，その後のセッションでの敵と味方が混沌とした遊びから推測されるサトシの心の中は，混沌や混乱も多分にあるように思われる。そして，その後の遊びの性質も，ストーリーが展開していくというよりは，断片的で刹那的なものが少なくない。

　こうしたことから，サトシはさまざまな出来事を断片的や部分的に体験しており，時間の流れを持つまとまりのあるものとして世界を体験するのが難

しいと想像される。特に心理療法が始まってしばらくの間，おそらくサトシは，セッションも Th も，部分的で刹那的なものとして体験しがちだったのではないかと思う。

3．多面的なアセスメントの必要性

　子どもの心理療法を始める前，子どもの内的世界に加えて，子どもの発達のプロセスや家族との関係を探索的に知っていくことは，子どもについて知るためだけではなく心理療法の基盤作りにもなる。サトシのように養護施設で生活する子どもの心理療法を始めるにあたっては，子どもの内的世界や子どもの生育歴や家庭環境について知ることに加えて，施設での様子，生活担当職員たちからの情報，発達の特徴や様子なども含めた，多面的なアセスメントが助けになるだろう。

　ただ，児童養護施設で暮らす子どもたちの生育歴については，情報が乏しかったり，あいまいであったりということは珍しくない。どんなことがいつごろできるようになったか，ということだけではなく，印象的なエピソードや成長のプロセスを知っている人や，成長の様子を心に留め置いている人がいないことも多い。サトシの場合も同様のようだ。養護施設に措置されるまでのサトシの生活状況としては，母親が仕事をしている間，一人で過ごし，レトルト食品を自分で調理して食べていたことや，母親の交際男性が来ると家から出されていたことなどの情報はある。しかし，サトシがどんな赤ちゃんだったのかとか，どのような発達のプロセスをたどってきたのかや，一人で過ごし，レトルト食品を自分で調理して食べていたときのサトシはどんな気持ちだったのかなどは，推測したり想像したりするしかない。

　心理療法の中で，子どもたちは言語的および非言語的，あるいは投影同一化を通して彼らの乳幼児期の体験を表し，Th はそれらを手がかりにしながら子どもたちの体験を理解していこうとする。しかし，虐待やネグレクトによる心理的な困難さに加えて，不適切な養育環境に絡んだ発達の問題をも子どもが持っていることは少なくなく，彼らの心の世界は混乱していたり，混沌としていたり，あるいは心を持つ対象が希薄だったりする。

　横山氏の記述から，サトシには発達の遅れがあり療育施設に通所していたこと，普通学級に所属していたが勉強にはついていけず，入所後に行った発

達検査の結果を受けて特別支援学級に変わったこと，発達検査では各項目でばらつきが非常に大きく，自閉スペクトラム症も疑われていたことがわかる。また，サトシにはまだまだ幼児のような関わりが必要だろうと判断されて，就学後も幼児部屋で生活することになったことや，注意や禁止をされると激しく怒り出す傾向もあると書かれている。サトシについてのこのような情報や理解は，サトシとの心理療法の中でどのように活かされうるだろうか。

　心理療法の初回の前日，サトシは Th とすれ違った時，怖い顔をして Th の足を蹴って去っていく。そして，初回時，ドールハウスの家具がなぜ散乱しているのかと言い，ある職員が優しくなくなったから嫌いになった，どうして自分はここに来ないといけないのかと言い，かなり迫害的になっていたと書かれている。そして，「帰らせてほしいと地団太を踏み，帰ろうとするサトシを引き止めて話をしようとするが，いくら説明しても話にならないまま終了になり，サトシは逃げるようにして帰っていった」とある。しかし，第2回目では，前回のことを話す Th に対して，サトシは「僕，怒ってた？」と何もなかったかのように振る舞っている。心理療法の開始時期のサトシは，経験を保持したり物事を理解したりする力が弱かったことがうかがえる。サトシは理解できる範囲が狭いぶん，不安も高まりやすかったようだ。

　考察で言及されているように，サトシの発達的な特徴を視野に入れておくことは，サトシの遊びや話，Th への反応，サトシの感情の持ち方やその表現，認知の仕方などをより多角的に理解していく助けになり，次に検討していく解釈の工夫にも役立つと思われる。

4．解釈の工夫

　サトシの心の痛みとは，どのようなものだったのだろうか。また，その痛みに触れるということは，どういうことなのだろう。サトシの生育歴や生活環境，母親との関係を考えると，自分の気持ちについて考えてくれる人の存在が非常に乏しいなかで育ったサトシにとっては，彼自身の感情を感情としてとらえること自体が，容易ではないことが想像される。そして，たとえ感情を抱いたとしても，それらは子どものサトシには抱えきれないものだっただろうし，新たに同胞が生まれるなど，サトシの心が対処しきれないような複雑なことも起き続けている。

Thはサトシの気持ちに触れていこうとするとき，今，ここでの転移解釈を試みている。そうしたとき，サトシは「無視」するか，迫害的になることが多かったようだ。サトシとThとの関係に焦点づける形の転移解釈がなされたとき，サトシはThが話すことをどのように理解したり，体験したりしていたのだろうか。転移解釈はサトシには難しく，よくわからないものだったのではないだろうか。それは，たとえば第17回での〈セラピーが終わると，サトシ君も横山先生から出ていくように言われていると感じているのかもしれない〉という，不安についての理解を含む患者中心の転移解釈だけではなく，考察に書かれているような〈横山先生は相手にされなくて，寂しい気持ちになることになっている〉といった治療者中心の解釈であっても，サトシからは遠いものだったように思う。

「自分」という感覚が脆弱であり，それゆえに対象と同一化しやすく，また，象徴能力も十分ではないサトシにとっては，転移解釈によって不安や訳のわからなさが強まっていたのかもしれない。そのため，Thがサトシの気持ちを理解しようとしているのに，二人の間のコミュニケーションに齟齬が生じたり，サトシが疎外感を抱いたりということが起きていたのかもしれない。

次第にサトシは，セラピーにやって来るのを渋るようになる。サトシは第110回のあたりから悪役レスラーの役をやるようになり，Thは戦いを実況中継のようにコメントするようにしていく。そうすると，サトシは次第に再びセッションにやって来るようになる。Thが始めたナレーティング，つまり，サトシがやっていることや見ていることを言葉にしていくという，共同注視的なスタンスでの言葉かけが，この時期のサトシにはフィットしていたようだ。

また，Thは，サトシが演じるレスラーがどういう状況なのか，どう感じているかについてもコメントしている。レスラーが感じていることはサトシの感じていることだろうという仮説を，Thが心に持ちながらレスラーを主語にして話してみるという方法は，サトシにとっては安全で受け入れやすく，レスラーが感じていることについてThと一緒に考えるということが，サトシはできたようだ。

「先生は○○と感じることになっているみたい」とか，「○○と感じるのは

先生ということになっているみたい」というのが，子どもの精神分析的心理療法の"定番"の解釈だと思われがちなのかもしれない。実際には解釈の内容も伝え方も多様であり，それぞれの子どもの状況や理解に添う言葉を Th は模索し，工夫しているし，その必要性を思う。

　第 17 回で，食卓に座らせてもらえず，テーブルの下に寝かされ，朝になって他の人形たちから「出ていけ」と言われる祖父人形を，Th が〈きっと悲しいだろう〉と言うと，サトシは自分も母親から出ていくように言われたと話す。このようなシンプルな表現は，サトシが自分のことについて話す助けになっているようだ。また，ナレーティングのように，今，ここでのサトシの体験に近いことを，Th が模索しながら見つけた言葉で伝えてみることは，二人のやり取りの助けになるように思う。たとえるならば，サトシの家に大量にあったレトルト食品とは異なり，サトシの発達や，その時々の体調や，季節に合った手作りの料理のような Th の"手作りの言葉"が，サトシが Th と一緒に自分のことを知っていくための助けになるのだろう。

5. 適応のための防衛

　最後に，横山氏が言及しているサトシの防衛について，簡単に触れたい。心理療法が膠着状態に陥っているとき，Th はサトシにとっては防衛的手段を発達させるために必要な時期なのではないか，と思うようになったと述べられている。膠着状態に至るまでのサトシは，断片的あるいは部分的な体験をサトシなりに集めて，何とか凌いでいこうとしていたように見え，生育環境にも恵まれず，発達の問題も持つサトシなりの，必死の適応の姿のように私には思えた。心理療法によってサトシの必死の適応としての防衛が緩み，サトシが持つ自閉的な面の体験が出てきたということでもあったのではないだろうか。サトシの来室渋りや膠着状態の中で，ナレーティングという共同注視的な二人のコミュニケーション方法が見出されたことによって，「どこにも入れない。独りぼっち」というサトシの気持ちに，サトシと横山氏はあらためて，そして新たに触れ始めたように思う。

第10章

「枠破り」をめぐって

【綱島庸祐】

■第1節　はじめに

　ある出会いに特別性を付与し，精神分析的心理療法たらしめるため，特に重要な要素となるのが精神分析的設定である。これは，頻度や時間，使用する場所・玩具といった外的側面と，目の前の子どもの様子や，子どもとの間で起こってくる事象を注意深く観察し，心の中に浮かんできたことを言葉にして伝え返してみるなどの，セラピストのあり方に関する内的側面からなる（平井，2010）。児童養護施設において精神分析的心理療法を実践していくうえでは，こうした外的・内的な枠組みをいかに作り出し維持できるかという点に，難しさを感じる場合が特に多いように思う。

　そこで本稿では，実際に精神分析的設定を維持していくことが非常に困難であった，小学校中学年の男児A（以下，「ヒロム」と仮称）との心理療法過程（全128回）を報告し，経過の中で生じてきたヒロムとセラピスト双方の「枠破り」の内容を検討することを通して，そうした難しさの背景にあるものについて描き出すことを試みたい。

　なお，プライバシー保護の観点から，提示する事例は内容を損なわない範囲で，事実に変更を加えている。

■第2節　事例の概要

1. 生育史

　ヒロムは，多子世帯の年の離れた末子として出生。実母から子どもたちへの激しい暴力が原因で，3歳のころに両親が離婚。子どもたちは全員，父親

に引き取られることになる。実母に手切れ金を支払うため，父親の姉夫婦に多額の借金をしていた父親は，再婚した継母と一緒に父親の姉夫婦の会社で社宅を間借りしながら働いていたが，給料は何かと理由をつけて支払われなかったという。そればかりか，姉夫婦は収入を得るためにヒロムたちにも万引きを強要するなど，搾取は家族全体に及んでいた。住まいには「姉夫婦の仲間」と名乗る強面の人たちの出入りが絶えず，子どもたちはその中で萎縮して育った。

　ヒロムが4歳の時，こうした状況について両親が姉夫婦にいろいろと物申したことで，両者の関係は一気に悪化。ヒロムたち家族は即日社宅を出ていかざるを得なくなり，さらには，先の借金に社宅の家賃・光熱費などを合わせた多額のお金の即時返済を迫られる羽目になる。お金も住む所もない状況のなか，さらに父親が逮捕され，ヒロムたちきょうだいは児童養護施設への入所を余儀なくされる。

　ヒロムが5歳の時に父親が出所。これ以降，定期的に両親との面会・外出泊が行われるようになる。両親（特に継母）は子どもたちから恨まれることを恐れており，中高生の兄姉たちには言われるまま何でも買い与えたが，末子のヒロムだけは「どんなことを言われてもひたすら笑みを浮かべ続けているところが，何を考えているかわからず気持ち悪い」などと言い，"かわいくない子"というレッテルを貼って差別的に扱った。両親は折りに触れてヒロムたちきょうだいに引き取りの意志のあることを伝えていたが，その動きがいざ本格化してくると，何かと理由をつけてすぐ話をひるがえした。

2　施設入所後の様子とアセスメント面接実施に至る経緯

　施設生活におけるヒロムの振る舞いは，「明らかに良い子を演じている」との違和感を周囲に抱かせるものが多く，「子どもらしくなく，かわいげがない」との評価にどうしてもつながりやすかった。また，甘え方がよくわからない様子で，職員の言葉尻をとらえて無理やり拗ね始め，物にあたったり，ホームを飛び出したりすることで注意を引こうとした。

　これらの特徴から，気になる子としてよく相談に挙がっていたことや，生活場面で私と顔を合わすたびに，拗ねたように「僕もセラピーするから。もう決まってるから」と言ってきたことを受けて，施設内でのケースカンファ

レンスを実施。私はそこで、ヒロムへの支援の一環として、セラピーを導入していくことを提案した。内心私は、セラピーをするか否かの決定権が彼の側にあるような言い回しを「厚かましい」と感じて、気乗りしないところもあったが、そのような気持ちは「支援者としてふさわしくない」との考えから、次第に押し込められていった。

　こうした経緯からインテーク（受理）面接を行う運びとなり、担当職員が心配に感じていることや、「我慢してたら腹が立ってきて、どうしようもなくなって拗ねてしまうのを何とかしたい」というヒロムの願いを、セラピストを含む三者で共有する。彼の訴える内容は、その能力の高さをうかがわせるものではあったが、私にはどうもキレイすぎる（出来すぎている）ように感じられ、共感的に受け取ることが難しかった。「別の動機があるのではないか」ということも念頭に置きつつ、さしあたり3回のアセスメント面接に導入した。

3．面接構造

　なお、プレイルームは子どもたちの住まいに隣接する建物の中に設置されており、そこまでの送迎は生活担当職員が行っていた。そのほかにも、今回報告する事例の舞台となる施設では、基本的にセラピストが子どもたちと生活場面での関わりを持たずにすむような配慮がなされていた。玩具はクライン（Klein, 1955）の記述にならい、ドールハウスなどの大きなものを除いては、子どもたちそれぞれに個別のものを玩具箱に入れて用意していた。

■第3節　関わりの経過

1．アセスメント面接およびレビューミーティングの様子

　アセスメント面接でも、与えられた玩具をオーバーに喜んでみせるなど、良い子を装い、私に取り入ろうとするヒロムの姿が見られた。彼の中には「セラピストは何かしら良いものを隠し持っている」との確信めいた考えがあるようで、この期間はそうした良いものを手に入れるために合格せねばならない、試験か何かだととらえているようだった。生活場面でも、セラピーをしている他の児童に、「どうしたらたくさん玩具をもらえる？」と相談す

る姿が見られた。それらの動きは，贈り物で気を紛らわせようとする親の態度に触れるなかで，彼が「具体的な物を手に入れることでしか自分の心は満たされない」と感じるようになっていることを連想させた。

　その後の振り返り（レビューミーティング）において，アセスメント面接の際に見てとれた過剰適応的な振る舞いを話題に挙げ，守られた空間の中で安心して自分の気持ちを表現し，それについて一緒に考えていく体験を積み重ね，我慢しすぎて拗ねるという事態を少しずつでも減らしていけるよう，週1回50分のプレイセラピーを提案する。この申し出に応じる形で，ヒロム，生活担当職員，私の三者での合意が形成される。

2．心理療法過程

　「明らかに猫をかぶっている」と感じさせるようなヒロムの態度はその後もしばらく続いたが，私が私用で初めて休みを取った回以降，陶器製のバスタブのミニチュアを振りかざして「これ，投げたら割れるかなぁ？」と言うなどの，挑発的な行動が激増する。また，与えられた玩具に対して，「飽きた。もっと面白いやつないの？」と不満を述べる姿も見られるようになる。頑張って良い子でい続けても望むような新しい玩具を与えてくれず，逆にヒロムを遠ざけるように休みまで取るセラピストに対して怒りを感じているのだろう，と伝え返したところ，彼は道化じみた奇妙な踊りを見せ，私を強引に笑わせることで場の雰囲気を取りつくろおうとした。

　第10回，ヒロムは洋式トイレのミニチュアを持ち，「流す所（レバー）がない」「これではウンチはできない」と言う。ウンチを出せないのと同じように，嫌な気持ちを出したくても出せないと感じているのではないか，と私が触れると，今度は消防車のミニカーを取り出し，怪訝な顔で「これ，壊れてるんじゃない？」と述べ，彼の中にある怒りの炎を鎮火できるような機能が私には備わっていないのではないか，と感じていることを表現した。

　さらにヒロムは，ドールハウスの屋根から今にも落ちそうになっている男の子を，救急車と消防車が救助に向かうという場面を作り出す。しかし，結果は惨憺たるもので，救急車は道中で谷底に落ちて大破し，男の子も救出作業中に消防車がドールハウスに接触した衝撃で，屋根から落ちて死んでしまう。本来ケアしてくれるはずの相手から，逆にひどい目に遭わされていると

いう点に私が言及したところ，彼は気持ちを考えられること（つかまれること）への恐れを表現するように，男の子の人形を頭から地面に何度も叩きつけ，最後に「死んだ」とつぶやいた。

　初めての長期休暇の前後にも，ヒロムには大きな変化が見られた。彼は決まりごとを次々と破るようになり，靴のまま入室してきたり，「時間が長すぎる！」「面白くない！」と言って，何度も途中退室しようとしたりするようになる。私がこうした行動を制止することに対して，ヒロムは「まるで悪いことをして警察に捕まっているみたいだ」と言った。また，別の回には，開けてはいけない襖を何度も開けようとするので私が注意すると，「知ってるから！　他の子の玩具が入ってるんだろ！」と言って，今度は襖を蹴破ろうとした。〈他の子のことはこうして守るのに，ヒロムくんのことはちっとも大切にしてくれないと感じているのかもしれないね〉と私が告げると，彼はそのことを素直に認めた。

　「自分だけ良いものを与えてもらえない」との思いが一層強くなるなかで，ヒロムは共有の玩具を黙って持ち帰ろうとするようになる。与えてもらえないのなら無理やりにでも奪うしかないと思ったのではないか，と触れてみるが，たまたまポケットに入っていただけだと彼はシラを切り通す。退室時のボディチェックは恒例となり，セラピー中も隙をつかれないよう見張ることに，労力を費やさなくてはならなくなる。

　私が自らの結婚式のために休暇を取った直後のセッションで，ヒロムは明らかにこれまでとは異なる落ち込んだ様子を見せた。扇風機と暖房を一緒につけて，「暑いのか寒いのかよくわからない」と言う彼に，セラピストが温かい人なのか冷たい人なのかよくわからなくなったと感じているのだろうと告げると，今度は扇風機の勢いを強くして，「風が強くて近づけない」と言い，さらに油性ペンで私の結婚指輪を汚そうとした。

　そんなおり，彼はプレイルームの壁のヒビを気にし始め，このままでは今接近中の台風に耐え切れないのではないか，と言った。絶対に壊れない安心できる家のようなものが欲しいと感じている気持ちに私が触れると，今度は，自分以外の子とも同じ日にセラピーをしているのか，という質問を投げかけてくる。セラピーという良いものを，他の子にとられてしまうのではないかと不安に思っているのだろうと返すと，彼は苛立ちをあらわにして，

「もう知ってるんだからな！ 新しくＢともセラピーを始めたんだろ！」と言った。

　良いものを独占したいとの欲求は，徐々に「自分一人のものにならないのなら，誰の手にも渡らないよう壊すしかない」という破滅的な発想に形を変えていく。彼は玩具棚に並べてある共用の玩具を，「台風が来た！」と言って頻繁にグチャグチャにするようになる。玩具の破損が相次いだため，行動を制限するようになった私にヒロムは激しく抵抗し，ときには「大地震だ！」と言って玩具棚ごと倒してしまうこともあった。

　そうしたなか，不可解な出来事が起こる。ヒロムと同じホームに在籍する他のセラピーをしている子どもたちが，軒並み情緒不安定となり，セラピーを辞めると言い出したのである。こうした事態がどうして生じたのか探ってみると，ヒロムがホームの中で，自分だけがセラピストから特別に良いものを秘密で与えてもらっている，と吹聴していたことが判明する。生活担当のスタッフたちが「私の知っている綱島さんはそんなことをする人ではない」という姿勢で，一貫して対応してくれたおかげで事態は早期に収束したが，この出来事を境に，私は彼に対して拭いがたい怒りを覚えるようになる。その結果，第42回のセッションにおいて，何度注意してもヒロムが共用の玩具を傷つけるのをやめないことに，〈どうもヒロムくんは，どこまでしたら綱島さんが怖い人になって，『オイ！』って怒鳴り出すか試しているのかもしれないね〉と伝えようとしたところ，『オイ！』の部分が本当に怒鳴るような口調になってしまう。

　上記の回以降，ミニチュアに対して，いちいち「偽物だ」とケチをつけるヒロムの姿が目立つようになる。〈綱島さんが本物かどうか，ヒロムくんの気持ちをきちんと受け止めてくれる人なのかどうか，確かめたいと感じているのかもしれないね〉と触れると，彼はお爺さん人形を取り出して，その服をハサミで切り始める。服の下の骨組みを見て，「なんだ，木か」とつぶやく。〈見た目にはよくわからないもの，たとえば綱島さんがあなたのことを本当はどう思っているかとか，そういうことが気になっているのかもしれないね〉と伝えると，「そうかもしれませんねぇ」と馬鹿にしたような返答をする。お婆さんと女の子の人形についても，同じように服を切ってしまう一方，彼は「お父さんとお母さんの服は切っちゃいけないことになってる」と

語り，父母の本音を知ることについての恐れを表現した。

　これ以後，彼は自らの玩具箱にいっさい触れなくなり，寝そべりながらくどくどとセラピーの不満を述べ，「ねぇ，いつ終わるの！」とせっついてきたり，新しい玩具を要求したりするようになる。この時期，生活担当職員からは，泣いているヒロムにどうしたのと尋ねても，「はぁ？　何が？」ととぼけたり，ひたすら強気に「だから（どうだっていうの）？」を連呼したりするため，どう関わってよいかわからないという戸惑いの声がよく聞かれた。自分のことを本当に大人が受け止めてくれるのか不安に感じており，そのために弱みをさらせないでいるとの見立てを共有し，生活場面では気持ちにダイレクトに触れなくてもすむような，さりげない形での関わりを続け，まず気にしていることを少しずつ伝えていこうという方針を固める。

　派手な枠破りが少しずつ影を潜めるようになるにつれ，今度は「昔，お母さんから足が大きいと褒められたけれど，C（同じホームの同級生でセラピーもしている男児）のほうがもっと大きかった」と自嘲気味に語るなど，どことなく自尊心の低下していることをうかがわせるような発言が増加する。ほかにも「足が痛いんだけど，ちょっと見てほしい」と言い，私に足を触れさせた後，くるりと背を向けて「僕の足，水虫だから早く手を洗ってきたほうがいいよ」とつぶやき，何とも言えない寂しさをこちらが味わうということもあった。

　そうしたなか，ヒロムは「喉仏のある不思議な女性の実習生と出会った話」を嬉しそうに語る。そこからは，枠を厳格に守らせる父性的対象としてのセラピストとはまた異なる，母性的な側面に彼が気づいて興味を持ち始めている様子がうかがわれた。

　そんなおり，ヒロムが「もし，火事になったらどうする？」と言った瞬間，火災報知器のベルが鳴るという出来事が起こる。私は彼に自分の上着を着せ，一緒に職員室へ移動する。避難誘導役の職員の指示に従うよう伝えてから，私は現場に急行する。幸い誤報だったため急いで職員室に戻ると，彼は満面の笑みを浮かべ，上着の袖に頬ずりして見せた。これ以降，ヒロムは明らかに季節外れの薄着でセラピーにやって来るようになり，毎回のごとく私の上着をねだっては，それにくるまって「（自分の生活する）ホームに来てほしい」と訴えるようになる。私は生活担当職員に状況を説明し，上着を着

せてからセラピーに連れて来てほしいとお願いするが，それ以降も彼は職員の目をかいくぐり，一人で薄着でやってきた。担当職員が上着を届けてくれても，彼は頑として受け取ろうとはしなかった。上着を貸し与えることについて，私自身，枠を破っているとの認識はあったが，かといって寒そうな彼を放っておくこともできず，「風邪をひかせるわけにもいかないし，仕方がない」との考えによって，行為自体を正当化しようとしていた。

　さらに，ヒロムは霜焼けで赤く腫れあがった足の指を私の前に示し，治るようマッサージしてほしいと言った。このとき私は，「こんなにも深く傷ついた子どもが助けを求めてきている以上，それに全力で応えずして何のための対人援助職か！」と強く感じ，むしろ積極的にマッサージを行った。ジュクジュクした部分から出血しているのを見て，私は「どうしてこんなになるまで放置していたのだ！」と，生活担当職員を責めたくなるような思いに駆られた（自分自身も毎週会っていて気づかなかったのにもかかわらず！）。マッサージされている間のヒロムは，これまでになく穏やかで，そのまま眠ってしまうことすらあった。生活担当職員にも彼の足の状態を伝え，通院の必要性や毎日職員が就寝前に薬を塗布することの意味合いについて話し合ったが，実際の支援にはなかなか結びつきにくいように私は感じていた。

　こうした具体的な満足を与える関わりは，双方にとって負担の少ない関係性ではあったが，二人して共謀して見たくない事実，すなわち「（人形の服を切ってしまってから）玩具箱にいっさい触れられず，遊べなくなっていること」から，目を逸らす結果を招いていた。

　私が何かうまくいっていないことに気づいたのは，生活担当職員から，このところヒロムが頻繁にゲーム機など高価な所持品の紛失騒ぎを自作自演し，周りが一生懸命探してくれる姿を見て，とても嬉しそうに笑っているという報告を聞かされた時だった。善意や同情を利用して相手をコントロールする心地良さに，ヒロムが酔っている（周囲の親切心や思いやりよりも，思い通りに人を動かすことができた万能感のほうに大きく反応している）と感じた私は，霜焼けのケアについて生活担当職員と再度打ち合わせたうえで，具体的な行動を差し出すことで気持ちを考えるという本来の図式が崩壊している点を指摘し，これからはマッサージを実施しないほうがいいのではないかと考えていることを，素直に彼に告げた。ヒロムは私から拒絶されたと感

じたようで，翌回からプレイルームに入れなくなってしまう。

【第 73 回】

　生活担当職員に送られてプレイルームの前までやって来るが，そこで座り込む。服を頭まで被っており，表情はまったく見えない。送迎の職員にはホームに戻ってもらい，引き続きヒロムに入室を促すが，無視を決め込む。しばらくやり取りをするが埒が明かないので，〈抱きかかえるよ〉と告げて身体を持ち上げる。暴れる彼の足が当たり，入り口のドアが派手な音を立てて外れる。修理しようと私がドアに手をかけると，彼はその隙を見て逃げ出す。追いかけていき，両肩に手をかけて〈待って待って。まだ時間，終わってないから〉と告げると，その場に寝転がり「離せって！」と言うが，明らかに声も表情も笑っている。一緒に床に倒れ込むと，今度は「虐待だ！」と言い悲鳴を上げる。その声を聞きつけた職員が手助けに来てくれるが〈大丈夫，ありがとう〉と返す。暴れるヒロムの背後に回り，二の腕で彼の肘辺りを固定する要領で押さえ込む。〈プレイルームの中が怖くて仕方ないんじゃないかな。綱島さんもものすごく怒ってそうだし，玩具箱の中では服を切られた人形が，あなたのことを恨んでゾンビになったりしてそうだし〉と触れるが，「知るか！　どうでもいい！」と，やはり笑いながら言う。〈笑ってない？　何か嬉しそうじゃない〉と伝えると「はぁ？　全然嬉しくないし，最悪だし！」と答えるが，やはり堪えきれないという感じで表情はニコニコとしている。〈ひょっとしたらヒロムくんは，こうして綱島さんに抱きかかえてもらいたくて，わざと逃げ出したりするのかもしれないなぁ〉と伝えると，全否定して身体を左右に大きくよじらせる。たとえ中身（気持ち）が伴わなくとも，「抱きかかえられる」という見かけ上それらしい形を作り出し，かりそめながらも温もりを得ようとするヒロムの姿は，彼が「自分のことを心から受け入れ，抱きしめてくれる人などいない」という絶望的な気持ちを有していること，そしてそれゆえに，目の前のセラピストの気持ちについても恐ろしくて直視できないでいることを私に連想させた。

　そうした理解を伝え返すなかで，プレイルームにいられる時間が少しずつ

延びてきた第 88 回，ヒロムを必死に制止したことで汗びっしょりになり息も上がっている私を見て，彼は「そんなに大変なら放っておけばいいのに」と言った。疲れていたせいもあり，私は何も考えず〈何かここで手を離したら，ヒロムくんがどこかに行ってしまいそうな気がして〉と答えた。彼は意外そうに眼を丸くして，「ふーん」と言った。〈不思議だよね。別に来週もセラピーはあるわけだし，もしヒロムくんを止めることができなくても，同じ施設の中にいるんだから，もう会えなくなってしまうなんてこともないのにね。どうしてこんな気持ちになるんだろうなぁ……〉という私のつぶやきを彼は静かに聴いており，最後に「本当だよ」と言った。

　その次の回，ヒロムは久しぶりに，初めからスムーズに入室する。そのことに触れると彼はドカッと床に寝そべって，「どうせやめさせてくれないんだろ！」とふてくされるように言った。私が〈そう。この時間は一緒に過ごすんだ〉とにこやかに返すと，彼は顔を手で隠してハァッと溜め息をつくのだが，口元は笑っているように見えた。以後，入室を拒否する姿は見られなくなる。

　この時期，彼はよく「中（仕組み）がどうなっているか確かめたい」と言って，扇風機の分解・組み立てを行った。扇風機という本来は遊ぶべきものではないもので遊んでいることを受けて，人形の服を切ってから玩具箱の中が恐ろしいことになっている気がして，まったく触れられなくなったので，こうやって新しい玩具を作り出さざるを得なくなったのだろうと伝えると，ヒロムはすぐさま玩具箱から服の切られた人形を取り出して見せ，「な，別に大丈夫なんだって。遊ばなくなったのは大きくなったから。小さい時はこれで遊んでいて楽しかったけど，大きくなったからあんまり遊ぼうと思わなくなっただけ」と言った。

　これ以降，彼は時間のほとんどを床に寝そべりながら，その時々に思いついた疑問を私に尋ねるという形で過ごすようになる。質問の内容は多岐にわたったが，自然科学に類するものが多かった。そうした姿はどことなく安心基地をベースにした探索行動を連想させるもので，これまでのように，「何を企んでいるかわからない」という疑わしい気持ちを抱かされることはなかったが，全体的にやや元気のない点が気がかりではあった。答えられる範囲でヒロムの質問に答えつつ，何となく暗い雰囲気であることをそのまま伝

え返してみたところ，彼は所属するスポーツクラブのキャプテンに選出されたのだが，みんな言うことをきいてくれず，チームをうまくまとめられないと，涙ぐみながら語った。

　加えて，このころのヒロムは，口癖のように私に「（セラピーは）いつ終わるの？」と尋ねてきた。私はその都度，急にセラピーを打ち切られてしまうのではないかと不安に感じていることに言及したが，このやり取りはどこかルーティーン化されたものであるように感じていた。

　こうしたなか，これまであまり語られることのなかった家族の話について，触れる場面が増えてくる。ホームの大人が年少児ばかりかばうので，すごく腹が立つと言うヒロムに，自分も同じように大切にしてもらいたいと感じているのだろうと伝えたところ，彼は肯定も否定もせず，自分の家は逆に年長者ばかりが大切にされるのだと言った。〈大人の言っていることがバラバラで，何を信じてよいかわからなくなるね〉と伝え返すと，彼は「お母さんは何を考えているかわからないし，すごく怖いから嫌なんだ」と語った。

　さらにヒロムは，自分がどうして施設に入ることになったのかを知りたいと言う。私は，自らの出自というきわめて重要な事柄について質問できたことへの敬意をヒロムに表した後，彼の了承を得たうえで，生活担当職員に児童相談所の担当ケースワーカーに連絡を取ってもらい，入所経緯をわかりやすく説明してもらっている。〈ヒロムたちきょうだいのことを，父親は結果的に守り切れなかったのかもしれないが，それでも父親なりに守ろうとしていた面のあったことを，どこかで感じてくれるといいな……〉などと思いつつ，ヒロムに感想を尋ねると，詳細は語らなかったが，「思っていたのとちょっと違った」とはにかみながら言った。

　セラピーを開始して間もなく3年を迎えようとするころ，ヒロムのほうから「これからセラピーをどうしていくのか，話し合う時間を作ってほしい」との要望が挙がる。私は了承し，生活担当職員も交えたレビューミーティングを設定した。生活担当職員によると，日常場面においてもヒロムの変化は見られており，最近では拗ねることもなく，わかりやすく関わりを求める姿が多く見られるようになったとのことであった。ヒロムのほうからも，「一回，セラピーなしでやっていけるか試してみたい。それで無理そうだったらまたやってほしい」との要望が語られる。私は，セラピー開始時に設定した

目標を，彼が一定達成していることに触れたうえで，その要望を呑んでいる．

3カ月の経過観察（この間に，ヒロムがキャプテンを務めるチームは，とある大きなスポーツの大会で見事優勝を果たしている）の後，再び持たれた話し合いの場で，ヒロムは「これからもやっていけそう」と述べ，終結を希望する．それを受けて私から，①終結を希望する気持ちの背景に，「今以上を望んだ結果，今ある良いものをすべて台無しにしてしまうかもしれない」との恐れを見てとることができるかもしれないこと，②怖い継母を止めてくれない実父に対する思いがまだ何も語られていないなど，気がかりな点がいくつかあること，③しかしながら，最初に設定した目標を達成し，対話の姿勢を保ちつつ「一人で一回頑張ってみたい」と言えたヒロムのことを今は応援してみたいと感じていることなどを告げ，第128回で終結を迎えている．

■第4節　考察

1. 生育史から想像されたこと

実母や伯父・伯母から力で支配される経験は，弱い立場に置かれることや弱みをさらすことがいかに危険かを，ヒロムに強く実感させたに違いない．加えて両親からの差別的な扱いは，「自分だけ良いものを与えてもらえていない」という憤りと，「それだけの価値が自分にはないのだ」との劣等感の両方を，彼に抱かせたことだろう．

施設生活においてヒロムが良い子を演じざるを得なかったのは，こうした経験から，「ありのままの自分など，受け入れてもらえるはずがない」「気に入られるような態度をとることで，職員から『お世話』という行動を引き出さないといけない」と感じていたからだろう．

また，「受け止めてもらいたい」という気持ちを素直に表せず，相手の非を責める「拗ね」という強がった裏腹な態度をとりがちであった点からも，彼が職員との間で，弱みをつかまれ主体性を奪われることへの恐れや，安心して自分を委ねられる大人との出会いに恵まれなかった怒り，さらには受け止められる体験自体の乏しさからくる不安などを，甘えの感情に加えて体験していたことを見てとることができよう．

2. 心理療法の開始をめぐって起こっていたこと

　ヒロムが，セラピストに拗ねたような態度で何度もセラピーを求めていく場面でも，上述したような心の動きは同様に体験されていたに違いない。さらに，同じ施設の中にセラピーを提供されている子とそうでない子が存在し，自らは後者の機会を与えられていない側に当たるという状況は，ヒロムが親（特に継母）との間で繰り返し味わってきた「理不尽に差別される体験」を彷彿とさせ，「自分だけ良いものを与えてもらえない」との怒りをより増長させた可能性が高い。

　当時の私には，彼がなぜ拗ねたような態度を示すのかを考えることは難しく，その物言いに反応する形で「かわいくない」「与えたくない」と感じるようになった。また，インテーク面接での彼の利発な発言の裏に狡猾さを感じとった私は，それ以降，気づかない間に主導権を奪われてしまうこと（搾取されること）を，非常に警戒するようになった。

　こうしたセラピストの反応は，彼が私を「良いものを自分には与えてくれない，理不尽に差別する親」として見ていることを裏づける逆転移，もしくは甘えることをめぐる治療者の未解決な課題の存在を示唆するものとして，理解できる部分もあるかもしれない。しかし，その時の私は，「こんな気持ちになるのは未熟だから」と自らを恥じ，さらには「辛い経験を積み重ね，大きく傷ついている子どもに，このような否定的な感情を抱いていることが露呈すれば，周囲から"対人援助職として不適格"という烙印を押されてしまうのではないか」との恐れから，それらの感情を否認しようとした。

　このような心の動きには，施設心理士として駆け出しだった私の「自分を良く見せたい」という気負いも感じられるが，より本質的なところでは，自らの内に生じた激しい攻撃性の取り扱いに戸惑い，「曲がりなりにも築いてきた職場での立ち位置を，自分の攻撃性が台無しにしてしまうのではないか」との恐れを感じている状況に，「自分は彼を虐げてきた人たちとは違う」と思い込み，有能感を維持することで，対処しようとしていたのだと思う。

3. 心理療法過程について

　セラピー開始後，欲求を満たしてくれないうえに休みまで取るセラピスト

の姿に触れるなかで，ヒロムは次第に「枠破り」を含む，反抗的な態度をより強く示すようになる。ここには，「拗ね」の背景に想定されるような心の動きが賦活され，「試し行動」が生じたという流れと，「おとなしくして与えられるのを待つのは愚かな人間のすることで，欲しいものは奪わないと手に入らない」との考えに基づき，私から主導権を奪おうとしたという流れの，二つを見てとることができるかもしれない。

　しかしその後，ヒロムが「枠破り」を著しくエスカレートさせていったのには，教条主義的なセラピストの姿勢が大きく関与しているように思う。たとえば，ヒロムのような「ルール（境界）があることで，自分や大切なものが守られている」という感覚を十分に養ってこられなかった人には，セラピストの精神分析的設定を設け維持しようとする態度も，理不尽なルールを押しつけて相手の主体性を奪おうとする，支配的な姿として映る可能性がある。また，ある程度「受け止めてもらえる」という信頼感が確立されていないなかで気持ちに触れることは，恐怖心を強くかき立てるセラピストの侵入として体験されるかもしれない。ほかにも，解釈は，「気づいている私と気づいていないあなた」という構図をイメージさせ，主導権を奪われる恐れをさらに刺激していただろう。

　こうしたことをまったく考慮することなく，「設定を維持する」との名目の下に，柔軟性を欠く冷たい態度で彼の欲求を淡々と切り捨て，残酷に気持ちを暴くというセラピストのあり方自体が，「かわいくない」「与えたくない」という気持ちの，より巧妙な（換言すれば，理論を逆転移の隠れ蓑にする）形での行動化であった可能性がある。ヒロムの「悪いことをして警察に捕まっているみたいだ」という発言は，「拘留」に象徴される自由を奪われる感じと，「取り調べ」に象徴される侵入される感じの両方を彼が体験していることを如実に表していると思う。

　このように，エスカレートする「枠破り」は，セラピストの境界侵犯から自らの主体性を守ろうとする彼の懸命な姿として見ることもできるものだろう。

　こうした状況の一つの転機となったのが，セラピストの結婚であろう。「セラピストには自分以外に愛情を注ぐ相手がいる」という事実は，私の心から閉め出されたと彼に感じさせ，「避けがたい別れがやって来るのではな

いか」との不安を強く喚起した。ここから，ヒロムは絶対に壊れない家のようなもの，すなわち安心して自分を委ねられる居場所を，よりはっきり求めるようになる。しかし，困難な状況をこれまで一人で乗り越えてきたサバイバーの彼にとって，どうすればそうしたものが得られるかというのは，まさしく未知の領域の話であった。

　結果としてヒロムは，共用の玩具を壊して他の子が遊べないようにしたり，「自分一人だけ特別に良いものを与えてもらっている」と吹聴したりして，自分以外の子どもたちを排除することで，セラピーを独占しようとした。これらの行動は，私にとって「これまで頑張って築き上げてきた大切なものを壊される体験」となり，思わず本気で怒鳴ってしまう事態を引き起こした。

　セラピストのこのような反応は，彼に「自分の怒りに持ちこたえるだけの強さを，この人は本当に持っているのだろうか」との疑念を抱かせたようだった。ヒロムが人形の服をハサミで切ったのは，共用ではない彼一人のためだけに準備された玩具という，セラピストからの愛情を象徴するようなものにあえて攻撃性を向けるやり方で，私の覚悟のほどを見ようとしたのではないだろうか。だが，こうした大博打の反動は非常に大きく，「良いもの（私との関係性）が粉々に破壊されてしまったのではないか」との恐れを彼は抱えきれずに，玩具箱ごと心の奥底に埋葬しようとしてしまうのだった。

　また，子どもに思わず怒りをぶつけてしまうという不測の事態は，セラピストにとっても分水嶺となった。自らの内にあるネガティブな感情と否が応でも向き合わざるを得なくなったことで，私はようやく自身の情緒経験（逆転移経験）について少しずつだが目を向け，思いをめぐらせられるようになっていく。こうしたプロセスが進展するにつれ，ヒロムはセラピストの，より母性的な面との出会いを多く体験するようになる。

　そんなおり，火災報知器の誤報事件が発生し，彼は同情を引くことで周りを操作できる場合があることを偶然にも発見する。この方法で作り出したかりそめの平穏の中で，ヒロムは私に対し，「自分にだけ特別に良いものを与えてくれる人」との思いを深めていく。私自身も生活担当職員との協働関係に揺らぎが生じるなかで，「彼は見捨てられたかわいそうな子どもで，自分がしなければ誰も世話する人はいない」との思いにとらわれるようになって

いった．結果的に，私はヒロムとの間で経験する心の痛みに耐えきれず，そうしたものを感じなくてもすむような関係を，共謀して作り出していたのだった．

こうした関わりに「待った」をかけることは，さんざん期待させておいて肝心なところで話をひっくり返すという両親のあり方を彷彿させるものであり，「やっぱりお前もか！」と，ヒロムを失意のどん底に叩き落とすことになるだろうと私は感じていた．実際，彼に与えた衝撃の大きさを物語るように，入室できずプレイルームの前の廊下で過ごすセッションは，十数回に及んだ．「今後どのような反応が出てくるかわからないが，必ずそれを受け止めて考え続ける」と覚悟したうえでの決断・行動ではあったが，それだけではこの状況を生き抜くことは難しかったと思う．

この間，何よりも私を支えてくれていたのは，他のスタッフとの協働関係，すなわち，「自分のしていることの意味を同僚に理解してもらえている」との安心感であったと思う．「場所はどうあれ，セラピーの時間は一緒に過ごす」というオーダーメイドの枠を設定し，そのなかでヒロムの言動や行動の背景にある気持ちを考え続けるという私の選択は，教科書的には「枠破り」になるかもしれないが，そこから彼が「攻撃性を発揮してもセラピストは壊れないし，やり返してもこず，気持ちを受け止めて考えるという姿勢を一定維持できる」というのを，ある程度体験的に感じとっていただろうことを思うと，臨床的にはそれほど誤りではなかったと言えるかもしれない．「枠破り＝いけないこと」という"べき論"にとどまっていた場合，こうした経過はたどらなかったように思う．

ヒロムから「そんなに大変なら放っておけばいいのに」と言われる次の場面は，このセラピーのハイライトであろう．ヒロムの言葉から私は，彼を大きく失望させたという罪悪感から，「今，手を放してしまったら永遠にこの子を失ってしまうのではないか」との恐れを抱いている自分に気づいていく．こうした気持ちを素直にヒロムに伝えたことは，「『枠破り』を繰り返す自分にセラピストは激怒しているだろう」との空想が，現実と異なることに気づくきっかけを与え，彼は再びプレイルームで過ごせるようになる．

相手をコントロールして見かけ上良いもの（愛情）を手に入れるのとは本質的に異なる，すでにそこにある良いもの（愛情）に気づく体験は，自らを

取り巻く状況について「想像よりもマシな状態かもしれない」というほのかな希望をヒロムに抱かせた。こうした希望や，関係破綻の危機を何とかセラピストが生き抜いたことによる安心感が，「自分など好かれるはずがない」と感じているヒロムに，他者の気持ち，ひいては「安心して自分を委ねられる大人」を求める自らの気持ちに目を向けるための勇気を与え，「中（仕組み）がどうなっているか確かめたい」との発言や，セラピストへのたくさんの質問につながったのだろう。

　しかし，こうした変化は，「親から拒絶されたように，また見捨てられるのではないか」との不安をかき立て，大きな葛藤を彼の中に生じさせた。玩具箱に触れなくなった理由について「（自分が）大きくなったから」と語り，「自分はもはや助けを必要とする『子ども』ではない」と思い込もうとしている点や，自然科学，すなわち自然界に存在する絶対的な法則（ルール）という，（かつてセラピストにとっての理論がそうであったように）物事のとらえ方を一面的にしてくれる教義のようなものを求めていくところからは，そうした葛藤に何とか一人で対処しようと苦闘する，ヒロムの姿を見てとることができるだろう。

　しかし，こうした試みは成功せず，「キャプテンとしてチームをうまくまとめられない」との発言からも想像できるように，彼はいろいろな気持ちがわいてくる状況に，苦しむこととなる。

　この状況で最も彼の役に立ったのは，結局，一定の設定を維持しながら出会い続けたことだったように思う。恒常的なものを体験することで生まれる安心感に支えられる形で，見捨てられる不安に持ちこたえる力を少しずつつけていった結果，これまで触れることが難しかった「両親は自分のことをどのように思っているか」というテーマとも，徐々に向き合えるようになっていったのだろう。児童相談所の担当ケースワーカーから入所経緯を改めて説明してもらった際の，「思っていたのとちょっと違った」との発言は，空想していた迫害的なストーリーとは異なる流れを，彼が感じとったことを示すものだが，こうした体験は，自分自身の（ヒストリーの）中に，良いものを発見する機会を提供してくれたかもしれない。

　だが，ここにきて，ヒロムは終結の話を持ち出す。これには「（セラピーは）いつ終わるの？」との彼の質問に，「そんなことは心配しなくてもいい，

ずっとここにいる」というメッセージを込めながら解釈していたことが，関係しているように思われる．私はマッサージをした時と同じように，彼が生育史の中で体験し得なかったであろう理想的な親そのものになって，欠けを埋めようとしていたのだろう．しかし，当然セラピーには限界があり，終わりも必ずやってくるのである．ヒロムが終結を選んだのは，「別れ（分離）の痛み」という，彼にとって非常に重要なテーマを私がきちんと取り扱えないのを目の当たりにして，「もうこのあたりが潮時だろう」と感じたからかもしれない．

■第5節　おわりに

　ヒロムとの心理療法の経験は，子どもがセラピーに求めているものと，社会的養護の世界に広く流布する「育て直し」という言葉から連想されるケアのイメージが，必ずしも合致しない場合のあることを私に感じさせた．

　実際にギャバードとレスター（Gabbard & Lester, 2002）は，精神分析的心理療法の過程を，「育て直し」を含むような過程になぞらえる動きに対して，「確かに分析家 – 患者関係には，親 – 子関係を繰り返し，それと類似する要素もある．しかし，そうしたアナロジーは，患者が分析家に『良い親』となって過去の『悪い親』を埋め合わせるようがむしゃらに要求し，分析家は患者の過去の外傷を埋め合わせる理想化された人物になろうとして，その願望と共謀するという，二人組精神病を正当化するために誤用される恐れがある」との見解を示し，また，治療者側のこうした逆転移性の反応は，子ども時代に深刻なネグレクトや虐待を経験した患者に対して，特に生じやすいと指摘している．

　また，ケースメント（Casement, 2002）も，「長期的に見た場合，臨床経験は，以前患者を落胆させた人たちとの対比で治療者が『よりよく』あろうとするやりかたによって患者をもっとも手助けできるとは限らないとのことを支持しています．今まで誰ひとり耐えることのできなかった，こころの内的世界における最悪のものが分析関係のなかでは取り扱われうるのだとの発見を，外傷を受けた患者はとりわけ必要としているのです」と述べている．

　児童養護施設での実践において，精神分析的設定を立ち上げ維持すること

がより大きな問題となりやすいのは,こうした「子どもたちの一番の望みは,過去の養育者による不足を埋め合わせてもらえることである」との一面的な考えに,セラピストがとらわれてしまいやすい現場であることも,深く関連しているかもしれない。

[文献]

Casement, P.（2002）. *Learning from our mistakes: Beyond dogma in psychoanalysis and psychotherapy*. New York: Guilford Press.（松木邦裕（監訳）（2004）. あやまちから学ぶ——精神分析と心理療法での教義を超えて．岩崎学術出版社）

Gabbard, G. O. & Lester, E. P.（2002）. *Boundaries and boundary violations in psychoanalysis*. Arlington: American Psychiatric Pub.（北村婦美・北村隆人（訳）（2011）. 精神分析における境界侵犯——臨床家が守るべき一線．金剛出版）

平井正三（2010）. 子ども臨床（児童入所施設を含む）．臨床心理学, **10**(2), 205-213.

Klein, M.（1955）. The psycho-analytic play technique: Its history and significance. In M. Klein（1975）. *The writing of Melanie Klein Vol.3. Envy and gratitude, and other works, 1946-1963*. London: Hogarth Press and the Institute of Psycho-Analysis.（渡辺久子（訳）（1985）. 精神分析的遊戯技法——その歴史と意義．小此木啓吾・岩崎徹也（編訳）．メラニー・クライン著作集4 妄想的・分裂的世界（1946-1955）．誠信書房）

■■■ 綱島論文へのコメント ■■■

児童養護施設において精神分析的心理療法を実践する際の「枠」をめぐって

【鵜飼奈津子】

1. はじめに

　本論を一読し，虐待を受けてきた子どもの心と出会っていくことで，セラピスト（以下，Th）が抱かざるを得ない心の痛みを，あらためて痛感した。

　綱島氏は，ヒロムとの心理療法について考察する際に，「枠」を一つのキーワードにしている。一般に「枠」は，心理療法においてクライエントとともにThをも守るものであり，私たちはそこで互いに心を見つめる作業を行う。しかし，ヒロムのような，いわゆる心の基盤に困難を抱える子どもと出会っていくなかでは，その「枠」が激しく揺さぶられることは避けがたく，それはTh自身の心のスペースをも激しく揺さぶる。そこでThは，「枠を守ること」にある意味ですがることで，何とか自分を保とうとすることになる。

　本論には，そうしたThの苦闘が鮮明に描き出されており，読む者すべてにとって，こうした子どもと出会っていくというのはどういうことなのか，あらためて問い直すきっかけを与えてくれるであろう。

2. 児童養護施設において精神分析的心理療法を実践するということ

　多くの児童養護施設には，同じ建物の中や，本事例のように同じ敷地内の別の建物に，心理療法を行うための部屋が用意されている。しかし，生活の場と心理療法の場で起こる内的作業の距離は遠い。日常生活場面で世話をしてくれる大人が，心理療法の場に送り届け，また生活場面に戻るために迎え入れてくれるという橋渡しがあることで，子どもは安心してさまざまな感情を心理療法の場で体験し，Thと共にそれについて考えることができる。

　本論で報告されている児童養護施設の場合，こうした職員の送迎はもとより，心理療法とはどういった場であるのかということが，すなわち，心理療

法を始めるにあたって話し合いを行うこと，そして心理療法の経過中の振り返り面接などにおいて考えの共有を行うことなどが，職員とThの間で共有されている様子がうかがえる。本事例では，こうした職員とThの協働が，心理療法の「枠」を抱えるもう一回り大きな「枠」になっていたと言えよう。Thは，こうした心理療法の外側の枠にも，大いに守られていたのではないだろうか。それが端的に表れているエピソードの一つに，ヒロムが「自分だけがThから特別に良いものを秘密で与えてもらっている，と吹聴していた」時の職員の対応がある。これは，職員とThとの信頼関係，そして職員が心理療法とはどういうものなのかということを日ごろから理解していることの証左であっただろう。

3．出会い

　さて，出会いは，Thが心理療法を求めるヒロムのことを，「『厚かましい』と感じて気乗りしない」という「ネガティブな気持ち」から始まった。Thはどこか，ヒロムから搾取されるような感じを抱いていたようであり，たとえば，ヒロムはThや心理療法に象徴される良いものを求めることができる，あるいはそこに希望を見出すことができる心を持っているなどといった，ヒロムに対する"ポジティブ"な見方はできなかったようである。そして，そうしたネガティブな気持ちは「『支援者としてふさわしくない』との考えによって押し込められていった」ところに，Thの真摯で誠実な人柄が伝わってくる。しかし，ここでこの「ネガティブな気持ち」に向き合い，もう少し考えることができていれば，ヒロムとの出会いはまた違ったものになってはいなかっただろうか，との思いも起こる。

　ともかく，こうしたヒロムとThとの関係は，アセスメントに入ってからも続き，ヒロムが与えられたおもちゃに喜ぶ姿も，Thにとっては「明らかに良い子を装い，私に取り入ろうとする」ものでしかない。ヒロムなりに，何とかThとの関係を良いものとしてスタートさせたいという必死の思いであったのだろうが，Thにとっては「『明らかに猫をかぶっている』と感じさせる」ものでしかない。つまり，Thがヒロムとの出会いの当初から抱いていた，しかし心の「奥に押し込めた」「ネガティブな気持ち」は，こうしてTh自身も気がつかないところで増幅していっていたのではないかと思われ

る。そしてそれが，先に触れたエピソードへと燃え上がっていくことになる。ここで Th は，まるで信頼していた友人から卑怯な裏切りを受けたかのように，ヒロムに対する憎しみとすら呼べる感情を喚起させられる。

　ヒロムは引き続き，自身の生育歴の痛みを繰り返すかのように「『自分だけ良いものを与えられない』との思い」を強くし，ついには「『自分一人のものにならないのなら，誰の手にも渡らないよう壊すしかない』という破滅的な発想」に至る。確かに，こうした発想は建設的だとは言えない。しかしここには，ほど良い環境で，ほど良い母親と共にその生を始めた乳児が抱く当たり前の万能感をおそらくは体験したことのないヒロムが，それでもそれを希求する，そしてここでならそれを求めることができるかもしれないという，やはり希望であったのかもしれない。私は，そうしたヒロムの希望を持つ力とでも言える側面を見たくなる。

4．具体的なケア

　さて，「派手な枠破りが少しずつ影を潜めるように」なってきたころ，ヒロムは足の痛みを訴えて，Th に自分の足に触れさせる。しかし，すぐに「僕の足，水虫だから早く手を洗ってきたほうがいいよ」と，自分の弱く汚い部分を見せ，自分に触れることで Th もとんでもないことになると警告する。そんなヒロムに対する Th の逆転移は，「何とも言えない寂しさ」を味わう方向へと変化していき，もうかつてのようにヒロムのことを厚かましいとは思わない。そして起こったのが，火災報知機事件である。他者と情緒的に触れ合うことの難しいヒロムの，自分の体に触れてほしい，（上着で）体を包んでほしいという気持ちは，心理療法においてはいかに扱われるべきなのだろうか。

　上着やマッサージは，永遠に自分のものにすることはできず，時間がくれば必ず返さねばならない。その時のヒロムの痛みは，いかほどのものであっただろう。それは，上着もマッサージも具体的なものであり，行為だからである。もしこれが，あたかも上着をかけてもらったかのような，あるいはマッサージをしてもらったかのような体験であったなら，それはヒロムが自分のものにしておける体験になろう。

　そしてこの点こそが，職員と Th が子どもに提供するものの決定的な違い

である。前者は具体的なケアを提供する役割を担う一方で，後者は具体的には満たされない痛みを抱え，その痛みを共有する役割を担う。つまり，ヒロムの衣服や足のケアなどは，日々の生活の中でなされるべきものであり，Th はそこまでを含めたすべてのケアができるわけではないという限界（つまりは，Th は完璧に良い母親にはなれないという痛み）に耐えられるのか，である。具体的なケアを行うことが，自身の自己愛から派生しているではないのかと考えるのは痛い。そしてこれは，その子どもの痛みとも呼応するものであろう。綱島氏はこの点について，「理想的な親そのものになって，欠けを埋め合わせようとしてしまっていた」と考察しているが，それほどまでにヒロムの傷つきと「欠け」が，痛ましくも大きなものであるということなのだろう。

　一方で Th は，「善意や同情を利用して相手をコントロールする心地良さに，ヒロムが酔っていると感じ」る。ここでは，現実的に窮地に立たされることで，Th から特別の関心が得られることを体験的に知りはしたが，他の方法を持たないヒロムの必死さが伝わってくる。そもそもの始めから，こうした具体的なケアをしないという態度を貫くことこそが，Th にとっての「枠」である。しかしそれは，援助者としていかがなものかといった思い，すなわち，万能感あるいは自己愛といった側面からも非常に困難なことだと思う。

　こうした苦闘の続いた後の第 73 回で，「汗びっしょりで息も上が」りつつ，そしてヒロムからは「『そんなに大変なら放っておけばいいのに』と言」われながらもあきらめない Th は，ヒロムにとってはまさに決して自分を見捨てることなく，ヒロムのことを考え続けようとする，これまでに体験したことのない対象として立ち現れたのではないだろうか。こうした Th のあり方は，具体的な世話よりもずっと，ヒロムの心を抱える行為だと言えよう。

5．変化と成長の兆し

　以後，ヒロムは生活場面で「枠破り的な要素」を含みつつも，職員との関わりを積極的に求めるようになっていく。そして，「自分の家は逆に年長者ばかりが大切にされる」と言うヒロムに対して Th は，「大人の言っていることがばらばらで，何を信じてよいかわからなくなるね」と伝える。また，ヒ

ロムは施設入所の経緯を知りたいと望むようになるが，これは自分とはいったい何者なのか，どこから来てどこに向かおうとしているのかを知りたいという当然の欲求であり，ヒロムにようやく，そうした自身の生育歴と向き合う心の準備ができたのだと思われる。しかしここには，そもそも万引きをさせるなどのルール破りや，「強者がその優位性を保つために都合よく作り上げた理不尽な取り決め」が横行する原家族のあり方，あるいは信念とでも言うものに対する問い直しも含まれる。ヒロムにとって大切なのは，ホームでの生活期間を通じて，どれだけ生育歴とは異なる体験を重ねていけるのかということであり，これはヒロムの成長に伴って考えねばならない今後の課題であると言えよう。

このあたりのことをめぐって，綱島氏は，ビオンの言う経験から学ぶことがヒロムにとって難しいと懸念している。しかし，ヒロムがそうした心を育んでいくためには，心理療法のみならず生活場面においても，これまで経験したことのなかったような大人との関係を，繰り返し積み重ねていくしかないと思う。実際ヒロムは，「キャプテンとしてチームをうまくまとめられない」ことから，いろいろな人がいろいろな気持ちを持っているということに体験的に気づき始め，それまでの信念では人との関係性を育んでいくことができないことを，わかりつつあるようである。

心理療法の開始から3年を迎えようとするころになって，ヒロムは心理療法の終結を持ち出す。3カ月の経過観察を経た話し合いで，Th はヒロムに残された課題について明確に伝えながらも，当初の目標を達成したことや，今のヒロムを応援したいという，心理療法開始当初には思うことのなかったヒロムの"ポジティブな"側面を見て，終結を迎えた。

私には，自身の欲求をコントロールしきれないことにまつわる不安と，自分の気持ちや痛みに向き合うことに対する耐え難さから，ヒロムはこの時点でいったんこの関係性を終わりにしたかったのだろうか……という思いがよぎった。

6. おわりに

児童養護施設という組織そのものが持つ防衛システムやストレス，そしてその中に巻き込まれつつも，考える心のスペースを保ち続けるという Th の

機能の大切さについて，改めて考えさせられた。そして何よりも，Th の逆転移の苦しみが痛々しく，かつ生々しく伝わってくるなかで，Th の行動化についていかに考え続けることができるのか。バーンアウトの危険性と同時に，Th としての成長という希望も，やはり見失わないでいたい。

　このようなことを考えさせられた，ヒロムと綱島氏との物語であった。

第11章

第Ⅱ部のまとめと児童養護施設の子どもの心理療法アセスメント

【平井正三】

　第Ⅱ部では，児童養護施設での精神分析的心理療法実践をめぐる，さまざまな問題について論じてきた。施設での心理療法を行う場合，①対象となる個々の子どもの心理学的問題，②一人のセラピストが心理療法で関わる子どもたちが，同じ施設で暮らすことにより生じる問題，③セラピストと生活担当職員との関係，特に心理療法やセラピストの存在が施設でどのように受け入れられていくかという問題などが，重要な課題になると思われる。

　横山氏が第9章，綱島氏が第10章で論じているのは，主に①の問題と考えられる。すなわち，私が第1章で述べた分類で言えば，発達障害系の子どもと境界例系の子どもという，児童養護施設の心理療法実践で出会う代表的な二つのタイプの子どもとの心理療法実践であり，どちらも子どもにとって，そしてセラピストにとって，ときとして耐え難い痛みを引き起こす作業が含まれていることが，二つの論文で明瞭に示されている。そして，それぞれのタイプの子どもたちとの心理療法実践において必要な技法上の工夫や熟慮について，それぞれの執筆者が考察で述べている。

　これに対して，綱島氏の第8章は，②や③の問題を主に扱っている。児童養護施設はその名のとおり，子どもを養育することがその主たる目的である施設であり，実際，子どもは週1回や2回の心理療法のセッションだけで心が癒やされたり，成長していったりするわけではなく，日々の生活でのケアによって変わっていったり，成長したりしていく部分が大きいのは明らかであるし，また，ケアする人なしにそもそも子どもが生きていくことは難しい。生活か心理療法かという二分法ではなく，綱島氏，横山氏，冨成氏が強調しているように，心理療法は生活担当職員との協働関係がうまくいくことで，はじめて子どもの役に立つと言ってよいくらいであり，互いに補い，助

け合う関係が持てることが理想であろう。

　とはいえ，実際にはさまざまな困難があることも確かであり，その一端は綱島氏が第8章で述べているとおりである。その根源の一つは，個々の子どもたちと心理療法を通じて関わるなかで，たとえば第10章で綱島氏が生々しく示しているように，ケアする大人たちの間に激しい，そしてときに耐え難い痛みを引き起こし，冨成氏が書いているように，考えなし（マインドレス）の心の状態を生み出しやすいことであるように思われる。この点については，第Ⅳ部で，鈴木氏が施設職員を対象に行ったワークディスカッションでの職員たちの切実な肉声の中に，雄弁に表現されている。

　このように児童養護施設は，耐え難い痛みを包容することを目的の一つとする（もちろんそれだけではなく，未来や希望の萌芽である子どもを育むことも目的）組織であることから，当然それへの防衛や，あるいはそれによって生じる病理的な側面から無縁ではない。むしろ，私の印象では，多くの施設で働くセラピストを悩ませているのは，子どもとの心理療法以上に，こうした組織との関連で生じている問題のように思われる。

　冨成氏が指摘しているように，セラピストはこうした現場で，「子どもの心について考える」という課題を担っていくわけであるが，まさしくそうした存在ゆえに，しばしば組織からの有形無形の「考えることへの攻撃」の焦点になりやすいと思われる。こうした問題が厄介なのは，セラピスト個人の中にも，子どもの心の痛みや虐待やネグレクトなどの問題の甚大な影響について，考えたくない，見たくないという気持ちはもちろん強いわけであり，さらにそのような反応の中には，心の健康を維持する働きも得てして含まれている。実際，考えない，見ないという組織の動きも，部分的には組織が健全に機能するために必要な防衛の部分も，多分に含まれている。ところが，短期的には良い考えのようでいて，痛みから苦し紛れに逃れることのみに重点が置かれて選択している考えややり方は，現実の重大な側面を無視しがちであり，結果的にはより多くの問題を生み出してしまう，病理的な方向に傾いてしまうかもしれない。

　以上が，一般的な問題の理解であるが，こうした問題に対する万能薬のような処方箋はもちろんないように思われるが，常に「外部」の目に開かれ続け，そして対話と協働の関係を維持していくということが肝要に思われる。

その点で児童養護施設は、一般的に言って、閉鎖的な性格のところが多いように思われる点があることが、難しさに拍車をかけているように思われる。また、セラピストは一人職場が多いか、仮に数人いても、かなり硬直した関係に陥りやすいように思われる点も、自覚しておいたほうがいいかもしれない。できるだけ、他施設のセラピストとの事例検討会、さらに多領域のセラピストとの事例検討会に参加し、できればスクールカウンセリングや病院など多領域での仕事にも携わり、施設で見ている子どもや親とは異なる子どもや親と接したり、健康な子どもと接したり、さらに他の領域の職場組織の経験をすることで、「まっとうさ」の感覚を維持することが大切かもしれない。それが逆に、施設の子どもの心理療法や施設に貢献することにつながるかもしれない。

こうした「外部」とのつながりのほかに、施設内部での協働関係も大切であるということは、綱島氏や冨成氏が示唆するとおりである。施設内部でのケースカンファレンスや、担当職員と子どもについて話し合う機会を設けることなども、とても大切である。

もう一つ、精神分析的心理療法の観点からとても大切に思われるのは、「子どもの心について考えていく」営みの促進という観点から、心理療法アセスメントの活用という視点である。これは冨成氏が述べているものであるが、職員との協働という点だけでなく、セラピストが特定の子どもとの心理療法について、「外部」（プレイルームの外側のスタッフ）の目を最初から意識して進めていくうえでも、大切に思われる。

以下に、心理療法アセスメントについて補足しておきたい。

■児童養護施設における心理療法アセスメント

子どもの心理療法アセスメントは、当該の子どもに3，4回の個別セッションを設けて行う。その大枠は、冨成氏が書いているとおり、①生活や学校での様子を職員に尋ねる、②その子の心理的状態を知るためにアセスメントセッションを実施する、③アセスメントセッションで明らかになった子どもの状態をフィードバックする、という段階に分かれる。

1. 予備段階

　最初の①段階であるが，まず，そもそもなぜその子どもに，職員が心理療法を受けさせたいと考えているか，その子どものどのような心理的問題，もしくはそれを背景にした行動を問題に感じているのか，話し合うことは大切であろう。ここで語られたことにとらわれる必要はないが，その子どもの心理療法アセスメントの出発点が明瞭になっていることで，その後のアセスメント過程で明らかになったことと突き合わせて考えていくことは，役に立つかもしれない。これには，子どもに会う前にこうしたことを話し合い，職員に，子どもになぜ心理療法アセスメントを受けさせたいのか考える機会を設ける意味合いもある。

　そして，子どもにどのように伝えて，心理療法アセスメントに来てもらうか打ち合わせることも，大切であろう。職員が，「○○くん／さんのこういうところを心配に思っているから，心理の○○先生に会ってもらって，○○くん／さんのことをもっとわかりたいと思う。○○先生は子どもの気持ちのことを考えてくれる先生だから，○○くん／さんの思っていることや感じていることを自由に話していいと思うよ」といったことを，あらかじめ子どもに話しておくことが大切であろう。また，最初は職員を交えて，セラピストと3人で話をすることも役に立ちうる。その際に，やはりアセスメントを受けさせたいと職員が考えたのはなぜか，子どもとセラピストとで共有する機会を設けることが必要であろう。

　さて，以上のようなこととは別に，心理療法アセスメントの前にしておくべきことは，子どもの生育歴に関するできるだけ詳しい情報を得ることと，学校や施設での子どもの様子を把握することである。施設の子どもの場合，生育歴に関しての情報が相当欠落している場合も多い。その子どもがどんな赤ん坊であったのか，小さな時にどんなふうで，どんな経験をしたのか知っている人がほとんどないということ自体が，その子どもがどのように育ってきているのかに関する重要な側面を示している。健全な家庭で育つ多くの子どもは，自分について赤ん坊の時から知っており，語ることのできる人に囲まれて育っているという現実があり，それら，その子どもに関する物語が，その子どものアイデンティティの中核をなしていくと考えられる。そういう

意味で，生育歴に多くの欠落部分を持つこうした子どもたちは，アイデンティティの中核に脆弱な側面がある可能性があると考えられる。

　生育歴を把握する際にもう一点重要に思われるのは，その子どもを「育てられ経験」という点で見ていくことである。特に，生後2歳までの養育経験は，子どもの情緒発達に決定的な影響を与えることが知られている。いわば，その子どもの自我の中核が形成されるのが，その時期であると思われる。そのときに，一貫した養育者がいたのか，いたとしたらその養育の性質はどのようなものであったのかなどが，重要な問いである。虐待やネグレクトがあった場合，その詳細がわかることが望ましい。特に，ネグレクトは重大な悪影響を与えうるので，それを探知することが大切である。また，トラウマとして経験されている可能性のあるエピソードなどにも，注意を払う必要がある。養育者のパーソナリティや精神病理について一定の印象が得られれば，心理療法における転移や，子どもの心理の理解に役立ちうる。

　もう一つ注意を払いたいのは，生育歴と言う場合，しばしば実父母に焦点が向けられすぎる点である。乳児院に生後すぐに預けられた場合，その子どもの「育てられ経験」の主要な部分は，乳児院の担当保育士によるものであると考えてよいだろう。この点がしばしば，児童相談所や施設のスタッフの語りの中で，抜け落ちしまいがちな面のように思われる。つまり，その子どもにとって，実父母よりも乳児院や児童養護施設の職員の関わりのほうが，はるかに大きな役割を果たしているかもしれないという現実は，無視されがちなように思われる。

　特に，乳児院の担当保育士とのアタッチメント関係の重要性，そして児童養護施設への移行に伴うその保育士との別れに関わる子どもの痛みは，保育士の痛みとともに，ケアのネットワークの中で無視されがちである印象がある。こうした別離は，子どもにとってトラウマ経験になっている場合もまれではないし，その後の重要な情緒的経験を築いていく際に，その影を落としている場合が多いように思われる。

　最後に，子どもが施設に入所してからの様子，そして施設や学校での現在の様子を把握することについて見てみよう。これらのことを職員に尋ねる場合，職員の視点から語られることが多いわけであるが，子どもの視点から同じことを見ていくことが大切である。つまり，得てして管理的な視点から

「問題」と思われることが描写されがちであるが，子どもの視点から見て，それがどういうことなのか把握しようと努めることは重要である。

　たとえば，ある子どもが，職員の「指導が入らない」と記述されるとしよう。それは具体的にどのような場面なのか，その子どもが職員の言うことを聞かないのは，どのようなことが背景にありそうなのか，現実をとても被害的にとる傾向があるのか，それともコミュニケーション能力そのものが十分でないのか，などである。特に，その子どものコミュニケーションの力や関わる力，考える力について示唆する部分は，詳細に尋ねておくのが役立つ。

　また，特定の職員との間でアタッチメント関係があるのかないのか，あるとしたらそれはどのような性質のものなのかも大切である。さらに，他の子どもとの関係について知っておくことも大切である。特に，学童期の子どもにとって，他の子どもと友だち関係を持っているか，遊べるのかといったことは，将来につながる対人スキルの基盤に関わるので重要である。

2．心理療法アセスメント

　心理療法アセスメントでは，3，4回子どもとの心理療法セッションを持つことで，その子どもがどんな子どもであるか一定の考えを持つことを目指す。通常の遊戯技法と同じ設定でのセッションを持ち，そこで起こることをもとに子どもの理解を立ち上げるわけであるが，その際に，注目すべき点としては以下の二点がある。

1）子どもの振る舞いや関わり方の特徴

　これは，行動面の特徴と言ってよいが，多くの子どもはここに，その子どもの心理学的特徴が明瞭に現れる。特に，セラピストやプレイルームに対する態度に注目することは大切である。セラピストという見慣れぬ人物に対して不安や緊張を持つのが通常であるが，そのような状況で非常に迫害的になっているのかどうか，そしてそのような迫害不安にどのようなやり方で対処しているのか，セラピストが介入すると不安は和らぐのか，などが重要である。

　子どもによってはまったく不安そうにせず，むしろ馴れ馴れしい態度を示すかもしれない。こうした場合，セラピストがどのような人物か見きわめる

動きはあまりない，すなわち，必要な現実検討に支障をきたしていることが想定される。逆に，不安のあまり遊べなくなる子どももいる。そうした場合に，セラピストがその子どもの不安や心配を取り上げるなどすると，不安が和らぐ場合とまったく変わらない場合があり，それぞれの子どもの対処能力や対象関係について示唆するところが大きい。

虐待を受けた子どもの大半は，初回かその次の回かに，何らかの形で部屋を出ようとする。これは閉所恐怖と理解できるが，虐待的な対象関係の恐れと理解できるのと，また，対人関係で自分がまったく無力になる不安とも理解できる。

遊び方に関しても注意を払いたいのは，その子どもの遊びの筋道が立っているかどうかは重要である。虐待やトラウマを受けた子どもの多くは，遊びの筋道が急に途絶えたり，断片的になったりしていく局面があり，このような子どもたちの主体性の脆弱さを物語っている。この場合，それがトラウマ的記憶の出現であったりする可能性も視野に入れておくことは大切であろう。

第1章で述べたように，境界例系か発達障害系かを見きわめる視点は，アセスメントにおいて重要である。境界例系は，迫害不安の強さ，強烈な攻撃性や残酷さの出現，乳児的自己への攻撃，心理療法の設定もしくは枠への攻撃，もしくは被害的傾向，激しい投影傾向などの行動特徴を呈する。具体的には，セラピストを支配し，コントロールしようとする，命令をする，閉所恐怖的になる，激しい退室渋りを示す，セラピストや部屋を理想化したかと思うと急に態度を変え，けなし始める，などが挙げられよう。

発達障害系のほうは，コミュニケーションが一方的であったり，遊びが感覚遊びや非象徴的なものであったり，非常に単調なもの（動物同士の戦いが延々と続くなど）であったりする。また，セラピストが子どもからの投影を感じることが難しい場合が多い。

混合型の場合は，一見，境界例系の子どものように支配的であったり，暴言を吐いたりするが，セラピストはあまりそれによって心を強く動かされることがないのが特徴であり，どこか遊びや振る舞いが単純で単調に感じられる。

2）子どもの表現

　子どもの表現は，非象徴的表現と象徴的表現に分けて考えると，前者は子どもの振る舞いや態度などであり，それは前項で述べたとおりである。その子どもが，どの程度象徴的な遊びで自分の気持ちを表現できるかは，その子どもの自我の力に関する大変重要な指標と見てよい。ほとんど象徴的な遊びができない場合は，発達障害を疑う必要があるだろう。境界例系の子どものなかには，会話をするうえでは命令口調であったりして，一見，象徴的表現や思考が可能なようでいて，よく見ると象徴的な遊びはほとんどできない場合もしばしばある。

　象徴的な遊びには，人形やミニチュアを用いた遊び，セラピストも巻き込んだごっこ遊び，描画などがある。粘土やブロックを用いた遊びにも，象徴的な表現が見られる。これらの一見，象徴的な遊びも，子どもによっては，一方的に子どもが一人で遊んでいる場合，それは象徴的と言うよりもかなり具象的な表現であるかもしれない。セラピストが，子どもが自分に伝えてきているとどこか感じるかどうか，また何らかの質問やコメントをすると子どもが答えてくるかどうかは重要である。

　こうした「やり取りに開かれた表現」であるかどうかが，それが真の象徴的表現かどうかを見きわめるうえで重要であり，それが一定見られるということは，その子どもは概ね神経症圏，すなわちクラインの抑うつポジションを一定達成している子どもと，判断してよいかもしれない。逆に言うと，施設の子どもの大半は，そのように遊べない子どもであるように思われる。

　こうした象徴的表現の中で，赤ん坊や小さな子が残酷な仕打ちを受けていたり，激しい争いや残酷な行為が行われたり，あるいは人がゴミのように捨てられたり，糞便のように扱われたりする主題が出現するのは，境界例系の子どもの特徴である。

　以上の点とともに，セッション間の連続性がどれほど維持できているのか，全体として心理療法の機会を直感的に，気持ちを考えてくれる人（「良い対象」）との出会いであると理解し，それに惹かれているところがあるのかなどの視点も重要である。心理療法アセスメントは，その子どもの病理的

部分を明らかにするとともに，その子どもの持っている成長への潜在的可能性もとらえることが必要であり，これらの視点は子どもの潜在力を知るうえで，大変重要である。

　ひどい虐待やネグレクトを受けており，施設内での振る舞いも問題の多い子どもが，心理療法アセスメントセッションの中で，その子どもがどのような心の世界に住んでいるか，振る舞いにおいても，また象徴的表現においてもセラピストに生々しく伝わってきて，しかもセラピストが解釈をすればそれにヴィヴィッドに反応し，新たな面を見せるとするならば，その子どもは「考える対象」を心のどこかに持っていて，そのような対象と関わり，成長する力があることを示していると判断できる。

　さらに，アセスメントセッションを通じてセラピストが吟味すべきなのは，子どもとの関わりで，自分にどのような逆転移を喚起されているかである。特に，その子どもがかわいいと思えるかどうか，何か通じ合えるところがあるかどうかなどは重要である。これらは，非言語的な交流の質の評価であり，意識的には関わりが難しい子どもであっても，どこかかわいいと思えたり，通じ合えたり，あるいは関わりを通じて何かが生まれる予感がしたりする場合，それはその子ども，そしてその子どもの内的対象の潜在的可能性を，感じとっている場合が多いように思われる。その点で，施設職員がその子どものことをどのように感じているかも，その子どもの対象関係の顕在的な姿と潜在的可能性を評価する場合に，きわめて重要である。

　このようにして，子どもに関して間接的に得られた情報と，アセスメントセッションで直接関わることで得られた情報を総合して，その子どもの対象関係，不安，防衛，自我の特徴などについて，その時点でのセラピストの考えを定式化する。その場合に，顕在化している面と潜在的可能性，病理とともに，その子どもの強みも明らかにすることが大切であろう。

　ここでもう一つ重要な点は，間接的な情報よりも，直接関わることで得られた情報や印象を大切にすることである。間接的な情報は，直接の関わりで得られた情報の意味を明確にしたり，限定したり（つまり，プレイルームの中だけの現象であり，過度に一般化できないことを知ったり），より客観的な裏づけを得たりするのに用いることが望ましい。

3. 施設職員へのフィードバックと継続的心理療法の可能性

　心理療法アセスメントで得られた子どもの理解は，施設職員との間で共有する。その場合，先に述べたような，子どもの基本的な特徴についてのセラピストの考えを伝えるわけであるが，セッションでの具体的な振る舞いや表現を必要であれば提示し，さらになぜそのように考えるのか，なるべく考えの道筋を職員に提示しながら話すのが望ましい。その際に，職員から見れば，生活の中での振る舞いや，やり取りの中に思い当たることなどがあるかもしれず，そうしたことを共有しながら話していくことが望ましい。つまり，心理療法の「専門家」として，一方的に「理解」を伝えるというよりも，その子どもについての互いの経験の一致するところと，異なるところを共有しながら話し合っていき，職員としても，自分の経験とのつながりで，セラピストの理解を生かしやすくなることが期待される。

　また，セラピスト側からも，職員の子どもへの経験の中で一致する部分が出てくれば，自分のアセスメントの見立てが確証されたと感じるし，逆に一致しない点があれば，新たな理解の可能性が出てくる。特に，後者の側面はとても大切であり，職員側からも一方的に「理解」を提示されるという関係ではなく，互いに子どもの経験を持ち寄ることで，理解がその場で生成されていく経験をすることにつながる。こうした互恵的関係の基盤は，生活担当職員や施設全体の互恵的雰囲気に寄与し，子どものケアに生かされることが期待される。

　心理療法アセスメントはそのようなものとして，必ずしも継続的な心理療法を想定していない子どもにも行われてよいだろう。また，継続的心理療法を想定されていても，アセスメントを通じてそれが望ましくないと判断される可能性もあることが，施設職員にもセラピスト自身にも明確になっておくことも大切であろう。それは，先に書いたように，「外部」の影響を受けにくい組織心性の中で，下手をすると馴れ合いになってしまう流れの中で，セラピストが「外部性」を維持し，専門性を保つことで，子ども，そして施設に役立つために必須の認識かもしれないと思われる。

第Ⅲ部 紙上スーパービジョン

第12章

人とのつながりについて考えようとしている女児の事例

【吉岡彩子】

■第1節　はじめに

　児童養護施設で暮らす5歳の女児A（以下，「マホ」と仮称）と，施設内で心理療法を担当する私が出会ってから，1年が経過した。マホとの心理療法では，マホと私が共に過ごすことや，情緒的につながることの難しい状況が続いているが，マホは心理療法の場面で毎回さまざまなことを行い，私とのつながりについて考えようとしている。マホとの出会いのこの初期の過程を振り返り，マホがどんな子どもなのか理解を深めたい。

■第2節　事例の概要

　マホは人なつっこい表情を見せる，活発でエネルギーのある女の子である。一方で，施設の子どもたちのなかで寄る辺のない様子でぼんやりと立っているマホの姿を私は何度か目にしたことがあり，マホのセラピストとして出会う前からマホのことが印象に残っていた。

　マホの実父は，マホが生まれる以前から母に暴力を振るい，マホが生まれてからは家に帰らず，生活費を入れない状況が続いたため，母は友人を頼って家を出，マホが生後9カ月のときに両親は離婚した。以降，実父とは音信不通である。マホの母は18歳まで児童養護施設で育った。退所後は販売業に従事し，20代の終わりにマホの実父と結婚し，姉（マホより2歳上）とマホを生んだ。離婚後，母はうつ病や体調不良を抱え，就業や子どもの養育が困難だったため生活保護を受給し，マホが1歳のころに母子生活支援施設へ入所した。

第12章　人とのつながりについて考えようとしている女児の事例　　271

　母子生活支援施設では，姉が母に叩かれ悲鳴を上げて泣く姿が見られ，姉とマホは母にいつもされていると言って乳児に嚙みついたり，たえず空腹を訴えたりした。母は子どもの日常の世話を行うことが実際に困難であり，ネグレクトと身体的虐待が認められ，マホは2歳の時に姉と共に数週間の一時保護を数回経験した。マホが3歳の時，母は別の男性と再婚し，マホと姉，継父との4人暮らしが始まった。継父と母は飲酒してよく喧嘩をした。継父の暴言はマホと姉へも向かい，2人はたびたび家を出た。その後，継父はある事情により不在になった。

　マホが4歳4カ月のころ，ネグレクトと身体的虐待，心理的虐待が認められて一時保護となった際，児童養護施設への入所が検討された。姉妹そろっての入所の勧めに母は応じず，マホのみ入所となった。入所後，母は新しい恋人との間で妊娠し，持病による体調不良によりマホへの面会に来ることができず，マホが母親や姉と会ったのは一度きりである。このような過酷なマホの生育歴を，関係機関からの引き継ぎ文書を通して私は知り，幼い姉とマホがなぜこのようなひどい目に遭わねばならなかったのかと，向ける先のない怒りと落胆した気持ちを感じた。

　マホは，1歳8カ月より保育所に通い始めた。施設入所時，排泄はほぼ自立，言葉は出るが会話が難しい，食物に興味があり，歌や折り紙が好き，ということだった。3歳の時の発達検査では，軽度の知的発達の遅れが認められた。施設入所後は知的障害児通園施設に毎日通い，運動面の発達は順調だが，対人面については，名を呼ばれてもぼんやりしていることが多く，どこか大人を信頼していない様子があるとのことだった。

　施設は大舎制で，幼児の養育担当職員は3人おり，マホの担当は20代の女性職員で，マホを含め3人の子どもの担当であった。幼児担当の3人の職員の名をマホは覚えていたが，職員らはマホが自分たちの名を覚えていると思っていなかった。マホの担当職員は，マホに特に関心を向け，共に過ごす時間を確保するよう努めているにもかかわらず，マホが何を考えているのかわからないことが多く，互いに信頼感が得られないと感じていた。入所後，マホが他児を突然嚙んだり叩いたりする，食べ物の好き嫌いがあり量も食べない，眠れない，うつ伏せで性器を畳にこすりつける自慰行為が頻繁に見られることを職員たちは心配し，施設入所から約半年後の5歳になる直前に，

私に紹介されてきた。

　心理療法に使う部屋は，生活棟とは別棟の10畳の和室である。部屋には机と座布団，ドールハウスに加え，マホ用の道具箱（文具や粘土，人形や動物のフィギュア，ミニカー，カレンダー）を用意した。

　アセスメント面接の初回から4回目までは，養育担当職員と同席で面接を行った。初回，マホはハイテンションで部屋の中を動き回り，私とほとんど目を合わせなかった。2回目以降，マホは職員と身体を密着させて2人きりの世界を作り，私をその場にいないものとして扱った。回を重ねるうちに，私を遊びに誘ったり，自分の要求を伝えたりして，私と交流を持とうとした。そこで5，6回目は，マホと私の2人で過ごすことにした。

　部屋に私と2人きりになったマホは突然，「こわい〜」と泣き出し遺尿した。〈まだどんな人かわかんないもんね。まだ一緒に遊んだことあんまりないもんね。ドキドキするね〉と私が話しかける言葉に（マホの発言を「　」，セラピストの発言を〈　〉で示す），マホは耳を傾けた。マホは粘土を舐め，食べ，唾を吐き散らし，具象的で感覚的な遊びを多く行った。ほかには，"駄目でかわいくない子ども""悪いことをしては叱られる子ども"の役を私にあてがい，マホ自身は叱る役をとったかと思うと「ごめんなさい……」と泣き真似をし，私にも泣き真似をさせ，場面は混乱した。自分と他者は簡単に入れ替わってしまい，主体の感覚は不確かで脆いように思われた。また，私はマホの排泄に毎回付き添い，マホは私に具体的に世話をされる方法で私と接触を持った。マホはどのように人と一緒にいていいのか，交流を持てばよいのか，わからないようだった。

　このような，マホのばらばらの感覚や体験をまとまったものにするために，一定の枠組みの繰り返しが役立つのではないか，そのなかで混乱した気持ちを一緒に考えることで，マホの感覚的で具象的な人との接触のあり方を，心理的なつながりや交流につなげていけるかもしれないと考えた。以上のことを担当職員と話し合い，マホも同意して，週に1回50分の心理療法を行うことになった。

　心理療法と並行して，マホの養育担当職員らと生活場面や心理療法の様子の情報交換や，普段の関わり方や心理療法に際しての工夫についての話し合いを月に1，2回程度行い，数カ月に一度，マホの成長と課題を振り返るた

めのまとまった時間を持った。

■第3節　心理療法の過程（約10カ月：第1〜44回）

　心理療法が始まり，マホは「子どものところは，どこでしょう〜，ハイ，1，2，3！」と元気よく歌い，私はマホとやっていけそうな期待と希望を持った。一方で，マホは毎回粘土を食べ，私に唾を吐き，唾と粘土を混ぜた手でドールハウスを触り，私はうんざりした気持ちになり，マホに直接触れられたくなかった。また，毎度の自慰行為に，私はその場にいないものとして扱われる憤りや困惑の気持ちでいっぱいになり，マホを前にして何も考えられなかった。

　心理療法のない日には，私はマホがどうしているのか気になって頭から離れなくなり，第6回目からスーパービジョンを受け始めた。マホは紙やカレンダーにセロハンテープを貼る遊びを始め，くっつく機能にひかれているようであり，自分の経験をつなぎ留めることに価値を見出し始めたように感じられた。

【第10回】

　この回は私の都合で，開始時間を30分後にずらしていた（マホには事前に伝えていた）。この日は施設で誕生日会があり，マホを送ってきた職員が私に，後でケーキを受け取るよう話し，去っていく。マホは私に「ケーキ，どこで食べる？　駐車場？　園で？」と言う。〈お外で食べるか，中で食べるかってこと？〉と私が聞くと，マホは肯定する。マホに考えを聞くが，返事はない。

　マホは私の後方へ行き，私が〈見えないところで，マホちゃんは何してるんかな〉と言うと，笑いながら出てくる。粘土を自分の指の先につけてぺろりと舐め，私のほうを見て再び舐め，口の中で味わうように舌を動かす。〈マホちゃんは，何かこれ，気になるみたい。いつもこのお部屋に来たら，また粘土があったってうれしくって舐めちゃうのかな〉。マホは「うれしい，またあった〜」と気持ちのこもらない高い声で言う。

　マホはお絵かき帳を乱暴に自分のほうへ引き寄せ，紙をバサバサと

荒っぽくめくっていき，白い紙が「ない」と言う。白い面を見つけ，その面に貼ってあった5cmほどのセロハンテープを剥がして机の上に放り，もう一枚剥がそうとするがテープは紙に密着していて難しく，あっさりとあきらめた。マホは自分の掌を紙に置き，私に自分の手の輪郭をクレヨンでなぞるよう頼み，私は応じる。「くすぐったい」とマホは嬉しそうにする。最後，親指をなぞるところで，マホは人差し指のほうへ親指を寄せる。私は手を止めマホにそのようにする訳を尋ねると，マホは続けるように言い，私は応じる。マホは紙から手を離し，親指が人差し指にくっつき気味であることを確認した。マホは今度は私の掌を紙の上に置き，なぞり始める。指を太く，指先を歪な形にして不格好な手を描いた。マホはそれをじっと眺め「バツ！」とバツ印を描く。キッと怒った顔で，さらにバツ印を濃く描く。私は〈悲しい気持ち。マホちゃんの悲しい気持ちを先生が代わりにやってんのかも〉と言う。マホは私の声を無視して，「もう！ だめでしょ！」と畳を足で踏み，クレヨンの巻紙を投げる。〈マホちゃん，今日，もしかしてセラピーの時間が変わったので，それで怒ってるのかな。いつもの時間に会えないのどうして？　って〉。マホは私のそばに座って，ぽかんとした顔で私を見上げる。再び私を荒んだ目で睨み，怒る。〈どうして怒られるんだろう，どうして？ 急に怒られてびっくり。わけわかんない，びっくり。どうしようっていう気持ち〉と私は困惑して言う。マホは聞いていないようで，怒っている。

　マホは「寝る」と言い，寝るのが楽しみで幸せという表情で私を見て，座布団を自分の体に掛け，しばらく静かに寝転ぶ。〈そこでお布団かぶって寝てると，気持ちいい？ 何かいいなって思うかな〉。マホは笑って起き上がり，粘土をペロリと舐め，粘土を食べようとする。〈マホちゃんはここに来て，いつも粘土を食べてる。マホちゃんは，粘土，すごく大事って思ってるんかも〉。マホは粘土を口に入れる。〈食べちゃいたいくらい。でも食べちゃだめ〉。マホは「もう！」と怒る。粘土を私の掌に置き，「丸めて。アンパンマン」と言う。私は，マホの唾液で柔らかく生温かくなっている粘土を触りたくない思いでいる。〈アンパンマン，マホちゃんは好きなの？〉。マホは答えず，ドールハウスの屋根にまたがり，中の家具を畳の上に放り出す。鏡付きの洗面台を両手で持ち，自分の顔を映す。シャ

ワーコーナーを持って私の後ろに立ち，私の髪を洗うように片手で頭全体をまさぐり，髪を強く引っ張る。〈いたた！　どうしてかな〉と私が言うと，マホはさらに引っ張る。〈わけわからず怒られてる。えーん，悲しいよ〜って〉と言う。マホは私の顔を引っかく。〈すごく悲しくて，どうしていいかわかんない，そんな気持ち〉と言う。マホは私からいったん離れ，私は髪を引っ張られた衝撃でぼんやりしている。マホは私の横に立ち，「アンパンマン描いて。ドキンちゃん描いて」と言う。私は〈アンパンマン，マホちゃんの好きなもの，先生に描いてって〉と言う。マホは，乱暴にクレヨンを扱い，雑に描いて「もう！」と怒る。再び「アンパンマンと，イチゴと，ブドウ。あ，ブドウを一番に描いて」と言う。私は〈マホちゃんの，一番好きなもの描いてほしい，ちょうだいって思うんだね〉と言う。マホは黒いクレヨンで机に落書きする。〈先生に描いてもらえなかったから，もう！　って思って，やってる〉と私は言う。マホはさらにぐちゃぐちゃと机になぐり描きをし，灰色に持ち替え，三角形やバツ印を机にたくさん描く。〈いっぱい描いてると，いっぱい先生がダメって言う。だからマホちゃん，描いてるのかな〉。マホは突然「ごめんなさい」と小声で言い，私のそばにさっと近寄る。〈ほんとはマホちゃん，先生と仲良くしたい。けど，どうしていいかわかんなくって，もう！　もう！　ってなっちゃうのかな〉。マホはドールハウスの中からキッチンを取り出し，怒りながら自分の手を洗う。私は〈しんどい気持ちを，洗って流しちゃいたいって思う〉と言う。缶箱の中から人形を取り出し，手を洗わせる。ゴリラを取り出し，「こうやってるから！（洗えない）」と，自分も片腕を上げて怒って言い，放り投げる。男の子人形を自分の股に押し付け，「もじもじしよう」と笑みを浮かべて私を見る。「見んといて」と畳にうつ伏せになり，自慰を始める。私は〈マホちゃんがしんどい気持ちになると，もじもじしたくなっちゃうのかな〉と言う。マホはしばらくして立ち上がり，馬鹿にしたような嫌な目つきで私を見る。

　マホはドールハウスの中からごみ箱を一つ手に取り，「これ，何？　ごみ箱？」と中を見ようとする。〈中に何が入ってるかなって〉と言うと，マホは「お菓子入ってる」と言い，一人占めするように胸に抱える。ランプを口に入れて舐め，うっとりとした表情で私を見る。私は〈ほんとにお

いしいものを舐めてるみたいだね〉と言う。マホはランプを口から出して眺め，ポイと捨て，少しその場にとどまる。マホは箱の中に小さな男の子人形を見つける。つまんで私のほうへ掲げ，「見て」と言う。以前，マホが赤いクレヨンでその人形を塗ったままにしていたので，顔や体に血糊がべったりとついているように見える。〈びっくり。怪我してるみたいだね〉と私は言う。マホは紫色のクレヨンで人形の顔と頭を塗り，私に見せる。気持ち悪い。マホは人形をゆっくりと机に放り，自慰を始める。〈マホちゃんは，嫌な気持ちがあったらどうしていいかわかんなくて，それで，そうやってるんかな〉と言う。マホは机の下に潜って続ける。〈しんどいな，しんどいのやだなって思ったら，一人になって，気持ちいいことしてたら，大丈夫ってなるんかな〉と言う。マホは，机の下から顔を出し，私と目が合いニコッと笑う。机の上に放った男の子人形を取り，再び机の下に潜る。〈男の子のこと，マホちゃん，覚えてたね。忘れてなかったね〉。〈ほったらかしにされてた男の子とマホちゃんは，さみしくて，どうしていいかわかんなくて，それで，潜って，大丈夫大丈夫ってやってる〉と言う。マホはほどなくして机の下から出てくる。男の子人形は畳の上にポトンと落とされる。

　マホは私と軽く体を触れ合わせて座り，私の腕時計を「マホちゃん，これしたい」と言って引っ張るなどした後，すっと私の膝の上に乗る。私と向き合った形でマホは抱っこされ，ニコニコする。マホは両手を伸ばし，私の両胸に控えめに触れる。私のカーディガンのボタンの2段目をはめようとする。〈マホちゃんは先生に抱っこしてほしいし，先生とくっつときたい。自分のやり方でくっついときたいって思うかな〉と言う。マホは私の膝から降り，私のカーディガンを「マホちゃんがするの！」と言って引っ張る。私は〈マホちゃんは先生になりたい。先生になったらずっと一緒にいれるから，それで〉と言う。マホは強引に引っ張るが，私が〈これは先生のだから脱がないよ〉と言うと，仰向けに寝転び，道具箱の蓋を顔に被せ，舌を出して蓋を舐める。蓋を口から離し，天井をぼうっと見上げる。〈マホちゃんがしたいことができないから，もうどうしよう，悲しいよう，さみしいようって思った〉と言う。この日のマホは，私にくっつこうと試みるがそれは続かないことの繰り返しのように私には見え，私

はたまらない気持ちになっている。

　マホは,「おしっこ行きたい」と言う。〈マホちゃんは悲しい気持ち,おしっこにして流しちゃいたいって思ったのかも。流しちゃいたい,悲しいよ,つらいよって思ってるんかもしれん〉と私が話している途中から,マホは「おしっこ〜!」と泣きそうな声で言う。私はマホをトイレに連れて行こうと立ち上がるが,マホは座ったまま動かない。〈マホちゃんは,しんどい気持ちを出しちゃいたいって思って,それで,おしっこに行きたいって言ったのかな〉。マホは「ひい〜」と顔をゆがめて涙を出し,「おしっこ〜! おしっこ〜! ギャ〜!」と大声で泣く。〈マホちゃんは,もうほんとに悲しくって,今どうしていいかわかんない。抱っこしてほしいのに,ダメかもしれないって思って,もう何だよ〜! どうしたらいいんだよ〜! って〉と言う。マホは机を蹴り,私から離れ,出入り口のほうへ行く。私はマホが出て行かぬよう襖の前に座り,マホは私から後ずさりする。マホはわんわん泣いて,靴下を脱いで畳を叩く。「ママ,ママ」と言う。〈ママに会いたくなっちゃった。ママに抱っこしてほしいって。でも,会えないから,マホちゃん,ものすごく悲しい。もうどうにかなっちゃうよ,訳わかんないよ,何とかしてよって〉と言う。マホは畳の上にひっくり返ってギャーギャーと泣きわめく。マホの足が私の顔に当たり,私は思わず〈痛っ!〉と声を出す。マホは泣きやんで私を見る。畳の縁にマホの涙の粒がしみており,〈ここに,涙がこぼれてる〉と私は指で触る。マホはじっと見る。〈おしっこの代わりに,涙出して,マホちゃんは,悲しい気持ちも一緒に出してる〉。マホは見ている。〈ここで,マホちゃんは,出して,先生と一緒に見てる〉と言う。マホは再び泣きわめく。

　終わりの時間が近づき,私は片づけを言う。マホの泣き声は大きく,〈おしまいにするの,嫌だって思うかな。また1週間会えないもんね。お別れするの,やだね〉と言うが,聞こえていない。私は散らかっていたものを集め,机を元の位置に戻す。マホに近寄ると,触れるな! と私から後ずさりし,泣きわめく。私はマホのそばにしばらく座った後,カレンダーを手にして,〈次,また28日に会おうね〉と言う。マホは泣きながら見ている。〈もうおしまいっていうの,本当に悲しいね。また会えないんじゃないかって思うかな〉。私は終わりを伝え,手をつなごうとマホのほ

うへ手を出すが，マホは後ずさりする。マホがどうしても立たないので，私はマホを胸に抱え上げる。マホは一瞬バタバタと暴れるが，私が歩き出すと動きを止める。階段を下りきり，マホを床に降ろすと「ギャー！」と激しく泣き，地団太を踏みながらも自分で靴を履く。マホは生活棟へ向けて数歩進んではしゃがみ込む。マホを抱いて生活棟の玄関に入ると，泣き声を聞きつけて女児や職員らが寄ってくる。私が〈セラピーでいろいろあって，悲しくなっちゃって〉と言うと，幼児担当の男性職員が「そうか，そうか」となぐさめるようにマホを抱き上げ，マホは泣き止む。私が〈じゃ，また来週ね。さようなら〉と言うのをマホはぼんやりと見て，職員に促されて私に軽く手を振った。

　マホは，自分の中に何かが足りないと感じ，「ママ」を求める気持ちが強く大きくなっているようだった。マホは「マホちゃんは今日は怒らないよ」と，私と良い時間を持とうと努めるが，「はあ？　ばーか！」と私を小馬鹿にした憎々しい目つきで言って，粘土を食べ，部屋に落書きをし，それを私が禁止するパターンに容易に戻った。ひどく散らかった部屋や，粘土を食べたために青い唇になったマホを見て，私は現実感が薄れ，目に見えるこの状況は現実ではなく，別のひどい世界に没落したように感じられ，自分の意識を引き戻して保つのに精一杯のこともあった。しかし，徐々にマホは，私に禁止されることをした後，私がどんな顔をしているのか見ようとし始めた。また，マホ自身の内側から迫ってくる怒りと興奮を感じ，マホ自ら「きもみ（気持ち）ねん！！」と言い，私は強く心を動かされた。
　心理療法が始まって5カ月ごろより，マホは明らかに他の子どもを意識し，「鬼さん来るよ！！」と私に直接暴力を振るい，自分の場所が私の心の中にない，と憤りを伝えた。このような真剣な態度を見せる一方で，マホは私を馬鹿にした目つきで見たり，私もマホの懸命な姿を見て思わず吹き出しそうになったりし，お互いの気持ちや存在を真剣に受け止められない関係性があった。
　このころ，マホは「マホちゃんのおうち，来てね。にいにいもいる。○○ちゃん（姉）もいる」と私に言って，紙に赤ちゃんの絵を描いた後，泥状便を多量に漏らした。情緒的に抱えることの難しい話は，2人の間でできな

かった。現実の生活では，マホが家族に会ったのは，数カ月前にあった通園施設の行事の際の一度きりで，母が出産したかも不明だった。施設の担当職員は，自分が一生懸命にマホのことを考え世話をしているにもかかわらず，「ママがいい」と言うのでマホに腹が立ち，精神的に参っているとこぼし，マホとの関係に苦しんでいた。

　次第にマホは，混乱し混沌とした気持ちを，「うんち」という言葉で表すようになった。また，自分自身がうんちのように不要なもののように扱われ，放っておかれていると感じ，私にもっと会いたいという気持ちを表した。ある回，マホは私の膝に座って「赤ちゃん」と言い，自分の体を私の体に密着させてじっととどまった。ぎこちないながらも良い時間を共有していると私が感じたその瞬間，マホは「キモ！」と吐き捨てるように言い，触れるのも嫌だというように私から離れ，私は呆然と取り残された。マホの中には，良いものに触れると即座に台無しにしてしまう何かがあるようだった。

　9カ月ごろより，マホは私の髪や手，服に直接触れ，私がどういったものなのか自由に探索し始めた。ある時マホは畳に寝転び，何か良いものを見るような，穏やかで生き生きした眼差しで私の顔を見上げた。私はマホの頭や髪に触れたい，マホの顔を永遠に見ていたいと感じ，私はマホに〈先生がマホちゃんのママだったらいいなって，思ってるんじゃないかな〉と伝えた。その時間の終わりに，マホは指を怪我したと言い，自分の痛みを私に見てほしいと伝えてきた。

　この時期マホは母と電話で話し，母は足を怪我しているため，マホに会いに来ることができないと聞いていた。また，母は継父と離婚し，新しい名字が職員からマホに伝えられた。心理療法の中でマホは「赤ちゃん－家－いぬ」と連想し，赤ちゃんと犬の区別がつかないようだったが，マホは私の身体に触れる心地良さを味わい，母親と子どもの関係についてさらに考えてみようとしていた。その一方で，マホは私に暴力や暴言で怒りや憎しみを表すが，それはどこか控えめで生々しさがなく，私が痛みを受け止められる人だとマホには思えないようだった。マホの中の「鬼さん」は私に受け止められず，臭いおならになって漏れ出した。

【第44回】

　初めての長期休みを控えた直前の回。マホは外出しており，8分遅れて来室した。マホは私に「プール行ってきた」と伝える。〈そうか。それで遅れちゃった〉と私は言う。マホは，「行ってきまーす」と言い，さらに「学校に行ってきまーす」「お家に帰りまーす」と言って，道具箱を私の背後に持っていき，そこで何かしている。〈学校に行くのか，お家に帰るのか，マホちゃん，迷ってんのかな〉と私は言う。

　しばらくしてマホは私のそばに座り，お絵かき帳のすでに描かれたページを「描いたな，描いたな」と一枚ずつめくって見ていく。立ち上がって辺りを歩いた後，「おしっこ」と股を押さえ私を見つめる。「うんちも出る」と言う。〈うんちも出るのか。どんなうんちなのかな？〉と言うと，マホは「バナナうんち」と言う。〈今日はおしっこもうんちも，マホちゃんのお腹にいっぱいたまってるのかな。どんなおしっこなのかな，うんちなのかな〉と私は言う。マホは切迫した様子で「おしっこ！　うんち！」と言う。〈おしっことうんち，絶対あるってことだよね。描いてみてよ〉と言うと，マホは「わかった。描いてみる」と言い，茶色のクレヨンで，バナナの形の2，3cm大のうんちを縦向きに一本じっくりと描く。その横に，ほぼ同じ形のものを隣り合わせに4，5本描く。〈マホちゃんのお腹の中に，こんなにたくさんのうんちがたまってるんか〉と私は言う。マホはクレヨンを黄色に持ち替え，「バナナ」と言って，少し離れた場所に，数本隣り合わせにして描く。〈マホちゃんのお腹の中には，うんちだけじゃなくて，バナナも入ってるってことなのかな〉と言う。マホは答えずじっくり描く。私の手を取り，私の掌に黄色のクレヨンの色をぐちゃぐちゃとつける。〈どうしたの〉と言うが，マホは手を止めず，私が止めると，今度は茶色を手にして自分の脚や腕に太く長い線を描いていく。マホが自分を傷つけているような，少し圧倒される感じがして私は何も言えない。マホは私の正面に座り，通園施設の帰りの時間に歌う歌を振り付きで歌い始め，私の手を取り，振りをさせ，歌い続ける。私はマホの手を取り振りを止め，〈マホちゃん，ちょっと待って。うんちの話，どうなったかな〉と言う。

　マホは私の後ろに回って私の髪の毛を引っ張り，私は少し痛みを感じ

る。マホは私の髪を後ろで一つにまとめようと手を動かし，茶色のクレヨンの欠片を私の髪の中に押し込み，髪を留めようとする。マホは一生懸命続けるが，手を離すと髪はほどけてしまう。〈マホちゃんは，クレヨンが先生の中に入ってとどまってるみたいに，マホちゃんも先生の中に入っちゃいたいってことかな〉と言う。マホは私の前に出てきて「おしっこ」と言う。〈おしっこにしてジャーって流してしまいたい。何で髪の毛が留まらないのか，バラバラになっちゃうのか，ちゃんとギュってしたいのにって，マホちゃん思ってんじゃないかな〉と言う。マホは私の左耳を両手で広げるように引っ張り，顔を近づけて耳の穴の中をのぞき込む。そして，私の左耳穴に茶色のクレヨンの欠片を入れ，右耳には黄色のクレヨンをグイッと押し込む。〈取れなくなっちゃうと困るから〉と私がクレヨンを耳から取り去ると，マホは「わかった」と言って，今度は緩く押し込む。マホは私に目をつむるように言い，私はつむってみる。薄目を開けて見ると，マホは紙に"3 2 2 6 5 3 6"と数字を書いている。私はマホと2人きりの世界にいる感覚になっている。マホは「目つむってて」と，少し振り返って言う。〈マホちゃんが何してるかって，先生は見れないことになってるよね〉と言う。〈何にもわかんないよ〜，ってことかな〉と言う。マホは返事をしない。〈マホちゃん，今日来たら，8月はセラピーの夏休み。何で休みなのか，どうなっちゃうのか，もうよくわかんないよ，お腹におしっこやうんちがいっぱいたまってムカムカするよ，ってことなのかな〉と言う。マホは立ち上がり，私の髪を乱暴に触る。私が〈痛いからやめて〉と言うと，マホはドールハウスから鏡付きの洗面台を取り出し，私に持たせる。〈痛い気持ちなのは，マホちゃんじゃなくて，先生ってことかな〉と言う。マホは黄色のクレヨンで，鏡の面を塗りたくり，何も映らないようにする。制止する私をマホは振り切り，鏡の面全体を塗った。

　マホは再び「おしっこ」と言い，手で股を押さえ，片足ずつゆっくりと上げ下げした後，ジューと小さな音とともに，多量の薄い尿の水たまりが畳の上にできる。〈出ちゃったね〉と私は言い，マホは見下ろし静かに立っている。私はマホを尿だまりから離し，雑巾でマホの足を拭く。電話で職員に連絡し，着替えを持ってきてもらうように頼む。マホのそばに

戻ると，マホは「ありがとう」と言い，ズボンとパンツを脱いで畳の上に放る。マホの脚はすぐに乾き，尿は畳に吸いこまれる。私はマホの脱いだものをたたんで，自分の席に戻る。マホはお尻を突き出して前屈みになり，「ふふふ」と笑う。裸のお尻が気持ち良いという感じ。マホはドールハウスの中にあったランプを口の中に入れ，うつ伏せになり，股に手を差し込む。そこに襖が開き，幼児担当の男性職員が着替えを手に入ってきてマホのそばに置き，マホの濡れた衣類を手に去っていく。マホはさっとパンツとズボンを履く。そして「Ｂちゃん」と言う。〈Ｂちゃんのお洋服？〉と私は聞くが，マホは答えない。男性職員は女児Ｂの担当職員ではある。

　マホはお絵かき帳をめくり，「これ，誰が書いたん？」とアンパンマンの絵を指す。〈誰かな〉と聞くと，「○○さんか」と，マホは担当職員の名を言う。確かにそれは，１年前のアセスメント面接に同席した担当職員が描いたもの。マホはその絵をなぞる。マホは私に「ハート描いて」と言う。〈ハート，気持ちってことかな〉と言う。マホは「描いて」と言うが，〈マホちゃんがどんな気持ちかなって考えたいから，マホちゃんが描いて〉と私が言うと，赤色のクレヨンで，形の整った，濃さもほどほどの小ぶりのハートを描いた。マホは私に見るように言い，私が見たことを確認した。〈お休みの間もマホちゃんのこと，吉岡先生覚えててねってことかな〉と言う。マホは私の手にクレヨンを持たせるが，私が描かないでいると，マホは先ほどよりも小さな，色の薄いハートを描く。〈ちょっと元気ないハート〉と私は言う。マホは同じ紙に"Ｂ"と他児の名を書く。（この時だったか失念）マホが私の手に茶色のクレヨンを持たせ，私の手をマホが操作して描こうとする。私が応じないと，マホは怒って，オレンジ色の５㎝大の角の丸い四角を，「大きいうんち」と描く。私は〈すごく大きいうんちがマホちゃんの中にあるってことだね〉と言う。（この間失念）マホは私から離れ，自慰を始めるかに見えたがそうせず，この日初めて私の膝に前向きにどかっと直接座る。クレヨンの箱の絵を「パンダ」と指し，私と一緒に見る。マホは「うんち行きたい」と前を向いたままぼそっと言う。〈うんちたまってるんだね〉と私は言う。マホはクレヨンの箱の名前を書く欄に自分の名を書く。〈マホちゃんのクレヨンってこと〉

と私は言う。マホはその下に，"C"と他児の名を書く。私は〈マホちゃんの大事ってお名前書いたら，今度はCちゃんがどうしてるかって気になってくる〉と言う。片づけを伝えると，マホは私の膝の上からさっと離れ，机の上に登って腹這いになり，見物する姿勢になる。〈先生がお片づけするの，マホちゃん見とくってことかな〉と私が言うと，マホは「しんどいねん」と言う。〈マホちゃん，お片づけするの，しんどい。今日はおしまいっていうの，しんどいんか〉と私は言う。私は片づけを始める。マホは手を股に差し込む。〈8月は夏休み。今度会うのは，8月29日だよ。長いお休みで，マホちゃん，しんどい，終わりにしたくないって思ってる〉と言う。マホは手を止め，私が片づけるのを見る。クレヨンの巻紙を枠の外（箱内ではある）によけると，「これ，ゴミ箱？」と言う。〈これ，ここに置いとこうかなと思って〉と私は言い，クレヨンを枠に戻す。〈先生がお片づけするの，マホちゃんはどうやってるのかなあってすごくよく見てるね。一個一個，ちゃんとクレヨンのお家に帰るっていうの，マホちゃん見てるね〉と言う。私はカレンダーを手にして，〈次の日，一緒に見よう〉と言うとマホは寄って来て，「今日は？」と言う。私は〈今日はここ〉〈8月は4回お休み〉と言う。マホはカレンダーを確認して，「4回」「4回寝たら？」と言う。〈うん，月曜日4回お休みして，またこの日に会うよ〉と言う。〈じゃあ，今日は終わりにしよう〉と言うと，マホは机から降り，私が襖を開けると部屋を出て，生活棟へ一緒に戻る。

　マホはこの後の長期の休みについて，4回寝る程度に考えており，私は休みの長さについてマホが理解できるような言葉で伝えられなかった。マホはこの回，多量の尿を漏らし，具体的に世話されることを通して私と関わり，一定安心感を得られたと思われた。しかし，このような具象的な関わり方が優位となるマホの心の状態では，休み中に私とのつながりや経験を思い起こすことは難しいと思われた。ただ，私はこの回，マホと出会い始めたころに感じていた汚物処理係としてだけ扱われる無価値な感覚は，自分の内に生じなかった。またマホが，「うんち」を通して自分の経験を伝えよう，私の心の中に自分をとどめようと真剣に試みていたように思われた。

　マホ自身が，自分の気持ちや私と接触した経験を心の中に保持しておくこ

とはまだ難しいが，マホが自分の欲求をとらえて私に伝える力は以前よりも強まり，私の心の中はマホの存在を保持しうる状態になっており，マホが自分の気持ちを他者に受け止められうる関係性を育む用意が，2人の間に生まれてきたように思われた。

■第4節　考察

　マホとの心理療法の過程を振り返ると，マホの生育歴を知ることで，私の中に生じた行き場のない怒りがマホと過ごす時間に入り込み，さらに，意味のありそうなことをさせてもらえない，「セラピーらしいセラピーをさせてもらえない」という私の不全感や不満が，マホについて考えることを難しくさせていたと思われる。マホを前にして私は何も考えられず，怒りや憤りや無力感，この世の終わりの没落感，といった情緒がわき起こることが多かった。これは，マホが過酷な生育歴を過ごし，子どもとして，人間としていさせてもらえない体験の中で感じてきた気持ちと，かなり似通っているところがあるように思う。

　このような，情緒的につながることの難しいマホと私の出会いの始まりにおいては，まず，マホが毎回さまざまなことを心理療法の場面でし続けるエネルギーやマホが私とつながることをあきらめていないと私に感じられたことで，私はマホへの信頼感を維持でき，それがマホとの心理療法の継続に役立ったと思う。さらに，スーパービジョンで私の体験を言葉にして報告し，それに基づいて考えられたスーパーバイザーの視点を参考にし，再びマホと会うという繰り返しが，私自身の情緒の回復とマホについて考える作業の支えになっていたと思われる。また，これらの考える土台となるものを拠り所にして，マホの心理療法での体験がよりはっきりと位置づけられ，意味づけられるような工夫を施設職員と話し合い，心理療法の枠組みを維持できたことは，マホとの心理療法においては必要不可欠であったと思われる。

　マホは，自身の内に不安や緊張，興奮や怒りの情緒を体験すると，それをすぐに身体的で感覚的なものに置き換えて処理する傾向があった。また，人とのつながりを実現させる方法として，身体の具体的な世話を通して人と接触するやり方が前面に出てきがちであった。もちろん，それだけがマホが表

したことではなく，マホは私が何を言っているか，思っているか，その中身を知ろうとしたり，自らの情緒に触れたりする瞬間もあった。しかし，そこで体験された情緒は，即座に文字どおり流され，他者の心を借りて考えようとする経験自体をマホ自ら無視し，壊すことが多かった。

　マホが人から関わられること，人へマホ自ら関わることについて，最も安全な方法は身体の世話であり，そこにマホの心の発達はとどまり，心理的な接点がまだ見出されていなかった。そのため，マホの中に情緒的な体験やつながりが積み重ならないままでいたと思われる。マホの中に情緒を感じ，体験を保っておく心の状態はまだ育まれていないと思われるが，1年間の心理療法の過程の終わりに，マホは，自分の情緒の受け手がいることに気づき始めてきたと思われる。

■■■ 吉岡論文へのコメント１ ■■■

子どもにとってリアルな対象になること

【西村理晃】

1. はじめに

　本稿では，吉岡氏の継続中の事例に対する紙上スーパービジョンを行う。そのため，第Ⅰ部で行ったような総括的なコメントではなく，提示されている素材に沿って，私の考えをなかば自由連想的に述べていくことにする。実際の吉岡氏との相互交流を欠く考えの提示が，紙上とはいえスーパービジョンという名に値するか疑問だが，この事例を理解する一つの参照枠になれば幸いである。

2.「事例の概要」について

　論文前半部分には，施設入所以前のマホの被虐待経験を中心とした生育史がまとめられている。この情報が伝えているのは，マホが少なくとも１歳以降，施設に入所するまでの長期間，ネグレクトをはじめとする種々の虐待にさらされる環境にいたことである。これは，マホの養育環境をとらえるうえで重要な情報であるが，それがどのような影響をマホに与えたかについて，この情報のみから推測するのは控えておくほうが賢明だろう。

　後半部分に要約されている，６セッションの心理療法アセスメントにおいて，吉岡氏はマホの他者と関わることの困難さに向き合うなか，「主体の感覚は不確かで脆いように思われた」と，その内実をとらえているようである。ここには，マホの示す自己 – 他者の混乱と，不安や不快感を，きわめて具象的な形で処理していることの中核には，他者から主体的な存在として対象関係の中に位置づけられていない自己の存在があることが，示唆されているようである。思うにマホの自己は，能動的で生きた心を持つ存在として，他者によって対象関係の中に引き出されたことがない，あるいはそういった経験が圧倒的に不足した環境にさらされてきたのではないだろうか。

　この状態が一時的なものではないことは，６回のアセスメントセッション

を通してほぼ同じような状態をマホが示し続けたこと，およびマホが虐待的環境に長期的に置かれていたことを示す生育史から推測される．また同時に，マホの中で，自他の心を情緒的に思考しプロセスしていく力が発達していないこと，それを可能とするマホの心の経験（情緒を含む）を受け止め考える内的対象が，十分に内在化されていないことも推測される．

　なお，このアセスメントの記述には，心理療法が効果的に働きうる接触を吉岡氏がとらえたか否かが明確ではない．ただ，概要の冒頭にある記述から憶測するに，「寄る辺ない様子」を示すマホが，吉岡氏の心に一定の印象を刻んでいたことは，心理療法の導入の決断に大きく影響したのではないかと思われる．その意味では，心理療法の導入自体が，生きた心を持つセラピスト（以下，Th）による，マホの心の活性化の試みととらえることができるのかもしれない．先に広がっているように思われるのは，不確かで，ゆっくりとしか歩めない，長く険しい道のりのようである．

3．心理療法過程について

　次に，心理療法過程について検討する．まず，詳述されている第10回に至るまでの過程で目を引くのは，セッション内では実質的な心の接触がないどころか嫌悪感までThに喚起させているにもかかわらず，セッションの外では「気になって頭から離れなくなり」と，マホの存在がThの心を占めていることである．これは，生きた対象の関心や注意を引きつける力が，マホに存在していることを示唆している．

　ただ，その力の存在は，マホと会っている時ではなく，マホと会っていない時にThに作用するようである．ここから大雑把に言えるのは，マホが不在の対象との関係の問題以前に，今，眼の前に存在する対象と関係を結ぶことに深刻な問題を抱えている可能性である．

1）「第10回」について

　まず，このセッションで注目したいのは，マホの「ケーキ，どこで食べる？」のくだりである．質問している時点では，ケーキに対する欲求はThに想定しており，Thがどこでその欲求を満たすかに関心を向けているようである．しかしこの関心は，Thと共有することでその探求へとは発展しな

い。逆に，そもそもの関心の出所がわからなくなるほど，欲求の向く対象，欲求の主体，それを満たす場所が転々としている。粘土を「ぺろりと舐め，私のほうを見て，再び口の中で味わうように舌を動かす」マホは，つい先ほどまで Th が外で食べるはずだったケーキを，セッションの内（そして自らの内）で食べているかのようである。

　Th は粘土を舐める素材を，以前のセッションから読み取れるパターンとして理解し，それを伝えているが，セッション開始からわずかここまでの流れで，時空間が一定の秩序を持って経験できていないように見えるマホには，ほとんど意味をなさないのではないだろうか。介入するのであれば，「何かを口の中に入れて，マホちゃんが食べてるみたい」と，その時点での欲求とその所在について，Th がその関心に入れていることを示す言葉を伝えたほうが，彼女がその言葉をリアルに感じる可能性が高まると思う。

　その後，マホは自分の掌を紙の上に置き，それを Th にクレヨンでなぞらせる。おそらくこれは，先ほど触れた Th が伝えた言葉（「マホちゃんは，何かこれ，気になるみたい。いつもこのお部屋に来たら，また粘土があったってうれしくって舐めちゃうのかな」）に対する反応と思われる。先述の理由で，この言葉は，この時点のマホには意味をなさないだろう。

　だとしたら，マホはここで，わからない言葉を受けて Th が遠ざかった経験をしている可能性がある。部分的にはこの言葉の「うれしくって」の部分に反応し，マホは「うれしい，またあった〜」と反応しているが，それは Th が観察しているとおり，気持ちのこもらない高い声であり，この時点の実際の情緒体験からは遠そうである。唾液やさまざまな情緒の混在物，あるいは混乱物と化した粘土しか口に入れて味わうことしかできないマホは，どうしようもなさのようなものを感じていたのではないだろうか。そうだとしたら，Th の介入は部分的にも，マホに Th が遠ざかったと感じさせる介入となっていたかもしれない。そして，その遠ざかった Th を自分により具体的に添わせるため，マホは自分の手をなぞらせたのではないだろうか。

　そのやり取りで伝えているのは，少しでもマホそのものとずれると，「バッ！」つまり台無しだということである。そこに表れる怒りを，Th は時間変更に対する怒りとして理解を試みている。潜在的にはそれは，このセッションの状態に影響している可能性はあるが，マホのその時点の経験からは

遠すぎるだろう。結果的に Th の介入は，マホの怒りをさらに刺激している。Th はマホの怒りに対して，それを引き受ける側がどのような気持ちになっているか，つまり投影同一化を前提とした理解を伝えているが，この時点でマホが示している自我機能の発達状態（その脆弱さゆえに自 - 他の境，時空間が混乱）を考えると，投影同一化は少なくとも吉岡氏の言葉に表れている形で生じているとは考えにくい。生じているのは，焦点のない排出のようである。そうだとしたら，この段階での吉岡氏の仕事は，排出物，拡散物を収集し，それを処理していくこと，つまり「トイレ乳房」（Meltzer, 1967）になること，および同時並行して，対象と関わる基盤を形成するために現時点で生じていることに注意を向けて，それをマホがリアルに感じられる言葉で共有する試みを続けることであるように思われる。

　その後の展開であるが，マホは「バツ」，つまり破綻した関係をリセットするかのように一度眠りに入り，起き上がって，再び粘土を舐め，食べるといったことを示している。Th はそれに対して次第に受け入れることが難しい経験をしており，それは「マホの唾液で柔らかく生温かくなっている粘土を触りたくない」と Th がとらえている自身の具象レベルの嫌悪感に表れている。それはあたかも，トイレ乳房が溢れて，それ以上の汚物を引き受けることができなくなったようである。それと同時に，マホとの間では，具象レベルのやり取りさえも難しくなっている。ここでマホに生じているのは，自分が口にしているのが食べ物なのか汚物か，混乱しているさまである。その混乱は，マホが抱えている内的な混乱のようであり，それは Th がトイレ乳房として機能できなくなったことで，前面に表れているように見える。

　その後，マホが行う自慰は，トイレ乳房（Th）の機能破綻により，すべてが汚染されているように感じ始めた内的経験を，対象に頼らず処理する方法のようである。ただ，この処理は，快感に変える感覚処理であり，発達を促進する「良い」ものへと変えていく処理ではない。これによって，「ゴミ箱」（機能破綻したトイレ乳房）の中のものを，「お菓子」として快感を得ているようであるが，それは一時的なものであり，すぐに血糊のような赤いクレヨンや不快な情緒で汚染される。そして，先のようにマホはそれを自慰により快感に変えることで，処理を図っている。

　その後，マホは放っておいた男の子人形を取り，注意を向けるが，それは

再び「ポトンと落とされる」。これは，この時点のマホの自己および対象の経験のように見える。それらは一定した注意および関心によって抱えられず，気まぐれに拾われ，気まぐれに落とされている。これは，自己と対象が関係し続けることが難しいことを示しているようである。この関係から放出される自己と対象の問題を扱っているように思われるThの解釈が，その意図する形でマホに伝わったとは思えないが，マホはその中の「ほったらかし」の部分に反応している様子が，続く素材の中に表れている。そこでは，マホはThにくっつく，というより同化（自－他の境をなくす）することによって，「ほったらかし」に対処しようとする。この具象レベルの同化の試みにThが応じ続けることができるわけがなく，間もなく破綻し，それはこのセッションで最も激しい混乱を導いているようである。

「おしっこに行きたい」以降，マホの混乱した情緒および経験は，排尿，周囲を叩く，部屋から出る，暴れる，泣きわめく，といった一連の行為で具象的に排出されているようである。このような状態においては，最終的にThが行っているように，具象的にバウンダリーを設定し（具象的な境界がなければトイレも存在できない），抱えることを試みるほかないだろう。マホがこの状態において必要としているのは，心の栄養として消化可能な思考および経験を提供する乳房，つまり「授乳乳房」（Meltzer, 1967）ではなく，トイレ乳房（排出物を受け止め，思考によってそれを処理していく乳房）だと思われる。

このセッションを通し，概して言えるのは，マホは今，そこで目の前にいる対象（Th）と関わることに大きな困難を抱えた状態にあるということである。Thは，転移－逆転を含めた綿密な観察によりマホをとらえようとしているが，逆説的にもこの観察がとらえているのは，マホの心がそのThの注意，関心から，絶えず抜け落ちていく様子である。

続く，第44回までの心理療法過程には，マホがThをトイレ乳房として，少しずつ焦点化していく様子が描かれている。Thがときおり文字どおりトイレとして，マホの排出する糞便を具象的に処理していったことは，トイレ乳房の機能の対象化（機能と輪郭を定める）に貢献していったようである。そのなかで，マホは混乱した情動を「うんち」と呼ぶようになっている。そ

こには,「うんち」がトイレ乳房 (Th) によって受け止められ,処理されるという期待が表れているようである。そして,マホは Th に生き生きとした眼差しを向け,そこに浄化されたものを求めること(理想化)が可能となってきているように見える。

ただ一方で,「マホの中には,良いものに触れると即座に台無しにしてしまう何か」を,Th はとらえている。これは,マホにおいて,まだ汚染物を処理するトイレ乳房が十分に内在化されていないことを示唆しているように思われる。ただその一方で,これは,Th が逆転移の中でも観察している,真剣になることを妨げる軽薄さの存在も示しているようである。

2) 第44回について

まず,この回は初めての長期休みを控えた直前ということで,その状況にマホがどのように反応するのかに Th の関心は向けられているようである。しかし,セッション前半に,彼女がそれに明らかに反応しているような素材は見当たらない。これは,マホがこれまで心理療法の長期休みを経験したことがないこと,および,彼女がまだ長い時間展望を過去-現在-未来の秩序で情緒的に経験できる発達を,遂げていないことに関係しているように思われる。ただ,この時点で彼女は,短い時間的展望であれば比較的秩序のある形で経験することはできてきているようなので,現在がとらえる未来の枠組みの拡張を目指す形で,これから来る長期休みに注意を向けていく介入は必要だろう。

このセッションの前半で注意を引くのは,「バナナうんち」である。それは,マホのお腹にあるものであり,「茶色いうんち」とは異なる。それは,マホの中で,食べることのできるバナナとして経験されている内容物のようである。この素材には,トイレ乳房 (Th) とつながることにより,自らの中(心の中)にある内容物の一部は,浄化された「良い」ものとして感じられるようになったことが表れているようである。さらに言えば,「良い」-「悪い」の原初的分裂が,少しずつ達成されていることを示唆しているのかもしれない。マホがその黄色い数本のバナナを隣り合わせに,茶色いうんちとは少し離れた場所に置いたことは,「良い」を「悪い」から遠ざけておく試み(分裂の維持の試み)のように見える。Th はこれらの素材に対して,記述解釈に

よりマホの内的体験に沿おうとしているが，それに加えて，分裂の維持の必要性についてもコメントしてもよかったかもしれない。

その後の素材には，この分裂が維持できず，次第に不快な感情がマホの心を侵食していくさまが描かれている。ただ，マホはここで，以前のように受身的に汚染されるがままになってはいない。彼女は Th の中に，茶色のクレヨンを左耳，黄色のクレヨンを右耳と，能動的に「良い」と「悪い」の分裂を維持させて，Th に押し込んでいる（焦点のある投影同一化）。つまり Th に，浄化だけでなく良い－悪いの分裂の保持の機能を期待して，具象的な水準で関わっている。後にマホは，尿をなかば意図的に漏らしているように見えるが，ここにはトイレ乳房との関わりの破綻ではなく，その維持と期待が具象的水準（排尿の処理）で展開していることの表れだと思われる。

このような関わりの中で浄化および維持された「良い」対象は，マホに過去の出来事（マホの中に蓄積されている経験）の中にある良いものである「アンパンマン」に，アクセスすることを可能にしており，さらにそのときに関わっている Th に，「ハート」（良い対象が理想化された形で表れている）を求めさせている。これは，マホにおいて Th に授乳乳房を経験し，そこから生まれる良いものを期待し，つながることができ始めたことを示唆しているのではないかと思う。この時点で言語介入をするのであれば，「ハート」はマホの水準に合わせてそのまま「ハート」として扱い，それを共有することが，その時点のマホにとても大切に感じられていることを，言葉とトーン，そして表情で示すこと，それによって二人の関係の中でその体験が共有されているという感覚の活性化を試みることであろう。

最後に Th は，長期休みについて再度確認し，Th が意図していた形ではマホには伝わらないことをとらえている。マホは，月曜日が 4 回休み（1 カ月近く Th が不在になる）になることを，「4 回寝たら」と考えている。単純に Th の説明を誤解している可能性もあるのだが，しかし重要なのは，ここに表れている時間性である。次のセッションまでの時間間隔を，寝るという体験を参照して把握しようとしている。現在の出会いから未来の出会いの間の不在を橋渡しする時間間隔は，まだ 4 回寝る程度の拡張でしか経験領域に持ち込めないようだが，それでも，以前は時間性というものが対象関係においてほとんど意味をなさないような状態に彼女があったことを考えると，重

要な達成だと思われる。

4．おわりに

　以上に示された心理療法プロセスの中で，マホは母子関係における最も原初的な機能であるトイレ乳房を Th に経験し，それによって初期に示していた混乱状態が収拾され，彼女の前に存在する Th と，より関わることができるようになってきたように見える。それに伴って，Th に良いものを期待できるようになり（原初的分裂の達成），Th を自分の成長にとって必要なものを提供してくれる授乳乳房として経験し始めていることがうかがえる。吉岡氏が考察で述べているように，これらはまだ具象水準の機能にとどまっているが，ここで示されている発達は，マホが対象の所在と性質を，内的に秩序ある形で経験することを可能にし，目の前にいる対象と関わり，それを維持することを可能にしていく。それは，対象関係の中で象徴的な遊びや言葉のやり取りを可能とする，象徴機能の発達を促す基盤となる重要な発達である。

　しかし，それらの重要な発達が進む一方で，第 44 回には表れていないようだが，マホと吉岡氏（授乳乳房）の結びつきから産出される良いもの，あるいはその結びつきそのものを軽んじる軽薄さが関係の中に表れてきていることを，吉岡氏はとらえている。マホのことを真剣に受け取れなくなる吉岡氏の逆転移に顕著に表れている軽薄さの問題は，マホを「自分たちの名前を覚えているとは思っていなかった」職員たちのマホに対する態度，そして何より，マホのニーズや存在を真剣に受け止めることができていないように見える母親にも，関連していると思われる。

　ここには，マホが示している軽度の知的発達の遅れが影響しているところが，ある程度あるかもしれない。つまり，マホに軽度の知的発達の遅れ（この表れ自体に，軽薄さの問題が多少絡んでいるかもしれない）が認められることを理由に，マホが表現することの価値，あるいはマホの存在の価値を軽んじる対象関係の問題である。転移における授乳乳房との関係において，それがもたらす栄養がないと発達し得ないマホを軽んじる，吉岡氏側に表れる軽薄さ，自らの成長を支える授乳乳房（吉岡氏）を軽んじるマホ側に表れる軽薄さ，いずれの場合であっても，マホの象徴的思考の発達，つまり心の発達のために必要な栄養を，吉岡氏から取り入れることを困難にするだろう。

まだ見ぬプロセスについて予測すること自体が，軽薄な営みかもしれない。ただ，この軽薄さの問題は，マホの経験する内的・外的対象関係の中で，誰かのことを価値ある存在と認め，真剣に考えていくことを阻害する重大な困難を心理療法およびマホを取り巻く養育環境にもたらしうる。そのため，今後の心理療法プロセスの中で，吉岡氏が心理療法の内外で同僚と協働しながらマホのために働いていくなかで，この軽薄さの問題に一定の注意を払い続けておくことは重要であるように思う。

[文献]

Meltzer, D. (1967). *Psychoanalytical process*. Scotland: Clunie Press.（松木邦裕（監訳）. 飛谷渉訳（2010）. 精神分析過程. 金剛出版）

■▼■ 吉岡論文へのコメント2 ■▼■

うんちとおしっこと心の発達との関係

【脇谷順子】

1. はじめに

　吉岡氏（以下，Th）の事例は，過酷な環境の中で生きてきた5歳の女児マホが，心理療法を通して，自分の気持ちやThとのつながりについて考えるというプロセスが始まりつつあることが，書かれているように思う。マホとThとのやり取りは，自分の中に気持ちがあるということや，それらについて考えるセラピストの心というものがあることに子どもが気づき，自分の気持ちについて考えることができるようになっていくことと，うんちやおしっことの密接な関係について，あらためて考える機会を与えてくれる。うんちやおしっこの意味や，それらを用いての表現，そしてマホとThとの関係性の発達に着目してみたい。

2. うんちとおしっこをめぐって

　事例の描写から，マホとの心理療法でThが体験したであろう苦しさやしんどさが，ひしひしと伝わってくる。そして，マホのすさまじい泣き声や泣き顔，セラピストを蔑むような目，マホが漏らす便や尿の臭い，畳にしみ込んでいく尿の様子，自慰をしようとしているマホ，そうした場にいるThのどうしようもない気持ちや体感がリアルに想像される。Thがご自身の身体と心に生じるものを見つめながら，マホとの心理療法に果敢に取り組んでいる姿がうかがえる。

　マホの心理療法の始まりの時期にThが強く感じていた，別のひどい世界に没落したような感じ，自分の意識を引き戻して保つのに精一杯という状態，そしてまるで汚物処理係として扱われるような無価値な感覚，考えることができないということは，マホの人生の始まりである乳幼児期にマホがまさに体験していたことなのだろう。マホは乳児期に汚物の処理はしてもらえていたのだろうが，うんちやおしっこのようにマホの中にあっても具体物で

はなく目には見えないもの，つまり気持ちについては，気づいてもらえたり，受け止められたり，考えられたりという経験はかなり希薄だったと思われる。そのため，Th が自身の中に生じる身体感覚や感情に目を向け，それらについて考えてみるということは，マホが自分の中に生じるもの，つまり気持ちについて考えていくという発達のプロセスにおいては，不可欠だったのだろうと思う。

　「マホは粘土を舐め，食べ，唾を吐き散らし，具象的で感覚的な遊びが多かった」とある。心理療法が始まったときのマホが持っていたのは，具象的で感覚的なものの表出，あるいは行動化という方法だけだったようだ。そこでは，心の中や身体の中で生じていることについて「考える」という機能は見られない。心理療法開始時，唾という自分の内部で作られた粘着性のあるものを Th に「吐きかける」ことが，自分の何かを人に向けたり，人とつながろうとしたりするマホの方法だったのかもしれない。マホがどうしているか気になって頭から離れなくなり，Th は第 6 回からスーパービジョンを受け始めたとある。Th が述べているように，当初，具象的に"くっつく"ことや，セラピストの頭に入りこむことが，マホの対象とのつながり方だったようだ。

　では，詳細に記述された二つのセッションについて，検討していきたい。

1）心理療法の第 10 回――感情になる前の感情としての形を持たないおしっこ

　このセッションでは，マホが乳幼児期に家の中そして母親との間でどのような体験をしてきたかを，Th が身をもって体験することになっているようだ。マホは粘土を食べ，混乱が起きて心の中の収拾がつかなくなると，自慰を始めたり，馬鹿にしたような嫌な目つきで Th を見たりする。また，Th の手をなぞって描くとき，指を太く，いびつな形にして不格好な手を描いたマホは，キッと怒った顔でバツ印を描き，荒んだ睨み方をする。そんなマホに対して Th は，〈びっくり。わけわかんない。どうしようという気持ち〉と話す。このような突然向けられる怒りや訳のわからなさも，まさにマホが経験してきたことなのだろう。

　マホに対して Th は，セラピーの時間が変わったのでマホは怒っているの

かもしれないと話す．Th は，マホの中で生じていると思われる感情を想像してそれに言葉を与え，そうした感情が生じた理由を考え，マホが感じていることになるべく添う言葉を考えながら，マホに話している．Th のこうした試みによって，マホは自分には感情があること，それは言葉で表現することができること，ある感情が生じるときには何らかの理由があること，それらを受け止めて考えようとしている人がいることを，新しく経験し始めているようだ．

セッションの後半，Th のカーディガンを引っ張るマホに対して，それはセラピストのカーディンガンだから脱がないと伝えると，マホは道具箱の蓋を舐め始める．そして，「おしっこ」と言いながらも立ち上がらず，ギャーと泣き始め，わんわん泣きながら「ママ，ママ」と言う．マホの中の形にもならずためおけないものは，泣き声，そして涙やおしっこなどの液状になって放出されるしかなくなるというのが，このころのマホだったようだ．マホの「おしっこ」や「ママ，ママ」に対して，Th は"気持ちを考えていく"というところで踏ん張り，マホの心の状態になるべく添う言葉を必死で探しながら，言葉をかけている．セラピストのこうした姿勢は，子どもの心の発達に寄与する精神分析的心理療法のエッセンスの一つであると私は思う．

2）第 44 回目のセッション――形あるうんちへ：感情の前の感情の輪郭ととどまる場所への気づき

このセッションでは，いくつかの重要な発達が見られる．マホの中で，自分の中に生じるものは輪郭を持ちうるものらしく，言葉にできうるものらしく，理解したり考えたりできうるものらしい，という感覚の萌芽のようなものが育ちつつあるようだ．そして，それらには入ることができ，とどまることができる場所があり，Th の心の中という場所がありそうだという感覚も，マホは持ち始めていることがうかがえる．

このセッションの冒頭，マホは「おしっこ」と言って股を押さえたり，「うんちも出る」と言ったりするが，Th の提案に乗ってうんちの絵を描く．そして，「バナナうんち」と言う．心理療法開始後 5 カ月ごろのあるセッションでは，マホはきょうだいのことを話して，赤ちゃんの絵を描いた後，泥状便を大量に漏らしている．泥状便を漏らすという表出の仕方から，うんちに

形と名前が与えられるという変化が認められる。そして，尿や便は具体部として排泄されるのではなく，セラピストがそれ描いてみることをマホに提案し，マホがうんちの絵を描くというプロセスの中には，「考える」ということが含まれている。

　この後，マホは Th の手に黄色のクレヨンをぐちゃぐちゃとつけ，自分の脚や腕に茶色のクレヨンで太く長い線を描いていく。そして，Th の手を取り，振りをさせながら歌を歌う。マホは Th という対象を失い，形を持った「うんち」は形のないものに戻ってしまったように思えるが，〈うんちの話，どうなったかな〉と言う Th の言葉かけによって，マホの中にあるものは再び形を持つ。マホはクレヨンを Th の髪の中や耳の中に入れようとし始め，マホの中にあった「うんち」を，セラピストの中に入れようとしているみたいだ。具象的なやり方ではあるが，マホは自分の中に入れておきたくないもの，抱えていられないものを入れる場所が，Th の中にあるらしいこと，つまり，セラピストの心というものに気づき始めていることがうかがえる。

　この後，マホはおしっこを漏らすが，濡れたマホを拭き，職員に着替えを持ってきてもらうように頼んだ Th に，マホは「ありがとう」と言う。自分の中から外に出たもの，出したものを「世話」してくれる人の存在を，マホはこの時も体験していたようだ。マホは自慰を始めそうになるが衣類を着て，形が整い濃さもほどほどのハートを描く。その後，Th にクレヨンを持たせて描かせようとしても応じてもらえないと，「すごく大きいうんち」を描く。マホの中で生じた腹立ちのような感情は，絵として表現されたようだ。そして，マホは自慰を始めるかに見えるが，Th の膝の上に座り，そこにマホの場所を見つけたように思える。セッションの終わりが近づき，Th がクレヨンの 1 本 1 本を箱の中のそれぞれの場所に戻していくのを，マホは見ている。こうした経験は，一つ一つのものが収まっていく場所があることを，マホが知っていくことにつながっていくのだろう。

　授乳，消化，排泄，おむつ替えには，子どもの心の発達や，人との情緒的な関係性の発達のための要素が豊かに含まれている。養育者と乳児の間で繰り返される授乳とおむつ替えを通して，乳児の身体的な体験は心理的な体験へと変換されていき，コンテイナー・コンテインドという関係性，感情や気持ちの場所が心の中にあること，人の心と心で気持ちがやり取りできること

を，乳児の心は学んでいくのだろう。乳児期のこうした経験が希薄なマホにとって，「おしっこ」や「うんち」という生々しいものをめぐるやり取りを，Thとの間で繰り返し経験することは不可欠であり，こうしたやり取りを繰り返し経験することを通してマホは気持ちに気づき，彼女の心は発達していくのだと思う。

3．子どもの心理療法とセラピストを支えるもの

　吉岡氏はマホの養育担当職員らと生活場面や心理療法の様子を情報交換し，普段の関わり方や心理療法に際しての工夫についての話し合いや，マホの成長と課題を振り返るためのまとまった時間を持っていると述べている。セッション中のマホの尿や便のお漏らしや，自慰への対応も，養育担当職員たちと話し合っていたことがうかがえる。このように，児童養護施設の子どもたちと心理療法を行うとき，養育担当職員たちと協働していくことは必須である。Thと養育担当職員らとの協働によって，マホの心が育つ場は安定すると同時に広がり，心理療法自体も守られる。

　吉岡氏は，マホの心理療法開始後間もなくスーパービジョンを受け始めており，マホとの心理療法がスーパービジョンによって随分と助けられていたことがうかがえる。考察でも述べられているように，セッションや子どもについて考える時間を持つこと，一緒に考えるスーパーバイザーや仲間たちを持つことは必須である。

　とりわけ，マホのように過酷な環境で生きてきた子どもの心理療法を担うThが，何とか持ちこたえ，考えるためのスペースを回復し，心理療法が子どもの助けになっていくためには，Thを支える人や場は必要不可欠だ。心のケアが必要な子どもたちが，高い専門性を持つThによる心理療法を受けることができるようになればと思うし，そのためにも，Th同士が支え合う土壌を豊かにしていきたいものだ。

第13章

自己愛的な世界を持つ女児との心理療法

【金沢　晃】

■第1節　はじめに

　本論文で報告するA子（以下，「リサ」と仮称）は，母親の養育困難が原因で施設入所へと至った。同年齢の子どもたちとの関係になじめず，トラブルに対してパニックになったり黙り込むところがあり，心理療法が開始された。リサにとって内的対象はあてにならない脆弱な対象で，世話役を一つの典型とする一人遊びに没頭することが対処法であった。この対処法は排他的な性質を帯びており，情緒的なつながりを断ち切る面が認められた。一方で，リサは愛情を渇望しており，その気持ちを取り扱っていくと，羨望，拒絶，自己価値をめぐる問題が，象徴的に遊びに表れるようになった。心理療法を開始して2年4カ月が経過した今，紙上スーパービジョンという機会を得て，リサの対象関係をとらえ直したい。

■第2節　事例の概要

　リサは小学生の女の子で，小学校低学年の時に施設入所となる。母親ときょうだいで暮らし，父親は別居していたが，リサが父親の家にときおり訪れるなど，交流はあった。「きょうだいの世話をさせられている」「暴言，暴力を受けている」と，リサのきょうだいが学校で教師に訴え，児童相談所が介入した。家はごみ屋敷状態で，養育困難な状況が明白であった。母親は重度のうつ病と診断され，子どもを育てることのしんどさを訴えたため子どもたちの措置が決定し，筆者が勤務する施設（以下，B施設と記す）に入所した。きょうだいのうち一人は母方の祖父母が引き取り，リサとその他のきょ

うだいはB施設に入所した。

　リサの措置時の発達検査による発達指数は90で，母親を心配する発言が見られた。入所後，リサは他の同年齢の女子との関係になじめず，一人でいることも多かったため，最初の数カ月はリサの居室を幼児部屋とした。鏡を見ながら泣いたり，口調に演技的なところが見られ，「女優みたいに振る舞っていて子どもたちから嫌がられている」ということだった。対人関係や感情表現に難があり，友だちにぶつかってしまった時，どうしていいかわからずパニックになって泣いたり，職員に注意されると固まって黙り込んでしまうことがあった。しばらく時間を置けば，気持ちを落ち着けることができる力も持っていた。

　B施設には，遊具を備えた大きなプレイルームと小さな面接室の2部屋が隣同士になっており，どの部屋を使うかはセラピスト各自に委ねられていた。面接室までの職員による送迎は幼児に限られていたが，リサに関しては特別に送迎をお願いした。面接室にはリサ専用のおもちゃ箱と，砂の入っていない箱庭，箱庭のミニチュアを置いた棚がある。

■第3節　経過

　以降，リサの発言を「　」，筆者の発言を〈　〉で表記する。

1. 導入（第1～4回）

　リサは緊張気味ではあるが，セラピストに笑顔を見せ，人懐っこい感じを抱かせる女の子であった。セラピストがリサの心配していることを尋ねると，「我慢してること一杯ある！　リサのこと嫌いって言う人が学校にいて嫌」と，身を乗り出して訴えた。

　テーマの一つは，「おうち」であった。「落ちないように」「泥棒が入ってこないように」と，ドールハウスの窓とドアをすべて閉める。ベッドを三つ置くと，「赤ちゃんが落ちないように」赤ちゃんベッドは中央に置いた。おうちは「地震が起きた」「火事になった」ために作られた「新しいおうち」で，「前はガスが出ているところにおうちがあったけど，ここはガスが出ない」と安全性をリサは強調した。しかし，ベッドは「2階に置くと柱が折れたら

落ちる」ため，1階に置いた。

　もう一つのテーマは，「赤ちゃんのお世話」であった。リサは小さなブロック玩具を二つつなげた「赤ちゃん」を，ベッドに乗せた。「赤ちゃんはおなかが空いてる」とミルクを準備する仕草を見せるが授乳場面がなく，〈おなかが空いた赤ちゃんはどうなったの？〉と尋ねると，「それはもう終わった」と冷たく硬い口調で応じた。第3回目では，「子どもにきついことを言われた」と泣きじゃくりながらやってきて，「お母さんが今，病気だから，私がきついことを言われてると知ったらお母さんがしんどくなる」と，かわいがってくれた存在としてお母さんについて話した。リサは動物のフィギュアを使ってお世話をする場面を設定し，赤ちゃんに見立てた馬が泣くと「お母さんが迎えに行こう」と言うので，〈お母さんって誰？〉と尋ねると「リサ！」と応じて，「なくならないミルク」を与えた。

　名前も一つのテーマであった。リサ専用のおもちゃ箱に貼ってある平仮名で書いた名前シールを見て，リサはお絵かき帳に自身の名前を漢字で書いた。〈リサの名前，漢字でどうやって書くかを先生に教えてくれてる〉〈大事な名前みたい〉と指摘すると，お母さんがリサの名前にある漢字をどうしても使いたかったこと，きょうだいの名前も同じ漢字が入っていると教えてくれた。

1）見立て

　病気のお母さんや，柱が壊れるかもしれないおうちは，母親対象が脆くてあてにならず，リサが落ちる不安に脅かされていることを表していると思われた。リサは世話役割をとることで不安に対処しているが，お母さんを演じているというより，お母さんそのものになりきっている。ただ，落ちないように守られる授乳される赤ちゃんは，リサ自身の乳児的な不安やニーズを表している。名前の話は，自身のことを知って考えてもらいたいリサのニーズを表していると考えられたが，赤ちゃんに授乳しなかったことは乳児的部分に触れることの困難も表しており，セラピーの課題になると考えられた。

2．第1期（第5〜44回）

　リサは，人形で赤ちゃんや女の子をお世話する世話役割に没頭し，セラピ

ストは排除されているように感じさせられていた。セラピストが〈人形じゃなくて，リサがお世話しているみたい〉と取り上げると，リサは家できょうだいの世話をしていたと話し，「いつリサはおうちに帰れるの？」とやり取りができることもあったが，たいていは反応がなく，お世話を続けた。

　リサは，複数の人物の役を演じるという一人ごっこ遊びをするようになり，役割や場面設定をコロコロ切り替えたが，これは一つの典型となった。リサは「偉くて何でも知っているお姫様」になり，一人で表彰状の受け渡しをするなど排他性が強まった。送迎には，「一人で来たい！　大人なんかいらん！」と反発するようにもなった。お姫様のリサは，「賞味期限のないパン」や「オレンジジュースとぶどうジュース」を両手に持って交互に飲み干し，すべてが思いどおりになるというお姫様になりきり，セラピストのコメントに対する反応も乏しく，不毛で退屈だと感じさせられるようになった。

　それでも，「ペアの子どもたちがお互いに絵をプレゼントする」という一人ごっこ遊びの中で〈セラピーではセラピストとリサがペアだね〉と指摘すると，セラピストとリサの名前を合成して作った名前をセロハンテープに書いて，おもちゃ箱や箱の中にある道具に貼り付けた。〈これは全部リサだけのもの〉〈私以外の誰も使うなって感じ〉と，独占したい気持ちを取り上げていくと，一人ごっこ遊びに姫の取り巻きや従順な執事が登場した。これは，リサがセラピストを独り占めして，思いどおりに操作したいという願望を表すようになったと考えられた。

　第27回では，折り紙で紙飛行機を折ると，「雲の上に行ってみたい。願い事がかなうかもしれない」と，病気のお母さんを助けたいと語った。「お母さんが死んだら，リサ，料理作れない」「18歳になったら退所できるけど，家族がバラバラになるかも」と，家族がバラバラになり独りぼっちで放り出される不安を語った。紙飛行機の両翼には自身の名前を，機体には家族の名前を書き込み，セラピストは〈リサが翼となって，家族全体がバラバラにならないようにしているみたい〉と指摘した。リサはほっぺたに手を当てている悲しげな女の子の絵を描き，〈泣いているみたい〉と指摘すると，女の子の右目にはぽろりとこぼれるような涙を，左目からは激しく流れる涙を描き，リサはしんみりした様子になった。

　冬休みが近づくと，リサはこれまで作った作品をすべてゴミ箱に捨てた

り,「セラピーを忘れていた」と遅刻してやって来るなど,忘れ去ったり切り替える対処法を取った。一方で,セラピストとの情緒的なつながりを保持しようとする試みも見られた。たとえば,リサ専用のカレンダーを大事そうに抱きかかえ,「このカレンダーは捨てないでほしい」とリサはセラピストに頼み,カレンダーの表紙に名前を,誕生日の日に「たんじょうび」と書き込んだ。

　冬休み明けの第33回目で,担当職員に教えてもらった「カメラ」を折り紙で作って披露し,リサ自身とセラピストを順に撮影した。セラピストの名前を漢字でどう書くか知りたがり,職員には帰り道に何をして遊んだかを話すやり取りが見られるようになった。これらの素材から,リサがセラピーのない間にセラピーのことを考えたり,自身のことを覚えてもらおうとしたり,セラピストのことを覚えておくことで,セラピストとの情緒的なつながりを保持しようと,より能動的に試みていると考えられた。

3．第2期（第45～83回）

　この時期,リサの排他的な一人ごっこ遊びに少し変化が認められた。人間の生活に憧れるミニカーたちが,誰もいないドールハウスに侵入し,「人間はごはんも食べられるし,お風呂にも入ることができる」と,良いものを独占する者と排除され羨望する者が分裂した。〈車が持っていない良いものを人間たちは持っていて,それがすごく羨ましい〉との指摘に,ミニカーはおなかを空かせ始め,食事を始めようとする。5台のミニカーのうち2台を「女王」,残りを「男の家来」と呼ぶ。女王の前には,たくさんのごちそうが準備される。いざ食事を始めようとすると,女王の一人が突然テーブルをひっくり返して立ち去る。残された女王は「私の王冠を見たからかしら」と,羨ましさが女王を暴れさせたとほのめかす。

　夏休みの予定を伝えた第53回目では,リサはこれまでに作った作品を捨て,おもちゃ箱の中の片づける作業に没頭し,ドールハウスを「他の人が使った後なんて汚い！」と拒絶した。人形遊びでは,服を着替えさせようとするお母さんに女の子が「小さい！」と拒絶し,「新品の服が欲しい！」と訴えた。これらの素材はリサの満たされない気持ちを表しているが,その気づきは羨望とゴミみたいに捨てられるような無価値感を喚起するように思われ

た。セラピストに何も言わず作品を捨ててしまうリサは勝手であるという腹立ちを感じるとともに，作品は協働作業によるものだというセラピストの考えは独り善がりにすぎないのではないかと感じさせられた。

　夏休み明けのセッションで，リサは去年のカレンダーに書き込んだ自身の名前を見つけて，「名前の読み方をよく間違えられる」と話した。そこから，リサはB施設への入所経緯に触れた。施設入所は「お母さんが病気でお世話をしてくれなかったから」であり，面会に来たきょうだいから「一緒に暮らしたい人を選べ」と言われたこと，「きょうだいの名前の由来はわかるが，リサの名前の由来はわからない」と話し，お母さんは産みのお母さんではないという趣旨のことを話した。最後の話は事実と異なっていたが，セラピストにショックを与える話であった。ここには，「私は何のために産まれてきたのか」「これからどうやって生きていけばいいのか」という，自己価値や生き方をめぐるリサの問いが含まれていた。

　その後，一人ごっこ遊びの素材に，偽善的で拒絶的な人物が登場するようになった。たとえば，先生が生徒に黒板の問題を解かせて，先生が「教え方が上手」「次の問題も解いてちょうだい」という場面について，〈先生は生徒をほめてるようで，自分の仕事を生徒にさせているみたい〉と指摘すると，「大人は仕事なんてしなくていい」「休み時間は子どものことを忘れましょう」と，先生は態度を一変させた。

　第74回では，「アクセサリーとお金がいっぱい欲しくて，子どもなんて嫌いだし，いらないから，全部パパにあげた」女性を登場させる。この女性は「7人の男にふられた不細工な女」でもあり，「すっごくひどいから」"ひど子"と名づけられた。

　次のセッションで，子どもたちのためにたくさんのごちそうを準備する母親が，ペアグラスを見た途端に，愛し合ってるお父さんと2人だけでごはんを食べたくなり，「子どもたちはお父さんに甘えるから嫌い」と，独占的で拒絶的な母親へ豹変した。子どもたちは宿題を理由に部屋に閉じ込められ，子どもたちが育てた花はガスコンロで燃やし，「水をやらないから枯れた」と突きつけた。夫は食事を勧める母親に，「お前のバイキンがついてるからいらない」と拒絶し，母親は激昂して離婚を宣言し，家を出た。子どもたちは，「お父さんはあんなタイプの女性は好きじゃないんだよ」「お母さんは子

どもがいらなかっただけなんだ」と冷めた発言をした。セラピストは，ひど子や母親が〈自分のことしか考えていないが，ひどい目にも遭っていて，自分には価値がないと思っているみたい〉〈子どもたちはそんなお母さんの姿に気づいている〉〈先生のことも，子どもを大事にしない，自分のことしか考えない，ひどい先生だと感じているのかもしれない〉と指摘した。これらの素材から，大人の優しさは見せかけで自分勝手で，子どもを簡単に捨ててしまうという不信感，無力感，自己価値の問題を，より象徴的な形でリサが表現し始めたと考えられた。

　年度末が近づくと，リサは「セラピーの担当が替わることあるの？」と不安げに語った。第80回で，リサの持病の呼吸器系の疾患による入院経験，病気の苦しさ，点滴の痛みを話してくれた。一方で，画用紙に食べ物，特にリサの好きな果物の絵を描きながら，B施設の食事で好物が出たことを話し，「パパとママにはB施設の出来事を話す」が，B施設には「パパとママに会ったことがない子がいるから」，パパとママのことを話さないのだと教えてくれた。

　その後，建物のミニチュアで街を作り，女の子人形とお母さん人形が「町の探検」を始める。探検の途中でティンカーベルに出会い，お互いの自己紹介はテストの点数の話に及ぶ。ティンカーベルは0点ばかりなので，嘘をつくか本当のことを言うか葛藤し，7点だと打ち明ける。「かわいそう」と言う女の子に，ティンカーベルは「友だちでいてくれるんだ」とほっとするが，女の子は「ふ，ふ，ふ，友だちだよ」と白々しい口調で笑い，内心はどう思っているのかわからないという感じがあった。その後のセッションで，リサは二つの「道」をドーナツ状につなげた「絶対に出られない道」と，紙をたくさんつなげた「ネックレス」を作り，最終的に「ラプンツェルの長い髪」として，自身の髪の毛につなげてセラピストに見せた。〈すっごく長い〉〈それだけ長く先生とのセラピーが続いてほしい〉と指摘すると，「あとこれだけセラピーに来れるってこと！」と，うれしそうに話した。

　リサはセラピストもいつ捨てるか信用ならないと感じつつ，長く続く安定したセラピーをリサが必要としていることをはっきりと表現した。苦手なこと，できないことを知られても，拒絶されるのではなく，一緒に考えてもらえると感じ始めているようであり，これは，B施設の職員は母親のように脆

くないし，セラピストは母親のように拒絶的ではない，という違いへの気づきを表していると考えられた。

4. 最近のセッション

　年度替わりのセッションで，リサは「私以外，セラピーの担当がみんな替わった」と言い，他のセラピストは大きなプレイルームを使わせてくれたり，使う部屋をその日ごとに選ばせてくれると他の子から聞いたと話し，セラピストと他のセラピストを比較した。リサはそのことを，「自分ができないことを自慢されたら嫌な気持ちになる」「今度の休みの日，ママに会うとか……」と悲しそうに話し，外泊をめぐる問題へと話は発展した。一方で，「担当は替わらないほうがいい」「担当は替わってもこの箱は替わらないでほしい。リサの2年間の思い出が詰まってる」というセラピストとのつながりを大事にする発言をしたり，週末に母親との外出があることをセラピストに初めて話した。

　リサの排他的で競争的な要素はやや薄れてきた。リサが一人で先生と生徒役になる「お習字の時間」では，先生の作品と生徒の作品の二つを比べて，先生が相違点を生徒に問いかけ，生徒が答えるというもので，優劣を張り合うものではなかった。ただ，先生の問いかけの後には沈黙があり，セラピストが答えないと生徒としてリサが答え，〈先生に問いかけているの？〉と確かめるとリサは肯定するなど，リサが関わろうとしているのは仮想の生徒なのか現実のセラピストなのか，微妙な感じがあった。

　以下に二つの詳細なセッションを提示する。

【第88回】

　「いってらっしゃい」と声をかける職員さんに，「いってきまーす」と大げさなくらい手を振る。席に着くと，おもちゃ箱から折り紙を取り出し，「お花折ろう」とアサガオを完成させると，さりげなくセラピストの目の前に置く。おもちゃ箱から色鉛筆とお絵かき帳を取り出すと，画用紙をちぎる。普段は切り目がきれいになるように切り取ることにこだわり，切り目が汚いと捨てていたが，この日は気にしていない。

　〈このアサガオ，先生のために作ってくれた感じがする〉「値札作ろう」

と画用紙を小さく切る。タダじゃないぞ，と言われている感じがする。「1万200円です」。実際には『1020円』と書いてある。値段の側に『アサガオ』と，かわいい字で書き込む。「売り切れの札も書かないと」〈アサガオは一つしかないからすぐに売り切れちゃう〉「いや，まだまだある」と，売り切れの札は作らず，アサガオをさらに折る。

　葉の角の部分をはさみで丸く切る。「お花屋さんになりたーい」と，何かのキャラクターになったかのような，リサ自身の発言のような，微妙な口調でつぶやく。〈お花屋さんになりたいの？〉「うん。リサ，お花とおしゃべりが好き。お花博士って言われてる」「どんな花で，どんな特徴があるって，知ってるだけなんだけど」〈どうやって知ったの？〉「お花屋さんに行って値札に書いてあるのを読んだり」「寝るところに偽物のお花を置いてる」「バラと，スズランと，6本あったけど，忘れた」。リサはアサガオを折り，『2万円』の値札を置く。

　「カーネーションを折るのは難しい」との発言から，先日の日曜日は母の日だったことを連想する。売り切れの値札を作り，『うりきれ』の文字の下に☺を描いてかわいらしい。

　「1年生の時はケーキ屋さん，2年生の時は美容師さんになりたかったけど，やっぱり花屋さんかなって」「カーネーションを育てたけど，水をやりすぎてダメになってしまった」〈お花を育てるのも好きってことみたい〉「うん」「おばあちゃんはお花をいっぱい育てて，人にあげてる。人が喜ぶのが好き」と，王冠や首飾りを祖母と一緒に作ったことを話す。〈リサがなりたい仕事は，何かを作ったり，きれいにして，人を喜ばせる仕事，って感じ〉〈リサの好きなこと，大事なこと，いろんなことを教えてくれている〉〈先生が初めて知ったことが，たくさんある〉。

　リサは画用紙で『1万円』『100万円』『20円玉』を作る。「リストを作れば，買った花がわかる」と，画用紙を1枚切り取って真ん中に横線を引き，二つの領域に分けた（ただ，この紙はこれ以降は使われなかった）。画用紙で鞄を作り，準備が整う。

　「いらっしゃいませー」「アジサイ二つとアサガオ一つください」と，若々しい女性客らしき口調で言う。

　「お名前は？」と尋ね，紙に名前を書く。「4万200円です」。小さな紙

に，値段と買った花の名前を書く。この小さな紙を「コピーをとってる」と，機械に通すような動作をする。お花を鞄に入れて手渡す。「ありがとうございました」〈お店の人，お客さんを大事にしてる感じがする。お花を売るだけじゃなくて，名前も聞いて，何を買ったか記録しておいて，お花用の鞄に入れてあげてる〉。

　新たにアジサイを折って机に並べ，カラフルになる。ここで，「疲れた」と伸びをする。〈すごく集中して作ってる〉「今日，すごい静かって，今思った」「しゃべろうと思ってたこと，あったけど」「店長，お客さん来ないかな」と，いつのまにか店員になってつぶやく。

　「(店員)いらっしゃいませー」「(客)ごめんなさい，わざわざ来てしまったよ……」と，年老いた感じの口調で弱弱しく言う。「(店員)何のお花にしますか？」「(客)疲れてるからなあ」「(店員)アジサイとアサガオがあります。カーネーションはありません。店長，どうしますか？」。リサは時計を見て，「18時60分に来てください」「あ，そんな時間ないわ」「17時30分に来てください」と言う。「(店員)店長，どうするんですか？」。折り紙を四つ折りにして，はさみで切れ込みを入れる。折り紙を開くと，真ん中にいくつか穴があいているが，いびつである。丸めてセロハンテープで留めて筒にして，筒の両端もテープで留めて閉じる。「(店員)店長，これはちょっと，どうなんですか？ もうちょっとかわいいほうが……」「(店長)いいの。これは，子どもも楽しめるの。楽器よ，きれいな音がするわ」。穴に口を当てて吹くと音がする。〈きれいな音がした〉〈疲れていたお客さんを元気にできる笛ってことかな〉「(店員)こうしたほうがもっとおしゃれじゃないですか？」「(店長)私はこれが作りたかったのよ，楽しいから」「作りたいものを作ればいいの」〈自分が作りたいものを作る，楽しいことをやれるのが大事なこと，喜ばせるっていうことじゃなく〉〈セラピーもリサがやりたいこと，楽しいと思えることをやれるのが大事，ってこと〉。

　リサはおもちゃ箱にお花を戻しながら，「崩れないように」と言う。〈このまま，次までちゃんと持っといて，ってこと〉。リサは帰りの道すがら，学校で予定されている校外学習について話してくれた。

このセッションでは，リサが観察したお花屋さんの様子を，リサなりに再現しているという印象があった。お花屋さんはリサが実際になりたいものであると同時に，花は，繊細で細やかなお世話を必要とする，リサ自身との重なりを感じさせるものであった。

【第96回】

　カレンダーで来週から始まる夏休みの予定を確認すると，リサは身を乗り出しながら，「ふんふん」「わかったー」と，まるで初めて聞く話を聞いているかのようにしたり，「夏休みはこれだけ？　じゃあ他の日は学校があるってこと？」と，セラピーの夏休みを学校の夏休みの話にして，いたずらっぽく笑ってセラピストを見る。おもちゃ箱を開けると，「これは先に見てるパターン」とつぶやく。来室前に職員と一緒に見ていたドラマの続きを，職員が見ているだろうということだった。〈リサちゃんの好きなドラマなの？〉「うん，すっごい面白いよ」と，ドラマの内容を教えてくれる。タイトルは『好きな人がいること』で，男兄弟と，パティシエの女性をめぐる関係のようだが，リサの説明には主語や目的語が欠けていて，文脈や関係性が把握できない。

　一方で，リサはハート型に切り取った折り紙を取り出すと，「あ，ハートだ」と，さする。「そうだ，今日は折り紙しよう。ぴょんぴょんカエルを折ろう」「カエルといえばこの色！」と，緑色の折り紙を取り出す。完成すると，「何だこれ，変なカエル」と言い，カエルのお尻を押して手を放し，ぴょんと飛ばす。「次，何作ろうかな」と，作り方の説明書が袋にあるか確かめるが，「あれ，作り方，書いてないや」「今度は，適当に作ろう」とめちゃくちゃに折る。

　〈さっきの話，リサとお別れした人がその後何をしてるか，考えてる〉〈リサと一緒にドラマを見ようと思って待ってくれてるか，お別れしたらリサのことを忘れてドラマの続きを見てるか……って〉「できた！」と，セラピストのコメントは打ち消すかのような感じで言う。「サメ」だと言うが，形は折り紙をぐしゃっと握りつぶしたようなもので，サメには見えない。「サメじゃないけど，種類はサメ。サメの仲間って感じ」と言う。カエルの隣に置いて，カエルが親でサメが子だと言う。「次はカエルのお

母さんを作る」と，カエルを折り，目を描き込む。〈目があるからちゃんと見えるね〉。サメと2匹のカエルを並べて「これ，親子」と言う。

「今度はうさぎ作ろう」と折るが，折り紙の縁を内側に数回折り込むだけで，底の浅い器みたいなものができる。「ペンギンができた」「ほら，ここが顔に見えるでしょ？」と説明するが，かなり無理があるように感じた。ペンギンの身体を作るといって，先ほどと同じように折り紙の縁を折り込んでいって，先ほどの顔とセロハンテープでつなげる。「テープ，まだまだなくならないね」〈新しいのに替えたばっかりだね〉「あ，そうだった」「うん，そうそう」とよそよそしい口調で言う。〈まだまだあるってこと，なくなってもまた新しいのがもらえるってことが大事なこと〉。リサはこのコメントをかき消すかのように，カエル2匹とサメ，ペンギンを並べて「これ家族」「ぴょんぴょんカエルとペンギンがきょうだい。ここにないけど，（カエルの隣のスペースを指す）妹がもう一人いる」「で，ぴょんぴょんカエルはサメのお母さんで，こっちのカエルがぴょんぴょんカエルの妹」と話すが，「リサもわけがわからなくなってきた」と混乱する。

「もっとカエル折ろう」「同時に折ろう」と，3枚の折り紙を同時進行で折る。手の動きは速く，急いでるように見える。〈カエルがいっぱい〉〈家族はたくさんいたほうがいい，って感じなんかな〉「うん！」「これは，みんな違うけど，家族」〈動物の種類は違うけど，みんな家族，ってこと？〉「そう。おかしな家族だけどね」「みんな，赤の他人じゃない」〈みんなそれぞれつながりがあるし，家族だから，離れていてもつながりはなくならないってことかな〉「そう，家族は永遠。家族に終わりはないの」。

ここで時計を見る。「あと10分しかない」〈リサは，終わりのないつながりっていうのを考えてる，作ろうとしてるみたい〉。

カエルを完成させると，「このカエルがサメのお母さんで」「きょうだいで」と，つながりを作っていくが，秩序だっておらず混乱させられる。〈ぐちゃぐちゃやなあ……〉「紙に書いて整理しよう」と，画用紙にピンクの小さい丸と青い丸を描いて，○＋○と描く。「これは間違い」と，横線で消す。それから乱雑な字で，以下のように書いた。手でセラピストから見えにくいように，隠しながら次のように書いていた。

ぺんぎんのきょうだいはきいろかえる（おねえさん）
　　ぺんぎんのおかあさんはさかな
　　あかかえるの，きょうだいは，さかな（おねえちゃん）
　　あかかえるのおねえちゃんが，はだいろかえる
　　きみどりかえるときみどりかえるはふたご
　　きいろかえるのおかあさんがあかかえる
　　きいろかえるのともだちがさかな
　　きいろかえるとはだいろかえるはきょうだい（きいろかえるがいもうと）
　　ぺんぎんとさかなはきょうだいでもある

〈そうやって書いておけば，次に来たときにもわかる，お休みで時間が空いて，ってこと〉。
　リサは書き終えると片づけを始める。「またね。このえさ食べて，寝るんだよ」と，カエルの上にアサガオを置く。「また来るから。ゆっくり休むんだよ」と声をかけ続けながら，少しずつふたを閉める。〈休んでいるだけで，休みが終わったらまた戻ってくるから，会えるからね，ってこと〉「録音しよう」と，セロハンテープをテープレコーダーみたいに口元に当てて，「ごはん食べて寝るんだよ」と何度も繰り返す。〈しっかり覚えておいて。この録音を聞いて思い出して，ってこと〉「じゃあバイバイ。もう行くから」と，ふたを閉めようとするが，「やっぱりバイバイしたくない」と，ふたを開ける。〈バイバイは悲しいよね〉。ふたを閉めると，箱をがたがた揺らす。「暴れてる」〈バイバイしたくないよ！　って言ってる〉。

　この時期，宿題ができず悔しくて泣いているという理由で，キャンセルした日があった。職員からは，宿題ができない悔しさや，友だちから「こんなこともできないのかと言われ悔しい」と，小さな子どものようにエンエン泣いていたという報告があった。固まったり，パニックになることはなくなり，ストレートに気持ちをぶつけるようになって，対応が大変だが気持ちはわかりやすくなったとの報告を受けた。

■第4節　考察

　リサの遊びの特徴は，象徴性の乏しさである。ごっこ遊びでは役割を演じているのではなく，役割そのものになっており，コロコロと入れ替わる役割に明確な違いはない。これは自己と対象が一体化した，リサの自己愛的な対象関係を示している。特に，第1期は自己愛的な世界が具象的に実演され，セラピストは完全に排除されることになった。この自己愛的なあり方は，養育困難な家庭状況の中で発達させたリサの元々のパーソナリティが，愛着対象の喪失によって，より先鋭化されたものと考えられる。第1期で，人形ではなくリサがお世話をしていることを指摘したとき，「いつおうちに帰れるの？」とリサが発言したことは，世話役割になりきることで，おうちに帰りたいが帰れないという喪失の痛みを防衛していることを示している。その点で，自己愛的な部分を心理療法で取り扱う過程は，愛着対象の喪失に伴う喪の作業の過程と重なっている。

　リサの独占欲や，空想の中でリサが家族を支えていることを指摘していくと，セラピストと情緒的なつながりを持ち，保持しようとしている素材が認められた。カレンダーを捨てないでほしいとお願いしたことや，担当職員に教わったことをセラピストに見せたり，セラピストとのやり取りを担当職員に話すようになったことは，リサのために協力して考えようとする心を持つ大人への気づきと，安心感の萌芽であると考えられる。

　第2期では，遊びに排他的で競争的な要素が認められた。これは，満たされない気持ちや羨望にリサが気づき，触れるようになったことを表している。この問題は厄介で，羨望や渇望への指摘に，優等生や姫が突如リーダーをやめたり，食事場面をぶち壊しにしたり，作品を捨ててしまう反応が認められた。これはリサの脆さを表すとともに，独立した他者としてセラピストが機能することが，リサには排除と感じられたことを示している。一方で，セラピストはリサが自分勝手だという腹立ちと無力感を感じるようになったが，これは投影する器としてセラピストを用い始めるようになったことを示している。

　この過程を経て，リサは名前の由来や生みの親をめぐる発言をした。これ

はリサの生き方や自己価値をめぐる切実な問いのように思われた。この後に登場した"ひど子"や家庭崩壊は，大人は自分勝手で子どもを捨てたと考えることで，現家族に見切りをつけようとするリサの対処でもあり，セラピストも自分勝手な都合でリサを捨てるかもしれないという不安の，象徴的な表現であると考えられる。ティンカーベルが自分の点数を言えたことや，長く続く安定した関係を必要としていることを言葉でセラピストに伝えたことには，B施設の職員やセラピストは母親とは違うという気づきが含まれている。それがリサの安心感につながり，探検の素材のように，リサは空想の世界に浸るよりも，出会うことや発見することができるようになりつつあるものと考えられる。

　最近のセッションでは，第88回のように，心理療法がリサなりに観察したこと，感じたことを表現する場となり，第96回のように，目に見えないつながりについて考える場になりつつあると考えられる。現実生活においても，リサは以前よりも気持ちをよりはっきりと表現するようになってきた。しかし，第96回の家族の素材は，現家族とB施設という拡大家族の二重関係における外的な混乱とともに，家族に象徴されるような恒常的で情緒的なつながりがリサにはまだよくわからないという，内的な混乱を示していると考えられる。夏休みの確認に対するリサの反応や，折り紙のペンギンやサメにはとってつけたような感じがあり，セラピストとリサのやり取りは，排他的ではないが相互的とも言い難い。これはリサが自身の気持ちに触れること，他者と相互的な情緒的つながりを持つことがまだまだ難しい課題であることを表している。

　セラピストはリサの表現からリアルなものを感じるか，感じられないか，判断に迷うことが多々ある。セッション中はリアルな感じがしたとしても，振り返るとそう感じられないことがあり，また逆も然りである。この逆転移の識別が今後の課題であると思われる。

■■■ 金沢論文へのコメント1 ■■■

真正であること，そしてその危険性

【平井正三】

　金沢氏の事例記述は，その介入や考察の多くは妥当なものに思われるので，ここでは金沢氏と若干異なった視点を示すことのみに，焦点づけていきたい。

1. 見立て

　まず，心理療法を始める際には，見立てが大変重要である。背景知識が十分ではないが与えられており，それらを念頭に置いて，リサさんの実際のセッションでの様子を見てみよう。

　金沢氏は，「おうち」と「赤ちゃんの世話」がリサさんの遊びの主題として挙げられることを指摘しているが，それらは安全なスペースという概念，そして赤ちゃんを世話する母性的対象という概念が，曲がりになりにでもこの子どもに存在することがわかる。しかし，「おうち」は地震や火事，そして「ガス」によって脅かされること，それによっては壊滅されうる危険性があることが示唆される。さらに，赤ちゃんは，お腹が空いているとしてミルクは準備されるが，実際の授乳場面は省略される。そして，彼女が他の子どもに「きついこと」を言われているということを知ったら「お母さんがしんどくなる」と話し，母親対象は彼女や赤ちゃんのことを気遣ってくれるかもしれないが，とても脆弱な存在であることが示唆される。

　さて，ここで注意を払う必要があるのは，この「脆弱な対象」という大雑把なとらえ方であり，その詳細を見ていくことが重要になってくる。「おうち」の素材は，家そのものが脆弱であるというよりも，それを破壊する「地震」や「火事」が問題になっていることがわかる。

　また，リサさんは，彼女を嫌いと言ったり，きついことを言ってきたりする他の子どもの話をしてくる。ここで，おそらく「嫌い」は怒りや憎しみ，そして「きついこと」は見たくない現実を知ることと関わっていると見なせ

ば，これら怒りや憎しみ，そしてそれらを引き起こす気づきの部分は分裂排除され，他の子どもに位置づけられていると想定される。

さらに，「なくならないミルク」は万能感による分離の否認が示唆されていること，それに付随して，リサさんはまるで母親のように，自分と母親の区別がなくなっているように振る舞う。そして，ごっこ遊びはごっこ遊びの性質を失い，実際に自分が母親になって世話をしているとともに，世話される子どもにもなっているように見える。治療関係という視点から見ると，リサさんはセラピスト（以下，Th）を締め出し，自分一人で完結した世界で満足しているかのように振る舞う。

以上のセッションでの様子から，何が言えるだろう。まず，リサさんの状態を境界例系か発達障害系かという視点で見れば，概ね境界例系と見てよいだろう。しかし，破壊性の多くは他の子どもに位置づけられており，激しい破壊性は表面的には見られないし，自分の状態について一定象徴的な形で表現できる力，そしてThと一定関わる力を持っているように見える。だが，やり取りは一方的であり，そこには潜在的に強い迫害的・被害的な不安があることが推測される。

ごっこ遊びはよく見れば，象徴性は崩壊しており，考える力は部分的に損なわれていることがわかる。リサさんの不安は迫害的・被害的であるが，その内容を見れば，一定良い対象を経験しており，それが強烈な破壊的な力によって崩壊する危険性にさらされていること，すなわち一見すると抑うつ不安の部類に属する不安であることが見てとれるが，その中核にはこの良い対象の良さに対する疑念，悪いものが混じっており（「ガスが出ているところにおうちがあった」），それが破局につながるのではないかという猜疑的不安があるように思われる。

リサさんはこの不安状況に対処するために，対象に対する疑念の部分を見ず，良い部分だけを自分の力で維持しようと自分の中で完結することで，自転車操業のように概ね躁的なやり方で奮闘しているように見える。これは，どこかで無理がきて，崩壊する可能性があるやり方であるように思われる。別の言い方をすれば，この子どもは一定良いつながりを持ちうるが，それは容易に壊れ，抑うつ的な崩壊に至る危険性を将来にわたって持ちうることが示唆され，介入の焦点はそこに向けられるべきであろう。

2．心理療法過程

　さて，上記の対象関係と防衛体制は，治療関係の中でどのように展開されていっているだろうか。持続的に認められるのは，Th は排除され，リサさんがたとえば赤ちゃんを世話しているのを見ているだけの立場に追いやられるという関係性である。まったく排除され放って置かれると，無力感と絶望感，それと潜在的な怒りと破壊的な気持ちが分裂され，Th に投影されている状況と見てよいだろう。

　第 1 期では，この排除されていること，さらには分離していることをめぐる無力感と絶望の問題，そして破壊的な気持ちの問題は，Th もしくは他の子どもに位置づけることで対処され，リサさんは大人を必要としない「なんでも知っているお姫様」になり，「賞味期限のないパン」，すなわち終わることのない哺乳という万能感による自己充足の世界を作り出す。Th はまず「従順な執事」としてその存在が認められ，さらに「カレンダーを捨てないで」と言ったり，紙で「カメラ」を作り，リサさん自身と Th を撮ったりという形で Th の価値も少しずつ認めつつあるように見える。

　第 2 期では，排除されるという主題は，ドールハウスの世界から排除されているミニカーという形で，より象徴的に表現されるようになる。これらは確かに，「良いもの」を持っている人に対する羨ましさに駆り立てられているように思われる。さらに，「女王」の遊びに見られるように，「良いもの」が与えられても，羨ましさからそれを壊してしまうように見られる。これらは Th から与えられるものをうまく活用できない部分を表していると考えてよいだろう。しかし，ここでよく見れば，羨望を抱いているのは「女王」であることにも注目できるだろう。

　その後に，「他の人が使った後なんて汚い」とか「小さい」と言って拒絶することが続き，Th の心には，ゴミのように捨てられる気持ちと怒りを喚起されたことが述べられている。これらはリサさん自身の，ケチをつけて与えられたものを活かせない部分を示しているだけでなく，そのような自己愛的な対象によってケチをつけられ，価値がないものとして拒絶されるのはどんな気持ちかを，Th に示しているところもあったかもしれないと思われる。

　この，リサさんの中にいる母親的対象に関する探索は，この後深められて

いく。「ひど子」という人物に具現化されていくこの母親対象は，子どもが父親と仲良くするのに耐えられず，子どもたちが育てた花をガスコンロ（「おうち」の素材参照）で燃やし，子どもが良いつながりを持ちたいという気持ちを台無しにするとともに，夫には拒絶される。心理療法のこの時点で，Thや子どもに分裂排除されていた問題の多くが，このように一定象徴的な形で「定式化」されたように見える。ここには，リサさん自身の分離性と，エディプス的な葛藤をめぐるさまざまな感情と，彼女の母親的対象との抜き差しならない混同が見られ，この主題はここでいったん打ち切られたようである。

　この後，「パパとママに会える」恵まれたリサさんと，会えない他の子どもという形の分裂が再び確認される。しかし，他方の存在はまったく否認されるのではなく，「町の探検」という形での探索が行われる。そして，「0点ばかりのティンカーベル」に出会うという表現をとる。「ラプンツェルの長い髪」の素材は，セラピーに長く来られるというだけでなく，悪い母親との抜き差しならない「閉所」から，脱出する手段を求めているとも解することはできよう。

3. 二つのセッション

　このような流れで，詳細に報告された二つのセッションが起こっている。
　まず，第88回のセッションを見てみよう。このセッションでは，主に花屋さんごっこをする。Thの問いかけなどに応えることはあるが，概ね一人で店員と客の役をこなしているように見える。すなわち，作って与える側と与えられる側の両方をリサさんは一人でこなし，先の自転車操業の構図を繰り広げ，Thはそれを見ているだけの役割が与えられているように見える。その背景を見れば，花屋に行って観察してきたことに触れられ，彼女は何をやっているか見ることで，取り入れることのできる部分があることが示唆される。これは，心理療法の文脈では，Thのやっていることをどこかで観察し，取り入れているかもしれないこと，さらには，他の子どもから心理療法のことを聞いているかもしれないことが示唆される。これは，「おばあちゃん」，すなわち，Thは「お花をいっぱい育てて人にあげている」ことと関わることが告げられていることからも，Thへの同一化に基づいているとも言

えるかもしれないし，Thへのサービスの面があろう。

　ここで，Thとして注意を払う必要があるのは，これまで述べてきた基本的なこの子どもの対象関係の構造全体を念頭に，この「花屋」の素材は，この子どもが心理療法を通じて良い経験を実際にしている部分が一部あることを表していると理解しつつも，「花」，すなわち良いものは人にあげられ，自分がもらうという経験があまり強調されないことであろう。すると，セッションの後半，リサさんが「疲れた」と言った時点で，前半には潜在していた主題が現れてくるかもしれないことに，注意を向けることができよう。

　「静か」であり，「客が来ない」ことへの言及は，一人取り残されていること，沈んだ気持ち，自分一人がやっているだけという虚しさに触れ始めたと見なせるかもしれない。「疲れた」様子の「年老いた感じの」客は，リサさん自身と関わると見てよいだろう。「カーネーション」はないというのは，この時点でThは，何もせず彼女を放置する母親になっており，Thへのサービスはもうやめであると宣言していると解することもできる。花屋が提供する花はぞんざいなものになり，楽器であると主張される。「きれいな音」がする楽器には，どこかで「ガスコンロ」のような，潜在的には破壊的な怒りに満ちたものがなかったのだろうか。

　興味深いのは，このセッションでの振り返りの中で，Thはこの花屋の素材が実際の花屋の観察経験を反映していること，そして「お花は，繊細で細やかなお世話を必要とするリサ自身」と重なると感じた，と書いている点である。これらはそれぞれもっともな点があるが，先の「町の探索」の視点で言えば，現実の経験と良い側面という「町」の一部のみに注意が向けられ，内的経験や転移経験の側面，そして否定的経験の側面という「町」のその他の部分には，十分に注意が向けられていないように思われる。これ自体，この子どもの防衛の主要なやり方であることがもう一度確認される。

　以上のことを踏まえても，この子どもとの心理療法において，分離，特に長期休暇がひときわ重要な局面であると認識できる。第96回は，まさしくその長期休暇の直前のセッションである。Thが休みの確認をすると，すぐに学校の休みの話になるとともに，職員とドラマの話に注意が向けられる。細かく見れば，ここに分裂排除するというリサさんのやり方と，つながりが軽視され捨てられるという感情が，Thに潜在的に投げ入れられていると見

られる。しかし，金沢氏も取り上げているように，「別れた後どうしているか」「つながりから排除される」という主題は表現されており，分離をめぐる感情がすべて切り捨てられてはいないと見ることもできよう。

　ドラマは，『好きな人がいること』というタイトルで，パティシエという食べ物を作る女性の話であること，そしてどうやら兄弟や三角関係などが主題になっているようであるが，リサさんの話は錯綜しており，Th には文脈や関係性がわからない。このこんがらがりようは，先の「ひど子」の素材に見られるような混乱の領域が現れつつあると，考えてよいかもしれない。

　この後，リサさんは，折り紙でさまざまな動物キャラクターを作る遊びに転じることで，この状態から抜け出そうとしているように見える。最初に作ったのは，「ぴょんぴょんカエル」であった。これは初期の「飛行機」の素材と比べると，躁的な万能感と否認の程度は相当減じたものの，分離を「ぴょんぴょん」とやや躁的に飛び越えようとしていることを示唆しているように思われる。次に彼女は，口愛的な攻撃性を思わせる「サメ」をかなりぞんざいに作り，カエルとサメは親子と言い，さらにカエルやペンギンを作り，それらが互いに親子やらきょうだいやら友だちであると話す。そして，セロハンテープが終わるか気にするとともに，カエルたちは「みんな違うけど家族」「家族は永遠。家族に終わりはない」と話す。

　ここに至って，この子どもは長期休暇を控えて，自分自身の家族がバラバラになったことを想起し，それが起こるかもしれないという不安に直面していることが見えてくる。そして，それに対抗して，彼女は懸命につながらないものをなんとかつなげようとしているように見える。それはいくぶん躁的であるとともに，強迫的でもあり，いかにも潜伏期的であるという点で，年齢相応の防衛手段を取っているとも言える。

　しかし，よく見れば，カエルとサメ，ペンギンなど，互いにかなりそぐわないものをつなげようとしているとも言え，次第に，この「バラバラになる」という不安は，単に家族がバラバラになるというだけでなく，対象の整合性のなさ，それに応じて自己のさまざまな部分の整合性がなく，バラバラになるという自己の危機という含みがあるように感じられてくるという点で，心理療法の初期に見た，「おうち」の破壊不安，すなわち抑うつ的な崩壊の兆しが底流にあるようにも感じられる。

ここで強迫的に書くことは，それに対する対処法と見られるだろう。カエルに餌をあげるのは，病気の母親を世話するという主題と重なるとともに，自分自身が飢えて放っておかれるかもしれない不安と関わると考えられるし，「録音」の主題は，Th は彼女のことをまったく忘れてしまうのではないかという不安と関わると見られる。

4. 逆転移の問題

　逆転移の問題は，このような子どもとの心理療法の仕事の，いわば主要な領域であると考えられるところがあるので，最後に若干触れておきたい。

　考察のところで金沢氏は，「羨望や渇望の指摘」をすると，リサさんはそれを排除と感じているようであると述べている。これはとりもなおさず，Th が「彼女を排除しない，良い人であらねばならない」という圧力下にあることを示すとともに，「排除しない良い人」と「彼女を排除しながらそのことについて自覚がない人」という，整合性のない人物になってしまう圧力下にあると言ってもいいだろう。「取ってつけたような感じ」についての吟味はとても大切だが，それは同時に，Th の偽物性，欺瞞へのリサさんの疑念と密接に関わるかもしれないという認識も，大切かもしれないと思う。

　その意味で，逆転移の中でリアルかどうかの吟味の必要性を金沢氏が最後に書いているのは的確な理解であると思われるが，さらに，Th 自身の感情の「町」全体を見渡し，整合性や取ってつけた感じに注意を払う必要性が，あるかもしれないと思う。

　以上のような逆転移の仕事に取り組みつつ，第88回のセッションの後半，そして休み前の第96回のセッションに現れた，対象関係の混乱とその不安が少しずつ治療関係の中でとらえられていくことで，リサはさんは「ラプンツェル」のように塔の中に閉じ込められることはなくなっていくことが望まれよう。

■■■ 金沢論文へのコメント2 ■■■

親の精神病破綻を生き残る子どもたち──ヒステリー的解決の場合

【飛谷　渉】

1. はじめに

　児童の施設心理療法臨床では，親の精神病性破綻による養育困難を理由に入所する，一群の子どもたちに出会う。親の精神病と言ってもさまざまなものがあり，子どもの心的発達への影響も多岐にわたる。妄想的な統合失調症の親と，心身の活動性の低下したうつ病の親とでは，子どもの受けるダメージの質はずいぶん違ってくるだろう。前者の場合，たとえば，母親が夫と娘とが性的に結びついているという妄想を持つといった事態もまれではないが，この場合，娘が持つはずのエディプス葛藤は，母親の狂気によって乗っ取られ，精神・性的発達は著しく困難なものとなるだろう。他方，たとえば両親のうちの片方が躁うつ病を患っているなら，子どもの心的状態は，対象の心的状態の激変への不安に彩られるだろう。ある種の安全感を持ったとたんに，それが興奮や暴力的破壊などによって押し流される不安に苛まれることになる。あるいは，親のパーソナリティ障害やアルコール依存症などの場合にも特有の困難がもたらされるだろう。そこで子どもたちは，親の暴力的な投影にさらされるばかりで，自分の投影は受け取ってもらえないという，いわば逆転した養育状況に陥ることになる。

　では，こうした親の精神病破綻を生き延びようとする際に，子どもの心に形作られるものの共通項は何だろうか。思うに，それは子どもたちがさまざまな形と程度において，「自分自身の心を持つこと」ができなくなるという事態である。それは，親からの投影過剰によって，子どもの心を育むべき受け皿が，絶対的相対的に欠如することでもたらされる。

　さて，これらを踏まえて，ここに提示されたプレイセラピーのプロセスを吟味し，この子の心のあり方について考えてみたい。ここで著者の金沢氏が提示するのは，母親の重度のうつ病による慢性的な機能不全と，両親の別居

によるネグレクトを背景として，同世代の子どもとの関係を持つことができないでいる女児のケースである。

2．アセスメントと導入について

　最初の描写で印象深いのは，たくさんの「我慢していること」を抱えてはち切れんばかりとなっている，人懐っこいリサの有り様である。少なくとも，猜疑心やあからさまな拒絶などが表面化しないことが，まずはリサの目立った特徴のようである。施設での演技的な様子からすると，ここには虐げられたかわいそうな良い子が演じられているようにも見える。

　最初のテーマは，地震や火事により崩壊した「おうち」と，新たに構築された一見安全な「見せかけのおうち」とのコントラストである。地盤がいつ崩壊するかもわからぬ脆弱な新しいおうちの背後に，災いに満ちた地獄のおうちの存在が示唆される。これは著者が指摘するとおり，対象の脆弱性によってすでに生じているはずの内的破滅状況が露呈しないよう，表面的な良い外的関係の構築によって，あたかも万事うまく運んでいるかのように取り繕う対象関係を示しているようである。

　セラピーではすぐに，「きついことを言う子どもたち」と遊びの仲間になることができず，脅かされた彼女が泣きながら現れるが，きつい子どもたちに耐えられないのは彼女自身ばかりではない。子ども集団への参加を促し支えてくれる存在であるはずの母親は，きついことを言う子どもたちには耐えられない脆弱な母親なのである。母親の脆弱さは実際，子どもにとっては自らの存在を脅かすものであり，脅威と羨望の源となりうる。それゆえに，母親の脆弱さに対する認識は否認され，目の前の母親は理想化されねばならない。脆弱な母親の元で赤ん坊でいることは，危険なのである。

　その危機状況を生き残る方法の一つとして，子どもたちは自分自身を大規模に放棄するかもしれない。そこで彼らは，「尽きることなくミルクを湛えた過度に理想化された乳房に自分自身がなる」という自己愛的同一化により，その危機状況を否認するのである。ここで彼らの主体性の位置取りは，理想化された乳房・母親そのものになっている。だが，これはもちろん作り物である。そして，当然放棄された赤ん坊としての自己は世話されることなく放置され，生命を失い続けることになるだろう。その消滅した赤ん坊に

は，どこかに隔離される，死体となる，幽霊となる，などさまざまな運命があるだろう。

ここで認められる対象関係に，いわゆるヒステリーの準備性を見てとることは，このケースを理解することに役立つだろう。ヒステリーの前提となる防衛的対象関係の本質は，内的破綻を，一見安全に見える外的な全体対象によって，あたかも何の困難もないかのように取り繕う「偽りの全体対象関係」であり，その背後には自己の消滅危機がある（防衛的な偽性エディプスと，背後にある主体の死）（Brenman, 1985）。ただ，ヒステリーが完成するには，この偽りの外的対象関係は性愛化の領域において物語化される必要がある。言い換えれば，偽りのエディプス神話化（Pseudo-Oedipal Myth）する必要があるのである（Mitchell, 2000）。

さて，こうした見立てを踏まえてセラピー・プロセスを吟味してみよう。

3. セラピーのプロセスについて

最初の1年間にあたると思われる第1期だが，彼女はほぼ一人でのごっこ遊びに引きこもり，セラピスト（以下，Th）は観客席に追いやられる。しかも，ここで彼女がそもそも観客を想定しているのかどうかも定かではなく，女優と観客との間でのコミュニケーションはまったく成り立たないため，Thは強い疎外感を抱いている。これを疎外感の投影同一化と見なすのか，幻覚的疎隔化と見なすのかによって，想定される病理性の水準は異なるが，これは現場での逆転移の有り様によって査定されるものである。冬休みの経験に対して，否認が働くとはいえある種の情緒的反応が認められるように見えるので，もしかしたら投影同一化の機能する水準かもしれない。とはいえ，セラピー内部において，Thとの情緒接触はほとんど回避され，安全だが無機質な上映会のごときセラピーが展開しているように見える。

また，理想化されたペアを，名の融合によって示す様子，分離に際して作る折り紙のカメラ，あるいは名前の漢字を知ろうとすることなどは，確かにつながりを維持しようとの試みかもしれないが，とはいえ関係性を画像や名称に還元し，融合させて分離性を消滅させるようで，情緒的空間や交流が可能な三次元的対象関係空間から，二次元的対象関係や一次元のそれへと還元する防衛的対象関係にも映る。

第2期になると，万能の対象を所有する全知のお姫様帝国のメカニカルで血が通わない様子が，ミニカーの遊びとして露呈してくるとともに，他方で羨望や嫉妬，あるいは種々の欲望に満ちた血の通う人間的世界が描写され始める。さらに，夏休みによる分離の期間を挟んで，世話をしてくれなかった母親への言及がなされたことを皮切りに，彼女が置き去りによる痛みと惨めさの体験を，現実的に認識し始める。大人の偽善性をとらえていることもはっきりとしてきて，彼女の体験がよりリアルに描写され始める。「ひど子」という母親が登場することで，理想化されたメッキの世界は剥がれ始めるとともに，彼女の内的世界がリアルな姿を現し始める。ここで，父親対象を独占しようとする脆弱で身勝手で，偽善的な母親との閉塞状況が立ち上がるが，それは文字どおり耐え難いため，ある種の空間化と緩衝作用（三角化・関係化・空間化 etc.）を求めて父親対象を呼び戻そうとする動きが生じる（Rupprecht-Schampera, 1995）。これは転移状況として現れ，Th・父親を性的に（エディプス神話的に）求めようとする女児の誘惑的試みがなされる。だがここでは，父親対象との直接の交流は避けられ，病気による入院の経験を語ることで，距離の調節がなされたかのようである。ここでは，病院に閉じ込められた自分を救出してほしいという思いが見てとれるが，ある種の脱性愛化と身体化の試みでもあろう。

　彼女の対象関係のあり方がよりはっきりと現れてくるのが，ラプンツェルに関する王子様空想である。彼女がこの物語をどれほど詳しく知っていたのかは定かでないものの，ここでラプンツェルとしての彼女が持ち込んでいるのは，魔女・母親に閉じ込められた女児の性愛的解放の試みと，その失敗の物語だと見てよいだろう。この物語の原型，つまりグリム童話は，実に生々しい。それは魔女によって塔に閉じ込められた女の子が，王子を繰り返し招き入れ，塔の中で魔女に隠れて妊娠するが，それを知った魔女が激怒し，ラプンツェルを追放するとともに，王子は脱走の際，誤って失明するという，女性の変形版エディプス物語である（Grimm & Grimm, 1812／金田, 1979）。したがって，ここでは非常に生々しい性愛性が持ち込まれていることを読み取る必要があるだろう。しかも，魔女・母親との閉塞的世界に招き入れられる王子・父親としての Th，という転移関係が展開しているのである。

金沢氏の言う「長く続く安定したセラピー」関係への彼女の期待には，成長を目指した健康な対象関係に動機づけられている側面が，皆無ではないのかもしれない。しかしながら，むしろセラピーが「魔女から守ってくれるとともに閉じ込められる高い塔（閉所：Meltzer, 1992）」となりうること，そして彼女が性愛的レパートリーとしての長い髪でもって，Th・王子様をその中に誘い込み，閉じ込めて破局へと誘う性的関係を持ち続ける空想を伴って，Thを相互理想化という盲目状態に陥れること，つまり要約するならセラピー状況における「閉所化」と「相互理想化」を，ここでとらえておかねばならないだろう。

4. 二つのセッションの詳細

第88回セッションの内部では，花屋を舞台に接客に関する「一人ごっこ遊び」が展開するため，やはり彼女は基本的にThを観客席に置いたままであって，セッション内部において相互的情緒接触が生じているようには見えないが，それでも導入部のやり取りにおいて，どのような形で接触が回避されているのかに注意を払っておくことは重要である。

まず彼女は，Thにアサガオを，あたかも彼への贈り物であるかのように見せかけることから始めている。「セラピー／ラプンツェルの塔」というこれまでの彼女の防衛的組織化構成法の流れから読むならば，アサガオを性愛的領域への誘いとして見ておく必要があろう。意味ありげに差し出された折り紙の花に対して，Thは「この世に一つしかないアサガオ」として一対一の関係を強調するが，「これはタダではない」「唯一のものではなく，いくらでも作ることができる」など，特有の形で一対一のつながりは拒絶される。つまり，情緒的つながりの構築の動きのように見えた投げかけに応じようとしたThは，「あなたは特別ではない」という肩すかしに出会っているのである。

お花という素材からは，女性性，性愛性，愛情，美など，さまざまな象徴性が自然と立ち上がる。だが，花屋さんになりたいとは言うものの，彼女はお花の名前と特徴を知っているだけの，「その場しのぎの花博士」であることを告白する。しかも，実際に彼女が枕元に置いているのは，「偽物」のお花である。ここに，偽・性愛化（pseudo-sexualization）を読むことができる。

また，お花の値段設定も興味深い。10200円という値段は，1万円という手の届かない大人の世界と，200円という無力な子どもの世界とが調和することのないまま，無理矢理お互いに接着されているかの印象を与える。とはいえ，実際に書かれていたのが1020円なので，10200円よりは実際の世界間乖離は小さいのかもしれない。

　その後展開するのが，お花屋さんに関する一人ごっこ遊びである。ここからはThは排除され，観客としてのみの位置を強いられている。また，あたかもそこでThは歓迎され，受け入れられているかのように，発言やコメントが許されているのが，リサの対象関係の特徴である。ここには痛みや敵意が表面化しない，偽善的な性質がある。

　花屋でのストーリーにおいて重要なアイテムは，著者も指摘しているとおり，母の日を彷彿とさせるカーネーションである。これを性愛化水準で読むならば，カーネーションによって母親を元気づけることが性愛化の動機だが，あるいはもっと踏み込むならば，カーネーションによって母親を懐柔することを目的としているのが花屋になる動機とも言える。だがそれに失敗したために，父親との見せかけの性愛関係（造花）によって，あたかも母親との破局状況が代償されうるとする，防衛的空想の展開があるように見える。ここで，老人のように疲れているが，わざわざやってくる抑うつの母親に対処するための方策が，店員と店長によって思案されることになる。だが活路がないまま，その客は18時60分という不可能な時間に来るように告げられ，その後は作りたいものが作れる幻覚的白昼夢の世界へと誘われることが示唆されている。少しばかり，不思議の国のアリスの導入のようにも感じられるくだりである。

　では，第96回セッションを見てみよう。これは休みに入る直前のセッションである。Thによる休み期間の明確化には過剰に愛想よく答えるが，彼女は大切なセラピー関係を一時的に失うという情緒的位置にとどまることはできず，即座に立場を逆転させる。この日のセラピーセッションが始まる前に見ていたドラマを，一緒に鑑賞していた職員への言及とともに，Thは共有不能なドラマを介した関係から疎外され，部外者となる。その後彼女は，自分が以前作ったハート型の折り紙を発見し，「ハートを扱うセラピーという現場」に何とか戻ってくるものの，彼女が展開するのは折り紙細工に

よる偽・家族ドラマであり，そこでもやはり Th はほとんど観客席に追いやられ，情緒的交流が生じることはない。

そのなかで彼女は，適当に作ったぴょんぴょんガエルと，形の崩れた恐ろしいサメを親子にしてしまう。残念ながらカエルとサメという二つの生き物には，何の接点もないように感じられる。この世界体験は，次元の違うものがあたかも同じ次元に存在するかのように見せかけられた，10200 円の世界と共通している。ここでは，親子でないものが，同じ空間と時間を共有するだけで，家族を構成できるかのように見なされている。ある意味で狂気の家族世界である。彼女はぴょんぴょんガエルをたくさん作り，あたかも親がたくさんいるかのような家族を構築しようとするが，これはどうしても「ぴょんぴょん跳ぶだけで役立たない脆弱な対象」を，絶望的に量産することを招いている。換言すれば，これは「無意味さの増殖」というヒステリー的ナルシシズムである（Mitchell, 2000）。

そして彼女は，「家族に終わりはない」などと言う。そもそも，実際には彼女の家族はほぼ終わっているのであり，彼女は自分が母親の実の子どもではないという空想を持たねばならぬほどに，自分を赤の他人のように感じている。そうした「見せかけのつながり（pseudo-link）」によって，そもそも始まりのなかった家族には終わりもないという防衛的空想の空虚な内実が，ここに見てとれる。これは 18 時 60 分に出会う家族である。ここで否認されているのは絶望の中での情緒的混乱であり，「整理」などできない類のものである。

さて，このセッションの終わり方は芝居がかっているが，他方とても切ない。彼女が去り際に同一化しているのは明らかに，子どもにしっかり食べさせて寝かしつけるという当たり前の養育ができない母親である。別れ際になると，彼女は放送演劇の女優よろしく，「しっかり食べて寝るんだよ」と言う声をエコーのように繰り返すばかりである。これは，うつ病の母親との経験が，セラピーの休みによる分離を機に，逆転された形で姿を現した局面のようである。

5. おわりに

母親の重症うつ病という過酷な家族状況を生き延びるなか，内在化された

脆弱な内的対象をめぐって特有の防衛的組織化がなされた，大変困難な事例である。事例報告の冒頭において金沢氏も述べているとおり，一人遊びへの没頭は，内的対象関係の表出というよりはむしろ，背後にある満たされることのない愛情希求から生じるさまざまな痛みと激情に満ちた体験世界という，より深刻な破局的内的状況を否認しておくための方策であるように見える。事例概要で述べられていた，鏡を見て泣いている彼女の姿に，その一端を見ることができるだろう。彼女にとっては，外的世界は自らの悲劇を封じ込める鏡の世界となる。世界を鏡のように使用している限りにおいて，外的対象との相互交流はあり得ない。つまり彼女は，外的対象を内的破局が露呈しないためのセカンドスキン（Bick, 1968）として使用しているのである。

[文献]

Bick, E. (1968). The experience of the skin in early object-relations. In E. B. Spillius (1988). *Melanie Klein today: Developments in theory and practice*. London: Routledge.

Brenman, E. (1985). Hysteria. *International Journal of Psycho-Analysis*, 66, 423-432.

Grimm, J. & Grimm, W. (1812). *Kinder und Hausmärchen*.（金田鬼一（訳）(1979). 完訳グリム童話集1. 岩波書店）

Meltzer, D. (1992). *The claustrum: An investigation of claustrophobic phenomena*. Clunie Press.

Mitchell, J. (2000). *Mad men and medusas: Reclaiming hysteria*. New York, NY: Basic Books.

Rupprecht-Schampera, U. (1995). The concept of 'early triangulation' as a key to a unified model of hysteria. *International Journal of Psycho-Analysis*, 76, 457-473.

第Ⅳ部 施設職員の支援

第14章

施設と職員へのサポート
―― ワークディスカッション

【鈴木　誠】

■第1節　はじめに

　施設職員の主な仕事は，虐待や剥奪などのトラウマを抱えて生きる子どもたちを養育することである。しかし，私たちの社会が，この仕事の過酷さに光を当てることは少ない。高い離職率や施設内虐待のニュースにわずかに目を向ける程度で，まるで社会が，施設の過酷な現実をネグレクトしているようにも思える。

　トラウマは言語を絶する体験なので，その苦しみは投影同一化によって交流し拡散する傾向がある。この交流は，トラウマを抱える人とその援助者との間にも生じ，その結果，援助者にトラウマの苦悩が伝染し，心的外傷後ストレス障害の症状，燃え尽き，世界観の変容などが生じる。対人援助の過程で回避不能なこの現象は，共感疲労とか代理受傷，二次的外傷性ストレスなどと呼ばれている。施設において，子どもとのこころの交流なくして，職員は子どもを育てることはできない。つまり，職員は仕事として子どもが抱えるトラウマに日常的に触れざるを得ず，この特殊なストレスに日常的にさらされて，心身に深刻なダメージを受けているのだ。しかし，職員が直面しているこの深刻な実情に気がついている人は少なく，職員がそのケアを受けることはほとんどない。ここに，職員の仕事の過酷さがあるのだ。そのダメージの影響は甚大である。後に紹介する事例の中で，その一端を垣間見ることができるだろう。

　こうした職員へのサポートとして，ワークディスカッションという方法がある。ここでは，この方法論を実践した事例を提示して，その有効性と施設に導入する際の課題として，設定の観点から考えていきたいと思う。

■第2節　ワークディスカッションという方法

　この方法論は精神分析や集団力動の理論の応用であり，その主流は「対人援助職の継続的職業研修」である。その起源は，「乳幼児観察セミナー」(Bick, E.；1948年) や「バリント・グループ」(Balint, M.；1957年)，「集団生活体験の研究」(タヴィストック・クリニック；1960年代) にあり，1960年代にはマーサ・ハリスによって，この方法論は訓練コースの研修としてタヴィストック・クリニックに導入されている。この方法論には，組織内コミュニケーションやグループ機能の改善や発達という効果もあり，そのプロセスや結果として参加者のストレスマネジメントのスキルが向上する。つまり，情緒的経験から学ぶ「研修」や「組織コンサルテーション」が行われるなかで，ストレスマネジメントも図られるのである。

　情緒的な経験から学ぶプロセスがもたらす恩恵の価値が広く認識された結果，この方法論は教育や保健医療，福祉領域などへと広がり，「思慮深い実践」として多種多様な発展を遂げた。それを近年，ラスティン (Rustin, 2008) がワークディスカッション・メソッドとして再考してその理念モデルを提示しているので，その設定と設定の修正をめぐる問題を見ておきたいと思う。

　というのも，後に提示するこの方法論の実践プロセスの事例でも明らかになるが，施設にこの方法論を導入する際には固有の難しさがあり，そのため，この方法論の設定の中にある「こころを考えるスペース」の保護機能について，検討する必要があると思うからである。

1. この方法論の設定について

　ラスティン (Rustin, 2008) によれば，①頻度は毎週，同じ曜日の同じ時間帯，②開催時間は1〜2時間，③開催場所は職場の外の会議室，④グループの構成は，対人スキルを向上させたい動機があり，自由意志で参加する異業種4〜6名，⑤セミナーリーダー (以下，リーダーと表記) は，セラピスト1名，⑥サークル状に並べられた椅子に座って，話し合う。リーダーの役割は，「無意識的情緒的交流，事例発表者の役割，組織の性格と事例の場面の

関係」の探索や理解を促進することである。ラスティンは，異業種というグループ構成が，視野や探索領域に広がりをもたらすと述べている。その一方で，この方法論の汎用性ゆえに，その設定も多様であると指摘している。

ジャクソン（Jackson, 2008）は，学校で実施する際の開催場所やメンバー構成などを取り上げて，その固有の難しさや，メリットとデメリットに言及している。またアージェント（Argent, 2008）も，リーダー2名体制の保育園の中での実践が直面した難しさに触れて，その設定や運営上の工夫に言及している。ジャクソンはメリットをやや強調し，職場なので「立ち寄りやすく」，同質集団なので「事態を共有しやすく，孤独感の解消に役立つ」と言う。アージェントは難しさに光を当てている。多忙な職場での実施なので，あわただしい時間のサイクルに巻き込まれやすく，慢性的な人手不足のなかで参加できない職員の罪悪感が生じたり，日常と非日常との隔たりが弱いので話し合いに集中できず，また仕事に戻る際に気持ちの切り替えが難しいという。

彼らは職場の現実的状況という観点から難しさを論じているが，私はそれを，「こころを考えるスペース」への破壊性ととらえ直したいと思う。この破壊性の源泉の一つは，事例のトラウマなどによる圧倒的で激しいこころの痛みであり，もう一つは，その事例の内的世界が職員に投影され現実化した，組織心性だと思われる。こうした破壊性を「基盤としてコンテインする」のが「設定」であり，その揺らぎは破壊性の具現化であり，この実践の難しさであることを示していきたいと思う。

■第3節　児童福祉の現場でのワークディスカッション

さて，この方法論を施設に導入した，約4年の実践プロセスを紹介しよう。なお事例では，この方法論の機能が十分に展開する要因を考察するために，そのプロセスの中で難渋した局面に光を当てている。また，登場する固有名詞はすべて仮名である。

▶1. 導入／セットアップ

最初，児童養護施設『こもれび』の幹部でケースワーク担当のタカハシさ

んと施設長が，私のもとに来談し，「関わりがとても難しい子どもが多く，その対応に職員が苦慮している。また職員間のコミュニケーションが悪く，人間関係もギクシャクしている。離職率も高く，職員のスキル継承もままならない。政策で大規模施設（以下，「施設」と表記）から小規模施設（以下，「小舎」と表記）への移行が進むなかで，一人ひとりの職員の精神的負担は重くなり，スキルも重要になってくる。しかし，財政難と慢性的な人手不足で，施設外の研修に定期的に複数の職員を出せず，苦慮している」と語った。

そこで私は，開催頻度は月1回，1回2時間で年10回，場所は施設内の会議室，リーダーは2名体制で，参加者は10名程度で，当面1〜2年続けてみることを提案した。そして，まず予備知識のために2回講義をし，その後に導入することが決まった。

一方で私は，リーダー機能を，①事例検討を促進する機能と，②集団心性を把握し集団力動を促進する機能に分け，前者をサブリーダーの機能，後者をリーダーの機能と大別した。そして月1回2時間半の頻度で，『ワークディスカッションをワークディスカッションする』研究会（以下，「研究会」と表記）も立ち上げた。この研究会の目的は，話し合いのプロセスの探索，リーダーの代理受傷のケア，リーダー機能の検証とその育成である。

2. 波乱の幕開け

最初の2回の講義では，トラウマと代理受傷，その再演を解説。6月から開始した。グループ構成は，施設の幹部クラスの職員と，小舎の管理職と，タカハシさんの10名である。初回，最寄り駅でタカハシさんと会うが，迎えの車が別の駅と間違えて，私たちと出会い損ねる。そしてタカハシさんは，不仲な幹部2人が揃って休暇を取り，欠席すると言う。

施設の小さな会議室に入ると，12の椅子。そのいくつかに筆記用具が置かれているが，誰もいない。開始時間を過ぎても，リーダーの私たち2名だけである。数分後，タカハシさんが現状を見て，館内放送をかけに出ていく。館内放送が流れると，バラバラと集まってくる。20分経過して参加者が6名。うち一人は，業務のために20分後には中座すると言う。まだ幹部の一人が来ていない。数人が探しに出ていき，やがて「トイレの修理中で遅れる」と一人が報告し，皆が揃うのをまた待つ。初回から設定の破壊に直面

し，私が参加者の抵抗の強さと先行きに強い不安を感じている間に，事例発表者が資料を配布する。そして私が設定を説明し，時間厳守と自由連想の重要性を付け加えて発表を促す。

　資料には『タケル君の朝の様子』とあるが，入所経緯も年齢も記載がなく，箇条書きの羅列だけである。発表者の語りからも断片的な資料からも事例が把握できず，私はひどく困惑している。発表者は，「朝にタケルに声かけしても起きない。無視される。特に月曜は不登校になり，日中は施設で一人過ごしている。他は普通。何を考えているのかわからない」と言う。朝はタケルが職員を無視し，日中は職員がタケルを無視しているようだ。そして唐突に，「タケルのIQは80」と告げる。あまりの断片的な話に，まったく，ついていけない。そんな私の問いにタカハシさんは，タケルの母親面会に同席した様子を語り出す。

　「タケルは母親に背を向けて座り，私とだけ話す。その面会で，サッカーボールを母親に買ってほしいと言うはずだったが，一言も触れない。そのため私が気持ちを代弁するが，母親は『そんなものを欲しがっているとは知らなかった』と言う。すると突然タケルが泣き出し，机に突っ伏す。『どうした？』と聞くが，タケルは黙ったまま」。この話で，少し情景は浮かんだが，まだタケルのイメージがつかめない。そこで私は，タケルの入所経緯を尋ねた。そこでやっと，タケルが母子家庭で，ゴミ屋敷でのネグレクトのために保護されたことが明らかになる。この時，遅れていた幹部が謝罪しながら入室。

　私は話し合いを促すが，長い沈黙が場を支配し，私の介入も無視された格好だ。やがて沈黙の重苦しさに耐えかねた職員の一人が，「聞いていても，何も頭に入ってこない」と言う。続けて別の職員が，「面会の時に，タケルはどんな気持ちだったのだろう？」と問うと，場は再び重苦しくなる。涙ぐんでいるタカハシさんに私がその気持ちを尋ねると，別の職員も大粒の涙を流しだし，「私まで，なんで泣けてくるんだろう」とつぶやき，再び沈黙が場を支配する。そこで私は，二人がタケルに同一化している可能性を示唆し，今の気持ちを言葉にするように促す。泣きながら沈黙する二人。

　別の職員が，不登校中に放置されていたタケルの空腹を察して，温かい粥を与えたエピソードを語る。すると，遅れて来た幹部が，タケルと将棋を指

した時にタケルは7手先まで読んでいたので，この子は先を読みながらコミュニケーションしているのかもしれないとコメントする。このコメントは，会話の先読みをして悲観的な事実にあらかじめ直面して泣くタケルを暗示していて，その場の沈黙は，皆がそれを味わっているようだった。まったく発言せず，うつむいている二人に水を向けるが，「今の彼を知らないのでわかりません」とやや強い口調で言う。怒りの存在は明白だったが時間切れになった。泣いていた職員とタカハシさんは，「こんなふうに自分がタケルに同一化するなんて，驚きだ」と感想を言い，初回は終わった。私はかろうじてこの方法論が機能したが，前途は多難だと心の中でつぶやいていた。

　2回目も，会場には誰もいない。5分過ぎても3人の職員。10分後に6人になり，仕方なく開始する。

　資料1枚には，入所経緯が箇条書きに記述してある。発表者が緊張しつつ口を開く。「小6女児マリナは，4歳の時に，義父と実母からの虐待と性的虐待の疑いで保護され入所。母親は精神科通院中。マリナは母親宅への外泊に拒否的だが，外泊中に母親からいろいろ買ってもらえるので，施設に帰ってきた時の機嫌はいい。施設内では他の子どものまとめ役になろうとするが，しばしば威圧的・支配的になり，職員から叱責される。また，他児への暴力，抜毛や自傷行為，性器いじり，男性職員への過剰な身体接触などがあり，関わりに困る」。その声は震えている。私は切ない気持ちになり，それをコメントして話し合いを促す。

　すると，他の職員がマリナのかわいいエピソードを語り，別の職員はマリナへの指導が入らない苦労を告白する。男性職員は「距離の取り方が難しく，自分の積み上げて来た経験が活かせない」と，その苦悩を詳細に語る。私は，この男性職員の経験が，マリナの体験のようだと解釈してみる。この解釈に皆が同意すると，話題はマリナの母親が遭遇した外傷的出来事や，外泊時にマリナが不適切な性の曝露に遭っている事実などが共有されていき，それはマリナの問題行動と結びつけられていく。

　そんななかで，初回と同様に二人の女性職員だけはうつむき，険しい表情で沈黙し続けている。そのたたずまいからは，苛立ちが伝わってくる。そこで私は，今の体験を尋ねてみることにした。一人は，ペンで太腿をトントンと突き続けていたが，突然，「何も！　感じていません！　無です！」と声を

絞り出す。この瞬間，やっと私の中でいくつかの連想が結びつく。集まりの悪さ，欠席，セッション中に鳴る携帯電話，中座など，設定を破壊する行動化，「この方法論の導入自体が職員を責めている」や，「職員には話し合い自体が痛い」などである。私はグループ存続の危機を強く感じるとともに，彼女への強い罪悪感を抱いていた。そして私は，グループの「今」に介入せねば，このグループは解体すると思った。

　私は自分の思考の結合を活用して介入し，この場でサブリーダーの思考が断片化して発言できないことや，「底知れぬ世界に入ってしまった私たちの恐怖心」をグループに伝えた。そして，いったん事例検討から離れて，グループの今の体験を話し合うことを提案した。すると，「おもしろいが息苦しい。義務でなきゃ来たくない」「子どもの気持ちを考えると，自分と向き合わねばならない。無茶苦茶しんどくて逃げ出したい」「今関わっていないと現実がわからないし，想像もできない」などと話し出す。

　そんななかで参加者は，先ほど「無です！」とつぶいた職員を気にしている。その視線をさえぎるように彼女は資料で顔をパッと隠すと，押し殺しつつも嗚咽し出す。もう一人は，硬い表情で壁の一点を凝視している。嗚咽していた彼女は，「私は，職員の関係改善のために義務で来た。本当は来たくなかった。頭の中が真っ白で何も浮かんでこない。昔，必死に関わった子なのに何も思い出せない。この場にいたくない。泣いているのも恥ずかしい……」と話す。私が「今，私にはあなたが泣いているマリナちゃんに見える」と伝えると，彼女は「今，少しずつ思い出している。ずっと一生懸命に関わってきたけれど，何も変わらない」と言い，「この研修を続けると何か変わるの？　無理！　職員の関係改善に必死だったけど，何も変わらない。突然の人事異動で小舎に行けと言われて，私は不要な存在なのかと思った」と私を睨みつける。そして，この方法論の成果の保証を私に求める。一連の彼女の様子にはマリナへの同一化が認められるが，私は圧倒されて言葉にならない。心理療法と同様にあらかじめ成果を保証できない，と言うのがやっとだった。

　終了時間だが，発表者にも言葉がない。私は来月の夏休みを伝えるが，この時私は，この方法論は空中分解したので次回はないと落胆していた。

3．強烈な痛みと情緒，思考の断片化との格闘のなかで

　夏休み明けのセッションでは，意外にもほぼ全員がそろい，事態は一変する。この場で感じた情緒や感覚を，お互いに活発に語り合ったり，「その子と関わっていてどんな気持ち？」と尋ね合ったり，参加者同士の関係を見て，「今の感じ，事例の子と発表者の関係みたい」と，事例状況が現実化していると解釈しだし，これまでのリーダーの介入を取り入れた姿勢になった。その後も，3割程度の欠席者や中座があるものの，この姿勢で話し合えるようになる。

　発表される事例は，薬物犯罪で両親が逮捕された幼児，精神病の両親に遺棄された児童，親が兄弟を殺害する現場にいた幼児，衝動的で粗暴な子どもなどで，壮絶な人生の事例ばかりだった。資料は相変わらずジェノグラムも書けない複雑な家族状況の，断片的な情報の羅列だった。「頭が真っ白で考えられない」なかで丁寧に探索していくと，やがて激しい心身の痛みと情緒に圧倒され，一人の職員が涙を流し続けるなかで理解が少しずつ進むセッションが続く。泣く職員はいつも同じで，彼女が泣き出すと場の緊張が緩み，グループが少しずつ情緒を体験できるようだった。職員は，強烈な痛みと情緒と思考の断片化と格闘しつつ，自分の経験から学び，子どもを理解するスキルを習得していった。

　「無です！」と語った職員のドロップアウトが懸念されたが，杞憂だった。彼女は小舎の現状を報告し，施設から切り捨てられて支援もなく，孤立感に圧倒されつつ，施設とは違う濃厚なケアが求められる苦悩や不満を語ったのだ。しかし彼女の異動は，その力量を高く評価されての抜擢人事だったので，その告白は幹部たちを驚かせた。彼女の体験は，まるで実家を頼れないシングルマザーの苦悩のようでもあり，一時保護所から突然，見ず知らずの施設に措置された子どもの気持ちそのものだった。この議論は，組織における小舎の管理運営体制の再考，丁寧なコミュニケーションの構築への契機となった。

4．圧倒的な麻痺と断片化――会議室の脆弱な壁

　初年度は皆が事例発表を渋っていたが，2年目には積極的に事例発表する

ようになる。それとともに，壮絶な事例が発表されるようになった。2年目秋に，施設幼児フロアの女性職員は，彼女が仕事を終えて帰宅する際に泣き叫ぶ，4歳の女児アンを報告した。配布資料は公式書類で，そこには，生後まもなく脳や眼球に損傷を受けて，救急搬送されたと記載されていた。親権停止が家裁に棄却され，上告中の数カ月後に再び骨折と脳内出血で救急搬送されていた。「両親の逮捕により乳児院に措置」と淡々と読み上げられるが，驚愕の事実が私の頭にはまったく入ってこない。いつもの"泣き役"も含めて全員が無表情である。話し合いも断片的で，アンの4年間がまったくわからない。私はひどい罪悪感に圧倒されて，声を出すにも嗚咽して言葉にならない。

　まず，私は罪悪感を言葉にしてから，アンの4年間を振り返ることを提案する。皆の同意のもと話し合うが，それは床に散らばった米粒を拾い集めて並べるような作業だった。その結果，アンが虐待にさらされていたのは4カ月だけで，それ以外の人生は，病院や乳児院，施設でも特別な子どもとして，特別に丁寧なケアを受けていたことがわかった。終了時間だが，アンのこころの世界はまったくわからない。このままでは激しいこころの痛みとともに，発表者を放置することになると思えた私は，次回の事例もアンにすることを提案した。

　次回では，発表者が困惑する状況の詳細が話し合われた。痛みと情緒が戻ってきた。いつもの"泣き役"が涙を流し続けるなかで，キーと金属音のような泣き声で「一緒に連れて帰って！」と叫ぶアンの痛みに満ちた分離状況が，明らかになっていった。発表者の苦悩はそれだけではなかった。彼女はシングルマザーで，帰宅するとアンと同年齢の娘が，「遅い！ 何していた！」と泣き，出勤時には「置いていかないで！」と泣き叫ぶ娘を，自分の母親に預けにいくという。

　その時，部屋の外で女の子の叫び声が聞こえる。重苦しさのなかで情緒を取り戻した彼女は，静かに涙を流して，「今の声，アンです」と言う。公私の境，研修という非日常と仕事という日常の境界がいともたやすく崩されて，激しく心揺さぶられる職員の日常に私は圧倒されている。

　そこへ男性幹部職員が，運動会や授業参観の時に，我が子と施設の子どもと平等に対処しようと奔走した結果，我が子から「家でも『施設のお父さ

ん』だった」と恨まれた経験を語る。そして,「不登校になった我が子からは無視され,どう接していいかわからなかったが,この話し合いに参加してやっと話ができるようになった」と言う。続く静かな沈黙の場が,同じ苦悩を抱く職員を包み込んでいるようだった。

　こうして,この方法論は概ね機能していたが,依然として欠席は続いていた。このグループへの破壊性に介入する重要性は私も認識していたが,セッションでは私は完全にそれを失念していた。私はことの深刻さを痛感し,この方法論が施設の文化になるには,最低でも5年は必要だろうと思っていた。すると突然タカハシさんから,来年度からタカハシさん以外の参加者全員の交代が決まったと告げられる。この方法論の価値が施設全体で評価され,多くの職員に体験させたいという。当惑する私は,ただ,それを受動的に受け入れることしかできなかった。

5．順調な展開の水面下で始まる崩壊

　3年目からは,経験年数が少ない,概ね若手が参加者となった。私の困惑をよそに,話し合いは安定して順調に進む。昨年の参加者が若手に自分の言葉で,このグループ体験を語り継いだ効果のようだった。いつも涙を流す役回りに加えて,好奇心の塊のような役回りも生まれて,そのプロセスは活性化し,組織改革やコミュニケーションの改善も図られているようだった。これに私は手応えを感じつつも,帰路で味わう徒労感や不全感に変わりはなかった。2割程度の欠席も続いていたが,相変わらず私はこの問題を失念し,介入できなかった。一方,このころから,リーダーの記憶が断片化する。研究会でも,施設での話し合いの一部が,まったく思い出せなくなっていたのだ。

　4年目の秋,"その時"は訪れた。施設に向かう車中タカハシさんから,欠席していた職員が人事異動で参加できなくなる,若手職員の一人が失踪するように突然に退職した,と告げられる。さらに,"泣き役"だった若手が,出産のために2カ月後に退職するという。私は再びグループ崩壊の危機を自覚する。しかしグループでは,こうした衝撃的な事実がないかのように事例が発表され,いつものように話し合いが続く。空席には触れない暗黙の前提があり,椅子も一つない。コロコロ変わる家庭環境を無思考的に受け入れる施

設の子どもの経験と，瓜二つだ。
　そう考えているとサブリーダーが，このグループの現状と事例の経験とからめて介入しだした。一瞬，グループは嫌な雰囲気になったが，自分たちが直面している突然の喪失について語り出す。そして，この種の離職や喪失は施設ではよくあることであり，通常その体験は否認され，喪失感は麻痺している実態が明らかになった。数多くの剝奪や喪失，絶望を体験している子どもたちの体験が，施設の文化になっている。私は，今グループが直面している現実と今後が，次回のテーマだと提案する。
　2回にわたって，職員だけでなく，リーダーの体験や行為を話し合った。当然ながらそのプロセスはスムーズではなく，重苦しい沈黙，「施設の日常茶飯事だ」というあきらめの気持ち，頻繁で突然の人事異動が常態化した運営や，不在の職員などへの憤りが表現された。そこには暗に，タカハシさんやリーダーへの怒りも垣間見られ，話し合いは錯綜していた。唐突な人事異動は，職員には必死に愛情を注いできた子どもとの突然の別れであり，まるで代理出産で産んだ赤ちゃんを手放す生みの親の剝奪体験のようだった。それは，子どもにも剝奪の再体験であり，施設による剝奪の連鎖の無視が浮き彫りになった。
　激しい苛立ちの表現は，施設の現実への反応だが，子どもたちが体験している親や家族への怒りや無力感，あきらめが，職員の人間関係やこのグループで現実化しているとも理解できた。
　ようやく私は，この設定が持つ脆弱性と欠席の意味に介入できるようになった。つまり，「この部屋の壁の外側では，多忙な日常業務の現実が動いている。急な呼び出しや携帯電話の着信音，外の子どもや職員の声などが，この場に侵入してくる。ここには，『こころを考えるスペース』に必要な，『油断できる保護された環境』がない。そのため，空想と現実の混乱や葛藤が，この場から現実へと漏れ出る危険もある。欠席者の存在などは，こうした脆弱性への防衛や憤りを表現している」。私のコメントに触発されて，このグループ体験の探索と理解が進んでいった。
　やがて話題は，グループの今後へと移る。一人が，「新しい参加者を私たちで選べないですか？」と尋ねる。すると別の職員が冗談ぽく，「携帯電話のCMの家族オーディションでは，勝手に決められてたよね」と言うと，そ

の場が一気に和む。

6. そして「家族」になる

　すると職員の一人が，高校生のミノルが外泊から小舎に戻った時のエピソードを思い出した。

　激しい虐待で保護された幼少期以来，施設暮らしのミノルだが，両親の借金や離婚などで最近まで外泊ができなかった。他の子どもの外泊を羨んでいたミノルだったが，ようやく母親宅への外泊が決まり，母親や姉に会えると有頂天だった。ミノルの喜びを分かち合った職員たちは，小舎に戻ったミノルの行動に戸惑った。ミノルはトイレに引きこもり出てこない。ドア越しに職員が話を聞くと，「外泊中，母も姉も機嫌が悪く，気の使いどおしだった。二人を刺激しないように静かに帰ろうとしたら，『お客のくせに！　世話をしてもらって礼も言えないのか！』と怒鳴られた。俺のウチじゃないの？　子どもじゃなくて，お客なの？」とすすり泣く。そして「あんなところ！　二度と行かない！」と。

　ミノルは，兄らが住む父親宅への外泊に，一縷(いちる)の望みを抱く。兄は頻繁に面会に来ていたし，母親宅への外泊時も送迎もしてくれていた。「男同士の生活」に期待を膨らませていた外泊の夜，なぜかミノルは小舎に戻ってきた。居間のソファで膝を抱えるミノルに，職員が話を聴く。父親宅に送り届けた兄は翌朝までのアルバイトに行き，父親の帰宅予定も不明。食事も一人でコンビニ弁当。食品とゴミが散乱した台所の炊飯器の中は，カビが生えたご飯が悪臭を放っていた。夢見た家族団欒の食卓はなかった。外泊の意味がないので帰ってきた，と言うのだ。

　一方，台所のテーブルでは，職員が中学生のケンと向き合っていた。ケンがまた，職員の財布からお金を盗んだのだ。職員が反省を促そうと延々と諭しているが，不貞腐れていたケンはやがて怒り出し，盗みそのものを否認し出す。怒りを抑えていた職員がため息をつくと，ケンは「他人が，何を偉そうなことを言っているんだ！　ウザイなぁ！」と吐き捨てた。「この話は明日にしよう」と，テーブルから離れようとする職員に，ミノルが言う。「あきらめちゃダメだ！」。「今，コイツに，良いと悪い，反省する，それをわからせないとコイツがダメになる！」。台所に来たミノルはケンと向き合い，自分

の昔の過ちとその時の気持ちを告白し，こんこんと人の道を説く。反抗的なケンはますます喧嘩腰になり，職員はハラハラしながらそれを見ている。「他人が偉そうに！　ウザイんだよ！」と怒鳴ったケンがミノルの胸ぐらをつかみ，一触即発の状態である。ミノルが怒鳴り返した。「俺たちは兄弟だろ！　この家のみんなは，家族だろう！」「みんな，お前のこと，心配して，心底，真っ当な人間になってほしいから，ここまでやってるんだぞ！」「お前の今と未来のためなんだ！」。負けじとケンも叫ぶ。「ハァー？　いつからお前は俺の兄貴になったんだ！　血もつながってないのに，何が家族だ！　殺すぞ！　ボケ！！」。胸ぐらをつかんだミノルの腕に力がさらに入る。「血のつながり？　実の親が，実の家族が，俺たちに何をした！　何をしてくれた？　俺の親だって，お前の親だって！」ミノルは震えているが，怒りのせいなのか，力んでいるせいなのか，泣いているせいなのかわからない。ケンも泣き出し，胸ぐらをつかみあった二人の身体が震えるなかで，ミノルが穏やかな震える声でささやく。「俺とお前は，兄弟，ここのみんなは，家族」。二人の職員でケンとミノルを抱きかかえると，ケンが嗚咽しながら反省の言葉を口にする。居間で大音量の音楽を聴いていたユリが，ヘッドフォンを外しながらみんなに言う。「将来，私の結婚式には，みんな来るよね！　家族なんだから」。

　男性職員が大粒の涙を流しながら，「ミノル，あいつ，熱いなぁ」とつぶやく。私の頭の中で誰かがささやく。『ってかぁ……暑苦しくない？』。女性職員も泣きながら「ドラマみたい！」と笑う。私の頭の中で，また誰かがささやく。『つうか……安っぽいドラマじゃない？』。頭の中の声とは裏腹に，凄まじい感動とともに私の目からも涙が溢れている。私が涙にむせないように必死になって参加者を見てみると，サブリーダーを含めて全員が無言で泣いている。小舎に求められている「家庭らしさ」の実質。それを実現するために尽くされる，職員の凄まじい「こころの仕事」。涙と沈黙のその場は，その両方を実感するとともに，それが実現されたときに職員にもたらされる，言葉に尽くせぬ悦びを噛み締めているようだった。あまりにも激しく心身を揺さぶられて，私のこころがぐったり疲れているうちに，職員たちは再びワークディスカッションの話に戻っている。そして，この「グループという家族」の中で，自分たちがいかに学び，どれほど成長してきているかを確認し

合い，語り合う。

　こうして，既定路線だった新年度の参加者の総入れ替えは中止され，新しい参加者3名が選定されて，設定への破壊性は背景化し，グループの凝集性と安定感は一気に高まった。5年目の今，これまで築き上げた「こころを考える」文化が，その終了後に風化するリスクを意識しつつ，続けられている。

■第4節　考察

　この方法論は，ラスティンが指摘しているように「臨床のスーパービジョン」とも分類されて，現在では大学院の履修コースにもなっている。しかし，提示した事例で繰り返されていた圧倒的で激しい情緒的体験は，「職業研修」という言葉から想像される姿をはるかに超えている。この考察では，事例を振り返り，まず生じていた特徴的な現象を吟味し，次にこの方法論のプロセスの受け皿である「設定」への破壊性の観点から，考えてみたいと思う。

1. トラウマを抱える子どもを育てる職場

　事例から明らかなように，職員は日常的に，すぐにあきらめ，否認し，こころを麻痺させ，忘却し，思考を断片化させ，無思考状態や情緒を感じない状態を生きる傾向にある。こころの痛みを感じないようにしているのだ。これは，子どもが抱えるトラウマに日常的に触れる時の衝撃から，職員自らのこころを守るための防衛でもある。しかし一方で，こうした防衛は，施設の職員間の人間関係やコミュニケーションを断片化し，経験の蓄積や継承を阻害していた。また，否認や麻痺は，自分や同僚がどれほど傷ついて疲弊しているかを気づくのを難しくさせ，同時に施設の子どもたちとのこころの交流を妨げていた。つまり，病理的組織化としても機能していたのだ。そしてこの病理的組織化は，二人のリーダーを含むグループにも及んでいたと考えられる。

　職員，そしてリーダーの私たちを含むグループは，自らのこころの痛みを受け入れなければ，子どものこころの痛みを感じることはできないし，子どものこころを理解することもできない。グループが受け入れなければならな

い「自分たちのこころの痛み」とは，今回のワークディスカッションという「職業研修」で展開された圧倒的で激しい情緒的体験，それ自体だったのである。そしてこの強烈な体験こそが，分裂・排除されている施設職員の日常にある，衝撃なのである。

　麻痺した感覚の中にあっても何かを感じようとし，無思考状態の中でも子どもや自分のこころの世界や体験世界を考え続けようとすることは，職員一人ひとりにとっては，自らの防衛を緩めていくリスクを冒すことを意味する。それは「自分と向き合い」，自分のこころの痛みを感じ，受け入れることでもあるのだ。一人では到底味わうことのできない激しい情緒的体験も，グループでその意味を話し合い，子どものこころを理解する手がかりにしていこうとすることは，この圧倒的な体験をグループ全体がコンテインすることを可能にした。そして職員たちは，自分たちが日常的にさらされている強烈な情緒的体験を自覚し，その体験から学ぶスキルを習得していけるのだ。

　いったん，情緒的体験やこころの痛みがグループでコンテインされることを体験した職員たちは，やがて自分の情緒や痛みを積極的に活用しようと発言するようになる。そうした自分たちの体験は子どもに同一化している影響だと気づき，グループでの体験が，子どものこころの世界や体験世界を理解するために重要であることを，体験的に理解できたからである。こうして激しい情緒的体験を味わう恐怖はコンテインされて，子どもや職員，そして職場で起きている真実を知りたいという好奇心が促進された。そうしてグループの議論は，施設組織の問題へと関心を向けることができるようになったと考えられる。

　こうしてやっと，傷ついた子どもを育てるという，「仕事のやりがいや悦び」を実感できるようになったのだ。この，素朴だが言葉に表すことができない悦びは，日ごろは防衛による麻痺や無力感，失望感や徒労感などでかき消されていたものだった。このようにして職員は，自らの成長にも目が向くようになったのだと思われる。

　しかし，最初に述べたように，こうしたプロセスは簡単な道のりではなかった。次に，この難しさについて，「設定への破壊性」の観点から考えてみたいと思う。

2. 設定の「こころを考えるスペースを保護する機能」

1）理念モデルの設定での体験

　まず，理念モデルの設定での体験を，参加者の視線で描写してみよう。

　彼らは多忙な職場を離れて，未知の学習体験で見知らぬ人と出会う不安や期待，孤立する恐れを抱きつつ移動し，非日常的な会場へと向かう。設定を確認された初回では，助言や指導もなく，空想や情緒体験も交えた話し合いのプロセスに困惑する。しかし，現実のしがらみがない人間関係の中で異業種の職場について話し合う体験は，うまくいけば興味深いものになる。終了後には，その日のグループ体験の余韻を味わいつつ移動し，職場／自宅に帰る。ありふれた日常生活に戻るのである。

　次の週も，同じ時間に日常を離れてセッションに思いを馳せつつ移動し，非日常へと向かう。すでに知っている設定の中で，リーダーにコンテインされつつ理解を深める話し合いが好奇心を刺激し，グループの凝集性は孤立感を緩和し，参加者は互いに親密になり，支え合う存在になっていく。終わると，一人で時には仲間とその余韻を味わいながら移動し，日常に戻る。その後は毎週，同じことが繰り返される。

　最初は負担かもしれないこのサイクルは，やがてリズムになる。非日常的な時間／空間は「こころを考えるスペース」となり，やがてその効果を実感する。

　設定は，「こころを考えるスペース」を維持し，保護し，活性化しているのである。また，この設定には，日常生活と非日常生活（現実世界と空想世界）を隔てる「中間領域」として，移動の空間と時間がある。この「中間領域」は，異なる二つの世界がじかに接触して生じる混乱を回避し，その適度な交流を可能にして参加者のこころを保護し，こころの成長を促進しているのである。また周期的リズムは，それ自体が一つのコンテイナーとして機能しうる。こうした保護によって，この方法論は機能すると考えられる。

2）臨床素材の設定とその経験

　一方，提示した実践の設定では，頻度や開催場所，メンバー構成が大きく

異なる。「中間領域」が不在で，非日常的グループ体験の保護機能は脆弱である。日常／現実が容赦なくグループに侵入していた。呼び出しや携帯電話のベル，部屋の外の子どもたちの声などが，「こころを考えるスペース」を否応なく「施設の現実」に引き戻していた。こころを開いて話し合っている事例の痛みは，壁一つ向こうの現実なのである。そして，セッションが終了するとすぐにその現実に戻り，厳しい日常を生きねばならない。

戻らなければならない現実は，もう一つある。それは，ラスティン（Rustin, 2008）が言う，施設内部で構築された社会的防衛（social defense）／組織文化である。社会的防衛とは，グループがさらされている不安に対する，グループの無意識的な防衛メカニズムのことである。資料の記載形式や，グループで生じた麻痺や思考の断片化，健忘などは，子どもの痛みの伝染に対する施設の社会的防衛と考えられる。この無意識的防衛は，「組織の力動の中で生まれ，組織の力動を形成する」（Armstrong & Rustin, 2015）。3年目以降に私が体験した記憶の断片化も，この社会的防衛や文化に侵食された影響だろう。つまり，グループではこころを開いて「こころを考える」が，ドアを出た途端に，「こころを考えない」組織文化に適応せねばならないのである。

また，参加者全員に必ずしも強い動機があったわけではなかった。仕方なくグループに参加する職員には，この社会的防衛が現れていた。こうした職員は，社会的防衛の一つの機能として，グループ内部からグループを破壊していたのである。そのため設定の保護機能は，さらに脆弱だったと考えられる。すなわち，職員にとってはこの方法論が，組織心性や個人的な防衛で辛うじて保っているこころの保護を破壊する，脅威／迫害となっていたのだ。

グループ崩壊の危機に，その破壊性や社会的防衛，設定の脆弱性の中でグループが体験していることを語り合い，その理解を共有した。このプロセスは，日常と非日常（現実と空想）の交流であり，理念モデルの設定にある「中間領域」に相当する体験を創出できた。こうして，「こころを考えるスペースを保護する機能」が働き出し，この方法論の機能を維持できたと考えられる。また，このプロセスを継続したことは，ロング（Long, 2015）が言及している社会的防衛をワーク・スルー（work through）する組織コンサルテーションとしても機能し，実際の施設の運営や人間関係の変化をもたらしたと考えられる。

■第5節　おわりに

　施設職員のサポートとして，継続的職業研修であるワークディスカッションを導入した実例を紹介し，そのプロセスを検討した。日常的にこころの痛みにさらされ続けながら，子どもの養育をする過酷な仕事場では，この方法論が十分に機能しない状況があることが明らかになった。この方法論は，本来的に教育的で援助的なのだが，この実践に迫害的な性質が生じて，その本来の機能を低下，ときには破壊する現象も生じるのだ。

　この現象を吟味するために，この方法論の理念モデルの設定にある「こころを考えるスペースを保護する機能」の観点から，理念モデルと児童福祉の現場での実践を対比させて検討した。この種の職場でこの方法論を実践する際には，「中間領域」がなく，設定の保護機能が脆弱になる。また，その職場に固有の無意識的な社会的防衛や文化に侵食されやすく，それがこの方法論の機能を破壊する危険が常にある。その際，こうした脆弱性を語り合うことには，①「中間領域」を創出し，設定の保護機能を回復させる，②病理的な社会的防衛への組織コンサルテーションとして機能する，ことを提示した。

　この方法論を必要とする施設には，仕事上の不安や痛みを否認して組織化されている社会的防衛や，その現実化がある。そこにこの方法論を導入するということは，防衛している痛みや不安への直面を促すので，そもそも援助的なだけではなく，迫害的でもあるのだ。その意味で，この方法論への破壊性はあらかじめ存在し，設定の脆弱性がそれを煽る。そのため，この方法論の導入と維持には，ここで論じている主題は不可避的と言える。既存の設定にグループを収めるのではなく，むしろ設定はグループでともに創り（co-create），維持する。そして，設定への破壊性のコンテインメントがうまくできれば，見失っていた「仕事のやりがい」を実感するとともに，グループの成長につながると思われる。

　ただ，トラウマの破壊力を考慮すれば，本来，この方法論による職員サポートは，恒常的な継続研修として日常業務に組み入れられることが必要なのかもしれない。

[文献]

Argent, K. (2008). What's happening? Some thoughts on the experience of being in a work discussion group. In J. Bradley & M. Rustin (Eds.), *Work discussion: Learning from reflective practice in work with children and families*. London: Karnac.

Armstrong, D. & Rustin, M. (2015). Introduction: Revisiting the paradigm. In D. Armstrong & M. Rustin (Eds.), *Social defences against anxiety: Explorations in a paradigm*. London: Karnac Books.

Jackson, E. (2008). Work discussion groups at work: Applying the method. In J. Bradley & M. Rustin (Eds.), *Work discussion: Learning from reflective practice in work with children and families*. London: Karnac.（鈴木誠・鵜飼奈津子（監訳）(2015). ワーク・ディスカッション──心理療法の届かぬ過酷な現場で生き残る方法とその実践. 岩崎学術出版社）

Long, S. (2015). Beyond identifying social defences: "Working through" and lessons from people whispering. In D. Armstrong & M.Rustin (Eds.), *Social defences against anxiety: Explorations in a paradigm*. London: Karnac Books.

Rustin, M. (2008). Work discussion: Some historical and theoretical observations. In J. Bradley & M. Rustin (Eds.), *Work discussion: Learning from reflective practice in work with children and families*. London: Karnac.（鈴木誠（訳）(2015). ワークディスカッションとは何か. 鈴木誠・鵜飼奈津子（監訳）. ワーク・ディスカッション──心理療法の届かぬ過酷な現場で生き残る方法とその実践. 岩崎学術出版社）

Stamm, B. H. (Ed.) (1995). *Secondary traumatic stress: Self-care issues for clinicians, researchers, and educators*. Lutherville: Sidran Press.（小西聖子・金田ユリ子（訳）(2003). 二次的外傷性ストレス──臨床家, 研究者, 教育者のためのセルフケアの問題. 誠信書房）

おわりに

　本書は，児童養護施設で苦闘するセラピストに役に立つことを目指して執筆された。子どもの精神分析的心理療法は，英国においては，家族背景にさまざまな問題を抱えている発達障害の子ども，そして虐待やネグレクトを受けた子どもへの心理的援助の方法として，確固とした位置づけを持っている。一方，わが国でも，児童養護施設で多くのセラピストがそのような子どもの心理的援助の仕事に携わっているが，本書で明らかにしていったように，それはセラピストにとって多大な負担を伴う仕事である。
　精神分析的心理療法の本質は，間主観的／相互主体的つながりの中で自己を生かすことのできる子どもの潜在力を，活性化／再活性化することである。それは，子どもの内省能力やコミュニケーション能力の潜在的可能性を伸ばしていくことでもある。そして，それはセラピストが内省活動をし，子どもとコミュニケーションを図っていくことで促進される。こうした関係は，生活の中で，養育者や学校教師，友だちとの間で，子どもが自然に作っていくわけであるが，児童養護施設に入所している子どもの多くは，虐待などの影響でそうした関係を持つことが難しくなっている。精神分析的心理療法は，そのため，そうした互恵的関係の自然な発達を阻む難しい部分，特に子どもが虐待などで抱えている痛みや希望のなさなどをセラピストが受け止め，考えていく必要がある。
　一人の子どもにとって耐えがたい痛みや不安を，セラピストであるからといって受け止めたり考えたりが容易にできるかというとそうではなく，むしろ同じく耐えがたく感じることがほとんどである。こうした状況で，このような仕事をするセラピストは，理論や技法などの知識の助けを借りることが役立つ。本書の目論見の一つは，そのような苦境にある施設のセラピストにとってヒントや手がかりになる知見を，盛り込むことであった。
　しかしながら，実践においてそうした知的な理解や構えだけでなんとかなるかというと，それは難しい。スーパービジョンを受けることは多くの場合

必須であるし，セラピスト自身がセラピーを受けることも必要であろう。また，事例検討会など同業者と互いに仕事の中身を共有し合うことは，とても大切であろう。その際に，鈴木誠氏が第14章で述べているような，ワークディスカッション的な自由な討議と，互いの情緒経験を尊重する雰囲気が維持されることが，とても肝要であろう。つまり，セラピスト自身が抱え込むのではなく，自分の経験を他のセラピストと共有していくことで，子どもが抱えている痛みや「毒」が，いわば解毒されていくかもしれないのである。

　虐待やネグレクトなどの背景を持って施設に入所してくる子どもたちは，自分たちの経験が特殊で，他の「普通」の人たちと分かち合うことの不可能な，価値がなかったり恥ずかしかったりする経験であると考えがちである。このような子どもと心理療法実践をするセラピストも，その経験が価値がないと感じていたり，うまくいっていないことを恥ずかしいと思っていたりしがちなように思われる。そして，実際，このような子どもの実父母たちについて考えると，彼らもまた「普通」の社会から疎外され，うまくつながれない人たちばかりなのに気づかされる。

　施設で心理療法実践に携わるセラピストは，自分たちの仕事を特殊だと思いがちのように見えるし，実際，セラピストの学会などのコミュニティの主流とつながっているかというと，そうでもないように見える。ところが，本書で示したように，施設の子どもの心理療法は，現代社会で大人も含めて多くの人を悩ませている問題と本質的には重なるところがあり，場合によっては，それらがより明瞭な形で示されているのである。つまり，施設の子どもたちが心理療法を通じて示している問題は，私たち一人ひとりにとって生きていくことと深く関わる問題を提起しているのであり，その意味で，本書のマリ，ケイ，コウタ，シュン，ユカ，サトシ，ヒロム，マホ，リサは，私たちの一部でもあるかもしれないのである。

　こうしたことを，精神分析実践は私たちに教えてくれる。第11章で述べたように，施設のセラピストにとっての負担の大きな部分は，子どもとの心理療法実践よりも組織やスタッフとの関わりである。その点で，第14章の鈴木氏の施設でのワークディスカッション実践は，多くのことを示唆している。ここでも，このディスカッションで登場する職員たちの声は，私たち一人ひとりの心の中にある声でもあり，おそらくすべてセラピストの心の中に

ある声でもあると理解できるだろう。

　精神分析的心理療法は，セラピストが一人で子どもの痛みを抱えることでもないし，もちろん子どもが一人で痛みに向き合うわけでもなく，セラピストと子どもとの協働作業であり，互いのやり取りを通じて，痛みを耐えられる形で分かち合っていく過程である。このような営みは，施設職員，セラピスト，より広い社会との対話を通じたつながりへと展開していくことで，逆にセラピストが一人ひとりの子どもの固有の痛みに，より向き合えるようになるかもしれないと私は考える。本書は，こうしたプレイルームの中での一人ひとりの子どもと向き合う実践経験を，より広い社会へとつなげる試みでもある。

　本書の冒頭でも述べたように，本書は，認定NPO法人子どもの心理療法支援会（サポチル：https://sacp.jp/）の顧問と専門会員によって企画され，執筆された。サポチルは，児童養護施設の子どもなど，児童福祉領域の子ども，そして発達障害を持つ子どもへの心理療法実践の支援活動をしている。児童養護施設の職員の研修活動も行っている。そして，関東と関西で，子どもの精神分析的心理療法の研修と訓練を行っている。

　日ごろからサポチルの活動を見守り，本書のいくつかの章のコメントを執筆していただいた，サポチル顧問の飛谷渉先生，鵜飼奈津子先生，そして関東サポチルの脇谷順子先生に，この場を借りて深謝したい。サポチル理事の吉岡彩子氏には本書の索引づくりを手伝っていただいた。サポチルのこうした活動を支えていただいている多くの会員，そして寄付をしていただいた方々に深謝の念をここに表したい。

　本書は企画してから執筆作業が難航し，当初の予定より刊行が大幅に遅れた。本書刊行に向けての船出からその指揮をとっていただいた元誠信書房編集者の児島雅弘氏，児島氏の後を継ぎ，本書の刊行に向けご尽力いただいた中澤美穂氏の労をねぎらいたい。

　本書の読者は，本書を読むなかでさまざまな考えや感情を刺激され，鈴木氏のワークディスカッションのように心の中の討議が喚起されていき，本書で述べているような子どもとの臨床に役立つのであれば，本書は成功と言ってよいだろう。

　　2018年9月

平井 正三

人名索引

ア 行

アイザックス（Isaacs, S.） ·················· *41*
アクスライン（Axline, V. M.） ··········· *9*
アージェント（Argent, K.） ················ *324*
アームストロング（Armstrong, D.） ······ *348*
アルヴァレズ（Alvarez, A.） ···· *22*, *25*, *35*, *59*, *95*, *117*, *139*
ヴィゴツキー（Vygotsky, L.） ············· *8*
ヴィッテンベルク（Wittenberg, I.） ······· *164*
ウィルソン（Wilson, P.） ···················· *141*
ウゼル（Houzel, D.） ·························· *87*
エインズワース（Ainsworth, M. D. S） ······ *4*
オショーネシー（O'Shaughnessy, E.） ····· *177*

カ 行

カナム（Canham, H.） ························ *95*
ギャバード（Gabbard, G. O.） ·············· *251*
クライン（Klein, M.） ········· *9*, *18*, *23*, *115*
ケースメント（Casement, P.） ······· *23*, *251*

サ 行

シーガル（Segal, H.） ························ *53*
ジャクソン（Jackson, E.） ··················· *324*
シュタイナー（Steiner, J.） ·················· *21*
ショア（Schore, A. N.） ······················· *6*
スザー（Szur, R.） ······················ *24*, *181*
ストレイチー（Strachey, J.） ················ *20*

タ 行

タスティン（Tustin, F.） ········ *164*, *182*, *222*
トレヴァーセン（Trevarthen, C.） ············ *8*
トローウェル（Trowell, J.） ················ *34*

ハ 行

ハリス（Harris, M.） ·························· *333*
バリント（Balint, M.） ························ *333*
ビオン（Bion, W. R.） ········· *14*, *20*, *23*, *32*, *85*, *149*, *168*
ビック（Bick, E.） ··············· *93*, *329*, *333*
平井正三 ····················· *59*, *86*, *116*, *150*, *168*
ヒンシェルウッド（Hinshelwood, R. D.） ··· *13*
フォナギー（Fonagy, P.） ······················ *4*
ブレンマン（Brenman, E.） ·················· *324*
フロイト（Freud, S.） ························· *18*
フロイト，アンナ（Freud, A.） ········ *11*, *50*
ペリー（Perry, B. D.） ························· *6*
ベルモート（Vermote, R.） ··················· *125*
ヘンリー（Henry, G.） ··········· *41*, *85*, *114*
ボウルビィ（Bowlby, J.） ······················ *4*
ホクスター（Hoxter, S.） ····················· *116*
ボストン（Boston, M.） ················· *24*, *181*
ホブソン（Hobson, R. P.） ······················ *8*
ホーン（Horne, A.） ····················· *24*, *41*

マ 行

ミッチェル（Mitchell, J.） ············ *324*, *328*
ミュージック（Music, G.） ····················· *6*
ミラー（Miller, L.） ····················· *115*, *125*
メイン（Main, M.） ····························· *4*
メルツァー（Meltzer, D.） ······· *19*, *29*, *92*, *149*, *175*

ラ 行

ラスティン（Rustin, M.） ········ *24*, *62*, *70*, *333*, *348*
ラター（Rutter, M.） ·························· *40*
ラニャード（Lanyado, M.） ············· *24*, *41*
ルプレヒト-シャンペラ（Rupprecht-Schampera, U.） ································· *325*
レスター（Lester, E. P.） ····················· *251*
ロジャーズ（Rogers, C. R.） ···················· *9*
ロス（Roth, P.） ································ *20*
ローゼンフェルド（Rosenfeld, H.） ·········· *20*
ロング（Long, S.） ······························ *348*

事項索引

ア 行

- 愛情 ······ 300
- 愛着関係 ······ 144
- 愛着対象 ······ 313
- アイデンティティ ······ 262
- あいまいな境界 ······ 210
- アクティングアウト ······ 203
- アセスメント ······ v, 129, 152, 227, 261
  - ――セッション ······ 172
  - ――プロセス ······ 172
  - 多面的な―― ······ 230
- アタッチメント ······ 4
  - ――研究 ······ 3
  - ――障害 ······ 119, 181
  - ――のタイプ ······ 4
  - 反応性――障害 ······ 5
- アタッチメント行動 ······ 119
  - ――の組織化 ······ 4
- アルコール依存症 ······ 322
- α機能 ······ 14, 99, 149
  - ――の理論 ······ 149
- 生きた仲間 ······ 139
- 依存 ······ 22
  - ――関係 ······ 51
- 痛み ······ 40
- 逸脱行動 ······ 86
- 偽りのエディプス神話化 ······ 324
- うつ病 ······ vii
- 器（container）······ 11, 143
  - 内側の―― ······ 146
- ASD ······ 5
- ADHD ······ 226
- エディパル構造 ······ 60
- エディプス葛藤 ······ 318, 322
- エディプス構造 ······ 16, 35
- 落ちる ······ 31
  - ――不安 ······ 302

カ 行

- 解釈 ······ 14, 20, 150
  - 記述的―― ······ 22, 28
  - 子どもを中心にした―― ······ 21
  - セラピストを中心にした―― ······ 21
  - 治療者中心の―― ······ vii
  - 変容惹起性―― ······ 20
- 外的環境 ······ 85
- 外的セッティング ······ 45
- 外部性 ······ 268
- 解離 ······ 6
  - ――状態 ······ 189
  - ――性障害 ······ 34
- 過覚醒状態 ······ 6
- 拡充 ······ 22
  - ――技法 ······ 22, 59, 160, 169, 225
  - ――的な介入 ······ 28, 184
  - ――法 ······ 174
- 学習障害 ······ 34
- 学童期 ······ 2
- 仮死状態 ······ 99
- カタルシス ······ 45
- 活性化 ······ 95
- 家庭支援専門相談員 ······ 209
- 考える機能 ······ 108, 117
- 考えること ······ 16, 149
  - ――への攻撃 ······ 260
- 考えるスペース ······ 182
- 考える対象 ······ 267
- 考えるための装置 ······ 158
- 考える能力 ······ 41, 117
- 感覚要素 ······ 14
- 環境的要因 ······ 175
- 関係性 ······ 173
  - ――の発達 ······ 295
  - 今ここでの―― ······ 21
- 観察機能 ······ 117, 124

観察力··· 44
間主観性／相互主体性···············8, 149
　　──二次的··································· 8
　　──ゲーム··························168, 172
感情体験··175
管理職·································202, 335
記憶···7
　エピソード──································· 7
　宣言的──······································ 7
　手続き──······································ 7
　トラウマ性の──······························ 7
器質的要因···························· 31, 182
記述解釈··184
期待··· 93
　純粋な──··································· 94
　生得的な──································ 94
機能不全··· 51
希望を持つ力································255
虐待···iii
　──の再現···································· 40
　身体的──···································vii
　性的──····························v, 34, 189
　性的──経験·······························191
　非──体験··································172
逆転移··············v, 18, 210, 246, 321
　──感情······························116, 210
　──経験······································187
　──神経症·····························27, 186
　──性の反応······························251
境界線があいまい··························203
境界例··· 25
　──系················25, 29, 183, 185, 265
　──児·· 25
　──人格障害·································· 4
　──水準······································ 34
共感·· 5
　──的理解································21, 13
　──疲労······································332
きょうだい葛藤······························198
協働·······································vii, 48, 143
　──関係········vi, 29, 127, 140, 183, 259
　──関係アプローチ······················· 29

共同注視·· 8
強迫的··320
恐怖·· 48
極化思考··· 32
拒絶···300
具象·· 53
　──的物体···································121
くっつくこと·································181
クライン派······································ 93
　──対象関係論·······················20, 25
　現代──······································· 21
　ポスト──···································· 94
グループ·······································346
　──機能······································333
訓練·· 54
　──セラピー································ 68
軽薄さ·································291, 296
結合対象··169
欠損モデル······································ 96
欠損レベル·····························176, 180
原会話··· 8
幻覚状態··189
言語化··· 18
言語的表現····································150
言語的面接····································193
現実化·································· 95, 334
原初的分裂···························· 96, 291
攻撃·· 74
　──性··185
　口愛的な──性···························320
行動化··························18, 34, 113, 247
行動障害··· 4
合理化··· 34
互恵的関係····································268
心の筋肉··123
心のスペース····························127, 253
心を考えるスペース···············334, 347
個人分析··· 23
コミュニケーション························· 5
　象徴的──··································· 59
　非象徴──··································· 59
混合型·····································28, 90

コンサルテーション············141
　　──面接·················162
　　組織──············333, 349
コンテイナー···············85, 347
　　── - コンテインド関係（♀♂）······87, 149, 168
　　──対象················183
コンテインメント···········20, 21
混乱························72
　　情緒的──·················75

■────── サ　行 ──────■

罪悪感·····················113
再生技法····················59
最早期·····················143
里親養育····················iv
三項関係····················8
三次元的················99, 140
　　──構造·················175
自我························19
　　──機能·················122
　　脆弱な──················63
時間························99
自己愛··················30, 256
　　──的な世界·············300
自己イメージ···············161
思考························8
　　──する乳房··············96
　　──能力·················114
自己価値···················300
自己感·················27, 164
自己治癒力··················9
自己と対象の混乱状態·······188
自己評価················27, 186
自殺企図····················34
思春期···········2, 34, 90, 149, 192
自傷行為···················186
施設職員···················viii
　　──へのフィードバック···268
施設心理職·················201
実演························23
実証的研究··················3

嫉妬···················46, 64
児童心理司·················204
児童相談所·················209
児童養護施設············iii, 196
自閉カプセル化··············62
自閉症·················94, 182
　　──児···················99
　　──の不安················23
自閉スペクトラム·····vii, 22, 31, 32, 150, 173, 181, 193
　　──傾向·················183
自閉スペクトラム症·······28, 182, 213, 226
社会性·····················35
社会的相互作用··············5
終結···············55, 112, 124, 178
集団生活体験の研究·········333
修復·······················51
　　──モデル················95
自由連想···················336
　　──法···················150
主観性·················26, 149, 164
主体性·········vi, 7, 26, 149, 163, 164
受動性·····················175
授乳乳房···········19, 92, 96, 290, 293
　　──の機能················97
純粋な期待··················88
象徴·······················53
　　──化················90, 150
　　──化の能力·············149
　　──の萌芽···············121
　　── - 解釈モデル·········158
　　──機能··················14
　　──機能の発達···········293
　　──形成·················149
　　──性···················313
　　──的意味···············150
　　──的思考過程···········150
　　──的思考の能力·········158
　　──的な遊び·········28, 266
　　──的表現·········12, 156, 266
　　──能力·············185, 232
　　──モデル···············150

情緒的応答性	6
情緒的なつながり	71, 300
情緒発達	4, 35, 151
焦点	58
——化	59, 183
情動経験	175
情動調整機能	6
ショック	34
事例研究法	3
神経症	18, 34
——水準	25
心身症の反応	36
新生児ICU	99
身体感覚	296
身体接触	44, 46
身体の分離性	226
身体的暴力	71
心的外傷後ストレス障害	332
心の苦痛からの防衛的逃避	139
親密性	5
スクールカウンセラー	204
ストレス	viii
——マネジメント	333
スーパーバイザー	53
心の中の——	23
スーパービジョン	v, 68, 108
性愛化	46, 324
偽・——	326
生育歴	24, 230, 262, 263
生活空間	203
生活支援	120
生活担当職員	10, 200, 209
生活歴	25
制限	vi, 46, 127
成人アタッチメント面接（AAI）	4
精神障害	4
精神・性的発達	322
精神病	34, 94
——性破綻	322
——的不安	23
——破綻	322
親の——	322

二人組——	251
精神病理	3, 263
精神分析	9, 120
——経験	53
——的観察	60, 69
——的思考	60, 179
——的心理療法	iv
——的態度	68
——的内的対象	68, 69
——プロセス	60, 65
子どもの——的心理療法	9, 11
生得的要因	175
青年期	2, 34, 193
セカンドスキン	93, 329
摂取	149
設定	9, 11
——への破壊性	345
外的	11, 127
精神分析的——	11, 119, 234
内的——	11, 12, 68, 127
分析的——	16, 26, 120, 121
セメント化	62
セラピー空間	203
セラピー経験	23
セラピスト	60
セラピー・プロセス	62
前概念	94, 95
全体状況	18
潜伏期的	320
羨望	46, 64, 300
専門性	268
早期剥奪児	127
相互交流	175
相互作用	150
相互理想化	326
創造的な両親カップル	141, 145
躁的	193
組織化する焦点	115
組織心性	334
組織内コミュニケーション	333
組織文化	348

タ 行

対象 127
　不在の―― 22, 114, 177
　父性的―― 122, 125
　母性的―― 116, 122, 125
　良い―― .... v, 94, 115
　養育的―― 64
　理想―― 124
対象関係 18
　――的フィールドの基層 125
　――のパターン 40
　偽りの全体―― 324
　三次元的――空間 324
　自己愛的な―― 313
　内的―― 19, 41, 64
　二次元的―― 324
　防衛的―― 324
　良い―― v
対人相互作用フィールド・モデル 150
代理受傷 332
対話的思考 16
タヴィストック・クリニック 333
多重人格 33
探索 55
担当保育士 263
断片化 339
知覚 175
知的障害 34
　――者 116
中間領域 348
中断 85, 88
中立性 17
調節 81
地理的混乱 29, 44, 188, 192
治療過程 18
治療関係 10, 21
治療機序 18
治療的介入 20
治療の変化 63
治療モデル 150
転移 .... v, 18, 210
　――解釈 8, 20, 170, 225, 232

　――関係 50
　――状況 69
　――神経症 18
　陰性―― 30, 183
　虐待者―― 65
　乳児的―― 30
トイレ乳房 19, 92, 289
　――の機能 97
同一化 74, 102
　虐待者（攻撃者）への―― 50, 94
投影 13, 20, 149
　――同一化 19, 27, 122
　破壊的―― 86
　相互――同一化 192
倒錯的 141
トラウマ 6, 26, 32, 62, 189
　――経験 6, 25, 263
　――性 26
　――性の不安 23
　――性精神病的不安 32
　――的記憶 265
取り入れ 117, 122, 124

ナ 行

内在化 117
内省機能 4, 149
内省力 9, 44
内的空間 54
内的混乱 92
内的世界 139
内的対象 v
　――機能 97
　脆弱な―― 116
　良性の―― 95
二次元的 85, 99
　――な世界 v
二次的外傷性ストレス 332
乳児院 .... vi, 27, 127
　――での養育 184
乳児観察 68
乳児的自己 187
乳児的欲求 47

乳房対象 …………………………… *19*, *125*
　良い── …………………………… *19*, *30*
乳幼児観察セミナー ……………………… *333*
乳幼児期 …………………………………… *26*
認識 ……………………………………… *175*
認知 ………………………………………… *8*
　──能力 ……………………………… *115*
ネグレクト ………………………………… *v*
ネットワーク …………………………… *86*
脳神経科学的研究 ……………………… *3*, *6*

■■■■■■■■■ ハ　行 ■■■■■■■■■

排泄 ……………………………………… *122*
バウンダリー …………………………… *290*
破壊性 ……………………… *30*, *185*, *334*
迫害的対象 ……………………… *186*, *187*
迫害不安 …………………………… *23*, *26*
剥奪 ………………………………… *iii*, *85*
　二重の── ……………………………… *86*
パーソナリティ障害 …………………… *322*
破綻 ………………………………………… *51*
発達 ………………………………………… *8*
　──指数 ……………………………… *301*
　関係性の── …………………………… *8*
　思考と情緒の── ……………………… *85*
発達障害 ………………… *5*, *25*, *156*, *181*
　──系 ………… *27*, *31*, *119*, *185*, *265*
　軽度── ……………………………… *152*
発達精神病理学 …………………………… *3*
発達遅滞 …………………………………… *5*
発達停止 …………………………………… *62*
パニック ………………………………… *73*
母親対象 ………………………………… *176*
　原初的── …………………………… *178*
バリント・グループ …………………… *333*
バーンアウト ……………………………… *viii*
万能感 …………………………………… *255*
反復強迫 ………………………………… *62*
被害的不安 ………………………………… *26*
被虐待児 …………………………… *62*, *116*
被虐待体験 ………………………… *95*, *172*
非言語的・非象徴的な対人相互作用 …… *149*

非言語的表現 …………………… *150*, *266*
非象徴領域 ……………………… *59*, *172*
ヒステリー ……………………………… *324*
　──的ナルシシズム ………………… *328*
美的葛藤 ………………………………… *175*
美的経験 ………………………………… *175*
否認 ……………………………… *48*, *123*
　現実── ………………………………… *48*
病理の組織化 …………………………… *345*
貧困 ……………………………… *203*, *208*
頻度 ………………………………………… *11*
不安 ……………………………… *113*, *123*
　赤ん坊が死につつあるという── …… *123*
　猜疑的── …………………………… *316*
　なくなる── ………………………… *122*
　迫害── ……………………… *185*, *187*
　迫害的な── …………………………… *26*
　迫害的・被害的な── ……………… *316*
　破滅的な── ………………………… *227*
　分離── ……………………… *22*, *197*
　抑うつ── …………… *23*, *26*, *187*
複線思考 ………………………………… *32*
不信感 …………………………………… *306*
父性機能 …………………………… *97*, *139*
付着的 …………………………………… *139*
付着同一化 ……………………………… *94*
不定形化作用 …………………………… *173*
プライバシー ……………………………… *10*
フラッシュバック ……………………… *189*
プレイセラピー …………………… *9*, *193*
　精神分析的── ………………………… *9*
プレイルーム …………………………… *115*
分解（dismantling） …………………… *175*
分析の設定 ………………………………… *17*
分析のスタンス …………………………… *12*
分析の態度 ………………………… *12*, *26*
分離 ……………………… *vii*, *22*, *190*
　──性 …………………………… *vi*, *127*
分裂 ………………………………………… *20*
閉所 ……………………………………… *326*
　──恐怖 ………………………………… *26*
β要素 …………………………………… *149*

防衛 ················· 143, 175, 233
　　──的手段 ················ 223
　　──保護システム ········· 62
　　原始的な── ············ 181
　　原初的── ······· 93, 114, 176
　　社会的── ················ 348
包容 ································ v
　　──する構造 ············ 115
暴力 ··························· v, 74
保持 ···························· vi, 121
母子臨床 ························ 201
母性的対象 ············· 191, 226
　　良い── ·················· 188

■━━━━━ マ 行 ━━━━━■

マインドレス ··········· 175, 210
マネジメント ·················· 182
見せかけのつながり ········· 328
見立て ················ 24, 130, 315
無意識的過程 ··················· 14
無意識的空想 ··················· 41
無意識的思考 ········ 149, 158, 178
無意味さの増殖 ··············· 328
無力感 ··················· 44, 48, 306
♀♂ ························· 32, 168
メンタライゼーション ········· 5
妄想・分裂態勢 ··············· 115
妄想分裂ポジション ····· 97, 179
燃え尽き ························ 332
問題行動 ·························· 74

■━━━━━ ヤ 行 ━━━━━■

遊戯技法 ················· 150, 264
有能感 ··················· 122, 163
夢 ································· 54
　　──思考 ··················· 14
　　──生活 ·················· 149
良い-悪い ······················ 96
養育環境 ···················· 28, 62
　　過酷な── ·················· iii

養育困難 ················ iii, vi, 300
養育者 ····························· 2
　　──のパーソナリティ ··· 263
養育対象 ························ 123
養育担当職員 ·················· 299
養育能力 ····················· 2, 42
養子縁組 ·························· iv
抑うつ ···························· vi
　　──性障害 ················· 34
　　──ポジション ····· 97, 179
　　原初的── ······ 176, 164, 174
四次元性 ························· 99

■━━━━━ ラ 行 ━━━━━■

来談者中心療法 ·················· 9
ライフストーリーワーク ····· 145
ラポール ·························· 9
乱暴な分析（wild analysis）······ 15
理想化 ···················· 116, 291
理想対象 ························ 117
リファー ························ 204
両親対象 ························ 140
　　結合── ·················· 127
両性性 ··························· 87
レビューミーティング ······· 237
連携 ····························· 200

■━━━━━ ワ 行 ━━━━━■

別れ ····························· 147
枠 ························· 182, 253
　　──破り ·················· 234
枠組み ·························· 120
　　外的な── ················ 115
　　内的な── ················ 115
　　母性的・受け皿的な── ··· 208
　　連携・協働する── ······ 208
　　父性的・構造的な── ··· 208
ワーク・スルー ··············· 348
ワークディスカッション ···· viii, 332
　　──・メソッド ············ 333

■編者・著者紹介■

●編者●

平井正三（ひらい　しょうぞう）
1963 年兵庫県三木市生まれ
1992 年　　京都大学大学院教育学研究科博士課程研究指導認定退学
1997 年　　タヴィストック・クリニック児童心理療法士資格取得
現　在　　御池心理療法センター代表，認定 NPO 法人子どもの心理療法支援会（サポチル）理事長，大阪経済大学客員教授
主著訳書　　『学校臨床に役立つ精神分析』（共編）誠信書房 2016 年，『精神分析から見た成人の自閉スペクトラム』（共編）誠信書房 2016 年，『自閉スペクトラムの臨床』（共監訳）岩崎学術出版社 2016 年，『子どもの精神分析的心理療法の経験』金剛出版 2015 年，『児童青年心理療法ハンドブック』（共監訳）創元社 2013 年ほか多数

西村理晃（にしむら　まさあき）
1976 年生まれ
2005 年　　大阪大学大学院人間科学研究科博士後期課程単位取得認定退学
2014 年　　タヴィストック・クリニック児童青年心理療法士訓練課程修了・児童青年心理療法士資格取得
2020 年　　英国精神分析協会精神分析家資格取得
現　在　　19 Bloomsbury Square Psychoanalysis and Psychotherapy（精神分析家／心理療法士），ロンドン医療センター（心理療法士），Camden Psychotherapy Unit（心理療法士），認定 NPO 法人子どもの心理療法支援会（サポチル）（訓練コース担当理事），英国子どもの心理療法士協会（ACP）（訓練分析家）

●著者●

認定 NPO 法人子どもの心理療法支援会（サポチル）
2005 年 10 月発足
活動内容　①児童養護施設の子ども，児童福祉領域の子ども，発達障害を持つ子どもたちへの心理療法実践の支援活動
　　　　　②児童養護施設の職員の研修活動
　　　　　③子どもの精神分析的心理療法の研修と訓練
連　絡　先　〒604-8187　京都市中京区東洞院通御池下ル笹屋町 444 初音館 302
　　　　　TEL&FAX：075-600-3238　　　MAIL：info@sacp.jp　URL：http://sacp.jp/

●分担執筆者● （執筆順）

平井正三（ひらい　しょうぞう）　　　【はじめに，第1章，第4章論文へのコメント，第
〈編者紹介参照〉　　　　　　　　　　　6章，第7章，第11章，第13章論文へのコメント
　　　　　　　　　　　　　　　　　　1，おわりに】

西村理晃（にしむら　まさあき）　　　【第2章，第3章論文へのコメント，第6章論文へ
〈編者紹介参照〉　　　　　　　　　　　のコメント，第12章論文へのコメント1】

飛谷　渉（とびたに　わたる）　　　　【第2章論文へのコメント，第13章論文へのコメント2】
1996年　大阪市立大学大学院医学研究科博士課程修了
2008年　タヴィストック・センター思春期青年期臨床課程修了
現　在　大阪教育大学保健センター准教授，サポチル顧問

由井理亜子（ゆい　りあこ）　【第3章】
2006年　大阪大学大学院人間科学研究科博士課程単位取得認定退学
現　在　御池心理療法センターセラピスト，サポチル認定子どもの精神分析的心理療法
　　　　士，サポチル元理事

志満慈子（しま　やすこ）　【第4章】
2008年　大阪大学大学院人間科学研究科博士後期課程単位取得退学
現　在　専立寺保育園副園長，サポチル専門会員，元理事

藤森旭人（ふじもり　あきひと）　【第5章】
2011年　京都府立医科大学大学院医学研究科博士課程修了
現　在　タヴィストック・クリニック乳児観察コース訓練生，サポチル広報担当理事

鵜飼奈津子（うかい　なつこ）　【第5章論文へのコメント，第10章論文へのコメント】
2004年　The Tavistock Center, Child & Adolescent Psychotherapist 取得，University
　　　　of East London, Master in Psychoanalytic Psychotherapy
現　在　大阪経済大学人間科学部人間科学科教授，梅田東心理療法研究室ポモナ心理療
　　　　法士，サポチル顧問

綱島庸祐（つなしま　ようすけ）　【第8章，第10章】
2006年　鳴門教育大学大学院学校教育研究科修士課程修了
現　在　児童養護施設鹿深の家臨床心理士，サポチル専門会員

冨成達也（とみなり　たつや）　【第8章論文へのコメント】
2014年　大阪大学大学院人間科学研究科博士後期課程単位取得認定退学
現　在　児童養護施設大阪西本願寺常照園，立命館大学学生サポートルーム，サポチル
　　　　専門会員

横山隆行（よこやま　たかゆき）【第9章】
2005 年　　鳴門教育大学大学院学校教育研究科修士課程修了
現　在　　社会福祉法人迦陵園心理療法士，サポチル専門会員

脇谷順子（わきたに　じゅんこ）【第9章論文へのコメント，第12章論文へのコメント2】
2011 年　　The Tavistock and Portman NHS Foundation Trust, Professional Doctoral Course in Child Psychotherapy 修了
現　在　　杏林大学保健学部臨床心理学科教授，サポチル関東地区担当理事

吉岡彩子（よしおか　あやこ）【第12章】
2005 年　　安田女子大学大学院文学研究科博士前期課程修了
現　在　　御池心理療法センターセラピスト，サポチル臨床セミナー担当理事

金沢　晃（かなざわ　あきら）【第13章】
2011 年　　大阪大学大学院人間科学研究科博士後期課程修了
現　在　　神戸市外国語大学総合文化コース准教授，サポチル前理事，サポチル認定子どもの精神分析的心理療法士

鈴木　誠（すずき　まこと）【第14章】
1988 年　　名古屋大学医学部精神医学教室卒後研修修了
現　在　　くわな心理相談室セラピスト，サポチル監事

児童養護施設の子どもへの精神分析的心理療法

2018年11月20日　第1刷発行
2022年6月25日　第2刷発行

編　者　平井正三
　　　　西村理晃
著　者　認定NPO法人
　　　　子どもの心理療法
　　　　支援会(サポチル)
発行者　柴田敏樹
印刷者　田中雅博
発行所　㈱誠信書房
　　　　〒112-0012　東京都文京区大塚3-20-6
　　　　電話 03(3946)5666
　　　　http://www.seishinshobo.co.jp/

印刷/製本:創栄図書印刷㈱　　落丁・乱丁本はお取り替えいたします
© Shozo Hirai & Masaki Nishimura, 2018　Printed in Japan
ISBN978-4-414-41649-7 C3011

JCOPY 〈(社)出版者著作権管理機構 委託出版物〉
本書の無断複製は著作権法上での例外を除き禁じられています。複製される場合は、そのつど事前に、(社)出版者著作権管理機構（電話 03-5244-5088、FAX 03-5244-5089、e-mail: info@jcopy.or.jp）の許諾を得てください。

子どもと青年の精神分析的心理療法のアセスメント

平井正三・脇谷順子 編
認定NPO法人子どもの心理療法支援会（サポチル）著

事例と紙上検討を通して、各領域で精神分析的アセスメントはなぜ必要か、どのように実践可能かという問いへの答えが浮かび上がる。

目　次
第1章　子どもと青年の心理療法のアセスメント総論
第2章　医療におけるアセスメント
第3章　スクールカウンセリングにおけるアセスメント
第4章　教育相談におけるアセスメント
第5章　学生相談におけるアセスメント
第6章　児童養護施設におけるアセスメント
第7章　母子生活支援施設におけるアセスメント

A5判並製　定価（本体3000円＋税）

子どもの精神分析的心理療法のアセスメントとコンサルテーション

アン・ホーン / モニカ・ラニヤード 編著
鵜飼奈津子 監訳

英国における子どもの精神分析的心理療法の実践を紹介。日本で本治療を活かしたいと考える臨床家にヒントと希望を与える必携の書。

主要目次
第1章　イントロダクション
　　　　——その場に適切なことを
第Ⅰ部　アセスメント
第2章　まずはアセスメント
　　　　——子どもと思春期の精神保健相談のアセスメントにおける、子どもの心理療法士の役割 /他
第Ⅱ部　重なり合う領域
第6章　乳幼児精神保健
　　　　——ディリス・ドーズとの対話 /他
第Ⅲ部　コンサルテーションとその先
第10章　アンダー・ファイブ・サービスへのコンサルテーション /他

A5判並製　定価（本体3200円＋税）